河南省“十四五”普通高等教育规划教材

小学全科教师培养系列教材

总主编　陈冬花　李跃进　刘会强　李社亮

U0891220

小学课程与教学论

主　编　郭翠菊　肖国刚

副主编　吴艳玲　王录梅

南京大学出版社

图书在版编目(CIP)数据

小学课程与教学论 / 郭翠菊，肖国刚主编. -- 南京：南京大学出版社，2021.1

ISBN 978-7-305-24182-6

Ⅰ. ①小… Ⅱ. ①郭… ②肖… Ⅲ. ①小学一课程一教学研究一高等学校一教材 Ⅳ. ①G622.3

中国版本图书馆 CIP 数据核字(2021)第 022342 号

出版发行 南京大学出版社
社　　址 南京市汉口路 22 号　　邮　编 210093
出 版 人 金鑫荣

书　　名 小学课程与教学论
主　　编 郭翠菊　肖国刚
责任编辑 钱梦菊　　编辑热线 025-83592146

照　　排 南京南琳图文制作有限公司
印　　刷 丹阳兴华印务有限公司
开　　本 787×1092　1/16　印张 17.25　字数 400 千
版　　次 2021 年 1 月第 1 版　2021 年 1 月第 1 次印刷
ISBN 978-7-305-24182-6
定　　价 48.00 元

网址：http://www.njupco.com
官方微博：http://weibo.com/njupco
官方微信号：njupress
销售咨询热线：(025) 83594756

编 委 会

前 言

习近平总书记在十九大报告中指出:“建设教育强国是中华民族伟大复兴的基础工程……要全面贯彻党的教育方针,落实立德树人根本任务。”在全国教育大会上,习近平总书记提出了“教育是国之大计、党之大计”的重要论断,强调了教育在现代化建设中的基础性、先导性、全局性地位和作用。教育作用的发挥离不开课程的设置与教学的实施,教材作为系统反映学科内容的教学用书,上要依政策,下要循课标。《小学课程与教学论》教材即如是。

《小学课程与教学论》是小学教育专业核心课程“小学课程与教学论”的专用教材,同时也可作为学生参加教师资格证考试、广大小学教师和教育工作者形成正确的课程观与教学观及提升教育教学能力的指导用书或参考读物。《小学课程与教学论》教材既是河南省小学全科教师培养系列教材之一,也是河南省“十四五”普通高等教育规划教材。

课程与教学是连接教育理论与教育实践的桥梁,是教育的重要内容和表现形式。课程与教学在师范类专业认证的八个一级指标中位居第三,是培养目标和毕业要求达成的最有力支撑。编写《小学课程与教学论》教材遵循“三个原则”和“三个注重”。“三个原则”,即科学性和思想性相结合的原则、教育理论与教育实践相结合的原则、基础知识与当代科学发展新成果相结合的原则。“三个注重”,即注重课程思政理念的引领以落实立德树人根本任务,注重讲深讲透课程与教学的基本理论以树立正确的课程观与教学观,注重密切联系小学教育教学实践以促进学生深入领会理论知识的价值和意义。

围绕课程与教学的基本问题,《小学课程与教学论》教材在内容上主要包括课程的一般理论、课程设置、课程结构、课程内容、课程实施、课程评价和教学一般理论、教学目标、教学原则、教学方法、教学组织形式、教学评价、教学实践等。本教材共设计为 10 章,由安阳师范学院郭翠菊、肖国刚设计提纲并统稿，具体编写分工如下：第一章、第六章、第七章由郭翠菊（安阳师范学院）编写；第二章、第三章由吴艳玲（周口师范学院）编写；第四章、第五章、第九章由肖国刚（安阳师范学院）编写；第八章、第十章由王录梅（南阳理工学院）编写。与各章相关的教学课件和二维码拓展学习资源由各章负责撰写人员搜集整理提供。上述所有材料均由本教材主编郭翠菊和肖国刚通读、审核和校对。

在编写《小学课程与教学论》教材的过程中，参阅了大量的相关文献与著作，借鉴了线上线下多位专家、学者的研究成果，吸纳了许多小学教师不同学科的成功教学案例，在此一并致谢。尤其要感谢的是南京大学出版社的蔡文彬主任、曹森编辑等老师们，他们的热情耐心与细致周到的服务时时鞭策、提醒、激励和指导着我们努力前行。在此致以最诚挚的谢意！

由于水平和视野所限，编写中错误与问题难免，敬请各位专家、学者、同行和读到此书的朋友们多提宝贵意见和建议，以督促我们持续改进。对所有的批评和建议，我们皆致以衷心的感谢！

编者

2020 年 12 月 9 日

目　录

第一章　绪　论 …… 1

第一节　课程论的历史发展及课程的内涵演变 …… 1

第二节　教学论的历史发展及教学的内涵演变 …… 13

第三节　课程论与教学论的关系 …… 22

第四节　小学课程与教学论的研究内容 …… 24

第二章　课程论的一般理论 …… 29

第一节　课程论的理论基础 …… 29

第二节　课程开发的模式 …… 44

第三节　我国当前课程体系的基本范畴 …… 54

第三章　小学课程价值取向与课程目标 …… 65

第一节　课程价值取向 …… 65

第二节　小学课程目标 …… 69

第四章　小学课程结构与内容 …… 81

第一节　小学课程结构 …… 81

第二节　小学课程内容 …… 91

第五章　小学课程实施、评价与管理 …… 101

第一节　小学课程实施 …… 101

第二节　小学课程评价 …… 110

第三节　小学课程管理 …… 118

第六章　小学教学的一般理论 …… 127
第一节　教学的概念与任务 …… 127
第二节　教学过程 …… 132

第七章　小学教学目标 …… 150
第一节　小学教学目标概述 …… 151
第二节　教学目标分类理论 …… 158
第三节　小学教学目标的编写 …… 166

第八章　小学教学原则与教学方法 …… 174
第一节　小学教学原则 …… 174
第二节　小学教学方法 …… 188

第九章　小学教学组织形式与教学评价 …… 199
第一节　教学组织形式 …… 199
第二节　小学教学工作的基本环节 …… 206
第三节　小学教学评价 …… 212

第十章　小学教学实践 …… 230
第一节　上课 …… 230
第二节　说课 …… 248
第三节　听课与评课 …… 254

参考文献 …… 267

第一章 绪论

扫码获取
相关资源

内容提要

课程与教学是连接教育理论与实践的桥梁，是教育的内容与形式问题。本章的学习旨在通过对课程与教学历史发展脉络的介绍，引导学生掌握不同时期的课程与教学实践、课程与教学思想，进而把握课程与教学概念的历史演变。在把握课程、教学内涵的基础上，理解课程与教学之间的关系，为学习小学课程与教学论这门课程奠定理论框架。

学习目标

1. 了解课程论的历史发展，掌握课程论作为独立学科以后主要学者的观点。
2. 了解课程概念的历史演变，理解当前主流的课程观。
3. 了解教学论的历史发展，掌握教学论作为一门学科以后主要学者的观点。
4. 理解课程论与教学论之间的关系。

第一节 课程论的历史发展及课程的内涵演变

一、课程论的历史发展

课程理论的发展过程经历了萌芽阶段、系统课程理论形成阶段、独立阶段和理论深化阶段。

（一）萌芽阶段

在课程理论的萌芽阶段，课程理论尚未形成，但存在不同的课程实践。该阶段对课程问题的认识散见于一些哲学、政治、伦理著作中。

1. 中国古代课程

在原始社会，教育与生产劳动原始地结合，课程主要表现为社会的生产、生活活动。夏朝开始产生了学校，受社会政治经济的影响，中国古代不同时期的课程表现出不同的形态。夏、商、周三代是中国奴隶制社会时期，课程内容表现出各时期的特点。文献记载，夏朝已经产生了庠、序、校等学校的萌芽形式，这个时期学校在教育目的上注重培养武士，在课程内容上偏向军事教育、宗教教育、人伦道德教育等方面。商朝时期，不仅文献记载有学校，而且还有文物实证。这个时期，学校有大学、瞽宗、庠、序、学等形式，课程内容主要包括思想、政治、军事、礼乐以及书数等方面的教育。西周时期，贵族子弟的教育内容主要是“六艺”。六艺出自《周礼·保氏》：“养国子以道，乃教之六艺：一曰五礼，二曰六乐，三曰五射，四曰五御，五曰六书，六曰九数。”春秋时期文化下移，养士盛行，产生了以孔子为代表的私学创办者，孔子整理并传授给弟子六部先秦古籍（《诗经》《书经》《礼经》《易经》《乐经》《春秋》），后人称其为“六经”。

汉朝时期，在董仲舒“罢黜百家、独尊儒术”思想指导下，官学体系进一步发展，学校主要学习儒家经典。魏晋南北朝时期，学校课程内容多样，尤其值得指出的是，南朝刘宋创立儒学、玄学、史学、文学四馆进行分科教学，试图突破儒家课程内容。

隋唐时期，学校主要课程内容是儒学，也兼顾其他思想。宋代理学集大成者朱熹为《大学》《中庸》《论语》《孟子》四部作品做了注解，人称“四书”，“四书”“五经”成为元、明、清三代学校课程以及科举考试的唯一依据。此外朱熹在《朱子全书·论学》中多次提及“课程”，如“宽着期限，紧着课程”“小立课程，大作工夫”等，这里的“课程”指学习内容及进程安排，这是“课程”一词首次用于教育领域。

从古代课程发展看，我国古代学校课程以儒学为主，重视文化教育，轻视自然科学教育；重视德育和智育，轻视美育和体育。

2. 西方古代学校课程

古希腊是西方较早的文明形态，在古希腊古风时代，产生了雅典和斯巴达两个著名的城邦，由于其地理位置和政治形态不同，学校的课程也不一样。斯巴达是一个奴隶制城邦，重视武士培养，教育内容主要是赛跑、跳跃、掷铁饼、投枪、角力，人称“五项竞技”。雅典是一个贸易城邦，雅典教育的目的是培养身心和谐发展的公民，课程比较全面。雅典的教育中，男孩七岁后进弦琴学校和文法学校学习音乐和基础文化，十二三岁开始进入体操学校学习“五项竞技”，18 岁进入青年军事训练团接受军事教育，到 20 岁经过考核授予公民称号。在古希腊古典时期，开始出现了游走在希腊大地以收费授徒为业的教师，人称“智者”。智者学派重视雄辩才能的培养，主要传授文法、修辞、辩证法三方面的知识。此后，柏拉图将算术、几何、天文、音乐这四个科目纳入学校教育，形成了西方古代教育中的“七艺”，即文法、修辞、辩证法、算术、几何、天文、音乐。“七艺”成为古希腊、古罗马以及中世纪时期重要的课程形态。文艺复兴时期，从“七艺”中分化出一系列的近代学科，“七艺”开始退出历史舞台。

中世纪时期，教会控制着学校教育。天主教学校以《圣经》的学习为主，古希腊时期的“七艺”被改造，为学习《圣经》服务。11 世纪后，产生了世俗封建主的骑士教育，骑士教育旨在培养忠君爱国的武士，课程内容主要是骑马、弈棋、击剑、打猎、投枪、游泳、吟诗，简称“骑士七技”。

文艺复兴时期，人文主义教育的课程内容在反宗教教育方面特点鲜明。人文主义教育重视古典人文知识教育，拓展并分化了学校课程，如增加了体育和自然科学教育，文法分化为文法、文学、历史，几何分化为几何和地理学。

（二）系统课程理论形成阶段

这一时期教育学已经成为一门独立的学科，不少教育学家在思考教育问题时，开始系统地思考学校课程问题。但课程研究还没有从教育学中独立出来，没有形成独立的研究领域。

1. 夸美纽斯的泛智主义课程理论

1632 年，夸美纽斯出版了《大教学论》，标志着教育学开始成为一门独立的学科。在《大教学论》中，夸美纽斯基于培养有“德行”“智慧”和“虔信”的人，提出了其课程思想。夸美纽斯的课程思想主要体现在如下两个方面：

（1）泛智论。夸美纽斯提出了“泛智论”，即“把一切事物教给一切人”。夸美纽斯主张“人人均应受教育”“人人必须学习一切”。他认为每个人都应该有接受教育的机会，都应该学习一切最重要的知识，所以主张所有儿童不分性别，不论富贵贫贱，都应进学校。

（2）百科全书式课程。为了实现一切人和一切事物的教育，夸美纽斯建构了学校体系和百科全书式的知识体系。夸美纽斯根据学生的年龄特征把受教育的过程分为婴儿期、儿童期、少年期和青年期，建立统一的学校体系。① 对 0～6 岁幼儿实施母育学校教育，每个家庭都是一所母育学校，重视身体和四肢的训练；对 6～12 岁儿童实施国语学校教育，每个村落建立一所国语学校，设置不同的课程来培养想象力和记忆力；对 12～18 岁少年实施拉丁语学校教育，每个城市设置一所拉丁语学校，设置文法、修辞、辩证法等多方面课程；对 18～24 岁青年实施大学教育，设置神学、医学、哲学、法学等多方面的课程。在教材编写方面，夸美纽斯充分地考虑了儿童的学习特点，1658 年夸美纽斯出版了《世界图解》的教科书。《世界图解》一书采用插图和短文的方式编写，内容包括自然（宇宙、人体、植物、地理等）、人类活动（交通、农业、文化、手工业）、社会生活（法院、国家管理）以及语言文字等方面，教授儿童百科全书式的知识。这本教材在欧洲流行了二百多年，夸美纽斯被人们称为“儿童插图书的创始人”。

2. 卢梭自然主义课程理论

法国浪漫自然主义教育家卢梭的课程思想主要体现在其文学体著作《爱弥儿》中。卢梭认为，人性是善的，社会的文化和城市文明使人性扭曲。为了改变这种局面，卢梭认为“在社会秩序中把自然的感情保持在第一位”②。卢梭的课程思想体现在如下两个方面：

（1）教育回归自然。卢梭认为：“每个人都是由自然的教育、事物的教育和人为的教育三者培养出来的。”③人的教育、物的教育要遵循自然的教育，也就是教育要遵循人的发展天性。同时，“教育要回归自然”，在远离城市的农村进行教育。

（2）自然主义教育阶段与课程内容。为了实施自然主义教育，卢梭提出了不同阶段的教育和相应的课程形态。0～2 岁的教育属于婴儿期的教育，教育的重点是体育，应关注养育和锻炼。2～12 岁的教育属于儿童期的教育，教育内容应集中在感官能力的培养和身体的锻炼，同时在实践中进行道德教育。12～15 岁的教育属于青年期的教育，12 岁

---

① 吴式颖：《外国教育史教程》，人民教育出版社，1999，第 212 页。

② （法）卢梭：《爱弥儿》，李平沤译，人民教育出版社，1985，第 6 页。

③ 吴式颖：《外国教育史教程》，人民教育出版社，1999，第 266 页。

之前重视身体锻炼的教育，增强孩子体质，为孩子智力发展做好准备，这个时期要加强知识学习和劳动教育。在知识学习方面，卢梭强调要重视自然科学，不能学习历史、哲学等社会学科，因为这些社会学科带有没落时代的烙印。无论知识学习还是劳动教育，都应该在实际活动中进行。15～20 岁的教育属于青春期的教育，卢梭主张这个时期教育的场所应该从农村转向城市，在城市生活中接受道德教育与宗教教育。

3. 赫尔巴特的主知主义课程理论

1806 年，赫尔巴特《普通教育学》的出版，标志着教育学成为一门独立的学科（规范的学科）。赫尔巴特提出了教育性教学原则，他认为道德教育是学校的教育目的，而道德教育要建立在学生多方面兴趣的基础上，由此学校课程的设置应与人的多方面兴趣相适应。赫尔巴特的课程重视多方面兴趣，而兴趣与知识经验紧密相连，最终赫尔巴特的课程理论体现为重视知识，人们把他的课程理论称为主知主义课程理论。赫尔巴特的课程思想体现如下：

（1）多方面兴趣课程。兴趣是与人的经验有关，只有与儿童经验相联系的内容才能引起儿童的兴趣，而人的经验包括自然和社会经验，所以赫尔巴特所指的兴趣有两类，一类是自然知识相联系的兴趣，一类是与社会交际有关的兴趣。自然知识相联系的兴趣包括：① 经验的兴趣，相应有自然、地理、物理、化学等学科；② 思辨的兴趣，相应有语法、数学、逻辑等学科；③ 审美的兴趣，相应有文学、诗歌、音乐等学科。社会交际有关的兴趣包括：① 同情的兴趣，相应有古典外语和现代外语等学科；② 社会的兴趣，相应有政治、历史、法律等学科；③ 宗教的兴趣，相应有神学学科。[①]

（2）统觉与课程组织。赫尔巴特的统觉理论认为："当新的刺激发生作用时，表象就通过感官的大门进入意识当中，如果它具有足够的强度能唤起意识阈下已有的相似观念的活动，并与之联合，那么，由此获得的力量就将驱逐此前在意识阈中占据统治地位的观念，成为意识的中心，新的感觉表象与已有观念的结合，形成统觉团（即认识活动的结果）。如果与新的表象相似的观念已经在意识阈上，那么，二者的联合就进一步巩固了它的地位。"[②]根据统觉原理，赫尔巴特强调课程组织时要体现相关和集中原则。相关原则表现为学校不同课程的安排应当互相影响、相互联系；集中性原则表现为自然兴趣相关的课程应以数学为核心组织起来，社会兴趣相关的课程应以历史为核心组织起来。

（3）儿童发展与课程进程的安排。受席勒等人的文化纪元理论影响，赫尔巴特认为儿童的个性和认识发展重复了种族发展的过程，儿童在一定发展阶段上最理想的学习内容是种族发展在相应阶段上取得的文化成果。婴儿期要加强身体养护，幼儿期要学习《荷马史诗》等以发展想象力，童年期和青年期要学习历史和数学以发展理性。

4. 斯宾塞的功利主义课程理论

斯宾塞从功利主义的角度提出了教育的目的是为"完满生活做准备"。为了回答学习什么知识才能为完满生活做准备，斯宾塞 1859 年发表了《论什么知识最有价值》一文，提出科学知识具有准备人类活动的最大价值，并从功利主义角度对完满生活与知识领域之

---

① 吴式颖：《外国教育史教程》，人民教育出版社，1999，第 324 页。

② 吴式颖：《外国教育史教程》，人民教育出版社，1999，第 318 页。

间的关系进行了分析。斯宾塞的课程思想主要体现在如下两个方面：

（1）教育为完满生活做准备。斯宾塞把完满生活分为五种活动：① 直接有助于自我保全的活动；② 从获得生活必需品而间接有助于自我保全的活动；③ 目的在抚养和教育子女的活动；④ 与维持正常的社会和政治关系有关的活动；⑤ 在生活中的闲暇时间用于满足爱好和情感的各种活动。[①]

（2）科学内容为主的课程体系。为了为未来幸福生活做准备，学生必须在学校学习相应课程。为此，斯宾塞为学校设计了五种类型的课程：第一类是生理学、解剖学，它们是直接保全自我的知识，在教育中最重要；第二类知识是逻辑学、数学、力学、化学、天文学、地质学、生物学和社会学，它们是间接保全自己的知识，是使文明生活成为可能的一切过程能够正确进行的基础；第三类是生理学、心理学和教育学，它是履行父母责任必需的知识，人们养育了子女之后才可能有国家，家庭福利是社会福利的基础；第四类是历史，它实际上是一门描述的社会学，利于人们调节自己的行为，履行公民的责任；第五类是文学、艺术等，它们是满足人们闲暇时休息和娱乐的知识。[②] 斯宾塞把这些学校教学科目的系统用“Curriculum”一词来表示，这是西方教育领域首次产生“课程”一词。同时，在这个体系中，重要的知识主要是科学知识，因此斯宾塞倡导以科学知识为主的课程体系。

5. 杜威的经验主义课程理论

杜威经验主义课程理论主要体现在其1916年出版的《民主主义与教育》一书中，杜威从实用主义经验论出发批判了传统的学校教育，他认为“如果我们的教育对于生活必须具有任何意义的话，那么它就必须经历一个相应的完全的变革”[③]。在教育变革方面，杜威提出了“教育即生长”“教育即生活”“教育即经验的改组与改造”三个基本教育命题。

杜威的课程思想主要体现在如下两个方面：

（1）做中学。杜威反对传统教育以教材为中心，忽略了学生的直接经验，提出“从做中学”的课程思想。杜威认为只有以活动性、经验性的主动作业活动取代传统书本式教材，即采用活动课程或经验课程，才能既满足儿童的需要，也能满足社会的需要，还能使儿童对事物的认识具有统一性和完整性。

（2）教材心理学化。杜威并不反对间接经验的价值，传统课程的弊端就在于传授间接经验的方式脱离了直接经验。因此杜威倡导“教材心理学化”，即将各门学科的知识恢复到原来的经验形态，并通过教师的教学，促进儿童经验向成熟化的人类间接经验过渡。

在如何组织经验课程（活动课程）问题上，克伯屈发展了杜威思想，提出了“设计教学法”，克伯屈被誉为“设计教学法之父”。

（三）课程理论的独立阶段

课程理论的独立阶段意味着课程理论已经从教育学有关论述中分离出来，课程研究成为一个专门的研究领域，许多学者出版了专门研究课程理论的著作。

---

① （英）斯宾塞：《斯宾塞教育论著选》，胡毅、王承绪译，人民教育出版社，1997，第70－71页。

② 吴式颖：《外国教育史教程》，人民教育出版社，1999，第385页。

③ （美）杜威：《明日之学校》，赵祥麟等译，人民教育出版社，1994，第40页。

1. 博比特的课程理论

美国著名教育学者博比特是课程理论科学化的奠基者和开创者，1918 年博比特出版了《课程》一书，标志着课程成为一个独立研究领域。博比特认为，教育是为成人生活做准备的过程，为了实现这一目的，课程的本质就是儿童和青少年为准备成人生活而从事的一系列活动及由此而取得的相应经验。

博比特的课程开发方法是活动分析法。课程开发的具体环节如下[①]。

（1）对人类经验分析。分析出语言、健康、公民、一般社交、精神适应、闲暇消遣、宗教、家庭育儿、非专业实践、职业活动等十大活动领域。

（2）对工作分析。将十大活动领域进一步分解为各种工作。

（3）推导目标。确定各种工作所需的态度、价值观、知识与技能，将这些当作课程目标的来源。

（4）选择目标。在上述目标中，将那些学校之外能学会的目标排除在课程目标外。

（5）制定教育计划。按照目标系统，制定学校教育方案。

2. 查特斯的课程理论

杜威的弟子查特斯在 1923 年出版了《课程编制》一书，系统地探讨了课程编制问题。查特斯的课程理论和博比特相同的是重视通过成人活动的分析得出课程目标，不同的是查特斯在课程目标的分析中还考虑了其他因素，如理想、系统知识、社会人士的意见等，尤其是理想因素在课程目标确立中的重要性。他强调理想无法从对人类活动的分析中产生，但它关系到人的长远幸福，因此也应该构成课程目标的方向。

查特斯在《课程编制》一书中指出："课程编制首先必须确定目标，然后选择课程内容，在选择过程中，必须始终根据目标对内容进行评价。"[②]基于这一指导思想，查特斯把课程编制过程归纳为七个步骤：① 通过研究社会背景中的人类生活，确定教育的主要目标；② 把这些目标分析成各种理想和活动，再继续分析为教学单元层次；③ 按照重要次序进行排序；④ 把那些对儿童有很大价值而对成人价值低的理想和活动提高到较高的地位；⑤ 确定在学校教育期间能完成的最重要项目的数量，将在校外能学得更好的项目删去；⑥ 收集处理这些理想和活动的最佳做法；⑦ 根据儿童的心理特征，按适当的教学程序安排上述获得的材料。

3. 泰勒的课程理论

拉尔夫·泰勒是美国著名教育学家、课程理论专家、评价理论专家，鉴于他对课程理论、教育评价理论的卓越贡献，人们把他称为"现代课程理论之父""当代教育评价之父"。泰勒的课程理论被公认为课程开发原理中最完美、最简洁、最清楚的阐述，达到了科学化课程开发理论发展的新阶段。

泰勒基于美国"八年研究"的实践经验和前人的课程理论，提出了课程研究的四个基本问题，人们把这四个问题称为"泰勒原理"。

---

① 钟启泉：《课程论》，教育科学出版社，2007，第 36 页。

② 施良方：《泰勒的"课程与教学的基本原理"：兼述美国课程理论的兴起与发展》，《华东师范大学学报教育科学版》1992 年第 4 期。

(1) 学校应该达到哪些教育目标。在学校要达成哪些教育目标方面,泰勒提出了教育目标制订的“三个来源”和“两把筛子”。

① 教育目标确定的“三个来源”。泰勒指出,学校在制订教育目标时应考虑学生的需要、社会生活的需要以及学科发展的需要。学校教育总是对一定阶段学生的教育,不同阶段的学生,其知识、能力、需要不同,一定时期的教育目标应该考虑学生具体情况。以往在制订教育目标时,主要考虑的是学科专家的意见,这些意见主要是把学生培养成每个领域的专家。如果从学生角度思考,就应该思考某门课程对那些不能成为学科专家的学习者有什么意义,同时还要思考学生学习这门课程现有的水平状态与学习要求之间的差距。社会生活是学生学习的背景,制订教育目标时应充分地考虑一定的时代和社会现实需要什么知识和素养,这些素养哪些必须在学校才能实现。学科作为确定课程目标的来源是必然的,但不能人为地割裂学科间的联系,泛化或窄化学科功能的做法是不可取的。

② 教育目标选择的“两把筛子”。通过学生、社会以及学科三个方面考察选择的教育目标,并不能直接构成学校的教育目标,还需要通过“两把筛子”(或两个过滤器)进行筛选,教育哲学和教育心理学是教育目标选择的两个过滤器。应该从教育哲学的角度厘定这些教育目标是否有价值、有意义,从教育心理学的角度思考这些教育目标是否符合学生的发展水平。

(2) 提供哪些教育经验才能实现这些目标。为了达成教育目标,必须选择一定的教育经验提供给学生学习。泰勒提出了教育经验选择的五条原则①:第一,学生必须具有使他有机会实践这个目标所隐含的那种行为的经验;第二,学习经验必须使学生由于实践目标所隐含的那种行为而获得满足感;第三,学习经验所期望的反应是在学生力所能及的范围之内;第四,有许多特定的经验可用来达到同样的教育目标;第五,同样的学习经验往往会产生几种结果,应注意不良后果的发生。

(3) 怎样才能有效地组织这些教育经验。泰勒提出了学习经验的横向组织和纵向组织,同时还强调了经验组织的连续性、顺序性(序列性)和整合性三个原则。

(4) 怎样才能确定这些目标正在得到实现。怎样才能确定这些目标正在得到实现的问题也就是如何进行教育评价的问题。在泰勒看来,教育评价问题本质上是确定教育计划实际实现教育目标程度的问题。泰勒强调,把教育评价与教育目标结合起来,评价本身不是目的,而只是达到目标的手段,同时泰勒倡导用评价观代替传统的测验观。

泰勒所提出的四个问题可以进一步概括为“确定教育目标”“选择教育经验”“组织教育经验”“评价教育计划”。前三个方面属于课程设计问题,第四个方面是课程评价问题,因此,泰勒原理包括课程设计和课程评价原理。

4. 泰勒课程理论的完善

泰勒原理提出后,不同学者在泰勒课程思想的基础上进一步发展,形成了更加具体的课程设计思想。

(1) 塔巴模式。美国著名课程专家塔巴在泰勒原理的基础上,进一步思考了社会文化、学习过程、知识体系等问题,把泰勒原理的四个问题发展成八个阶段:诊断需求、陈述

① 钟启泉:《课程论》,教育科学出版社,2007,第11页。

目标、选择内容、组织内容、选择学习经验、组织学习经验、确定评价对象与方法、检查平衡性与顺序性。

(2) 惠勒模式。1967年，惠勒在其所著的《课程过程》一书中，对泰勒模式提出批评，认为泰勒模式最大的缺点是当评价的结果和预期目标不符，则不能反馈。因此他主张将泰勒的直线式排列改为圆周式，变成六个阶段：确定教育宗旨、目的、目标；选择学习经验；选择学习内容；组织、统合学习经验与内容；评价；调整、确定新一轮宗旨、目的、目标。

(四) 课程理论深化阶段

随着课程论成为独立的学科，泰勒的课程模式成为课程研究的主导模式，不同学者在批判泰勒模式的基础上，从不同侧面提出了课程的新问题，引导着课程论研究的深入发展。

1. 布鲁纳的结构主义课程理论

苏联于1957年发射第一颗人造地球卫星后，美国朝野震动，科技的落后被人们归因为教育的落后，教育落后在于没有重视科学教育、培养科学素养。

布鲁纳认为，教育的目的在于培养人的智慧(认知能力)，而智慧的形成与学什么和怎么学有着紧密的关系。在学什么的问题上，布鲁纳认为学习有结构的知识有利于增长智慧。布鲁纳曾说："我们不论教什么学科，务必使学生理解该学科的基本结构。"[①]在怎么学的问题上倡导发现学习，布鲁纳认为发现是学生"按照自己的方式而不是照书本的样子，把获知的事物组织起来的一种活动"[②]。在课程的组织上，布鲁纳倡导螺旋式课程组织，他认为任何学科的任何知识，都可以用智力上诚实的方式，教给任何阶段的任何儿童。不同阶段学生的知识表征形式不同，因此同一知识应该在不同阶段用不同的表现形式呈现给学生，难度不断增加。

2. 杰克逊的潜在课程理论

泰勒的课程理论以目标为中心，一切课程内容是围绕目标进行选择和组织，这就会忽视学校教育中潜移默化因素对学生发展的影响。

"潜在课程"也叫"隐性课程"。潜在课程的思想渊源可以追溯到杜威提出的"同时学习"。杜威认为，学生的学习除正式学习外，还有情意方面的"同时学习"，也就是学生在掌握学校所教课程的同时还形成了对学习内容以及学习过程本身的情感和态度。此后，克伯屈提出了"伴随学习"，即学生对学校课程、教师、学校、自身以及应付各种事情的方法产生的态度、理想、情感和兴趣。"同时学习"和"伴随学习"的思想已经涉及了潜在课程问题。

20世纪50年代，以布鲁纳、施瓦布为代表的教育家倡导"学科结构运动"，在学校教育中强调知识的传播和能力的发展，忽视情感、态度等方面，潜在课程就被搁置一旁。

20世纪60年代，美国课程理论界对传统课程理论进行了反思和批判，1968年杰克逊率先在《课堂中的生活》(一译《班级生活》)中提出"潜在课程"的概念，潜在课程的研究才

---

① (美)布鲁纳：《教育过程》，上海师范大学外国教育研究室译，上海人民出版社，1973，第8页。

② (美)布鲁纳：《论左手性思维——直觉能力、情感和自发性》，彭正梅译，上海人民出版社，2004，第92页。

正式开启。此后，潜在课程逐渐成为课程研究的一个重要方面。

潜在课程是潜移默化对学生产生影响的因素，如校风、学风、班风、师生关系、教师衣着、学校建筑风格等。潜在课程对人的影响既可能是正向作用，也可能是负面作用。应该说明，一旦人们认识到潜在课程的作用，并对相关因素进行控制、建设，那么潜在课程就转化为显性课程，人们研究潜在课程的目的就是让其显性化，体现其正面的教育价值。潜在课程理论拓展了课程的范畴，从泰勒的有目的、有计划的课程转移到关注潜移默化的课程。

3. 斯滕豪斯的过程模式

过程模式的思想渊源可以追溯到卢梭及其以后的进步主义教育运动，而第一次明确提出过程模式的是美国课程专家斯滕豪斯。斯滕豪斯认为，泰勒的课程思想以预先设置的目标为中心，由此制定一套系统的方案，依照目标进行评价。这个过程脱离了学校教育的具体情境，远离学生兴趣、需要和面临的真实问题。

斯滕豪斯强调，在课程开发过程中，要坚持程序原则。课程开发关注的应是过程，而不是目的，不宜从详细描述目标开始，而要先详述程序原则与过程，然后在教育活动中，不断予以改进、修正。

斯滕豪斯强调，课程目标的确定、内容的选择和评价问题是一体的，它们不是分别独立的阶段，所有这些都集中在真实的课堂实践过程中。过程模式中，教师作为研究者，基于对学生的研究和宏观教育目的的把握，提供多样化的学习情境，学生在情境中展开深入的探究活动，教师有针对性地进行指导，进而引发学生持续探究活动，同时教师根据学生参与的过程进行评价。

4. 施瓦布的实践性课程理论

施瓦布是美国著名课程专家，和布鲁纳共同领导了美国结构主义课程改革。改革失败后，施瓦布对传统的课程设计模式进行了反思，提出传统课程理论过于抽象，不利于实践问题的解决。传统课程理论尤其是泰勒的目标模式是大一统的课程理论，是自上而下的课程设计，不能关注学校的具体情境和个性差异，课程研究应走向实践、基于实践。因此，施瓦布分别撰写了《实践：课程的语言》《实践 2：折中的艺术》《实践 3：课程的转化》《实践 4：课程教授要做的事情》，探究走向实践的课程研究模式。

施瓦布的实践性课程理论强调，影响课程设计的因素包括教材、学生、环境、教师四个方面，这些因素是具体的、变化的。因此，课程开发不能由专家统一进行，应该在具体学校里进行集体审议。集体审议的主体是“课程集体”，它以学校为基础，由校长、教师、学生、社区代表、课程专家、心理学专家和社会学家等人员组成，选一位审议主席来领导整个审议过程。集体审议过程的具体步骤是：确定迫切需要解决的问题；对各事实判断和价值判断形成共识；拟定备选的方案；权衡各备选的方案，选择最佳方案；对确定的方案进行“预演”；反思已确定的目标，做出最终的一致性意见。

实践模式反对大一统的课程，追求课程的多元化。

5. 概念重建的课程理论

概念重建课程理论是对现代课程研究多种理论的统称，这些理论的共性特征是基于其各自理论基础，对传统的课程理论进行批判，主张课程研究应从“课程开发”走向“课程理解”，试图建构自身对课程的全新认识。现象学课程理论以及社会批判课程理论是概念重建课程流派的代表理论。

以派纳、格鲁米为代表的存在学、现象学课程理论强调要从动词而不是名词的角度理解课程(curriculum)一词。传统课程理论把课程作为名词理解，是“跑道”，对学生具有预设性和限制性，这不利于学生个人意义和个人生活联系的建立。课程应该作为动词理解，是“跑的经验”，强调课程的过程性，重视个体经验的重建。

吉鲁、阿普尔、保罗·弗莱雷等人强调把课程看成是“政治文本”“美学文本”“种族文本”“性别文本”“国际文本”等来解读，从中发现其潜在的政治、性别、种族、阶级等不合理的地方，进行解构，在此基础上寻求更合理的方向。

6. *后现代课程理论*

后现代课程理论的代表人是美国课程专家小威廉姆 E. 多尔，他深刻批判了西方受工具理性所支配的课程理念与课程体系，认为这种课程理念与课程体系已沦为一种封闭性的科学教条，成为现代工业生产体系的一个环节，教育与课程从而被彻底工具化了，教育与课程的内在价值(促进人的心灵成长的价值)被彻底泯灭。

与泰勒原理的四个问题不同，小威廉姆 E. 多尔提出了设计后现代课程的“四 R”标准。

(1) 丰富性(richness)。丰富性是指课程的深度、意义的层次、多种可能性或多重解释。课程应具有“适量”的不确定性、异常性、含糊性。课程不能是固定的，观点不是绝对的，需要在教师、学生与文本之间进行不断协调，学习者与课程对话、与课程中的人员对话，以生成深度的、多重解释。

(2) 回归性(recursion)。回归是指一个人通过与环境、与他人、与文化的反思性互相作用形成自我感的方式。每一次教育活动都不是完成一项任务，而是一个开端：对作为意义建构者的自身和处于质疑之中的课本进行探索、讨论、探究。每个终点就是一个新的起点，后一个起点来自前一个终点。

(3) 关联性(relation)。关联性包括教育关联和文化关联双重含义。教育的关联性是指课程中的观念、文本、教师、学生、媒体等诸多因素互动而组合成庞大的网络，通过反思，这些联系通过回归性来发展课程的深度，使课程随时间的推移变得越来越丰富。文化的关联性是指所有的解释都与地方文化相关，而且与全球文化也有所联系，只有将教学对话参与者的思维成果在文化的背景下相协调，教学才真正发挥了作用。

(4) 严密性(rigor)。严密性是多尔四个标准中最重要的标准，这一标准能防止对课程的多重解读落入“蔓延的相对主义”或感情用事的唯我论。这里的严密性不同于学术逻辑、科学观察和数学上的精确性，严密性意味着有目的地寻找不同的选择方案、关系和联系，自觉地寻找我们或他人所持的这些假设，以及这些假设之间的协调，从而使对话成为有意义的和转变性的对话。

二、课程的内涵演变

课程论的历史发展过程伴随着人们对课程内涵认识的不断演进和发展，课程内涵的演变大致经历了如下过程：

(一) 课程是教学科目及其进度安排

在出现“课程”这一专用名词前，中西方便有了课程方面的丰富实践。如中国古代学校所教的“六艺”“六经”“五经”等，西方古代学校所教的“七艺”“圣经”等，这些都是学校教学的科目。

“课程”一词在中国首见于唐代孔颖达的《五经正义》，但其表达的事物与教育无关。此后，“课程”一词逐渐应用到教育领域。宋代朱熹在《朱子全书·论学》中多次使用“课程”，如“宽着期限，紧着课程”“小立课程，大作功夫”等，这里“课程”一词大致表达的是学校教学的科目及其进程安排。英语国家“课程”一词首见于1859年斯宾塞撰写的《什么知识最有价值》一文。斯宾塞认为教育是为人的幸福生活做准备，学校教育就应关注个人生活中必须参与的活动。斯宾塞把个人生活要参与的活动划分为五大领域，为了适应不同的活动，相应要学习不同领域的学科知识。斯宾塞通过生活分析出学校要教授的各种学科知识，并把这些学科知识按照重要程度和学习时间进行排列，形成一个学校教学科目的知识谱系，最后他用“课程”一词标志这一谱系。可见，斯宾塞的“课程”表达的也是学校教学科目以及进程的安排。

当前还有很多教育实践和理论工作者依然坚持课程是教学科目及其进度安排这一观点，这一观点还演化成其他不同的表现形式，如课程即教材、课程即教学内容、课程即知识、课程即教学计划等。

把课程当成教学科目及其进度安排，忽略了直接经验等教材无法承载的内容，容易导致课程脱离儿童的兴趣、远离儿童生活，最终造成教学活动变成单向灌输的过程。

(二) 课程是教学经验

20世纪初，以杜威为代表的新教育学者对传统教育展开了一系列的批判，其核心集中在课程领域。杜威认为，教育不是为生活做准备，而是生活的本身，儿童的需要应该得到关注，课程必须关注学生的直接经验。在杜威等新教育运动倡导的教育改革中，社会生活的各种活动以直接或模拟的形式被纳入学校的教育教学活动中。1958年苏联人造卫星第一次成功发射后，美国教育领域开始对以杜威为代表的新教育理论进行反思、批判，酝酿了20世纪60年代以布鲁纳和施瓦布等为代表的教育改革，形成了课程领域中的结构主义课程理论。结构主义课程理论强调应注重学生学习的内在动机以及在这一动机支配下的发现过程，“发现学习”成为这一时期课程领域的最强音。如果对杜威和布鲁纳两种不同的课程理论做出比较，表面上是针锋相对的(一个关注直接经验、活动，一个重视系统知识、学科结构)，但本质上有着内在的一致性，那就是强调学生的兴趣、动机，重视学生学习的主动性，课程不仅仅是预先给定的材料，而是学生的发现、探索的历程，是教学经验。

概念重建主义者派纳、格鲁米等认为，把课程当成是学科最终使教育过程变成了知识和技能的训练过程，教育脱离了“生活世界”。因此课程的本质是开发个人的“存在经验”并提升个体的自我意识。个体通过实际的经历或体验课程，从而形成自我对生活世界的意义。课程的出发点不在于既定的知识结构的传递，而在于师生互动中理解世界，创造知识。①

把课程当成教学经验是当前教育领域中的一种主流观点，重视了学生以自己的生活经验来参与课程，重视了课程的动态性和参与性。这种观点也演化成其他的不同表现形式，如课程即经验、课程即活动、课程即学生的生活履历等。

（三）课程是文化的再生产过程

以布迪厄、鲍尔斯、金蒂斯为代表的学者认为，课程是文化的再生产过程。学校教育是社会的子系统，受社会政治、经济文化的制约，政府一方面对教育进行投资以发展教育，另一方面通过颁布教育政策、规定教育内容，从而实现政府的意志。而在这个过程中，学校课程是实现政府意志的最有力、最有效的工具。课程的知识是统治阶级基于自身需要的文化和意志进行筛选的知识，课程知识不是价值中立，而是有政治性的，都是一定社会文化的反映。学校教育的职责是要再生产对下一代有用的文化和价值，课程就是从一定社会的文化中选择出来的材料。

（四）课程即社会改造的过程

美国进步主义教育运动的过程中，衍生出了社会改造主义课程理论。社会改造主义课程论者强调，学校课程不是帮助学生适应当前的社会，而是要建立一种新的社会秩序和新的社会文化，课程内容应该围绕重大社会问题来组织。在课程的发展史上，先后出现了康茨、布拉梅尔德以及保罗·弗莱雷等代表性人物。

在课程目标上，改造主义课程理论强调课程目标不是让学生适应现存社会，而是培养学生的批判精神和改造社会现实的技能。在课程内容方面，改造主义课程没有统一的内容，它以当下的社会问题为中心，如种族歧视、失业、环境污染、疾病等问题都可能构成一定地域的课程内容，学生对这些内容应该有批判性的见解。当然，课程内容不是由学生自己决定，而应该由教育者按照当前社会的需要决定。在课程组织上，不是按照学科知识的逻辑组织课程内容，而是按照解决实际社会问题的逻辑（社会问题的表现、根源、措施等）组织。在课程实施方面，学生要尽可能参与社会生活中感受体验这些问题。

应该认识到，把课程当成社会改造过程，重视了教育与社会的联系，但夸大了教育的作用，当前西方课程设计中，有部分课程属于这种类型。

以上是不同课程界定的阐述，这些观点从不同的角度对课程进行了研究，丰富了人们对课程的认识。从课程内容属性角度研究，有作为间接经验的学科和作为直接经验的活动。从课程功能角度研究，有的关注对学生的价值，有的关注对文化的价值，还有的关注对社会的价值。从动静态角度研究，有作为静态的学科知识和作为动态的经验。从目的性、计划性角度研究，有的关注有目的有计划的显性课程，有的关注潜移默化的隐性课程。

本文认为，课程是在学校培养目标规范下所开设的学科与活动及其动态展开过程，还包括学校环境中对学生产生影响的因素。当前我国每个阶段学校教育都有其培养目标，为了达成培养目标，学校开设了不同的学科和活动，课程不仅指静态的学科和活动，还指

① 汪霞：《概念重建课程研究的后现代本质与评价》，《比较教育研究》2005 年第 10 期。

向学科和活动的动态开展过程(实施、评价过程)。在国家培养目标指导之外,学校环境中的很多因素对学生的发展也存在影响,如校风、班风、师生关系、物质环境等,这些隐性课程因素也包括在这个课程定义之内。

第二节 教学论的历史发展及教学的内涵演变

一、教学论的历史发展

教学论的发展经历了古代教学思想阶段、近代教学理论发展阶段、现代教学理论发展阶段和当代教学理论发展阶段。

(一) 古代教学思想阶段

1. 中国古代教学思想

谈到中国古代教学思想,人们经常精炼地总结为“一个人、一本书”。“一个人”指孔子的教学思想,“一本书”指《学记》中的教学思想。

(1) 孔子的教学思想。孔子的教学思想主要体现在《论语》中,其重要的教学思想主要表现为以下几个方面:

有教无类。有教无类反映了孔子民主平等的教学思想。孔子的弟子中有贵族,如南宫适、司马牛;也有出身微贱之人,如子张;有善于做生意的富豪子贡,也有瓮牖绳枢的贫民原宪。可见,孔子破除了受教育者的等级界限。论语中“束脩以上,必教之”就体现了这种思想。

学思结合。《论语·为政篇》提到“学而不思则罔,思而不学则殆”,这体现了学思结合的思想。学思结合强调学习与思考是相辅相成的,缺一不可,只有把学习和思考结合起来,才能学到切实有用的真知。

启发诱导。《论语·述而篇》提到“不愤不启,不悱不发。举一隅不以三隅反,则不复也”。启发诱导的实质是调动学生学习的主动性,孔子是历史上最早倡导启发式教学的学者,启发式教学是现代教学的指导思想。

因材施教。《论语·先进篇》中,子路问:“闻斯行诸?”子曰:“有父兄在,如之何其闻斯行之?”冉有问:“闻斯行诸?”子曰:“闻斯行之。”公西华曰:“由也问,闻斯行诸? 子曰,‘有父兄在’;求也问闻斯行诸,子曰‘闻斯行之’。赤也惑,敢问。”子曰:“求也退,故进之;由也兼人,故退之。”这反映了孔子强调从学生的实际情况、个别差异出发,有的放矢地进行有差别的教学。

此外,孔子还提出了“学而时习之”“温故而知新”“学而不厌、诲人不倦”等教学思想。

(2)《学记》中的教学思想。《学记》是人类历史上第一部专门论述教育问题的著作,是世界上第一部萌芽形态的教育学,或者说是古代第一本教育学。《学记》中主要的教学思想体现如下:

教学相长。《学记》:“是故学然后知不足,教然后知困。知不足,然后能自反也;知困,然后能自强也。故曰教学相长也。”《学记》中“教学相长”指教师的学习与教师的教对教师都起促进作用，今天指教师的教和学生的学相互促进。

启发诱导。《学记》："道而弗牵，强而弗抑，开而弗达。"强调要引导学生，但决不控制学生；要严格要求学生，但决不使学生感到压抑；要在问题开头启发学生思考，决不把最终结果给学生。

长善救失。《学记》："学者有四失，教者必知之。人之学也，或失则多，或失则寡，或失则易，或失则止。此四者，心之莫同也。知其心，然后能救其失也，教也者，长善而救其失者也。""教也者，长善而救其失者也"意为教书的人要善于发现学生的长处，并且能引导学生纠正自己的过失。

藏息相辅。《学记》："大学之教也，时教必有正业，退息必有居学""故君子之于学也，藏焉修焉，息焉游焉"。藏息相辅指教学要依规定时间进行正课教学，课后进行课外练习，强调的是课堂教学与校外活动是相辅相成、互补的关系。

学不躐等。《学记》："幼者听而弗问，学不躐等也。""躐"(liè)是超越的意思，"学不躐等"表示学习要循序渐进，不能超越了学生的理解能力。"学不躐等"体现了循序渐进思想，这里强调根据学生的心理顺序进行教学。

《学记》中还谈到了豫时孙摩、尊师重道等教学原则。

此外孟子倡导"化性起伪"的教学目的观，倡导闻—见—知—行的学习观；墨子在教学上重视文史知识、逻辑知识和实用技术，在学习上强调"亲知""闻知""知说"三种途径；老子强调"道法自然""无为"思想，是中国自然主义教学思想的萌芽形态。

2. 西方古代教学思想

在古希腊，产生了大量的思想家，其中苏格拉底、柏拉图、亚里士多德被称为古希腊的三哲、三贤、三圣；在古罗马，产生了西塞罗、昆体良以及奥古斯丁等。这些学者都有丰富的教学思想。

(1) 苏格拉底的教学思想。苏格拉底是雅典著名的哲学家、教育家。产婆术是苏格拉底教学的主要方法，体现了启发式教学思想。产婆术包括讥讽、助产、归纳、定义四个阶段，这种方法不是将现成的结论灌输给对方，而是和对方讨论，通过不断提问诱导使对方自然而然地得到正确结论。

(2) 柏拉图的教学思想。柏拉图是希腊著名的哲学家、教育家，客观唯心主义的奠基人。在西方教育思想史上，柏拉图的《理想国》、卢梭的《爱弥儿》、杜威的《民主主义与教育》被称为"三个里程碑"。柏拉图撰写《理想国》，并办了阿卡德米学院。《理想国》从社会的角度分析教育，提出了培养哲学王、护国者以及普通民众的教育主张，体现了教育目的社会本位论的取向。在教学理念上，柏拉图首次提出了和谐教育，他认为教学目的应该是通过德、智、体、美诸因素使受教育者养成"身心既美且善"的人；在教学对象上，柏拉图重视男女接受同样的教育；在教学阶段上，柏拉图重视早期教育；在教学内容上，柏拉图将四艺(算术、几何、天文、音乐)确定为学校的教育内容；在教学方法上，强调游戏的重要性。

(3) 亚里士多德的教学思想。亚里士多德 17 岁跟随柏拉图学习，41 岁成为亚历山大的老师，49 岁创办吕克昂。亚里士多德的思辨能力非常强，每次跟柏拉图辩论，都把柏拉图辩得面红耳赤，他的同学批评他不尊重老师，亚里士多德回答道"吾爱吾师，但吾尤爱真理"(真理即理性)，亚里士多德强调理性是教学最高目的。亚里士多德根据人的灵魂三元结构(营养的灵魂、欲望的灵魂、理性的灵魂)提出了教育由体育、德育、智育三方面构成。根据人的三种灵魂,亚里士多德首次提出分阶段教学;在教学的本质上,亚里士多德认为教育、教学不应该是功利地掌握职业知识,教学是实现人的灵魂的转向(净化)。此外,亚里士多德首次提出了“蜡块说”思想,影响后世的夸美纽斯和洛克。

(4) 昆体良的教学思想。昆体良是古罗马帝国时期的雄辩家、著名教育家,其主要著作是《雄辩术原理》(或称为《雄辩家的教育》)。《雄辩术原理》是西方历史上第一部专门论述教学问题的著作,是整个文化教育领域中古代思想的百科全书。昆体良提出了教育要适应人的天赋,重视对学生进行德行的培养。同时昆体良的思想中还体现了班级授课制的萌芽思想。昆体良的教学思想为文艺复兴时期的教育奠定了理论基础。

整个古代教学思想具有鲜明的人文性和朴素性。

(二) 近代教学理论发展阶段

17 世纪,欧洲从封建社会走向资本主义社会,人们反对等级性、贵族性、宗教性,倡导“自由、平等、博爱”,反映在教育上表现为追求普及初等教育,这为理论化、体系化的教学思想的发展奠定了基础。

1. 拉特克的教学论

德国教育家拉特克是教育史上第一个倡导教学论的学者。他在 1612 年向法兰克福诸侯呈交的学校改革的奏书中把自己称为“教学论者”(didacticus),称自己新的教学技术为教学论(didactica),这是“教学论”这个名词第一次出现在教育领域。

拉特克的教学思想主要体现在两个方面:① 研究教学论对国家发展有着重要意义。拉特克倡导要实现德国的统一、和平和独立,必须要求一切国民获得一定程度的教养,而致力于探究“教授之术”,研究教学论有着重要的意义。② 教学论研究的重点内容。拉特克认为,教学论重点探讨的是如何使所有人最容易、最有效地获得知识和教养。

2. 夸美纽斯的教学思想

1632 年,捷克著名教育家夸美纽斯出版了《大教学论》,提出了系统的教学思想。

夸美纽斯的教学思想主要体现在如下几个方面:

(1) 教育适应自然。夸美纽斯主张应将“教育适应自然”作为创设新学校的主导原则。教育应适应自然表现为三个方面:第一,教学要根据儿童的天性、年龄、能力进行,也即根据人自然生长的过程进行;第二,自然是一步一步的发展,而不是跳跃,所以教学也应该由易到难,遵循循序渐进的原则;第三,自然的事情无须强迫,如水往低处流、鸟往树上飞,所以教学也无须强迫,不能用强制和惩罚的手段逼迫学生学习,应该激发学生的求知欲望,使学习成为一种轻松愉快的事情。

(2) 班级授课制。中世纪西方学校教学组织松散,学生学习的进度和内容不同,教师只能进行个别教学,教学效率低下。夸美纽斯总结了 16 世纪新旧教派实施班级授课制的初步经验,系统地论证了班级授课制。他主张将全校学生按照能力和年龄分成班级,教师对全班同学进行上课,每个班又分成若干小组,选出小组长帮助教师管理学生。夸美纽斯的班级授课制扩大了教育对象,提高了教学效率,促进了西方学校教学工作的制度化和标准化。

(3) 教学原则。为了使教学工作进行得“迅捷、愉快、彻底”,夸美纽斯提出了许多有效的教学原则，这些原则体现在《大教学论》的第16～19章的论述中。夸美纽斯首次从理论上论证了直观教学原则，他认为一切知识都是从感观的感知开始的，因此将直观教学当作教学的"第一金科玉律"。此外，夸美纽斯在教学上还提出了激发学生求知欲望原则、巩固性原则、量力性原则、系统性和循序渐进原则等。

(4) 分科教学思想。夸美纽斯是第一个试图建立分科教学法的教育家。班级授课制要求教学按课程表分科对学生进行上课，这个过程中教师的作用特别重要，教师需要研究不同科目的教学方法。在《大教学论》中，他专门列出三章论述自然科学教学法、艺术教学法、语言教学法。

此外，夸美纽斯还提出了系统的教学管理思想。

3. 卢梭的教学思想

法国教育家卢梭被杜威称为"教育史上的哥白尼"，卢梭在其文学体裁的《爱弥儿》一书中阐述了"自然主义"教学思想。他认为"自然是善的，人性是善的，只是社会把人变坏了，因此要遵循儿童的成长规律，在大自然中进行教育"。此外卢梭还提出了消极教育、自然后果法、直观教学、发现学习等教学思想。

4. 裴斯泰洛齐的教学思想

裴斯泰洛齐是19世纪瑞士著名的民主主义教育家，他认为人有"心、脑、手"三种天赋和能力，教育应该促进手、脑、心的协调发展。其教学思想主要体现在以下几个方面：

(1) 教育心理学化。裴斯泰洛齐批判过去教育全部的问题是没有考虑儿童的心理，主张"教育心理学化"。裴斯泰洛齐在1800年发表的《方法》一文中指出："我正在试图将人类的教学过程心理学化；试图将教学与我的心智本性、我的周围环境以及我与别人的交往都协调起来。"①

(2) 要素教育论。根据教育心理学化的理念，裴斯泰洛齐提出了要素教育论。要素教育论是指初等学校的教育应该从简单的要素开始，逐步过渡到复杂要素。裴斯泰洛齐认为，体育最基本的要素是关节运动，由关节运动构成了动作；德育最基本的要素是母爱，由爱母亲到爱兄弟、邻里、国家；智育最基本的要素是数、形、词。

(3) 初等教育学校教学方法。裴斯泰洛齐提出初等教育应该开设语言、算术、测量、地理、劳动等科目，并对这些科目的教学方法做了详细的阐述。根据要素教育从简单到复杂的思想，裴斯泰洛齐认为初等教育中的语言科目教学应该先后开展发音、单词、语言方面教学；计算科目教学应先后开展数、加法、减法、乘法、除法等方面教学；测量科目教学应先后开展直线、角、多边形、曲线、圆形和椭圆等方面教学。裴斯泰洛齐首次探讨了初等教育中的科目及其教学方法，人们把他称为"初等学校各科教学法的奠基人"。

5. 赫尔巴特的教学思想

德国教育家赫尔巴特于1806年出版了专著《普通教育学》，标志着教学论成为一门独立的学科(夸美纽斯的《大教学论》标志着教学论开始成为一门独立的学科)。赫尔巴特的教学思想主要体现在以下几个方面：

(1) 教育性教学原则。赫尔巴特提出了教育性教学原则。他说："教学如果没有进行

---

① 吴式颖:《外国教育史教程》，人民教育出版社，1999，第294页。

道德教育，只是一种没有目的的手段，道德教育如果没有教学，就是一种失去了手段的目的。”[①]教育性教学原则要求结合具体知识的教学对学生进行道德教育，道德教育不能脱离具体知识的教学。

（2）教学过程四阶段理论。赫尔巴特运用观念心理学论证了教学过程的阶段，提出了教学过程应由“明了、联想、系统、方法”四个步骤构成。“明了”指教师采用讲解、实例、演示等形式引起学生的学习兴趣，使其注意力集中到教学内容上。“联想”指教师将“明了”环节中呈现的事实与已有的观念联系起来，建立新旧知识之间的联系，从而使学生产生对知识的理解。“系统”是指在教师指导下，学生将所有观念系统化。“方法”是指学生通过实际练习，将系统知识运用到实际中。赫尔巴特的理论后经其学生齐勒等人的补充，发展为著名的“五段教学法”，分别是预备、提示、联合、总结与应用。从赫尔巴特开始，教学过程的研究成为专门的研究领域。赫尔巴特的教学过程体现了教师中心、教材中心、教室中心的特点，是传统教学的体现。后期苏联教育家凯洛夫提出的“感知、理解、巩固、运用”与赫尔巴特具有一致性。

赫尔巴特还论述了学习的兴趣、教学方法等教学问题，他的教学思想建立在心理学基础上，而不是采用夸美纽斯的自然类比法，使得教学论的科学性得到了增强。

在近代教学思想发展的阶段，还有大量的教育学者对教学进行了系统的分析，从此，教学理论开始成为一门系统的学科。

（三）现代教学理论发展阶段

19 世纪末 20 世纪初，欧美主要国家普及了初等义务教育，以夸美纽斯和赫尔巴特为代表的传统教学理论完成了如何实施大规模教学的使命，但又带来了新的教育问题。如过于强调教师中心导致对学生主体性的抑制，过于重视教材作用导致对学生实践能力的忽视，过于强调教学统一的计划性、组织性，导致对学生个性发展的限制。由此，欧美产生了教育革新运动，一方面是欧洲的新教育运动(新学校运动)，另一方面是美国的进步教育运动，在这样的背景下产生了现代教学理论。

现代教学理论的发展建立在对赫尔巴特为代表的传统教学理论的批判上，产生了杜威等人以儿童为中心、重视活动的现代教学理论，针对杜威儿童中心的教学思想的弊端，又产生了要素主义和凯洛夫等回归传统教学的理论，但这种回归不是简单回归，而是一种扬弃和发展。

1. 杜威的实用主义教学思想

1896 年，杜威创办了芝加哥实验学校，他将自己的哲学、教育学、心理学思想在这所学校里进行实践并不断修正，形成了自己系统的教学思想。

杜威主要的教学思想体现如下：

（1）儿童中心。杜威在其 1915 年出版的《明日之学校》中宣称：“现在我们的教育中正在发生的一种变革是重心的转移。这是一种变革，一场革命，一场和哥白尼把天体的中心从地球转到太阳那样的革命。在这种情况下，儿童变成了太阳，教育的各种措施围绕着

① (德)赫尔巴特：《普通教育学》，李其龙译，人民教育出版社，1989，第 215 页。

这个中心旋转，儿童是中心，教育的各种措施围绕着他们而组织起来。”①杜威主张教学要从教师转向学生，充分关注学生的兴趣、主动性。

(2) 活动中心。杜威认为传统课程是由间接经验构成的，代表着成年人的观念，不适合儿童的需要和经验，另外传统课程将具有统一性和完整性的人类经验拆分成各种门类的学科，使儿童对世界的认识失去应有的全面性。因此应加强教育与实际社会生活的联系。杜威认为只有以活动性、经验性的主动作业活动取代传统教材，即采用活动课程或经验课程，才能克服传统课程的弊端。

(3) 思维五步教学法。活动课程需要学生从做中学，而学生参与过程不是随意的、浅尝辄止的过程，应该体现思维的深度参与，因此他提倡反省思维五步教学法，这五个步骤是：① 疑难的情境；② 确定疑难所在；③ 对解决疑难做出种种假设；④ 确定哪个假设可以解决疑难；⑤ 验证这个假设。

2. 要素主义教学思想

要素主义教学思想是20世纪30年代美国出现的与杜威为代表的进步主义教育对立的教学思想流派。主要代表人物有巴格莱、科南特和里科弗等。该流派认为进步主义教育过于强调学习者的兴趣、需要、个人经验、心理组织和主动性，忽视努力、纪律、种族经验、逻辑联系和教师的主导性，降低了教育质量。在教学内容方面，要素主义教育流派的学者认为，要强调“种族经验”或“文化遗产”的重要性，重视数学、阅读、科学等一些基础学科。在教学过程方面，要素主义教育流派的学者主张制定严格的学业标准，要求学校加强知识的传递，同时伴随智力的训练。

3. 凯洛夫的教学思想

苏联教育学家凯洛夫运用马克思主义思想系统地研究了教学问题，提出了完整的教学思想体系。凯洛夫的教学思想主要体现在其1939年出版的《教育学》一书中。

(1) 教学过程的本质。凯洛夫运用辩证唯物主义认识论来论述教学过程的本质。凯洛夫根据列宁关于“从生动的直观到抽象的思维，并从抽象的思维到实践”这一认识真理、认识客观现实的辩证唯物认识论，提出教学是教师在学生自觉与自动参与下，以知识、技能和熟练技巧武装学生头脑的过程，后人把这种认识归纳为教学的本质是特殊的认识过程。

(2) 教学原则。凯洛夫提出了五条指导教学工作的原则，即直观性原则、自觉性与积极性原则、巩固性原则、系统性与连贯性原则、通俗性与可接受性原则。

(3) 班级授课制。根据教学过程的本质要求，结合苏联20年代在试行教学组织形式上走过的弯路，凯洛夫强调了班级授课制应是教学工作的基本组织形式。凯洛夫认为教学工作主要是在课堂上对组成各班的学生进行的，只有把班级授课制作为学校教学工作的基本组织形式，才能完成教育和教学的主要任务。

(4) 综合课的教学环节。凯洛夫在继承发展赫尔巴特教学理论的基础上，并以列宁的认识论和乌申斯基的教学理论为指导，阐述了综合课教学由“组织教学”“检查复习”“讲

---

① (美)杜威：《学校与社会·明日之学校》，赵祥麟、任钟印、吴志宏译，人民教育出版社，1994，第44页。

授新课”“巩固练习”“布置家庭作业”五个环节构成。

（四）当代教学理论发展阶段

20 世纪 50 年代以后，各国针对教育实践中表现出的具体教育、教学问题，开展了各自的教育、教学改革活动，从而引导当代教学理论的新发展。

1. 20 世纪 50—60 年代主要的教学理论

第二次世界大战以后，各国之间的竞争表现为科技和经济的竞争，因此以“发展学生智能”为核心的教育改革成为各国教育改革的方向。在这个过程中，涌现出德国以瓦根舍因为代表的范例教学理论，美国以布鲁纳为代表的结构主义教学理论，苏联以赞可夫为代表的发展教学理论。

（1）瓦根舍因的范例教学理论。1950 年德国 M. 瓦根舍因（Martin Wagenschein）在物理教学中提出了“范例教学原理”，被认为是最早的范例教学的理论。范例教学目的是克服教材内容的烦琐，要求从日常生活中选取蕴含着本质因素、根本因素、基础因素的典型事例和范例，使学生透过这种范例，掌握科学知识和科学方法，并把科学的系统性与学习者的主动性统一起来。范例教学在内容上强调基本性、基础性和范例性三条原则。基本性原则指教给学生基本的知识结构，包括基本概念、基本科学规律和学科的基本结构。基础性原则指教学内容适应学生的智力发展水平，接近他们的生活经验和切合他们的生活实际。范例性原则指教给学生的内容是经过精选的、能起示范作用的基本知识，这种精选出来的范例性教学内容将有助于学习者举一反三。

（2）布鲁纳的结构主义教学理论。美国教育心理学家布鲁纳于 1960 年出版了《教育过程》一书，提出了结构主义教学理论。布鲁纳接受了皮亚杰认知发展阶段学说的影响，认为教学应从学生的成长过程来推演教学原理。在教学理论中，布鲁纳就“教什么”“什么时候教”“怎么教”这三个基本问题提出了自己的见解。学校应教各门学科的基本结构，也就是这个学科的基本概念、基本原理、基本态度、基本方法以及它们之间的相互联系。在时间上尽可能早教，布鲁纳指出：“任何学科都能够用在智育上是诚实的方式，有效地教给任何发展阶段的任何儿童。”①在方法上采用发现学习，以基本教材为内容，让学生自我去发现。此外，布鲁纳还提出动机原则、结构原则、序列原则、反馈原则。布鲁纳主张教学要发展学生的智力、调动学生学习积极性，对我国当前课程与教学改革产生了积极的影响。

（3）赞可夫的发展性教学理论。赞可夫基于维果茨基历史文化发展理论，主张教学应走在儿童发展的前面，建立在儿童的“最近发展区”上，教学应该在教师主导下有效地促进学生发展。为了验证自己的想法，赞科夫在苏联开展了长达 20 年的实验研究，实验班达到 1281 个，实验学校有数百所，实验教师有数千名。在试验的基础上形成了赞可夫的发展性教学理论体系，这一新的教学理论体系涉及新的教学原则、教学计划、教学大纲、教科书、教学方法。发展性教学理论的核心体现为赞可夫提出的五大教学原则，其分别是高难度原则、高速度原则、理论主导原则、理解学习过程原则、促进全班学生发展原则。

2. 20 世纪 70 年代主要的教学理论

20 世纪 60 年代末 70 年代初，各国从教学的不同方面进行了教学改革，以便大面积

---

① （美）布鲁纳：《教育论著选》，邵瑞珍、张渭城等译，人民教育出版社，1989，第 42 页。

提高学校的教学质量。在此过程中，出现了美国以布鲁姆为代表的掌握学习理论，苏联以巴班斯基为代表的教学过程最优化理论。

(1) 布鲁姆的掌握学习理论。掌握学习是由布鲁姆 1976 年最先提出的一种教学策略，基本理念是只要给学生足够的时间和适当的教学，大多数学生都能学会学校里的科目。基于这一理念，布鲁姆等主张，要将学习任务分成一系列小的学习单元，每个学习单元中都包含着前后联系的一组小课。教师编制一系列的测验题，在学习之前测试以确定学习的起点和进度，在学习过程中测试以跟踪、反馈学习过程，在学习之后测试以评价最终学习情况。这种做法形成诊断性、形成性和终结性评价的思想。最后，达到了所要求掌握的 85%以上要求的学生，可以进行下一个单元的学习。若学生的成绩低于规定的掌握水平，就应当重新学习这个单元的部分或全部，然后再测验，直到掌握。

(2) 巴班斯基的教学过程最优化理论。20 世纪 70 年代，为了克服学生普遍存在的留级、学习成绩不佳的现象，苏联教育家巴班斯基提出教学过程最优化理论。教学过程的最优化是指在一定的教学条件下寻求合理的教学方案，使教师和学生花最少的时间和精力获得最好的教学效果，使学生获得最好的发展。巴班斯基提出了教学过程最优化的基本方法体系，包括六个方面：综合地规划学生的教养、教育和发展的任务；研究学生并使教学任务具体化；使教学内容具体化；选择最合理的教学形式和方法；区别对待学生；采取专门措施节约时间，选择最优的教学速度。

3. 20 世纪 80 年代以后教学理论的发展

(1) 罗杰斯的非指导性教学。美国人本主义心理学家卡尔·罗杰斯以“病人为中心”的治疗理论为基础，并将其应用于学校教学领域，形成了颇具特色的“以学生为中心”的教学理论。罗杰斯批判传统教学只重视传授一些陈旧过时的知识，导致学生知、情分离。罗杰斯主张学校教育要培养“完整的人”，即知行合一的人。

非指导性教学根本目的在于，使学生通过自我反省活动及情感体验，在融洽的心理气氛中自由地认识自我、表现自我，最后达到改变自我、实现自我。非指导性教学以学生为中心，教师最富有意义的角色不是权威，而是“助产士”和“催化剂”。教师促进学生学习的关键不在于教学技巧，而在于营造特定的心理氛围，这种心理氛围包括真实、真诚、尊重、关注、接纳、移情性理解。同时罗杰斯还提出了非指导性教学过程包括确定帮助的情景、探索问题、形成见识、计划和抉择、整合五个阶段。

非指导性教学理论重视情感因素，要求教学尽可能直接进入学生的情感世界，而不是借助理性的方法干预或重组学生的情感，强调人际接触和人际关系在教学中的地位。

(2) 建构主义教学思想。20 世纪 70 年代末，以布鲁纳为代表的学者将苏联心理学家维果茨基强调活动和社会交往在高级心理机能中突出作用的思想引入美国后，形成了不同的建构主义流派，进而引起了各国建构主义教学理论的发展。建构主义心理学在知识、学习和学生方面的主要看法如下：

① 建构主义的知识观。建构主义学者认为知识不是客观和确定的，知识具有动态性。知识并不是现实的准确表征或最终答案，而只是一种解释或假设。知识不能精确概括世界法则，具体问题中需要有针对地再创造。知识不能以实体形式存在于具体个体之外，不同个体对命题的理解只能由个体基于自己的经验背景而建构起来，知识的理解取决

于特定情景下的学习过程。

② 建构主义的学习观。建构主义在学习观上强调学习的主动建构性、社会互动性和情境性三个方面。由于学习是相互作用的过程(交往过程、对话过程),因此,建构主义强调多种互动作用对学习的影响。人与物的互动就产生了建构主义学习的情境性;人与人的互动就产生了社会互动性;人与自我是最高级的互动(交往或对话)形式,由此产生了主动建构性。

③ 建构主义的学生观。建构主义在学生观上强调,学习者并不是空着脑袋进入学习情境中的。在日常生活和以往各种形式的学习中,他们已经形成了有关的知识经验,他们对任何事情都有自己的看法。即便是有些问题他们从来没有接触过,没有现成的经验可以借鉴,但是当问题呈现在他们面前时,他们还是会基于以往的经验,依靠他们的认知能力,形成对问题的解释,提出他们的假设。

二、教学内涵的演变

教育受社会形态的影响,不同的社会时期,教育的表现形态不一样,教学作为教育活动的一种表现形式,也呈现不同的形态和特征。从历史的逻辑看,教学内涵总体上表现出如下的演化轨迹。

(一) 古代教学偏向学

在甲骨文中,“教”源于“学”,“教”和“学”最初都是独立的单字。最早将“教学”二字连为一词,见于《尚书·兑命》中的“教学半”。

由于古代受教育者数量少,进度不一,所以在教学过程中,更多的是以学生的自学为主,针对学习过程中的疑难,教师采用个别教学,因此古代对教学过程实质上探究的是学习过程。如孔子的学、思、习、行,《中庸》中的“博学之,审问之,慎思之,明辨之,笃行之”,朱熹的“循序渐进、熟读精思、虚心涵泳、切己体察、着紧用力、居敬持志”,这些都是从学生的学来描述教学过程。

(二) 近代教学偏向教

随着生产力的发展,义务教育在各国开始实施,近代产生了大规模的教学活动。如何使同一个教师能影响更多的学生,如何大规模提高教学的效率,这些问题构成了各国教学研究思考的重要问题。在这样的背景下,夸美纽斯系统地论证了班级授课制,把学校分为四种层次,每个层次的学校分年级,每年分学期,教师按照课程表的安排分科进行授课。在学校教学活动的宏观层面上,夸美纽斯班级授课制使学校教师教学活动的计划性、组织性、系统性得到加强。赫尔巴特进一步从微观上思考如何增强一节课教师教的计划性、组织性,由此提出了“明了、联系、系统、方法”四阶段的教学过程,并且提出了每个阶段相应的教学方法。夸美纽斯、赫尔巴特等学者对教学的研究主要是从教师如何开展教学展开的,从而使得近代教学偏向了教师,注重教师的教。人们把以赫尔巴特为代表的教学思想称为传统教学思想。

由于传统教学重视教师中心、教材中心、教室中心,受到20世纪初西方以杜威为代表的进步主义教育的批判,注重学生中心的教学思想也相应产生。应该认识到,近代教学理论对学校教学的制度化、规范化的发展起到了重要作用,西方教育从此进入制度化教育时期。

(三) 现代教学重视双边活动

到20世纪50年代后,人们认识到以赫尔巴特为代表的教师中心的弊端,也认识到杜威的学生中心的不足。如何协调教师的教与学生的学就构成了教学中的核心问题。教学应该处理好教师主导和学生主体的关系,教学应该是教师的教与学生的学构成的双边活动过程,这些理念构成了现代教学的基本理念。在这种背景下,有人把教学看成是交往过程,有人把教学看成是对话过程,还有人把教学看成是互动过程,这些都是把教学看成是双边活动的反映。

当前,也有观点认为,教学活动确实是双边活动,教学中要强调学生的主动性,但学生如何成为学习的主体,还是有赖于教师有效的教。人们在谈"教学"这一概念的时候,最后还是从教师教的纬度阐述,只不过是在如何充分地考虑学生心理和主动性的基础上进行有效的教。因此,华东师范大学教学论专家崔允漷认为教学是引发、维持与促进学生学习的所有行为。

把教学看成是双边活动这一观点是现代教学理论的主流认识,至于这一双边活动的任务、要素、过程等问题,将在第六章专门阐述。

第三节　课程论与教学论的关系

课程与教学论作为一门课程,需要处理课程与教学两个领域的关系。如何认识课程论与教学论的关系,这不是一个静态的问题,课程论与教学论的关系在不同历史时期的教育理论和教育实践中表现不同。

从课程与教学的实践以及理论研究来看,加拿大教育专家奥利瓦将课程论与教学论的关系总结为颇具代表性的四种模式。

一、二元论模式

二元论模式也叫分离说。在二元论模式中,课程位于一边,而教学位于另一边,二者从不相遇,两个实体之间存在着一条鸿沟。① 在教师指导下的课堂中所发生的一切似乎与课程计划中所阐述的课堂中应该进行什么没有任何关系,课程设计者和实际教学工作者互不理睬,对课程的探讨与课堂中实际传授的内容相脱节。在这种模式中,课程和教学没有互相影响。

二、连锁模式

这一模式说明课程与教学是相结合的关系,如果把教学和课程分离开来,对两者都会

---

① 钟启泉、汪霞、王文静:《课程与教学论》,华东师范大学出版社,2009,第21页。

构成严重的损害。对课程设计者来说,如果把课程看成比教学重要,只要设计好课程,无视教学情况,最终课程意图也是不能落实的,美国结构主义课程改革就犯下了这一错误;同样,对教学工作者来说,无须预先设计课程计划,而主张在教学过程中加以组织,同样是有危害的,这样会造成教学的随意性。

三、同中心模式

在同中心模式中,相互依赖是同中心模式的主要特点。这一模式中,课程与教学并不是两个独立系统,一个被视为另一个的亚系统。它存在两种表现,一种是教学包括课程,也就是大教学论;一种是课程包括教学,也就是大课程论。

(一)大教学论

大教学论就是“将课程作为教学内容,课程论作为教学论的一部分”。这一认识的突出代表是苏联的一些教育学著作。自凯洛夫时代始至20世纪80年代,苏联教育领域中,课程就一直被看作教学内容,而作为教育科学的一个相对独立部分的教学论便担负起研究教学的概念和本质、教学原则、教学内容、教学方法和组织形式等基本任务。我国长期受苏联这种教育学模式的影响。

从教学论形成看,教学论先于课程论产生,教学论产生之初就包含了课程问题。教学论开始成为教育学的一个独立研究领域的标志是1632年夸美纽斯《大教学论》的出版,至今有近400年的历史。而对课程进行系统研究并从理论上加以概括则是20世纪以后的事。一般认为,美国课程专家博比特1918年出版的《课程》一书,标志着课程作为专门研究领域的诞生。可见,教学论相对于课程论是较早从教育学中分化出来的。由于教学论研究历史较长,其框架基本确定,理论体系较课程论完善、成熟。

(二)大课程论

大课程论是指教学是课程的一部分,对教学的研究是课程论的重要组成部分。这种认识源于英美教育文献对“课程”与“教学”的交互使用。

课程理论之父泰勒就是将教学作为课程一部分来看待的代表。泰勒原理由四个方面构成:① 学校应该达成什么教育目标;② 选择什么经验以达成教育目标;③ 如何组织这些教育经验;④ 如何判断这些目标正在得到实现。泰勒原理中如何组织这些教育经验就涉及教学问题。在新课程改革背景下,我国学者基于泰勒原理的四个问题演化出课程体系,新课程改革的课程体系主要由课程目标、课程结构、课程内容、课程实施、课程评价、课程管理组成。教学问题是课程实施中的一个环节,是课程实施的基本途径。

此外,哈利·布朗迪和蔡斯也认为课程这一概念更为广义,是母系统,教学是子系统。

四、循环模式

循环模式也称为课程与教学的一体化模式。在循环模式中,课程与教学两个实体具有连续的循环关系。课程对教学产生了一种连续的影响,相反,教学也影响课程。教学决策的制定在课程决策之后,反过来,课程决策在教学决策实施和评估后被修改。这一过程是连续的、重复的、无止境的。对教学过程的评估影响下一轮课程决策的制定,继而又影响教学的实施。课程与教学之间循环往复,以促使两者的不断适应与改进。

课程论与教学论是密不可分的,不能孤立地存在,必须把它们综合起来进行整体性研究。课程与教学一体化的思想最早可以追溯到杜威经验的概念,经验既是一个名词,指认识的结果,也是一个动词,是参与的过程,这两者是不可分割的。概念重建主义者派纳、格鲁米也认为要从动词而不是名词的角度理解“课程”(curriculum)一词。传统课程理论把课程作为名词理解,是“跑道”,是对学生具有预设性的和限制性的,这不利于学生个人意义和个人生活联系的建立。课程应该作为动词理解,是“跑的经验”。它强调课程的过程性,是个体经验的重建过程。美国课程专家斯滕豪斯的过程模式强调课程与教学过程中的一系列相互作用。瑞典的伦德格伦也是从课程与教学相互联系的角度来界定课程理论的。课程与教学之间的分裂状态在学校或课程教学实践中必然被打破。

第四节　小学课程与教学论的研究内容

本章第三节有关课程论与教学论关系的探究,为本书研究的内容范围的建构打下了基础。本书在处理课程论与教学论关系问题上,主要按照我国新课程改革政策文件的思路进行。当前我国新课程改革包括教学改革,2001 年教育部印发的新课程改革指导文件《基础教育课程改革纲要(试行)》中体现的是大课程论的思想。基于泰勒原理的四个问题,我国当前把课程体系划分为课程目标、课程结构、课程内容、课程实施、课程评价、课程管理六个方面,教学问题是课程实施的核心问题。小学教育专业的学生将来处理的主要是教学工作,因此将教学部分从课程中专门提出来详细分析。这样一来,本书可以分为两大部分,课程论部分和教学论部分,这种思路就构成了本书的宏观逻辑框架。

一、小学课程论部分

要研究和学习课程问题,首先要掌握课程论的一般理论,在这个基础上才能理解我国新课程改革当前的课程体系。从这个意义上讲,课程论部分包括两个基本方面:课程的一般理论基础;新课程改革的课程体系。

课程的一般理论基础涉及课程研究的宏观理论。课程研究常与知识、社会、学生紧密结合,因此哲学、社会学、心理学构成了课程研究的基础学科,而这些思想在课程研究中的应用就产生了课程开发的不同模式。因此对课程基础学科和课程开发模式的研究构成了课程一般理论基础的重要方面。

课程体系涉及一系列环节。新课程改革是一个系统的改革,课程从理念到实践形成了一个循序渐进的体系,这个体系主要包括如下几个方面:① 课程价值取向与课程目标。一定时期课程追求的学生发展价值、社会发展价值和知识价值不同,课程的价值取向表现不一样。课程的价值取向直接影响着一定时期的课程目标。② 课程结构与课程内容。为落实一定时期的课程价值和课程目标,需要建构一定时期的课程结构和课程内容。课程结构和课程内容是实现课程目标的媒介。③ 课程实施。课程实施是将课程价值和课程目标以及由此确立的课程结构和课程内容付诸实践的过程,从而实现了课程从课程设计意图走向实践。④ 课程评价。课程评价是对课程效果做出价值判断，它关涉对课程价值取向、课程目标、课程结构、课程内容、课程实施等各方面情况的判断。⑤ 课程管理与课程领导。为了有效地推进新课程，为课程设计、课程实施、课程评价的运行提供良好的组织和制度保障，需要推行合理的课程管理与课程领导方式。

上面是对课程论所关涉的内容所做的宏观分析，下面对课程论的知识体系做具体的阐述。

(一) 课程论的一般理论

课程论的一般理论部分主要包括课程论的理论基础和课程开发的基本模式。

1. 课程论的理论基础

课程论的理论基础是影响课程论的基础学科，是指那些与课程论最相关和最有效的信息源。课程理论需要从其基础学科中汲取基本原理和研究方法，将它们用于课程设计、实施与评价，从而建构自身的理论体系。我国课程专家施良方认为“把心理学、社会学、哲学作为课程的基础或基础学科，是大家比较公认的”①。

2. 课程开发的基本模式

不同的哲学、心理学、社会学的理论应用于课程研究，就产生了课程开发的不同模式。1918 年博比特的《课程》一书的出版，标志着课程研究成为一个专门的研究领域。此后，不同的学者都在探讨如何开发课程问题，形成了以泰勒为代表的课程开发的目标模式，以斯滕豪斯为代表的课程开发的过程模式，以施瓦布为代表的课程开发的实践模式。当前，课程开发的主流模式是泰勒的目标模式。

(二) 小学课程体系

在泰勒的目标模式的基础上，形成了中国特色的课程系统。从宏观层面来看，课程体系包括课程设计、课程实施、课程评价与管理。其中，课程设计包括课程价值取向、课程目标、课程结构、课程内容。

1. 小学课程价值取向与课程目标

一定的课程价值观对课程体系起统领作用。课程价值是作为主体的社会和学生与作为客体的课程之间需求关系的反映，在本质上是一种课程主体在课程实践中的价值判断活动。② 一定时期的课程价值取向是一定时期教育目的和教育宗旨在课程领域中的具体体现，课程价值对课程目标、课程结构、课程内容、课程实施、课程评价与课程管理等活动起到引领，不然课程设计与实施活动等活动就会成为盲目的活动。不同时期的课程实践和课程理论都在对课程的知识价值、社会价值和学生价值上做出选择，由此形成了知识本位的课程价值取向、社会本位的课程价值取向和学生本位的课程价值取向，而新课程改革的价值取向应该整合课程的知识价值、社会价值和学生价值，形成整合的课程价值取向。

课程目标是一定时期教育宗旨、教育目的和课程价值取向在课程设计中的具体化，最终具体表现为学生通过课程的学习要达到身心发展的预期结果。课程目标在不同时期也

---

① 施良方：《课程理论——课程的基础、原理与问题》，教育科学出版社，1996，第 23 页。

② 李森、陈晓端：《课程与教学论》，北京师范大学出版社，2015，第 73 页。

存在不同的形式取向，大致表现为普遍性目标取向、行为主义目标取向、生成性目标取向和表现性目标取向。以上四种不同价值取向的课程目标各有偏向，普遍性目标与行为性目标是“社会本位课程价值取向”和“知识本位课程价值取向”的反映，生成性目标与表现性目标则是偏向人的自身发展方向，体现的是“学生本位课程价值取向”的理念。因此，我们应综合使用不同课程目标，互为补充，扬长避短，使其各自发挥特长并综合起作用。

2. 小学课程结构与课程内容

课程结构是课程价值与课程目标转化为课程内容的中介。课程结构是指学校课程体系中各种课程类型及具体科目的组织、搭配所形成的关系与比例关系。如小学学科课程与活动课程及其比例关系，分科课程与综合课程及其比例关系，国家、地方与校本课程及其比例关系，这些都是课程结构的体现。

课程内容是课程结构中不同领域的课程所需要呈现的材料和信息。课程内容主要指特定课程中学生需要学习的事实、概念、原理、技能、策略、方法、态度及价值观念等。如果说课程结构是课程的“骨架”，那么课程内容就是课程的“血肉”，通过课程结构和课程内容，最终设计出可感知和触摸的课程计划、课程标准以及教科书。

确定了课程价值取向、课程目标、课程结构与课程内容，也就完成了课程设计工作。

3. 小学课程实施

完成了课程设计工作，就产生了课程计划和方案，如何将设计好的课程计划推向学校教育的实践，这就要思考课程实施问题。课程实施就是将课程计划付诸实践的过程。课程实施包括课程方案的选择和采用、课程资源的开发和利用、教师培训、学校课程制度的建立、教师教学等诸多工作，而课程实施最主要的工作和最基本的途径是教学。

由于教学工作是小学教育专业学生将来从事的主要工作，因此将教学作为专门的领域在本教材中系统地呈现。

4. 小学课程评价与课程管理

课程评价是在搜集有关课程的资料基础上，根据一定的标准对课程设计、课程实施以及课程效果最终做出价值判断的过程。通过小学课程评价过程获得小学课程价值取向、课程目标、课程结构与内容、课程实施等诸方面情况的优劣，以便为课程体系的优化提供反馈信息，最终促使课程体系不断完善。

课程管理是指教育行政部门和学校对课程设计、实施、评价等工作的组织与控制。课程管理工作能为课程系统的运行提供组织和制度的保证，从而推动课程系统有计划、有目的地运行。我国过去小学课程的管理主要是国家课程管理，没有体现地方和学校的自主性，因此，当前倡导国家、地方、学校三级课程管理。

二、小学教学论部分

教学论作为一门学科在我国教育学体系中存在的时间比较长，老一辈教学论专家对教学论的学科体系研究也比较深入，形成了比较系统完备的知识领域。本教材根据已有的教学理论研究，并结合小学教育专业学生实际情况，形成了自身的教材体系。

小学教学论重视小学教学理论与小学教学实践的结合。在理论方面，首先分析小学教学的一般理论，在此基础上分别围绕“教学要做什么”“怎么做”“效果如何”问题展开，即小学教学目标，小学教学的策略(原则、方法、组织形式)，小学教学评价。在实践方面，首先反映在理论知识的分析重视联系小学教学实践；其次，专门设置了“小学教学实践”一章，介绍说课、模拟上课、听课、评课等小学教学实践工作的技能。

(一) 小学教学理论

1. 小学教学的一般理论

小学教学一般理论的学习，是掌握小学教学后续知识的前提。教学理论知识的学习，首先要掌握现代教学的概念与功能，现代教学是双边活动，其功能是促进学生全面发展。其次，教学活动是一个过程，从现象层面看，教学过程在空间上存在教师、学生和教材三大要素，在时间上存在教学过程的阶段，因此要探讨教学过程的要素与教学过程的阶段；从本质层面看，要探究教学过程的实质和教学过程的规律。

2. 小学教学目标

小学教学目标是小学教学活动的起点和归宿，是学生学习以后要达成的预期结果。在小学教学目标的学习中，要掌握小学教学目标的层次、功能、类别以及小学教学目标的表述，尤其是小学教学目标的表述在实际教学活动设计中尤为重要。

3. 小学教学原则

为达成预期的教学目标，需要根据一定的原则实施教学活动。小学教学原则是根据一定的教学目的和教学规律制定的指导小学教学工作的一般要求。小学教师需要掌握常见的教学原则的内涵及其要求。

4. 小学教学方法

教学原则是宏观上指导教学的要求，在课堂教学中具体如何操作，这就需要掌握小学教学常用的方法。小学教学方法是小学教师和学生为实现教学目的和教学任务要求，在教学活动中所采取的行为方式的总称。为了做好课堂教学工作，小学教师要掌握现代教学方法选择和运用的依据、要求。

5. 小学教学组织形式

小学教学活动需要将教师与学生、时间与空间等要素有效地组织起来，这就涉及教学组织形式。教学组织形式是指为完成特定的教学任务，教师和学生按一定要求组合起来进行活动的结构。历史上存在个别教学、集体教学、综合教学等多种形式，现代教师应该掌握现代教学组织形式及其发展趋势，更好地开展教学活动。

6. 小学教学评价

教学过程中，教学活动方案设计情况、教学过程开展情况以及教学最终的效果如何，需要通过教学评价进行判断，以便优化教师的教与学生的学。现代教师应该掌握教学评价的新理念、教学评价类型、教学评价的内容以及学生发展性评价的方法。

(二) 小学教学实践

为了更好地引导小学教育专业学生掌握以后工作的主要技能，实现教学理论与教学实际工作的有机结合，教材最后专门设置了“小学教学实践”这一章内容。

这一章重点介绍了上课、说课、听课与评课这四种小学教师工作常见的活动，引导学生掌握相应的技能。上课的过程蕴含着导入、讲授、提问、板书等课堂教学技能；说课是对教学过程及其背后的"道理"进行深度剖析，是提升教师教学智慧的重要手段和桥梁；听课与评课是教师专业研究的有效途径，在观察中把握真实的课堂，在评价中引领教师的发展。

本章小结

认识课程与教学的概念是探讨小学课程与教学论学科知识的前提。

本章第一节从时间维度介绍了课程实践和课程研究在不同时期的表现，梳理出人们对课程的几种主要看法，在此基础上对课程的概念进行了定义。

本章第二节从时间维度介绍了教学实践和教学研究在不同时期的表现，梳理出不同时期教学的主要特征，在此基础上对教学的概念进行了定义。

本章第三节对课程论和教学论的关系进行了分析，阐述了课程论和教学论的四种基本关系，指明了新课程改革背景下我国当前课程论与教学论关系表现为大课程、小教学的关系。

本章第四节基于第三节中对课程论与教学论关系的分析，建构了本教材的框架结构。本教材坚持"大课程论"的思想，但鉴于小学教师从事最多的工作是教学工作，故专门将教学问题从课程实施中抽离出来进行详细的分析。由此，本教材的基本框架包括两大部分：课程论与教学论。

[思考与练习]

1. 请列出中国古代不同时期学校的课程。
2. 请简述泰勒原理。
3. 请简述对课程定义的几种典型观点。
4. 请简述夸美纽斯的教学思想。
5. 请简述赫尔巴特的教学思想。
6. 请列出课程内涵的几种认识。
7. 请阐述课程论与教学论的基本关系。
8. 请陈述小学课程的体系结构。

第二章 课程论的一般理论

扫码获取
相关资源

内容提要

课程理论是人们对课程与社会、知识、学生等关系的规律性认识，一般把哲学、心理学和社会学作为课程论的理论基础。课程开发的模式是根据某种课程思想和理论，确定课程目标、选择和组织课程内容以及制定课程评价方案等形成的一种课程开发系统。以不同的教育哲学、心理学为理论基础，就形成了不同的课程开发模式。20世纪以来，课程开发的模式主要有泰勒的目标模式、斯滕豪斯的过程模式和施瓦布的实践模式。我国当前课程体系的基本范畴有课程价值取向与课程目标、课程结构与课程内容、课程实施与评价、课程管理与领导。

学习目标

1. 了解作为课程理论基础的哲学、社会学、心理学的相关知识。
2. 理解泰勒的目标模式、斯滕豪斯的过程模式和施瓦布的实践模式。
3. 理解我国课程体系的基本范畴是由课程价值取向与课程目标、课程结构与课程内容、课程实施与评价、课程管理与领导等方面构成。
4. 能运用所学课程开发模式，分析当前我国新课程开发过程。

第一节　课程论的理论基础

课程论的理论基础是指那些与课程论最相关和最有效的基础学科。把握课程论的理论基础，有助于深化对课程论的理解。任何一门学科的建立都要从其基础学科中获得概念、基本原理和研究方法，课程理论同样需要从其基础学科中汲取基本原理和研究方法，将它们用于课程设计、实施与评价，从而建构自身的理论体系。

关于课程论的理论基础，人们进行了不同角度的探讨。一是课程编订的“四原理学说”。陈侠认为，课程编订的基本原理包括哲学原理、社会学原理、心理学原理、教育学原理。① 二是课程论的“三基础学说”。张武升、李学琴指出“课程主要的直接的学科理论依据是社会学依据、科学学依据和心理学依据”②。廖哲勋、田慧生提出课程论应该以现代心理学、社会学和哲学作为它的基础。③ 三是课程论的“四基础学说”，靳玉乐认为课程论的四大基础是哲学基础、社会基础、心理基础、历史基础。④ 之后也有学者提出了课程论的文化学基础、课程社会学基础。人们比较公认的观点：课程论的理论基础是哲学、心理学和社会学。正如施良方所说，“把心理学、社会学、哲学作为课程的基础或基础学科，是大家比较公认的”⑤。

一、课程论的哲学基础

哲学是课程论的基石和理论依据，是学校课程观的根本基础。“课程与哲学的关系十分密切，一方面，哲学制约着课程观的产生、发展和变革；另一方面，课程在哲学面前具有能动性、选择性。”⑥

（一）哲学对课程论的影响

事实上，每一种学校课程都隐含着课程设计者的某种哲学思想与观念，只不过其表现形式明显或隐晦而已。哲学的知识观、知识价值取向、知识的形式与分类影响着课程的价值取向、课程设计的形态、课程的类型与门类等。

1. 哲学影响着课程的价值取向

课程实践在本质上是一种价值创造与意义生成的活动。人们对价值问题的不同思考，影响着课程的价值取向。课程价值取向是作为课程主体的社会、个人与作为客体的课程（知识）之间需求关系的反映。哲学中有关知识的价值选择，影响着课程的社会价值取向、个人价值取向和知识价值取向。一是哲学影响着课程的社会价值取向。社会价值取向论者强调，社会需要是课程得以确立的前提，学校主要是社会的服务机构，学校的“使命是确立在社会需要基础上的，至少对这种需要很敏感，并提出与满足已证实的社会相关的各种计划”⑦。学校课程便理所当然要满足这种需要，为社会训育公民、商人、工程师、医师或士兵等作为“人力”的人。二是哲学影响着课程的个人价值取向。个人价值取向论者强调人是教育的出发点。一方面，他们追求人的理智健全、人格完善；另一方面，他们要求满足个人的需要、兴趣。我国现阶段的教育目的是“全面发展的人”的实现，课程价值取向在一定程度上无疑是从人的尺度来考虑的，当然还包括其他方面的考虑。三是哲学影响着课程的知识价值取向。课程的知识价值取向论者强调知识的内在价值，认为“知识的价值在于知识自身，为知识而掌握知识是值得的，知识是心智的食粮”⑧。作为客体的知识

---

① 陈侠：《学校课程编订的基本原理》，《课程・教材・教法》1989 年第 1 期。
② 张武升、李学琴：《大课程的科学理论依据问题》，《课程・教材・教法》1994 年第 3 期。
③ 廖哲勋、田慧生：《课程新论》，教育科学出版社，2003，第 83 页。
④ 靳玉乐：《现代课程论》，西南师大出版社，1995，第 82－134 页。
⑤ 施良方：《课程理论——课程的基础、原理与问题》，教育科学出版社，1996，第 23 页。
⑥ 谭辉旭：《关于课程哲学基础的思考》，《教育研究》2006 年第 3 期。
⑦ 廖哲勋、田慧生：《课程新论》，教育科学出版社，2003，第 95 页。
⑧ Adams，J.，The Evolution of Educational Theory，American Journal of Psychology，1913.

课程要能满足社会和学生主体发展的需要，我国现阶段的教育内容的选择，课程价值取向就要从社会需求和学生发展的角度加以考虑。

2. 哲学影响着课程设计的形态

课程设计是对课程的各个方面做出规划和安排，主要是课程目标和课程内容的设计。对知识来源的不同回答，会产生不同形态的课程设计。首先，理性主义的知识观认为，知识存在于人的内心世界，通过教育诱发出来，强调传统学科知识，重理论性知识、轻实用基础性知识，忽视学生参加必要的实际活动。相应地，学校课程在设计上强调学科理论性知识，忽视实用性知识。理性主义知识观下的课程设计形态是学科课程设计，要求学校开设神学、历史、文学、哲学、艺术、天文、地理等课程。其次，实用主义知识观认为，知识是实践性行为的一种方式，是适应环境、解决问题的工具，是人面对各种疑难情境时运用思维和探究的经验成果，强调经验性知识，忽视系统的理论性知识。相应地，学校课程在设计上强调学生个体的直接经验，重视学生参加必要的实际活动，主张经验中心课程，倡导"做中学"。实用主义知识观下的课程设计形态是活动课程设计。最后，辩证唯物主义知识观认为，知识是客观存在于人脑中的正确反映，强调学科知识与实用性知识并重，相应地，学校课程在设计上既重视系统学科知识的学习，又强调学生个体的直接经验的获得。辩证唯物主义知识观下的课程设计形态是综合课程设计，要求学校设置全面发展的课程。目前，我国小学课程设计就是按照辩证唯物主义知识观指导下的小学课程设计。

3. 哲学影响着课程的类型与门类

课程类型是课程的组织方式或课程设计的不同种类，课程门类是课程的类别和数量，是课程的外在表现形态。说到底，课程的类型、门类的设置，有赖于人们对知识形式、分类的理解。事实上，"各种不同的知识，就是课程设计的依据与题材"①。人们对知识的形式有不同的理解。一是穆尔(Moore, T. W.)的观点。穆尔认为，历来的哲学家往往把一切"真"的知识归结为两种范式：数学、逻辑学所提供的范式；构成种种科学的经验型知识的范式。但这不是现实的，还存在具有不同的固有机制与验证步骤及若干特征的知识"形式"。根据这一见解，美学、宗教、道德都是知识的一种形式，都是知识"领域"的构成要素。② 二是菲尼克斯(Phenix, P. H.)的观点。菲尼克斯从量的侧面和质的侧面提出了人类教育不可缺少的六个知识领域，凭借它构成学科，这六个知识领域分别是：① 符号学(普通语言学、数学、非推理性符号形式)；② 经验论(物理学、生物学、心理学、社会科学)；③ 审美学(音乐、视觉艺术、运动艺术、文学)；④ 心智研究(哲学、心理学、文学、宗教)；⑤ 伦理学；⑥ 福音学。菲尼克斯的研究体现了知识形式的多样性和知识形式对课程类型的影响。

(二) 当代西方教育哲学流派及其课程观

哲学对课程的影响主要是通过教育哲学而实现的，有什么样的教育哲学就有什么样的课程理论。20世纪，"西方教育哲学流派大致可以划分为四大流派，即永恒主义教育哲学、要素主义教育哲学、进步主义教育哲学和社会改造主义教育哲学，它们分别主张不同

① 劳顿等：《课程研究的理论与实践》，张渭城等译，人民教育出版社，1985，第18页。

② 穆尔：《知识与课程》，钟启泉译，《外国教育资料》1995年第6期。

的课程观。”①

1. 进步主义教育哲学及其课程观

进步主义教育哲学是由实用主义哲学应用于教育而构成的教育哲学理论，发端于19世纪末，蓬勃于20世纪上半叶，是新教育运动同实用主义教育思想相结合的产物。进步主义教育哲学的代表人物是帕克、帕克赫斯特、杜威等。“进步主义教育哲学认为，知识是动态的而不是静态的，更不是永恒不变的。学校课程应当基于不断变化着的人类经验和科学的方法，而不能以固定不变的学科知识为准则。进步主义关注的是我们怎样思考(how to think)而不是思考什么(what to think)，强调的是学生自由自主地解决问题而不是教师权威领导下的机械背诵。”②进步主义教育哲学认识论的基本观点是，知识起源于生活，是解决生活中疑难问题的工具。进步主义教育哲学价值论的观点是，道德是相对的，满足需要的行为才是道德的；衡量道德的标准是结果，对全体人有用的才是道德的，反映行为动机与行为结果的统一，个体行为与社会需要的统一。进步主义者提出教育本质的三个问题：教育即生长、教育即生活、教育即经验的不断改造与重组；认为教育活动本身并无目的，教育目的与儿童的需要、生活密切相关。

进步主义哲学的课程观是指以进步主义教育哲学为基础的课程观念。进步主义哲学的课程观表现为：① 在课程目标上，进步主义认为课程应以儿童为出发点和目的，培养学生解决现实问题的各种综合能力，衡量课程价值的标准是看课程能否有助于儿童的生长和发展，属于儿童本位。② 在课程内容上，进步主义注重个人经验，主张课程内容应当反映学生现实生活本身，认为学生学习知识，是让儿童学会适应眼前的生活环境，“儿童的社会生活是其一切训练或成长的集中或相互联系的基础”③。③ 在课程组织上，进步主义主张教材应当心理学化，反对注重逻辑系统组织的“学科中心论”，认为课程组织应考虑儿童心理发展的次序，以利于儿童现有经验和能力。杜威的教材心理学化是“把各门学科的知识恢复到原来的经验，使儿童的间接经验转化为直接经验”④。

2. 永恒主义教育哲学及其课程观

永恒主义教育哲学指的是强调教育原理的永恒不变性和经常性的教育哲学理论，产生于20世纪30年代，以唯实主义哲学为基础，是现代西方教育哲学中的保守流派。其代表人物有赫钦斯、艾德勒和利文斯通等。永恒主义教育哲学主张，恢复文艺复兴时期以来的古典主义教育传统，认为人有“共同人性”，教育只要加强理智的训练就可以培养出民主的公民。认为人是理性的动物，在全部的历史时代中，其本性是永恒不变的。教育活动的目的在于培养人区别于动物的根本特性，即人之所以为人的特征，把人培养成为人，使人真正成为具有智慧和理性的人，而教育方案应当是永恒不变的。

永恒主义哲学的课程观是指以永恒主义教育哲学为基础的课程观念。永恒主义哲学

---

① 靳玉乐：《现代西方主要教育哲学流派的课程观述评》，《外国教育研究》1991年第3期。

② 靳玉乐：《现代西方主要教育哲学流派的课程观述评》，《外国教育研究》1991年第3期。

③ 华东师大教育系、杭州大学教育系编译：《现代西方资产阶级教育思想流派论著选》，人民教育出版社，1980，第8页。

④ 娄立志、孙洪清：《进步主义和要素主义教育德课程观比较》，《上海师范大学学报(哲学社会科学·教育版)》2002年第12期。

的课程观表现为：① 在课程设置上，永恒主义者的态度是明确和肯定的。“他们认为那些具有理智训练价值的传统的‘永恒学科’是首选的、必选的内容。因为永恒主义者认为实用学科的价值对于人的理智训练来说要低于人文学科的价值。”①“那些职业训练方面的‘如何做’(how-to-do-it)的学程(course)是列在黑名单中的，其根据是它们强调技术，而不是理解，它们强调具体的技能，而不是理论。”②② 永恒学科抽绎出了我们人性的共同因素，表达了人们普遍关心的问题，体现了某些永恒不变的东西，可以指导我们解决当前政治、经济、道德和科学的问题。③ 永恒主义者主张大百科全书式的学科课程，永恒学科课程包括在理智训练中具有方法性功能的数学、科学和艺术，具有内容性功能的哲学、文学和历史，具有工具性功能的语言等，这些学科应包括人类长期以来积累的文化遗产。

3. 要素主义教育哲学及其课程观

要素主义教育哲学是强调教育中文化共同要素重要性的教育哲学理论，形成于20世纪30年代，为50至60年代的课程改革提供了基本的原理，以唯心主义和古典唯实主义哲学为基础，是现代西方影响较大的保守流派。其主要代表人物是巴格莱(Bagley)、坎德尔(Kandel)、莫里逊(Morrison)、芬尼(Finney)和布里格斯(Briggs)等。要素主义教育哲学在永恒主义与实用主义教育哲学的对立中，它采取折中主义的观点，认为实用主义教育哲学的错误在于其实用性，否定了文化中的共同要素，造成知识质量下降。要素主义教育哲学的基本观点：“文化的价值具有永恒性和客观性，在人类文化遗产中有着共同不变的文化要素，学校教育的使命就是把社会的文化遗产传授给青年一代，并促进青年一代的智力成长。”③要素主义教育哲学主张，学校教育决不能放弃传统的心智训练的目标，要努力提高学生的智力水平以保证教育质量。要素主义者认为，教育的目的在于传递人类文化的核心或要素，帮助个人实现理智和道德的训练，形成其理性的人格。

要素主义哲学的课程观是指以要素主义教育哲学为基础的课程观念。要素主义哲学的课程观表现为：① 在课程目标上，要素主义认为课程要做到能够传授文化遗产和进行理智、道德训练，属于社会本位。② 在课程内容上，要素主义主张选择共同的、不变的文化要素作为课程内容，课程的体系由一些“要素性”的学科组成，包括英语、数学、科学、历史、外语等，强调课程内容应体现国家的教育意志和民族的利益，包含价值标准，即对个人和社会都有用的基本知识和技能。③ 在课程组织上，要素主义主张学科课程，重视教材的逻辑组织，具体到各教育阶段，学科课程要考虑不同等级的要素。“小学阶段学习的‘要素’有：阅读、说话、写作、拼音和算术，以及以后的历史入门、地理、自然科学与生物科学、外语；次一等的要素是美术、音乐和体育。”④④ 在课程评价上，要素主义者强调高标准。要素主义主张全国建立统一的课程标准，因为只有课程统一才会使人们学到共同的文化要素。

4. 社会改造主义教育哲学及其课程观

社会改造主义教育哲学是从进步主义中逐渐分化出来的教育哲学理论，形成于20世

① 张平海：《永恒主义教育目的及其课程观评析》，《集美大学教育学报》2000年第4期。

② 陆有铨：《躁动的百年》，山东教育出版社，1997，第74页。

③ 王奕、郭晨虹：《要素主义教育理论及其课程观德评析》，《当代教育论坛》2006年第6期。

④ 廖哲勋、田慧生：《课程新论》，教育科学出版社，2003，第110页。

纪30年代，以杜威提出的“教育必须参与社会的改造”这一思想为基础，来源于进步主义，是对实用主义哲学的改造、继承和发展。社会改造主义教育哲学的代表人物有康茨(Counts)、拉格(Rugg)、布拉梅尔德(Brameld)等人。社会改造主义教育哲学主张既要保持人类的一切文化遗产，也要保持教育中的一切要素。布拉梅尔德主张，教育不仅应帮助个人适应社会，更重要的是使他们参与社会。社会改造主义者大多受杜威哲学思想的影响。他们认为教育主要目的是以“理想社会”的模式来改造社会，教育的首要目的在于促进学生的社会化，并使他们成为现实社会的未来规划者，从而推动社会的变化，以实现“理想社会”。改造主义认为，学校应成为新社会改造的工具，教师和学生都要行动起来以努力实现改造社会的目标。社会改造主义者主张，课程应该是平等教育、国家教育以及文化多元主义、未来主义的集中体现，课程应与现实和未来的社会保持高度的统一，而这种统一的核心是人的发展和人类的进步。

社会改造主义哲学的课程观是指以美国改造主义教育哲学为基础的课程观念。社会改造主义哲学课程观表现为：① 在课程目标上，课程改造的根本目标在于重新设定课程目标，设定的课程目标旨在培养学生的批判精神和改造社会现实的技能，学校课程转向社会本位。② 在课程内容上，改造主义课程没有统一的内容，以广泛的社会问题为中心。改造主义者认为：“学校课程尤其要关心犯罪、家庭分裂、环境污染、交通和住房拥挤、娱乐、战争、疾病、饥饿等社会问题，学生对这些问题要有批判性见解。”①并要学习相应的学科知识，为解决上述社会问题提供一定的背景知识。③ 在课程组织上，常采用“车轮状”的课程组织结构，这种组织方式介于学科中心课程与活动中心课程之间。“以中等教育为例，轮子的轴心代表某些关键性问题；轮辐是由讨论、知识和技能的学习、职业训练等组成的各类课程，是解释和解决轮轴中关键问题的支撑；轮胎将涉及轮轴问题的所有相关课程统一起来，使整个车轮得以有机地联系起来。”②

“从历史发展看，课程的历史总是与哲学的历史紧密联系的。”③“哲学作为一切社会活动和个体行为理念的依据，它决定着课程的价值取向，进而决定着课程决策与开发，决定着课程目标、内容、结构、评价，甚至决定着教学活动中所有认知性与非认知性活动的具体内容与方式。”④所以，哲学是课程论的基石和理论依据。

二、课程论的心理学基础

心理学是课程论的直接依据和科学依据。“与包罗万象的哲学相比，心理学对课程的影响更加直接、更加明显，也更为具体。”⑤心理学是研究人的心理现象和心理规律的科学，课程致力于如何更有效地育人，心理学就成为课程论的直接依据。同时，“从亚里士多德依据官能心理学提出的体育、德育、智育和谐发展的思想，到赫尔巴特注重观念的运动

---

① 廖哲勋、田慧生：《课程新论》，教育科学出版社，2003，第115页。
② 陆有铨：《躁动的百年》，山东教育出版社，1997，第46－47页。
③ 谭辉旭：《关于课程哲学基础的思考》，《教育研究》2006年第3期。
④ 李定仁、徐继存：《课程论研究二十年》，人民教育出版社，2004，第26页。
⑤ 和学新、张丹丹：《课程的心理学基础研究的问题反思与走向》，《全球教育展望》2012年第5期。

而推行的‘统觉论’，无不体现了课程的心理学基础对学校课程设计及课程改革的影响。”①这为课程论的形成与发展提供了科学依据。

（一）心理学对课程论的影响

从课程论与心理学的关系来看，心理学的整体结构观、学生的身心发展规律和水平等无疑影响着课程目标的确定、课程知识的分类、课程内容的选择、教学内容的组织、学生在课程研制中的地位和作用等方面。

1. 心理学影响着课程目标的确定

课程目标是教育目的和培养目标的具体化，是进行课程开发与设计、课程实施、课程评价中所体现的教育价值的基本要求。施良方指出："尽管课程目标的实质内容主要是由社会政治和经济制度、哲学思想和办学宗旨等方面的考虑所规定的，但心理学原理有助于我们在确定目标时采用什么样的形式来表达，或确定目标能够达到何种程度。"②因此，课程目标的确定应指向学生的发展，这就离不开心理学的学科基础。首先，课程目标具有整体性。课程设计应在课程价值取向的基础上有一个统一的目标，能够促进学生认知、操作技能、情意等方面全面发展。课程目标的整体性特征要求课程结构设计和课程内容的选择都要有整体性。其次，课程目标具有层次性。发展心理学研究表明，学生身心发展在不同阶段有不同的规律和水平，其认知、操作技能、情意等方面的发展在不同的年龄阶段有相应的阶段性目标，从而构成不同层次的阶段目标。

2. 心理学影响着课程知识的分类

对于知识的分类，不同的分类标准下有不同的划分类别。根据获得知识的方式，将知识划分为直接知识和间接知识；根据知识反映事物的深度，将知识划分为感性知识和理性知识。也有人根据知识存在的形式将知识分为概念、规则、高级规则，主要表现为基本概念和基本技能。这些知识分类缺乏一定的心理学基础。现代认知心理学派从信息加工的角度进行知识分类，安德森（Anderson，1983）从信息加工的角度，将知识分为陈述性知识和程序性知识。陈述性知识是关于"是什么"的知识，是对事实、定义、规则和原理等的描述，它的基本形式是命题，其学习过程主要是在工作记忆中把几个激活了的命题节点联结起来形成命题网络。陈述性知识强调认知结构对知识信息的联结、加工和组织，容易被人意识到，能被人用词汇或其他符号明确地系统表达出来。程序性知识是指完成某项任务的一系列操作程序，包括学会条件认知和学会操作步骤。程序性知识往往与一定的问题相联系，在一定的问题情境面前，会被自动激活而后被执行，不需要太多的意识。两类知识的获得过程有不同的规律。莫雷根据知识获得过程将知识分为联结性知识和运算性知识，并根据"陈述—程序""联结—运算"两维分类模式，将知识细化为"联结—陈述性知识""联结—程序性知识""运算—陈述性知识""运算—程序性知识"。③ 课程知识的编选以此为依据，更为科学和更符合学生的学习规律。

---

① 廖哲勋、田慧生：《课程新论》，教育科学出版社，2003，第 83 页。

② 施良方：《课程理论——课程的基础、原理与问题》，教育科学出版社，1996，第 39 页。

③ 莫雷：《知识类型与学习过程》，《课程·教材·教法》1998 年第 5 期。

3. 心理学影响着课程内容的选择

从心理学角度看，在选择课程内容时，要考虑到受教育者身心发展规律、水平和需要，就需要处理好几个方面的关系。一是课程内容与学生原有认知水平的关系。选择课程内容时要考虑到受教育者现有的认知发展水平和发展规律，要把握好所选课程内容的深度和广度，选择的知识不能过深、过难、过多，也不能过浅、过易、过少，要难易适度，多少适量，要设计“摘桃子”式的知识，促进学生认知水平的不断提高。二是课程内容与学生学习动机的关系。选择课程内容时要考虑学生身心发展的需要，促进受教育者个性的自由发展，同时要考虑学生学习的内在动机，这样才能更有利于达成课程目标。人本主义课程理论认为，自我实现是个体生长的基本需要，课程内容选择的基本出发点就是受教育者自我实现的基本需要，强调课程满足受教育者自我实现的需要。杜威的儿童中心课程理论也是以满足儿童的动机、兴趣、爱好和需要作为课程内容设计的根本依据。

4. 心理学影响着教材内容的组织

现代心理学认为，教材内容的组织要做到教材的逻辑顺序与学生心理顺序的统一。早在 20 世纪 40 年代，泰勒就明确提出了课程内容的编排与组织的三条逻辑规则，这三条原则仍具有借鉴意义。一是连续性，即直线式地陈述主要的课程要素。二是顺序性，强调后继的内容要以前面的内容为基础，同时又对有关的内容加以深入、广泛地扩展。三是整合性，即要注意各门课程的横向关系，使学生获得一种统一的观念，并把自己的行为与所学内容统一起来。

5. 心理学影响着学生在课程研制中的地位和作用

学生学习的起因（人本主义心理学派所强调的）、学习的过程（认知心理学派所强调的）、学习的效果（行为主义心理学派所强调的）都对课程研制工作具有重要的影响。课程目标的确定、课程内容的选择和教材的组织最终取决于学生的认知水平和规律。学生素质的发展对课程研制有着方向性作用。课程研制者必须把握学生的知识素质、能力素质、品德素质等的发展方向，并以此确定课程的目标。学生身心发展规律对课程研制有着制约性作用。符合学生实际的课程，学生的反应是积极、愉快和主动的，而课程或教材脱离了学生的实际，学生的学习就会出现障碍，学习情绪低沉，学习效果差。如学生心理发展的顺序就制约着各科教材的逻辑顺序。①

（二）当代西方心理学流派及其课程观

从课程的历史发展来看，当代的行为主义心理学、认知心理学、人本主义心理学等都是课程理论的形成和发展的重要理论基础。有学者指出：“课程理论与实践的蓬勃发展与纷呈的心理学流派关系密不可分，其中尤其以行为主义、认知主义、人本主义、建构主义的影响最为突出。”②心理学对课程的影响主要通过心理学理论而实现，有什么样的心理学理论，就有什么样的课程理论。

1. 行为主义心理学及其课程观

行为主义心理学产生于 20 世纪初，流行于 50 年代的北美，是在构造主义学派与机能

① 廖哲勋、田慧生：《课程新论》，教育科学出版社，2003，第 85－86 页。

② 和学新、张丹丹：《课程的心理学基础研究的问题反思与走向》，《全球教育展望》2012 年第 5 期。

主义学派争论不休的时候出现的。行为主义心理学是由美国心理学家华生(J. B. Watson)创立的,代表人物有桑代克(Thorndike)、巴甫洛夫(Pavlov)、斯金纳(Skinner)等。华生在实验的基础上提出了著名的“联结”说,主张把刺激—反应作为行为的基本单位,认为学习即刺激—反应联结的加强,联系成为学习的重要表现方式。在“联结”说的基础上,新行为主义心理学学派的代表斯金纳,提出“强化”说,强调在刺激—反应之后,再刺激,即强化,学习就在于强化的程度和程序。[1] “行为主义流派认为,人类一切行为的变化都可以归结为刺激—反应模式,而教育、教学的主要目的就在于使受教育者的行为发生预期的改变,因此‘刺激—反应’这一模式也就成为目标达成的主要途径。”[2]

20 世纪 60—70 年代,布卢姆(Bloom, B. S.)等人提出的目标分类学与行为主义心理学的观点如出一辙。他们主张:① 目标具有层次性。学习是有目标的,总目标下有若干分支目标,每一分支目标又由前后联系的若干个具体目标组成。② 目标具有可测性。目标可分解为学生外显的具体的行为目标,这是可以通过测验得到的。③ 目标具有可实现性。全体学生虽然在达到目标的快慢上有区别,但都可以通过学习强化实现学习的目标。

行为主义心理学的课程观表现为:① 课程目标要分解、要具体。② 课程内容要按照逻辑顺序由简至繁排列,强调单元教学。③ 提出教学设计,重视运用不同的教学技术,如程序教学、计算机辅助教学、视听教学等。④ 尝试对学生外显性行为进行评价等。[3] 进一步来讲,“在教材编写方面,强调教材要让学生知道学习的目标和任务,要引起学生学习的动机和兴趣,要循序渐进并及时评定学生的学习结果,以加强强化。在课程实施方面,将复杂的课程内容分解成细小的单元,明确每一单元的基本目标,然后按照逻辑顺序加以排列,通过指定的步骤,运用强化的手段,使学生一步一步地掌握教学内容,从而达到课程目标。”[4]

2. 认知心理学及其课程观

认知心理学风行于 20 世纪 60 年代,先后经历了传统认知心理学(格式塔心理学)和现代认知心理学(信息加工心理学)两段历程。格式塔心理学的创始人是韦特海默(Wertheimer),代表人物还有苛勒(Kohler)和考夫卡(Koffka)。信息加工心理学的代表人物有赫伯特·西蒙(H. Simon)、罗伯特·加涅(E. D. Gagne)、奈瑟(Neisser)等。现代认知心理学家认为,认知过程是人脑加工信息的过程,人脑加工信息的过程主要体现为人脑对信息的输入、编码、储存、提取、输出等环节的执行控制,并通过目的、策略、计划、监控等系统的协同配合,有力地影响着其加工信息的执行过程。

以皮亚杰(Piaget, J.)、布鲁纳(Bruner, J. S.)、奥苏贝尔(Ausubel, D. P.)等为代表的认知心理学学派主要研究学生在学习中的心理活动,特别是学生思维活动的过程和方式(并引入“信息加工”的概念),探讨他们大脑中原有的认知结构与教材知识结构的关系,心理程序与教材逻辑顺序的关系,学生认知发展阶段或身心发展的水平与教材编制、课程

① 廖哲勋、田慧生:《课程新论》,教育科学出版社,2003,第 83 页。
② 钟启泉:《课程论》,教育科学出版社,2007,第 72 页。
③ 廖哲勋、田慧生:《课程新论》,教育科学出版社,2003,第 83 页。
④ 李定仁、徐继存:《课程论研究二十年》,人民教育出版社,2004,第 28 页。

教学的关系，认知策略与学习的关系等。例如布鲁纳重视思维在学生学习知识结构时的作用。他认为："对一门学科来说，没有什么比它如何思考问题的方法更为重要的事情。"学生学习的主要任务是掌握以概念为单位的知识结构。而奥苏贝尔主张有意义学习和"先行组织者"，关注学生新旧认知结构相联系时，才会发生有意义的学习。其"联系"的方式表现为新旧知识的同化、概念的分化、对不同知识的整合，以形成新的认知结构。另外，认知加工理论强调信息加工对学生形成新的认知结构的意义，如信息加工的形式与速度、选择性注意的能力、信息编码的策略等体现出学生的年龄特征和发展水平，影响着课程和教材的编制。总而言之，"认知主义心理学强调学生在学习过程中的内部心理活动，认为真正的学习在于在不同知识之间建立起实质性的联系，以使所有的知识都成为一个整体，谓之个体的知识结构。"①

认知主义的课程观表现为：① 课程目标能促进学生认知结构的形成与发展。② 课程设计应关注学科的知识结构和学生认知结构，课程由一些概念、命题组成，应按一定的结构来呈现，"课程设计要依据学生的认知结构水平，尊重学生的认知规律"②。③ 教材编制要"体现'结构'论的思想，每一门学科要选择组织好知识的基本结构，并按一定的逻辑顺序呈现"③。主张螺旋式教材，在教材编制上要突出学科的基本概念、基本原理，其编排要按学科客观的逻辑结构顺序编排；要坚持简约和精要原则，把教材化为概念图式，鼓励学生对信息进行处理。④

3. 人本主义心理学及其课程观

人本主义心理学创立于 20 世纪 50 年代，主要代表人物有美国心理学家马斯洛(Abraham H. Maslow)、罗杰斯(Carl Rogers)，因其兴起年代晚于行为主义心理学和精神分析学说，而被称为心理学上的"第三势力"。人本主义心理学研究的是自我实现的人，主张人的独特性和社会性，强调人的成长和发展，意在寻求改善环境以利于人性的充分发展，使其达到"自我实现"的境界。罗杰斯强调情感在学习中的主要作用，主张知识对学生是否具有个人意义是知识能否保持的决定因素，怎样呈现课程内容并不重要，重要的是要引导学生从课程中获取个人自由发展的经验。因此，人本主义心理学家"强调源于学生内部的学习动力，反对任何外界的强迫；他们关注知识对学生个体的意义，认为知识的价值主要来源于其对学生个人的有用性"⑤。

人本主义心理学家要求将课程重点从教材转向个人，主张课程要适合学习者的内部和外部的需要，把课程看作满足学生生长和个性整合需要的自由解放的过程。人本主义心理学的课程观表现为："① 课程设计要提供给学生主动学习的情境，创造和谐的学习气氛；② 课程要给学生提供有意义的材料，好的课程内容要与学生的基本需要即生活有密切关系，并对学生情感的丰富和理智的发展都具有重要意义；③ 课程设计要考虑学生的

---

① 钟启泉：《课程论》，教育科学出版社，2007，第 72 页。
② 廖哲勋、田慧生：《课程新论》，教育科学出版社，2003，第 84 页。
③ 廖哲勋、田慧生：《课程新论》，教育科学出版社，2003，第 84 页。
④ 李定仁、徐继存：《课程论研究二十年》，人民教育出版社，2004，第 29 页。
⑤ 钟启泉：《课程论》，教育科学出版社，2007，第 72－73 页。

主体地位，要尊重学生"[1]；④ 课程内容的选择应贯彻"适切性"原则，实质上倾向于学习者中心，课程内容的组织应密切注意适合学生的生活、要求和兴趣。

4. 建构主义心理学及其课程观

建构主义心理学产生于20世纪70—80年代，源于认知主义的纯认知研究方向，但又对认知主义进行了大综合、大发展，远远超出了认知主义，它重视个体的建构潜能，强调建构性。以建构主义心理学为基础的建构主义学习论在批判了行为主义和认知主义的学习论思想和观点的同时，吸收了杜威的经验性学习论、维果茨基的发展学习论、皮亚杰的建构主义学习论、布鲁纳的认知结构学习论、奥苏贝尔的认知同化学习理论以及认知心理学中的图式论等，综合发展形成了自己的学习观。建构主义者认为："世界是客观存在的，但对世界的理解和赋予意义却由每个人自己决定。我们是以自己的经验为基础来建构现实，至少是在解释现实，我们个人的世界是用我们自己的头脑创建的，由于我们的经验以及对经验的信念不同，我们对外部世界的理解也各不相同。所以建构主义者更关注如何以原有的经验、心理结构和信念为基础来建构知识，强调学习的主动性、社会性和情境性。"[2]

建构主义学习理论认为，个体对客观世界的理解都依赖于自身的"解释结构"(认知结构)，理解是一种以主体已有的知识经验为基础的主动的建构活动。这种理解只能由学习者本人基于自己的经验背景而建构起来，取决于特定情景下的学习历程，因此带有很强的主观性。建构主义学习理论认为，知识是学习者在一定的情境即社会文化背景下，借助其他人(包括教师和学习伙伴)的帮助，利用必要的学习资料，通过意义建构的方式而获得。"知识并不是对现实的准确表征，它只是一种解释、一种假设，它并不是问题的最终答案，相反，他会随着人类的进步而不断地被'革命'掉，并随之出现新的假设。"[3]

建构主义心理学的课程观表现为：① 课程目标的价值取向是"生成—表现性"。"'生成—表现性'目标是指在教育情境中随着不同问题的不断解决而生成的与教师和学生个体的主观价值紧密相连的目标，其特点是强调目标的'非终极性'和参与者个性紧密相关的'个体性'。"[4]在这种目标指导下，鼓励学生发挥自己的主动性、个性，多元化地解决问题。② 强调课程内容的意义建构性。在课程内容的设计上非常灵活。"课程内容注重在情境中随时发现问题及解决问题，这种问题的发现—解决—再发现新的问题—再解决—……的过程就构建了课程的内容。"[5]受建构主义知识观影响，课程内容的建构与学习者的个人需要紧密切合，学习者将更多精力放在自己感兴趣的内容上。③ 强调课程知识的动态性、差异性。课程知识是动态的，不同的个体因其经验背景在不同的情境中会对课程知识进行不同的建构和理解；不同情境下的课程知识具有差异性，因此运用课程知识时，需要把握在不同情境中的复杂变化，需要针对具体情境进行再创造。④ 强调课程评

---

① 廖哲勋、田慧生：《课程新论》，教育科学出版社，2003，第84-85页。

② 闫守轩：《课程与教学论：基础、原理与变革》，北京师范大学出版社，2015，第24页。

③ 陈琦、张建伟：《建构主义学习观要义评析》，《华东师范大学学报(教育科学版)》1998年第1期。

④ 肖卫兵、吴景松：《试论建构主义课程观》，《苏州教育学院学报》2004年第2期。

⑤ 肖卫兵、吴景松：《试论建构主义课程观》，《苏州教育学院学报》2004年第2期。

价的过程性、情境性。建构主义对"课程的评价渗透于整个课程实施的步骤之中，以多元的标准，充分考虑课程实施的情境，将学生、教师的评价与社会、家长的评价进行整合"①。

在历史发展中，各种心理学流派虽各有侧重，以此形成的课程观也各不相同，但都能给课程理论与实践提供一些普遍性的原则与要求。总之，"心理学为理解教的过程和学的过程提供了基础。而这两个过程对于课程工作者来说都是必要的，因为只有学生学习并理解了课程，获得知识及其应用能力后，课程才具有真正的价值。"②因此，心理学当之无愧是课程论的学科基础。

三、课程论的社会学基础

课程是社会文化的重要组成部分，社会学是课程论的重要理论基础。人们常常从社会学与课程论的双向互动入手来理解这一基本问题。课程与社会环境之间产生交互作用，一方面，学校课程是社会文化的组成部分，课程受社会政治、经济等因素影响；另一方面，社会是由人组成的，教育的目的在于通过课程实施实现人的不断社会化，同时，课程通过对社会文化的保存、传递实现重建社会文化的职能，进而对社会发展产生着重要影响。这为课程论的形成与发展提供了科学依据。

(一) 社会学对课程论的影响

从课程论与社会学的历史渊源来看，传统课程开发虽然经历了"目标模式"向"过程模式"的转变，"从重视课程知识组织的内在逻辑到重视知识展开的过程及学生的情感、意志层面，但仍只考虑课程的哲学、心理学基础，很少涉及课程社会学基础"，无法解决现实课程改造中出现的棘手问题。之后课程研究转向关注政治、经济、意识形态的层面，"其基本命题是将课程作为一种'法定文化'，关注课程中包含的社会成分，将课程作为社会控制的中介"③，侧重课程的社会制约性问题研究。总之，学校课程总是为适应社会环境的变化而变革，其变革总与一定的社会背景休戚相关。课程研制的过程包括课程的价值取向、课程目标的确定、课程内容的选择、课程的实施与评价等，这些方面都受到社会政治制度、经济制度、社会文化等因素的影响，并受不同的社会观制约。

1. 社会学影响着课程的设置

课程设置是指一定学校选定的各类各种课程的设立和安排。课程设置主要规定课程类型和课程门类的设立，及其在各年级的安排顺序和学时分配，简要规定各类各科课程的学习目标、学习内容和学习要求。自古以来，设置什么类型和门类的课程，并不是随意而为的，而是受社会生产力、政治经济制度和社会意识形态制约的。现代社会学理论尤其是社会再生产理论深入分析了各社会因素与课程设置之间的内在联系。该理论认为："资本主义社会学校教育是通过复制统治集团的意识形态而传递文化的，最终复制现有的阶级分层结构。"④资本主义国家主要是通过经济地位复制、文化复制和国家行政监控对课程

① 肖卫兵、吴景松：《试论建构主义课程观》，《苏州教育学院学报》2004 年第 2 期。

② 谭辉旭：《关于课程哲学基础的思考》，《教育研究》2006 年第 3 期。

③ 李定仁、徐继存：《课程论研究二十年》，人民教育出版社，2004，第 31 页。

④ 廖哲勋、田慧生：《课程新论》，教育科学出版社，2003，第 89 页。

的设置进行控制的，也因此复制了课程不平等、精英文化、意识形态和课程价值观。社会再生产理论在一定程度上揭示了课程与社会之间的复杂联系，但忽视了教育者、受教育者在课程设置活动中的主观能动性。

2. 社会学影响着显性课程的选择与组织、传递与评价

显性课程，即官方课程，是为实现一定的教育目标而正式列入学校教学计划的各门学科以及有目的、有组织的活动。与隐性课程相对，显性课程主要在于揭示课程知识在选择、组织、传递、评价过程中渗透的社会权力、意识形态和控制等社会特性，有着明显的社会学的痕迹。首先，课程内容就其社会本质而言是社会对其未来成员加以控制的重要中介。英国学者扬(Young，M. F. D.)和伯恩斯坦(Bernstein)等认为，课程内容的价值取向充分反映了社会统治阶级的意识形态，统治阶级通过对总体知识加以筛选，选择出符合自己意识形态的知识作为课程内容，以达到社会控制。其次，在课程知识组织上，伯恩斯坦(Bernstein)从权力、控制与课程知识组织间的关系出发，探讨了集合和整合课程及二者所具有的不同社会学意义。集合课程通过课程知识的分化来培养不同阶层的人才，从而维持社会现状；整合课程是一种改变社会权力结构的因素，对社会现状形成挑战。再次，在课程传递上，教育社会学理论认为，课程在传递前已有分化并在传递中再分化，课程知识的分化与分配差异是阶层化的社会反映。最后，“课程评价是社会控制的重要工具，是维持社会现状，强化社会制度、准则、价值体系的强有力的机制，因而隐含着社会特定的意识形态，与特定的社会政治、经济密切相关。”①

3. 社会学影响着对隐性课程存在形式和功能的看法

不同的社会学流派对隐性课程有不同的理解。结构功能主义者揭示了学校隐性课程的普遍存在及其社会功能。比如，德里本(R. Dreeben)把隐性课程看作“学生在社会化过程中，通过学校结构特性有意或无意学到的四种社会规范，即独立性、成就感、普遍性和特殊性，其目的在于培养学生具有良好的公民资格，以适应未来社会生活的需要”②。但结构功能主义者持一种保守的社会政治观和价值中立的态度，忽视了学校生活中冲突的意义。社会冲突论者批判了隐性课程的价值中立态度，揭示了隐性课程社会控制的意识形态性质。比如，鲍尔斯和金蒂斯认为，隐性课程是指那些包含着特殊信息的班级社会关系。其中的特殊信息是指“结构性沉默”，它使维持资本主义逻辑和合理性的特殊的价值观、社会规则观、权威观和劳动观得以合法化。但社会冲突论者缺乏对隐性课程的微观研究，内容显得较为空洞。新教育社会学派从较微观角度探讨了社会阶层、权力对课程知识的选择、分配和控制，从而指出社会意识形态对学校课程知识的客观性、公正性及对人的和谐发展的消极影响。比如，阿普尔认为，课程研究不能过多强调保守、静态和一致性而忽略了冲突和对立的特殊意义。但新教育社会学派忽视了意识形态在隐性课程中的全面渗透性和复杂性。

（二）当代教育社会学流派及其课程观

现代社会学对学校课程的分析，大多是从“教育是一种社会现象”“学校是一种社会制

① 廖哲勋、田慧生：《课程新论》，教育科学出版社，2003，第 92 页。

② 陈伯彰：《潜在课程研究》，台北五南图书出版公司，1985，第 106 页。

度”等基本假设出发的。这说明社会学作用于课程论，主要是通过教育社会学发挥作用的。教育社会学的发展，与学校课程密切相关。但是“社会方方面面的因素会在课程中有着不同程度的体现，不同的社会理论也影响着不同的课程表现形态”①。教育社会学理论发展中形成了不同的研究流派，有学者指出教育社会学的百年历程中形成了三大流派，即功能理论、冲突理论、解释理论，功能理论和冲突理论侧重于宏观社会学，解释理论侧重于微观社会学。相应地，三大流派从不同的视角分析了学校课程，形成了不同的课程理论。

1. 功能理论及其课程观

功能理论，又叫结构功能主义、和谐理论，是当今教育社会学中影响较大的理论。功能理论的代表人物有法国的孔德（A. Comte）和涂尔干（E. Durkheim）、美国的帕森斯（T. Parsons）和默顿（R. Merton）等。功能理论以“结构与功能”“整合”“和谐”“稳定”等为基础，强调社会整合共同的价值观念和促进社会和谐稳定。该理论认为社会生活之所以能维持下去，是因为社会找到了一种手段（结构）去满足人类的需要（功能），社会各部分都是在有序协作基础上为实现社会发展需要而发挥各部分的功能。

功能主义的课程观表现为：① 学校课程的设置必须为学生提供当前社会所倡导的主流价值观和社会规范，以促进学生社会化。功能理论认为，学校是儿童个体社会化的场所，应将学校课程根据社会化要求有计划地安排给学生，以促进社会结构的协调与平衡。涂尔干认为，教育“在于使年轻一代系统地社会化”“使出生时不适应社会生活的个体我成为崭新的社会我”②。为此，学校课程必须提供给学生当前社会所倡导的主流价值观和社会规范，促进学生形成适应社会的必需能力，进而引导学生适应未来社会的生活方式，促进学生个体社会化。② 学校课程具有角色分配功能，满足学生在未来社会位置发挥各自的功能。功能主义课程观认为，学校教育借助于学校的社会化功能和选择功能（角色分配功能），从而帮助学生按照其兴趣与能力分配到适当的社会位置上。“社会是通过学校课程筛选学生的。学校则根据成绩和能力测验，使好学生和差学生修习不同的课程计划，从而使他们以后适应在社会机构中不同的位置上发挥作用。”③由此可知，学校课程能满足学生在未来不同的社会位置发挥各自功能的需要。

2. 冲突理论及其课程观

冲突理论是 20 世纪 60 年代在批判结构功能理论的基础上产生的。在教育社会学领域，冲突理论的代表人物有德国的韦伯（M. Weber）及美国的科林斯（R. Collins）、鲍尔斯（S. Bowles）、金蒂斯（H. Gintis）、华勒（W. Waller）等人。冲突理论以“冲突”“变迁”“强制”等为基础，强调社会矛盾、权力差异和社会变化。该理论认为社会生活存在着和平与冲突等两面性，大多数情况下，社会总是处于脆弱的平衡中。社会的各个方面都在变化，会出现分歧和冲突，社会变化、社会冲突是普遍存在的。社会结构内部存在的矛盾和冲突导致社会结构的变迁。冲突理论通常把价值体系、思想观念和道德标准等看作为权力集团合理化服务的。

---

① 钟启泉：《课程论》，教育科学出版社，2007，第 71 页。

② 张人杰：《国外教育社会学基本文选》，华东师范大学出版社，1989，第 21 页。

③ 施良方：《课程理论——课程的基础、原理与问题》，教育科学出版社，1996，第 49 页。

冲突理论的课程观表现为：① 课程知识标明的是一种身份文化。课程知识标明某种身份的语言、衣着方式、价值标准、意识形态等，科林斯指出，学校活动主要是传递特殊的身份文化，如学校传授的科学技术知识，本身也可能是一种特殊的身份文化的一部分。学校课程的实施就是传递这种特殊的身份文化。② 课程的类型主张隐性课程。在《资本主义美国学校教育》一书中，鲍尔斯和金蒂斯分析了造成社会结构再生产的工具——隐性课程，即把维护资本主义制度的劳动观念、权威观念、社会规范和价值观念，以各种潜移默化的方式渗透学校课程当中，使学生不知不觉地在头脑中再生了统治阶级的意识形态。③ 课程设置实际上反映了权力集团的关系。在教育社会学领域中，冲突理论把学校看成是社会上不断变化的、相互作用的焦点，注重分析冲突、变化、压迫、学校内部以及学校与社会之间的权力关系。

3. 解释理论及其课程观

解释理论产生于20世纪70年代，主要包括现象学的知识社会学、符号互动论、民俗方法论等。解释理论的代表人物有知识社会学的代表——英国的扬(M. Young)和伯恩斯坦，美国的阿普尔(Apple)等人；符号互动论的代表——英国的凯迪(Keddie)、沃兹(Woods)、莱西(Lacey)等人；民俗方法论的代表——美国的加芬凯尔(Garfinkel)。解释主义论者强调对具体情况、现实本身的实证剖析，强调个人的主观理解，认为社会结构是许许多多个人理解与行动的结果，社会过程是人把主观的意义赋予客观并做出反应的过程。

在教育社会学领域，解释论者强调对教育客观现实进行深层剖析，主张探讨教学内容、师生相互作用等课题。解释理论的课程观表现为：① 学校课程揭示了课程运作过程中意识形态的渗透。此理论以“分类”“组织”“权力”“控制”“社会性建构”“社会分层”“教育知识代码”等概念，揭示课程的社会性本质特性以及课程运作过程中意识形态的渗透。阿普尔打破了经济在学校课程知识上的支配地位，认为意识形态在学校课程知识上处于支配地位。阿普尔从社会经济的角度来看待课程知识及其组织传递方式，认为课程知识的选择与分配是统治阶级依据某些选择或组织原理而做出的意识形态上的抉择，体现的是一种“文化霸权”。简单地说，学校通过课程设置来甄别、选拔人才，拥有某些知识的人就成了社会上有权势的人，缺少某些知识的人就要受人支配。扬认为所有知识都是带有社会偏见的。② 学校课程造就了教育知识分层的不平等过程。“不同的学生接受不同层次的教育知识，学校教育过程成了教育知识的分配过程。事实上，教育过程中存在的不平等的教育知识分配，是学生之间在学业成绩上出现分化的主要原因。”①课程内容的选择、确定和组织的过程，实际上是教育知识分层的过程，学校教育过程造就了教育知识分层的不平等过程。

总之，“哲学、心理学、社会学这三个相互依存的学科从不同角度为课程提供了基础。哲学提供知识来源、认识过程、知识类别、价值取向等方面的观念；心理学提供学生心理发展顺序、学习动机、认知策略、兴趣和态度等方面的研究成果；社会学提供社会发展、政治、经济变革、意识形态、权力变更等方面的思想。这三门学科是相对独立的，但作为课程的

---

① 施良方：《课程理论——课程的基础、原理与问题》，教育科学出版社，1996，第52页。

基础，这三门学科应该是相互依存、相互统一的。”①因为“无论是心理学、社会学还是哲学，本身都不能用来论证一项课程的正确与否，或者说，都不能用来作为课程设计的唯一基础”②。

第二节　课程开发的模式

课程开发(curriculum development)是课程理论与实践中经常使用的重要概念，是指使课程的功能适应文化、社会、科学及人际关系需求的持续不断的决定课程、改进课程的活动和过程。课程开发是由课程编制或课程编订(curriculum making)、课程建设(curriculum construction 或 curriculum building)等术语演化发展而成的。课程科学化运动代表人物查特斯和博比特分别出版了《课程编制》(Curriculum Construction)(1923)和《怎样编制课程》(How to Make A Curriculum)(1924)，“课程编制”一词开始流行，但这些词中的制作、构筑、建造等较为机械。1935 年，美国学者卡斯维尔(H. Caswell)和坎贝尔(D. Campbell)合著的《课程开发》(Curriculum Development)问世后，“课程开发”概念引起人们的关注，其中包含创建、发展等意思，隐含着课程开发是不断改进的过程。考虑到学生不断会有新的兴趣与需要，社会上的各种因素在不断变化，而且学校本身也在不断发展，这些都会对学校课程产生重大影响，所以用 development 一词更确切些。而“课程开发”一词真正流行于教育界，得益于 1974 年 3 月在日本召开的“课程开发国际研讨会”，此次会议明确提出了“课程开发”的概念及其基本方向，认为“课程开发是表示课程的编订、实验、检验—改进—再编订、实验、检验……这一连串作业过程的整体”③。由此可知，课程开发是一种活动，也是一个整体过程，包括确定课程价值取向与课程目标、选择和组织课程内容、实施与评价课程、管理与领导课程等基本工作。

课程开发的模式是指在课程开发过程中，根据某种思想和理论，确定课程目标、选择和组织课程内容、制定课程评价方案而形成的一种课程开发系统。不同的教育哲学、心理学基础形成了不同的课程开发模式，20 世纪以来，课程开发的模式主要有泰勒的目标模式、斯滕豪斯的过程模式和施瓦布的实践模式。

一、泰勒的目标模式

目标模式是以目标为课程开发的基础和核心，围绕课程目标的确立、实现及评价而进行的课程开发模式。目标模式是 20 世纪初课程开发科学化运动的产物，以实用主义哲学为指导思想，并受行为主义心理学的影响，强调以目标为基础，先确定目标，再以精确表述的目标为依据进行评价。

---

① 胡斌武：《课程基础研究评析》，《天津市教科院学报》2002 年第 5 期。

② (英)丹尼斯·劳顿：《课程研究的理论与实践》，张渭城等译，人民教育出版社，1985，第 5 页。

③ 钟启泉：《现代课程论》，上海教育出版社，2003，第 361－362 页。

(一) 目标模式的产生

20 世纪初,由于现代工业、科技的迅猛发展及由此带来的西方物质文明发展所呈现的新形势,在欧洲和北美出现了追求功效和唯科学主义的潮流。受此影响,教育领域出现教育功效化运动和教育科学化运动,于是“实效性”“科学性”“精确性”“定量化”被广泛采纳。在该背景下,加上 30 年代的经济危机,教育科学化运动很快影响到了课程研究和课程改革早期方向。一些教育家坚信,科学的思想方法和技术完全可以应用于课程研究,他们主张从功效、经济的角度重新审定学校课程,并提出采用科学的思想方法和技术开发课程的设想。博比特和查特斯在 20 世纪 20 年代首创了课程开发的目标模式,“现代课程理论之父”拉尔夫 · 泰勒将其系统化,形成了典型的目标模式,即泰勒模式。

事实上,促使泰勒去建构一个完整的课程开发目标模式的契机,乃是 1934 至 1942 年间,美国进步主义教育协会在俄亥俄州立大学发起的“八年研究”(the Eight Year Study)。这是一个综合性的课程改革实验计划,泰勒是这一课程计划中课程评价的主持人。正是在对“八年研究”的经验总结基础上,泰勒提出了课程开发的基本程序和方法,其基本原理囊括于 1949 年出版的《课程与教学的基本原理》(The Basic Principles of Curriculum and Instruction)一书中,这本书被公认为课程开发目标模式经典性形态形成的标志。

(二) 目标模式的原理

在《课程与教学的基本原理》一书中,泰勒开宗明义地指出,开发任何课程和教学计划都必须回答四个基本问题:学校应该达到哪些教育目标?学校应该提供哪些教育经验才能达到这些目标?这些经验如何才能有效地加以组织?如何确定这些目标正在得到实现?相应地,对这四个基本问题的解决也就是课程开发目标模式的基本环节或基本程序,即确定教育目标—选择学习经验—组织学习经验—评价教育计划。这四个问题后来被人们广泛地称为“泰勒原理”(the Tyler Rationale)。

泰勒的《课程与教学的基本原理》共 128 页,但是讨论课程目标就占 62 页之多,而且泰勒主张,目标具有引导课程选择和组织以及评价的主要功能,所以,泰勒模式被尊称为目标模式课程开发的典范。

1. 学校应该达到哪些教育目标?

在泰勒看来,确定教育目标是课程开发的出发点,泰勒赞同博比特等人将课程目标的确立作为课程开发首要步骤的科学主义主张,但不同意仅仅通过对人类活动或社会职业分工的分析来选择课程目标的“社会中心”主义做法,他认为课程目标的确定有三个来源、两道过滤网。

确定课程目标的来源有三个。其一,学习者本身。泰勒主张确定教育目标首先应考虑学生的兴趣和需要。泰勒认为,对学习者的研究是经由两个步骤实现的:一是了解学生的现状;二是把学生的现状与可接受的常模做比较,从中找到差距。这种差距就是学生的需要,也是教育的需要,这即意味着教育目标。很显然泰勒在确定教育目标时单方面地强调教育的需要,而忽视了学生真正的需要,泰勒在后来的研究中不断去修正这种偏颇。其二,当代校外社会生活。泰勒主张在确定教育目标的过程中,必须从大的社会背景分析当前的生活，不要让学生学习过去重要但现在已经没有意义的内容。泰勒借鉴心理学迁移的研究，提出了学习情境要与生活情境具有相似性，这也正是考虑将当前社会生活作为确立教育目标的来源的原因。其三，学科。泰勒认为，以往学科专家对学科教育目标的认识过于专业化，学科专家应考虑的是某一学科在普通教育中的作用与功能，以及对一般公民的用处，而不是以培养该领域的专家为目的。学科作为确定课程目标的来源是必然的，但不能人为地割裂学科间的联系，泛化或窄化学科功能的做法是不可取的。

在根据三个来源确定课程目标后，接下来就要对这些目标进行筛选，去掉不重要的、矛盾的目标，形成明确而具体的教学目标。泰勒提出确定课程目标的两道过滤网。一个是哲学的筛选，泰勒将学校拟人化，视学校为一动态的、有生命的实体，涉及“学校专注的教育与社会哲学”“学校接纳的价值”“学校信仰的内容”等理念。过滤出的目标应与其相一致。另一个是心理学的筛选，就是利用“学习心理学”选择目标。“学习心理学不仅包括具体的和精确的发现，而且也涵盖统一的学习论，有助于确定学习过程的性质、学习过程发生的方式、在何种条件下发生的学习过程、采用怎样的运作方式。”

2. 学校应该提供哪些教育经验才能达到这些目标?

课程目标一经决定，接着要选择教育经验(泰勒也使用“学习经验”)以达成所定目标。他认为学习经验是指学习者与其可做出反应的外在环境之间的互动。如何选择学习经验，泰勒提出五条原则：① 学习经验必须能提供学习者有机会去实践目标所含的内容；② 学习经验必须使学生由于实践该目标所隐含的那些行为而获得满足感；③ 学习经验中所期望的反应是在有关学生力所能及范围内的；④ 有许多特定的经验可以达到同样的教育目标；⑤ 同一种学习经验也可能产生数种结果。

泰勒还指出了有助于达到教育目标的学习经验必备的四个特征：① 培养思维技能的学习经验；② 有助于获得信息的学习经验；③ 有助于形成社会态度的学习经验；④ 有助于培养兴趣的学习经验。

泰勒进一步指出了选择出来的学习经验必须具有如下特征：① 能够吸引学生，变革让学生感到是值得去学的；② 尽量能够利用小组学习的方式；③ 能够促进学生学习经验的迁移，使学生将课程里学的东西能够迁移到课堂以外的生活中。

3. 这些经验如何才能有效地加以组织?

关于教育经验的组织，泰勒认为应当遵循的准则是连续性(continuity)、顺序性(sequence)和整合性(integration)。连续性是指直线式地陈述主要的课程要素。顺序性是指把每一后继经验建立在前面经验的基础上，同时又对有关内容做更深入、更广泛的探讨。整合性是指课程经验的横向联系，使课程内不同学习经验建立适当的关联，以便达到最大累积的效果，从而使课程方案更具成效。

泰勒进一步提出学习经验的组织要素(organizing elements)和结构要素(structural elements)。组织要素包括概念、技能和价值，结构要素可分为三个层次：最基本的层次可由个别科目、广域课程、核心课程等组成；中间层次可把科目分为若干部分，或以一学期、一学年为单位的科目；最低层次的结构通常为课(lesson)、课题(topic)或单元(unit)。课即我们每天上的一节一节的课；一个课题可以持续若干天或若干周；学习单元是持续若干周，而且是围绕一些问题或学生的主要学习目标加以组织的。

4. 如何确定这些目标正在得到实现?

如何确定教育目标正在得到实现?泰勒将评价正式引入课程开发的过程之中。泰勒认为,评价的目的在于检查课程的实际效果与预期的教育目标之间的差距。他还建立了完整的评价程序:① 确定评价目标。从行为和内容两个维度确定评价的目标。② 确定评价情境。确定使学生有机会表现教育目标所隐含的那种行为的情境。③ 设计评价手段。设计评价手段要注意确保评价手段的客观性、信度和效度。④ 利用评价结果。泰勒认为,评价至少要有两次,一次行于课程方案实施前期,另一次则在较后时期。评价不等于笔试,除笔试外,还要通过观察、谈话、收集学生作品等方式进行。对评价的结果须做出恰当的分析、解释。

泰勒目标模式的每一具体问题,都是在充分研究的基础上提出的具有指导性的原则、步骤、要求和程序等,形成了一个相当完整、系统、可操作的模式。正是通过对四个基本问题而非课程本身内容的程序性回答,使泰勒原理为课程开发奠定了基础,并且久久不能被超越。泰勒强调指出,课程开发是一种循环往复不断发展的历程,随着社会政治、经济和新的教育研究成果的不断涌现,课程将永远处于一种变化的状态中。将泰勒课程开发的目标模式流程用图完整表示,如图 2-1 所示。

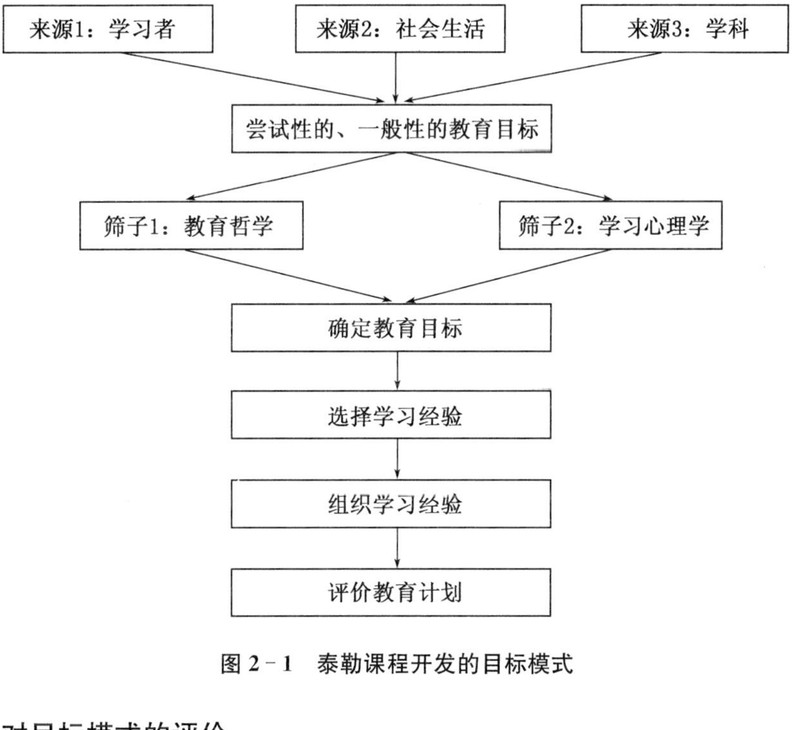

图 2-1　泰勒课程开发的目标模式

(三) 对目标模式的评价

泰勒的目标模式是许多学者探讨课程开发系统化、科学化过程中取得的重要成果。泰勒的目标模式一直为人们所修正、完善,但因受其实用主义教育哲学基础、学习心理学基础以及工业管理理论的制约,其局限性也日益暴露。

1. 目标模式的历史功绩

泰勒的目标模式产生后,一直居于课程开发理论研究和课程实践领域的主流地位,曾是20世纪五六十年代课程开发的唯一模式，“它可被运用于各门学科和任何层次的教学；它制定的一套程序易于操作，显示出较强的逻辑性和理性色彩；它作为在40年代新确立的一种模式，通过强调‘学生的行为’和‘学习经验’开辟了课程开发的新天地”。所有这些，使得目标模式获得了强大的生命力，成为在理论和实践上都能够发挥作用、产生影响的课程开发模式。它推动了课程开发的科学化、合理化进程。

泰勒的目标模式的可取之处在于：① 目标模式具有合乎逻辑性、科学精神、政治的经济的教育的要求等特点。② 目标模式是建立在学习心理学基础上的，与教育研究传统是吻合的。当学生学习的结果是可预先详述的，并可通过行为目标加以表现时，这一模式最为适合。③ 目标模式中的教育评价是以目标达成与否作为标准的，这使教育评价变得相当简单明了。④ 目标模式引导教师在教学中分析性地思考他们正在力图达到些什么，使教师有据可依，使课程开发成为一个理性的过程。

2. 目标模式的局限性

泰勒的目标模式，受工具理性的影响，其基本的目标—手段、效率—控制、预期—检验思想及技术始终如一，成为其难以克服的问题。

（1）目标模式秉持消极的、被动的人性观，忽视了人的主体性和自主性。目标模式将教育简化为科学的活动，依据“学校如工厂”隐喻，强调教师像工人操作某些材料一样，可根据预先决定好的蓝图塑造学生的心理，可运用物理学或生物学的科学方法，探讨、分析和解释人类的行为。学校教育的目的是通过计划好的统一的教学过程把预先设定好的教育目标拷贝到学生身上。在这一过程中，学生的个性、主动性、创造性没有被尊重。这种人性观是消极的、被动的，完全忽视了行为者的主体性、自主性、责任和自由。

（2）目标模式只借用了确定性、定量化等科学观中概念的表层含义，这也使得目标模式难以描述复杂的教学过程。目标模式想借鉴工业科学管理理论来使课程设计科学化，然而目标设计模式的科学观是狭隘的、肤浅的。目标模式并没有理解科学的本质，也没有正确反映科学的过程，只是借用了科学与技术表面的东西，如确定性、量化、实证等。事实上，正确的科学是由信念的增加、审美的感性、个人的参与、接受的暧昧和不准确的能力等构成一个过程。但是目标模式的科学观，缺少这些特征。这也是许多人批判目标模式无法描述复杂的教学过程的原因。

（3）目标模式采用工具性的教育观和知识观，以是否达成外在教育目标作为选择课程内容、确定课程的依据。目标模式中，课程是将一些已定义好的、规律式的活动教给学生，以适应复杂的工业化社会的需要，因此，教师的主要任务是制约学生，使其对某些刺激产生反应。本质上说，教育是由具有内在价值的活动构成，不可避免地包含价值问题，而目标模式却一直回避。目标模式一味强调行为目标，极易造成偏颇。这种工具理性，也导致了目标模式在课程上，强调教的过程，而不重视内容，因此将课程内容视为工具性的，课程内容成为达成目标的手段，倾向于将内容灌输给学生。选择内容的依据也不是其自身的价值，而是其能否达成某些外在目的。

（4）目标模式通过预先设定明确的目标以寻找达成目标的手段的做法，是不切实际的。在目标模式中，要先设定明确的目标，并将这些目标加以逻辑地组织，然后根据这些目标去寻求达成目标的手段。但是“先决定目的，后决定手段”是不切实际的，因为我们不可能将所有的目标依其逻辑关系详细加以拟定，而且影响学习的因素十分复杂，非系统的方法可以控制，手段的选择更非易事。

二、斯滕豪斯的过程模式

过程模式是以过程或程序为基础和核心，通过详细说明内容和过程中各种原理的方法，合乎逻辑地进行课程开发的模式。换言之，该模式主张课程开发应从那些具有价值的知识中挑选出能够体现这些知识的内容，这些选择出来的内容，能代表这些知识当中最重要的过程、最关键的概念和该知识中固有的那些标准。学生所取得的结果是在事后借助那些建立在该知识形式中的标准加以评价。第一次明确提出过程模式的是英国课程论专家斯滕豪斯。斯滕豪斯认为，目标模式适用于行为技能的训练，但课程把知识及其学习作为满足预定目标的尝试，没有考虑知识的不确定性、学习的个性化和创造性，误解了知识的本质；而且目标模式通过明确的目标改善实践的做法，在理论上可行但实践中行不通。斯滕豪斯于 1975 年出版了《课程研究与开发导论》，对目标模式进行了详尽而透彻的分析与批判，客观地指出目标模式的贡献与局限性，在此基础上建立了过程模式的理论框架。

（一）过程模式的思想渊源与理论基础

过程模式的思想可以追溯到反理性主义的进步主义教育理论以及现代发展心理学、认知心理学的研究成果。

1. 进步主义教育理论对教育功能及目标的影响

在教育功能及目标上，进步主义反对理性主义，反对独立于人的经验之外的、绝对的、普遍的、客观的知识和技能的灌输与训练，提倡不确定的、过程性的、自行发现的、基于经验获得的知识观，注重儿童自由、兴趣、能力的发展与培养，认为教育目的不只是对外显行为的机械训练，而更重要的是对个体心智的发展。此观点为课程开发的过程模式确立了关注内在价值而非外在手段的教育哲学观。

2. 发展心理学、认知心理学对智力发展及学习内容的影响

在智力发展方面，发展心理学研究表明，儿童不只是知识的被动接受者，还是主动探究者，学习过程是个体与外界环境交互作用的过程。皮亚杰的发生认识论强调智力发展是主动的过程，此过程中，有机体遗传的结构与外界环境发生交互作用，儿童因而重组自己的行动与观念，以维持较好的适应。

在学习内容方面，现代认知心理学注重内在的、整体关联性认知结构的生成；注重内在的同化、顺应与迁移机制的形成，为过程模式的课程组织、实施及评价思想提供了方法论基础。比如，皮亚杰借用生物学上的图式、同化、顺应、平衡等概念解释人的认识发生发展过程。结构主义渗入心理学领域后，认知心理学强调有机体对事物的反映不是局部的、零散的，而是全部的、整体的，学习是在理解基础上的顿悟。他们认为，知识的形成是主体在与外部世界连续不断交互作用中逐渐建构的一系列结构。结构的发展意味着儿童智慧水平的提高和逻辑范畴及科学概念的深化。

上述观点为课程开发的过程模式提供了心理学依据和方法论基础。

（二）过程模式的核心思想

虽然过程模式对目标模式提出了种种批判，但过程模式并没有像目标模式那样提出明确而具体的步骤或程序，而只是论证了课程开发过程中的基本原则及方法。

1. 一般目标与程序原则

关于一般目标，过程模式反对目标模式的预设性目标，但并不反对目标。与目标模式中的具体的行为目标相比，过程模式的目标只是确立总体教育过程的一般性、宽泛的教育目标，而且目标也不是课程评价的依据。

关于程序原则，斯滕豪斯以英国教育哲学家彼得斯（R. S. Peter）的知识理论为基础，即在知识以及教育本身具有内在价值的认识基础上，把课程开发的重点放在课程活动的展开过程上。他认为课程开发的任务是以“含有内在价值”的标准为依据，选择活动内容，建立关于学科的过程、概念与标准等知识形式的课程，从而使之与宽泛的目标保持一致。通过详细说明内容和程序原则的方法合理地开发课程。斯滕豪斯还借鉴金·拉思（J. D. Rath）选择活动内容的12条标准作为“过程原则”，这种原则即课程开发的总体规范。它不同于目标模式希望达到的预期结果，而只是作为课程开发的方法及指导思想，从而使教师明确教学过程中内在的价值标准及总体要求。

简言之，过程模式的目标及程序原则主要指向课程开发方式上的指导及课程实施过程的方法及原则上的规范，而非着眼于具体内容及最后结果的预设及控制。

2. 课程开发及内容选择的依据

斯滕豪斯认为，合理的课程开发必须立足于课堂上的现实状况，而并非做逻辑上的判断。教育目的主要体现在知识的理解及智力的发展上，而不是外在的行为训练。课程内容的选择也必须立足于对教育教学过程中的各种原理及方法的详细分析，从具有内在价值的知识形式及学科结构中选择基本概念、原理、方法作为课程内容，换句话说，课程内容的选择应以教育及知识本身固有的标准为依据，而不是以预设的学生行为结果为准绳。从这种意义上讲，过程模式的逻辑起点是内容的选择而非目标的预设。

3. 开放的系统及形成性评价

斯滕豪斯认为，课程领域应是一个开放的而不是封闭的系统。这种开放性一方面表现为发展学生的主体性、创造性，另一方面则表现为赋予教师充分的自主权。

过程模式强调教师在学生学习的过程及结果评价中，应以教育本身及知识内在的价值为依据。教师与学生所从事的有价值的活动有其自己内在的标准，在评价学生的学习过程及结果时，一方面学习的评价应建立在学生的自我评价上；另一方面，学习评价应建立在教师的诊断与评析基础之上。他明确提出了“教师即研究者”的口号。因此，过程模式更倾向于形成性评价，认为将考试作为一种目标或唯一手段，必将使教师的教和学生的学失去其本应具有的特点。

（三）对过程模式的评价

1. 过程模式的优点

过程模式更加关注课程内容与教学过程，关注教师个人的主动性及学生学习的积极性，其优点体现在几个方面：

（1）过程模式在一定程度上弥补了目标模式的局限性，否定了目标模式关于确立和表述课程目标的行为主义和机械主义偏向。过程模式肯定课程研究的重要性和课程内容的内在价值，并强调学习者的主动参与和探究学习，重视学生思考能力和创造性的培养，使课程开发更趋于成熟和完善。

（2）与目标模式相比，过程模式是一种开放系统。目标模式的封闭系统特点表现为预先决定行为目标，明确指出学习后的行为表现。开放系统则表现为，学习不是直线式的、被动的反应过程，而是一个主动参与和探究的过程。目标和内容也不必预定，因为儿童的兴趣在学习过程中随时可能改变。教师的任务不是灌输或塑造儿童的行为，而是在开放的、非形式化的教育环境中扮演催化剂或共同学习者的角色。学生不仅是主动的问题解决者，也是问题发现者。

（3）过程模式反对把教育看成是达成目的的手段，而强调教育是一种过程。在这个过程中，儿童获得求知能力，发展认知作用，增进批判能力，成为有灵活性、有教养的个人。因此，教育不在于获得大量的、实用的知识和技能，而在于发展求知能力；不在于获得信息，而在于达成理解；不在于学习本身，而在于形成智慧。

（4）过程模式反对工具主义的知识观，强调课程内容的内在价值。过程模式强调师生合作，主张发展与探究的学习，要求学生积极主动地参加到教学过程中。并针对学生的实际情况相对灵活地选择和组织内容，利用有效的课程组织形式和教学方法，恰当地组织和传授能够反映各学科内在价值的课程内容，使之既能让相应学龄阶段的学生接受，又不失知识的特质。

2. 过程模式的局限性

过程模式自身也存在一定的局限性，因而受到了学者们的质疑和批评。

（1）过程模式缺少明确的开发程序，使用时操作性较差。过程模式虽批判了目标模式的种种局限，也论证了课程开发过程中的基本原则和方法，但在课程开发的程序设计上没有提出一个更为明确的方案，使得该模式的使用效果大打折扣。

（2）过程模式在课程开发中只关注到了学科知识，却忽视了社会需要、知识的实用性以及儿童的可接受性。过程模式在否定目标模式通过阐述课程目标开发课程的同时，又走向了否定目标的反面，把整个课程开发局限于对学科体系进行抽象、演绎的单一来源中，忽视了社会需要、知识的实用性以及儿童的可接受性。

（3）过程模式涉及“需要”“兴趣”“成长”及“发展”等概念，缺乏一定的客观性。“需要”是一个价值名词，教师没有明确的准则去评价“需要”和在不同学习“需要”之间做出取舍；“兴趣”的界定和诊断亦不是易事，至于如何在不同学生的“兴趣”间做出选择，也缺少有力的说明；“成长”和“发展”形式的诠释涉及不同的价值立场。因此，过程模式的客观性也存在一定问题。

（4）过程模式实施起来存在一定困难。一方面，对学生学习情况进行评价难以有一个客观公正的公共标准。另一方面，过程模式对教师的要求太高了，在实践中完成它是十分困难的。

三、施瓦布的实践模式

施瓦布（J. Schwab）是美国著名的课程论专家、生物学家。1969 年他在美国教育研究学会上宣读并在第二年发表的论文《实践1:课程的语言》,被公认为对传统课程理论和目标模式的挑战。之后,施瓦布陆续撰写并发表了《实践2:择宜的艺术》(1971年)、《实践3:课程的转化》(1973年)、《实践4:课程教授要做的事情》(1983年),系统地提出并阐述了课程开发的实践模式。经历十年修改和丰富后,引起了人们极大的反响。施瓦布认为,课程理论工作者往往寻求课程开发的一般理论,对课程实践中的课程问题关注不够,要使课程研究恢复其对教育改革有所贡献的能力和状态,则需要课程研究模式与方向的根本转向,即从理论的追求转向明显区别于理论研究的三种操作模式,即实践、准实践、折中。施瓦布强调的重点是课程研究倾向于实践的,这种倾向于实践的课程研究与以往倾向理论的课程研究在目的或结果、研究对象、问题来源和方法等方面存在根本差异。这样看来,课程开发的实践模式也是对以往依赖于理论研究而忽视课程实践具体问题的根本变革的课程开发思想。

(一) 施瓦布的实践模式的思想

施瓦布在《实践3:课程的转化》一文中确立了一种新的课程理念——实践的课程。施瓦布认为,课程是由教师、学生、教材(学科内容)、环境四个要素构成的,在课程开发过程中,要使学术性材料转换成课程内容,必须同时考虑这四个基本要素,以达到四个要素的协调与平衡。要做到这一点,就需要通过课程审议小组这一课程集体的共同合作。实践模式并不是提出一个明确、规范的开发程序,而是着重寻求能使生态系统保持协调与平衡的具体方法。解决这些问题可以采用实践—准实践—折中的运作方式。而实现这种运作方式则需要采用新的课程开发方式——集体审议。

1. 课程审议的含义

审议是课程开发的基本方法。审议是实践性课程的内在要求。从词源上讲,审议是指对不同对象进行权衡和做出选择。施瓦布在《实践1:课程的语言》中明确指出审议的一般情形。“首先,审议既非演绎,也非归纳……其次,审议是复杂而又繁重的……最后,审议将形成一个新的公众,其成员之间将形成一种新的交流方式。”①课程审议是指课程开发的主体对具体教育实践情境中的问题反复进行谈论权衡,以获得一致性的理解与解释,最终做出恰当的、一致的课程变革的决定及确定相应的策略。

2. 课程审议的主体:课程集体

课程审议的质量在一定程度上取决于审议主体的水平与结构。课程审议是在课程主体之间进行的,课程审议的主体是课程集体。施瓦布阐明了一种“集体审议”的思想,并建议,以学校为基础建立课程集体,认为课程审议集体由校长、社区代表、教师、学生、教材专家、课程专家、心理学家和社会学家等组成。为什么让这些人参与课程审议?因为这些人才能够对具体的教育情境进行全面的理解和准确的诊断,同时,课程实践探究最终使得课程决策体制从“自上而下”模式变革为“自下而上”模式。因此,课程集体审议要求所确认的问题是所有参与者所体验到的或所理解的问题,审议最后做出的行动决定是集体共同决定的。

---

① 施良方:《课程理论——课程的基础、原理与问题》,教育科学出版社,1996,第198-199页。

3. 课程审议的艺术

课程审议的艺术是施瓦布实践模式的重要组成部分。施瓦布勾勒出了课程审议艺术的基本类型，包括实践的艺术、准实践的艺术和择宜的艺术（折中的艺术）。他特别重视实践的艺术和择宜的艺术。

实践的艺术是针对个体所感知的、个别的、具体的、特定的情境而言的。它首先是“感知的艺术”，即通过一系列“无关扫视”，帮助我们从背景中识别问题所在，并初步赋予意义。其次是“问题形式的艺术”，即对感知到的问题进行诊断，并用最佳的方式表达这一问题。最后是“问题解决的艺术”，即形成和选择备选方案。

准实践艺术是实践艺术的延伸，它不是针对个别、孤立的情境，而是针对由相互联系、多样的个别情境所组成的准实践的情境。准实践的艺术主要强调问题区分时的灵活性（即区分具体问题是属于哪个个别情境的能力）和问题表达时的流动性（即把系统的问题表达转化成具体行动中的问题表达）。

择宜的艺术是针对具体教育实践情境的特殊性，对不同理论进行选择、修改和超越，使之适合实践性课程开发需要的艺术。简言之，择宜的艺术是对各种理论进行折中、调和。施瓦布提出了三种理论运用艺术：一是将理论、知识、观点与实际情境中的问题进行比较的艺术；二是对各种理论、知识、观点进行修改、重组，以使其适应实际情境和问题的艺术；三是超越现存的各种理论、知识、观点，创造新的行动方案的艺术。“要说明的是，择宜的艺术的目的不是为了构建一个统贯所有理论的理论，而是要在各种知识群中有实践意义的部分之间架起一座暂时的、尝试性的桥梁。”①前两种艺术针对的是问题情境，第三种艺术针对的是理论，但总体上，三种审议的艺术都是使理论复归具体情境。

4. 学校本位的课程开发

实践模式是以具体的实践情境的特殊需要为核心进行的课程开发，它必须根植于具体实践情境。此模式中，课程开发的主体是课程集体或审议集体，且教师和学生也包含其中。教师和学生的需要、兴趣和问题是课程审议的核心问题。学科内容是课程审议的来源、对象，通过课程审议成为最终的课程资源。环境包括课堂、学校、家庭、社区、特定的阶级、种族群体等，任何课程审议、决策都必须以对影响学生和学校的环境的理解为基础。这些问题，因人而异、因情境而异，施瓦布理想中的课程开发基地是每一所特殊学校。此课程开发因而成为“学校本位的课程开发”。

（二）对施瓦布实践模式的评价

1. 施瓦布实践模式的优点

（1）施瓦布的实践模式告别了普遍性程序及规则开发的理论性探究，侧重于具体、灵活的方法的阐释，力图使课程探究的逻辑起点、内容、方向及手段彻底转向。这种转向是从理论转入实践，从目标分析转入情境诊断，从规范化程序开发转入具体行动及方案的选择，从自上而下的课程决策转入自下而上的集体审议，从理论规范实践转入实践加工、创造理论等。

---

① 施良方：《课程理论——课程的基础、原理与问题》，教育科学出版社，1996，第203页。

（2）实践模式强调具体实践情境及问题对课程探究方法及艺术的制约作用，倡导学校本位的课程开发，充分关注到了课程探究方法的实用性。

（3）实践模式不是不需要理论的指导，而是反对以单一理论为依据的课程开发模式，强调多种理论的折中艺术。

（4）实践模式强调集体审议以选择最恰当的课程方案，扩大了课程开发主体的队伍，尤其是学生作为课程审议的主体，使得实践模式在选择方案时真正融入了学生的兴趣、需要。

2. 施瓦布实践模式的缺点

（1）实践模式是建立在对理论模式的全盘否定基础上，从一个极端走向另一个极端。施瓦布反对通用的、抽象的理论和规则，虽然在一定程度上弥补了以往将理论运用于实践艺术上的不足，但想要用实践的艺术取代理论，会使课程探究陷入另一个极端。

（2）实践模式对教师和课程研究者提出了过于理想的要求。施瓦布试图否定通用的课程开发程序，要求教师和研究者创造并掌握绝对灵活的、针对所有具体情境与问题的课程探究方法，这种可能性较小。

（3）实践模式中各种理论的折中容易导致课程研究逻辑的混乱。实践模式强调对各种理论进行折中、调和，但由于各种理论本身的前提假设和价值取向各不相同，有些甚至相距甚远，结果很容易造成思路上的混乱。

（4）实践模式虽然采用"自下而上"的集体审议的课程决策方式，让"课程集体"中的各方面代表发表自己的观点、意见，但由于各成员主体的文化水平、社会地位、利益需求、价值取向不同，对课程问题也很难取得完全一致的看法。

第三节　我国当前课程体系的基本范畴

范畴是反映事物本质和普遍联系的基本概念。基本范畴是"基本层次范畴"的简称，给事物分类（划分范畴）可以选择不同的概括层次。各门学科都有自己的基本范畴，正是通过这些基本范畴及其相互联系才构造起了各自的学科体系。梳理相关课程论专著，结合课程论学科的核心概念，我们认为，我国当前课程体系的基本范畴有课程价值取向与课程目标、课程结构与课程内容、课程实施与评价、课程管理与领导。下面就课程涉及的核心概念做一简要阐述。

➢ **扫描本章二维码，阅读《基础教育课程改革纲要（试行）》中关于课程体系改革要求的内容。**

一、课程价值取向与课程目标

（一）课程价值取向

1. 对课程价值取向的基本理解

从本质上看，人类实践活动是一种价值创造活动，课程实践亦如此。所有的课程活动都是一定的教育价值观(教育目的、教育宗旨等)在课程实践中的具体落实。因此,任何时期的任何学校在设置课程时首要考虑的问题就是选择什么样的课程价值。只有这样,包括确定课程目标在内的所有课程活动才会有科学价值观的引领,不会成为盲目的活动。

价值是一种关系存在,是客体对主体需要的满足。课程价值是课程对主体人的价值需要的满足。课程价值是作为主体的社会和学生与作为客体的课程之间需求关系的反映,在本质上是一种课程主体在课程实践中的价值判断活动。① 由于课程主体的需求与课程满足主体需要形成的关系较为复杂,课程实践会表现出相对稳定的课程价值选择倾向。有学者认为:“课程价值取向是课程主体在课程活动中根据自身需求进行价值选择时所表现出来的价值倾向性。”②学校所设置的任何一门课程的价值体现为课程对学生个体发展和当下社会发展的意义。

2. 基本的课程价值取向

历史上,由于不同社会所强调的教育价值观不同,使得课程主体需求与课程实践价值选择倾向表现也不一样。学者们基于不同视角提出了不同的课程价值分类。美国学者米勒曾把课程价值取向分为七种,分别为行为取向、学科取向、社会取向、发展取向、认知过程的取向、人本主义取向、超个人取向;普瑞特则分别提出了五种课程价值取向,分别是学术理性主义取向、认知过程取向、人本主义取向、社会重建主义取向、技术学取向。③ 基于课程主体需要的不同,课程价值可以分为社会价值、知识价值和学生价值三大类。相应地,课程价值取向主要有知识本位课程价值取向、学生本位课程价值取向和社会本位课程价值取向。

(1) 知识本位课程价值取向

知识本位课程价值取向关注的是学科知识本身,强调学科本身的固有价值,重点探讨学校教育应该选择什么知识以及如何组织知识等问题。其代表人物有斯宾塞、赫尔巴特等。在此价值取向下,从古代到近代再到现代,按照学科门类形成的“百科全书式”的学科课程,就属于知识本位课程价值取向。

知识本位课程价值取向从概念界定、理论推演到框架建构均具有严密性和有效性,为学科课程奠定了坚实的理论根基。该取向认为,教育的主要目的在于将人类积累下的系统知识传授给学生,强调课程知识的完整性,主张根据知识的逻辑顺序编排课程,注重各学科领域知识的逻辑统一。虽然知识的完整性、逻辑性与系统性有利于师生在有限的时间内实现课程目标,但也带来了诸多现实困境,如过分强调知识的学术性、专门化与结构性,削弱了师生参与创造课程资源的主动性与能动性等。

(2) 学生本位课程价值取向

学生本位课程价值取向强调以学生的兴趣和需要为核心开发课程,而不是按照学科知识内在的逻辑体系施教,强调课程促进个体成长的价值。其代表人物有杜威、马斯洛、罗杰斯等。杜威的经验课程、克伯屈的设计教学、罗杰斯的人本主义课程等,都属于学生

---

① 李森、陈晓端:《课程与教学论》,北京师范大学出版社,2015,第73页。

② 刘旭东:《课程的价值取向研究》,甘肃教育出版社,2002,第71页。

③ 王焕勋:《实用教育大词典》,北京师范大学出版社,1995,第199页。

本位课程价值取向。

学生本位课程价值取向强调学生的兴趣、爱好与成长需要，课程内容要切合学生的实际生活，深入关注学生作为完整的个体存在而具有的生命价值，重视学生的学习动机与学习兴趣之间的关系，关注学生对实践意义的创造等。但学生本位课程价值取向强调课程应以学生为中心，在一定程度上会削弱教师的地位和作用，容易形成学生的放任自流；在课程目标、内容、进程和评价等方面都以学生为中心，很可能影响学生系统知识的接受，浪费学生学习时间。

学生本位课程价值取向虽然是基于批判知识本位课程价值取向的不足而提出的，但没有改变课程的含义与实质，依然围绕知识观探讨课程问题。

(3) 社会本位课程价值取向

社会本位课程价值取向强调以社会问题为中心，主张打破学科课程的界限，通过对社会问题的分析而非以学生的经验组织课程，强调课程的社会价值。其代表人物有康茨、拉格和布拉梅尔德等。斯巴达与雅典的课程、中国古代的课程、社会改造主义课程，都属于社会本位课程价值取向。

社会本位课程价值取向主张加强课程与社会的联系，要求师生担负起教育变革的重任，具有一定的积极意义。但它过于夸大了学校课程的社会功能，容易忽视系统知识的学习和传播，而走向极端就会弱化课程的个体发展功能。

上述三种课程价值取向各自强调了课程的某一方面价值，排斥或忽略了其他方面的价值，因而容易产生非此即彼、以偏概全的极端化、片面化的错误。而马克思主义的科学价值论给我们带来了重要启示。马克思主义认为，价值应体现社会发展价值和个人发展价值的统一。而把课程价值划分为知识本位、学生本位、社会本位三种基本价值取向，主要出于理论分析的需要。在实践中，知识、学生、社会是一个统一的整体，不可能僵硬地分开。所以，任何将三者分离或对立的课程价值取向和课程实践都是片面的。

(二) 课程目标

1. 对课程目标的基本理解

课程价值体现了一定的课程对当时社会要求的满足程度，最终反映在一定时期的教育目的、教育宗旨和培养目标当中。教育目的、培养目标都要以课程为中介才能实现，人们通常把课程看作达到教育目的的手段。因此，教育目的只有转化为课程目标，才能发挥对课程的指导作用。明确的课程目标，为课程开发提供了方向，有助于课程内容的选择和组织，并可作为课程实施的依据和课程评价的准则。

课程目标是学校课程要达到的学生身心发展的预期结果。课程目标是一定教育价值观(教育目的、教育宗旨)在课程领域的具体化，是根据教育宗旨和教育规律而提出的课程的具体价值和任务指标。事实上，课程目标在我国正式文件中的出现，始于 1929 年颁布的《中小学暂行课程标准》，该课程标准“包括课程目标、时间分配、教材纲要、实施方法等主要内容”①。但新中国成立后因采用苏联话语系统中的教学论概念，相当长一段时间内

① 白月桥:《课程标准实验稿课程目标订定的探讨》,《课程·教材·教法》2004 年第 9 期。

没有使用“课程目标”一词。十一届三中全会以后，我国逐步引入国外课程理论，并开始零星使用课程目标，直到我国基础教育第八次课程改革，“课程目标”这一概念才在我国得以普遍使用。

2. 课程目标的基本取向

任何课程目标总是体现一定的课程价值取向。可以说，价值取向是课程目标的灵魂。有什么样的价值取向，就会有什么样的课程目标。这里的取向，“主要是指课程目标所采用的表述形式，而不是指目标的实质内容”①。

“基于美国课程论专家舒伯特(W. H. Schubert)的见解，可以将典型的课程目标取向归结为四种：‘普遍性目标’取向、‘行为目标’取向、‘生成性目标’取向、‘表现性目标’取向。”②目前国内关于课程目标价值取向的理论层面的探讨，也主要集中在对舒伯特课程目标取向理论的评价方面。

(1) 普遍性目标取向

普遍性目标(global purposes)是将根据一定的经验、哲学或伦理观、意识形态或社会政治需要形成的一般教育宗旨或原则，直接运用于课程领域，成为课程领域一般性、规范性的课程目标。它对各门学科都有普遍的指导价值，体现的是普遍主义的价值观。从课程研究的历史来看，在课程论成为一个独立的研究领域之前，早期的人们是从教育目的、教育目标的层面把握和处理课程目标的。比如，中国古代公认的教育宗旨是“格物、致知、诚意、正心、修身、齐家、治国、平天下”；在西方，亚里士多德认为教育的终极目的是“幸福”，柏拉图认为教育的终极目的是“有德性的生活”，斯宾塞提出“教育为完满生活做准备”等，都属于典型的“普遍性目标”。

普遍性目标取向把一般教育宗旨或原则与课程目标等同起来，具有普遍性、方向性、规范性，可运用于所有的教育实践；教育工作者能对这些目标创造性地解释，以适应具体教育实践的特殊需要。但普遍性目标取向常因日常经验所限制而缺乏充分的科学依据；其含义较模糊，常常出现歧义和不同理解，会给课程实施带来困难；其一般以教条、规定的形式出现。

(2) 行为目标取向

行为目标(behavioral objectives)是以显性的、精确的、具体的、可操作的行为的形式进行陈述的课程目标。行为目标指明课程与教学过程结束时学生所发生的行为变化。泰勒在《课程与教学的基本原理》一书中指出人们在实践中易犯的错误：一是把目标作为教师所要做的事情来陈述，但没有陈述期望学生发生什么变化；二是列举课程所涉及的各种要素，但没有陈述希望学生如何处理这些要素；三是采用概括化的方式陈述目标，但没有具体指明这种希望所能应用的领域。泰勒由此提出每一个课程目标应包括内容和行为两个方面，前者是要求学生表现出来的行为，后者是这种行为所适用的领域。“泰勒对课程目标的贡献，是强调以行为方式来陈述目标。”③该目标取向经布鲁姆(B. S. Bloom)、马杰

① 施良方：《课程理论——课程的基础、原理与问题》，教育科学出版社，1996，第 83 页。

② 张华：《论课程目标的确定》，《外国教育资料》2000 年第 1 期。

③ 施良方：《课程理论——课程的基础、原理与问题》，教育科学出版社，1996，第 85 页。

(R. R. Mager)、波帕姆(W. J. Popham)等人的进一步发展,越来越具体化、精细化、机械化。

行为目标取向的课程目标克服了普遍性目标的模糊性,具有精确性、具体性和可操作性,是课程目标科学化的重要里程碑;它体现了"唯科学主义"的教育价值观,行为目标追求的是行为的有效控制。行为目标取向的课程目标也有其不足之处:一是以控制为本的行为目标限制了学生在课程与教学开发过程的积极性与创造性,也限制了课程与教学开发的无限性和人的发展的主动性;二是行为目标只能表述那些有外在表现的具体学习行为,但那些情感、态度、价值观等难以外显化的表现会被排除在目标之外;三是行为目标把学习分成各个独立的部分,把人的学习与学习的结果肢解了,无法把学生知识的学习与经验的获得看成一个整体,不利于通过多种学科教学共同促进学生的全面发展。

(3) 生成性目标取向

生成性目标(evolving purposes)是在教育情境中随着教育过程的展开而自然生成的课程目标。生成性目标不是事先规定好的学生要达到的结果,而是师生根据课程教学的实际开展过程而提出的相应的目标。生成性目标体现的是演进的教育哲学观,注重的是学习活动的过程,强调教育是一个演进的过程,是渐进的生长。生成性目标可以追溯到杜威的教育目的论。杜威认为,教育目的不应是预先规定的,应是教育经验的结果。杜威认为,教育除自身外没有其他目的,即教育无目的论,这里的"无目的"是说教育没有预先规定的目的,如果有目的,那就是促进学生的生长,即"教育即生长"的命题。斯滕豪斯从另一角度解释了"生成性目标",认为学校教育由技能的掌握、知识的获得、社会价值和规范的确立、思想体系的形成四个不同的过程构成。他认为,课程不应该以事先规定的、限制教师行为的目标为中心,课程研究必须建立在对课堂研究的基础上。生成性目标在人本主义课程理论中得到发展并走向极端。

生成性目标考虑到学生的兴趣变化、能力形成和个性发展,倾向于将过程与结果、手段与目的有机地统一起来,强调教育过程中学生在与教育情境交互作用中所产生的属于自己的目标,并不是教育者代表社会强加给学生的。但生成性目标理论太过理想化,实践上很难实行。一是使用生成性目标,要求教师根据学生的需要和特点随时调整课程内容,大多数教师没有受过训练;二是即使教师受过严格的训练,真正实施起来比较困难,教师在一节课内不可能与所有的学生对话并生成课程目标;三是学生很难对知识是否有价值做出正确判断,况且生成的目标又是随机的。

(4) 表现性目标取向

表现性目标(expressive objectives)是对课程的行为目标的一种批判,是美国学者艾斯纳提出的。艾斯纳主张在设计和评价课程时,应准备三类课程目标。在他看来,除了行为目标之外,还应该有解决问题的目标和表现性目标。解决问题的方式是多种多样的,其重点是放在认知灵活性、理智探索和高级心理活动过程上。表现性目标是"人们在从事某种活动结束时有意或无意得到的结果,它是课程活动的结果"①。表现性目标是每个学生在具体教育情境的各种相互作用中所产生的某种首创性的反应,而不是事先规定的结果。

---

① 施良方:《简论课程目标的三种取向》,《课程·教材·教法》1995年第6期。

表现性目标强调学生的个性发展和创造性表现，强调学生的自主性和主体性，尊重学生的个性差异，指向学生的解放。表现性目标期望的不是反应的同质性和一致性，而是反应的多元化和差异性，它与当代人本主义教育价值观相一致。表现性目标的不足之处在于：一是表现性目标过于模糊。它是唤起性的，而非规定性的，它不指明学生从际遇、环境、问题或任务中学习了什么，因而难以发挥对课程活动的导向作用。二是表现性目标与学科性质有着密切联系，在某些学科领域，难以保证学生掌握其所必须掌握的内容。

以上四种不同价值取向的课程目标各有其优势与不足。不存在放之四海而皆准的课程理论，由于课程活动是多元的，任何一种单一的方式方法都不能全方位地解决多元性的课程问题。从课程目标取向的实质看，普遍性目标与行为性目标都是以"社会为本"的，属控制本位，普遍性目标处于前科学的经验描述水平，行为目标是借助了科学手段。生成性目标与表现性目标则是向着人的自身发展方向的，体现的是"以人为本"的理念，强调学习者与情境的交互作用，强调目标与手段的连续性、过程与结果的连续性，强调教师和学生在课程与教学中的主动性和创造性表现，以人的个性解放为最高追求。

每一种价值取向的课程目标在解决某类问题较为有效的同时，也会产生一些难免的负面作用，因此，我们应综合使用，互为补充，扬长避短，使其各自发挥特长并综合起作用。

二、课程结构与课程内容

（一）课程结构

所有的课程活动都要围绕课程发挥自身促进学生发展这一根本目的展开，课程结构也不例外。在课程开发活动中，首要考虑的是设计各类课程以及课程内部各成分的结合方式问题，即课程结构问题。只有科学的课程结构观，才能从整体上把握课程的内部构成，增强课程的整体功能。

课程结构是课程内部各要素相互联系和相互作用的方式。课程结构通过与外部环境的相互作用发挥其功能，课程结构功能发挥的大小取决于课程内部的基本结构关系的稳定性程度及课程外部环境状况。课程结构作用的对象有政治的、经济的、文化的、教育的，但其教育的对象是学生。因此，课程结构的根本功能是促进学生发展。

从历史发展看，课程结构的问题历史悠久，夸美纽斯、赫尔巴特、杜威等人都涉及课程结构问题，20 世纪 60 年代人们开始了对课程结构的专门研究。比如，美国学者布鲁纳认为的课程结构主要是课程的微观结构，即学科内部的结构；在此基础上，美国学者施瓦布进一步研究了学科结构的本质以及学科结构的内在层次性；与布鲁纳、施瓦布截然不同，美国学者福谢依所理解的课程结构主要是学校课程的类别结构，而不是某一具体学科的内部结构；苏联学者 B. C. 列德涅夫重点分析了课程的总体结构；日本学者广冈亮藏和山口康助等热心于某一具体学科内的教材结构化①；美国学者波斯纳建构了基于预期学习结果的课程结构体系，其中课程结构的广度体现的是课程要素结构化的公有性和时间性，课程结构的深度主要解决的是课程结构的序列化原则问题。② 这些课程结构思想，对当

---

① 廖哲勋、田慧生：《课程新论》，教育科学出版社，2003，第 223－229 页。

② （美）波斯纳：《基于预期学习结果的课程结构思想》，吕长生译，《全球教育展望》2017 年第 2 期。

前我国课程结构研究具有重要的启示意义。我国学者钟启泉将西方出现的课程结构区分为微观结构论、中观结构论和宏观结构论三个层次①;我国学者廖哲勋提出了课程结构的表层深层说,并分析了结构的特性及课程结构与课程功能的关系。

(二) 课程内容

课程内容是根据课程目标、有目的地选择的各种直接经验和间接经验的知识体系。直接经验主要是系统化的书本知识,间接经验具体包括在各种形式的科学中。

课程内容是课程内在结构的有机组成部分。课程的内在结构一般是由课程目标、课程内容、学习活动方式以及评价等要素组成的,没有课程内容的课程是不存在的。从课程的内在构成看,特定的课程内容承载着特定的课程价值观和课程目标体系。“课程内容都是以课程目标为直接依据选定的,并在一定程度上体现了课程目标的要求。课程内容的合理程度,影响着人才培养的质量规格。课程内容的内在结构不同,也直接影响着学生发展的素质结构状况。”②在我国,课程内容一般以教育政策、课程政策的形式存在,主要体现为课程计划、课程标准和教材。

从学校课程发展历史看,课程内容是发展的、多元的、多形式的,不同的知识内容与知识形式直接体现了不同的课程内容。历史证明,课程内容与学科知识密不可分,但不能将书本上的学科知识与全部的课程内容等同起来。在古代,课程并不是教育领域的专门术语,但因政治经济发展需要,国家对课程有着各种形式的规定。从我国夏商西周的学校教育开始,就出现了分科课程“六艺”;古希腊的学校课程主要是“七艺”。古代课程就是分科课程的雏形,但内容上与哲学密不可分,比较笼统综合、相互交叉。近代以来,分科课程内容脱离哲学母体并逐步分化,学校形成了百科全书式的课程,内容上主要以分门别类的学科知识为主。到了现代,学校课程在知识内容和形式上表现出多元化特征,经验性活动也成为课程内容的重要组成部分,如经验课程或活动课程,人们还将社会现实问题纳入中小学课程内容之中。这样,“学校课程内容超越了单一的书本知识范围,体验式的直接经验、生活背景、社会现实问题也成为课程内容的重要组成部分”③。

三、课程实施与评价

(一) 课程实施

课程实施是把课程计划付诸实践的过程,是达到预期课程目标的基本途径。课程实施更多关注的是课程计划在实际上所发生的情况,以及影响课程实施的种种情况。课程实施过程并不是简单的课程计划的采纳,而是一个动态的过程。一般而言,新的课程计划通常蕴含着对原有课程的一种变革,课程实施就是力图在课程实践中实现这种变革,或者说,是将变革引入实践。但课程实施往往不是一帆风顺的。有效的课程计划不只是体现在文字表达的完美目标和内容上,更重要的是课程计划的切实可行性和良好的课程实施

① 钟启泉:《现代课程论》,上海教育出版社,1989,第 141 - 143 页。
② 钟启泉:《课程论》,教育科学出版社,2007,第 141 页。
③ 钟启泉:《课程论》,教育科学出版社,2007,第 139 页。

条件。新的课程计划顺利付诸课程实践，需要课程实施者（主要是校长和教师）重新调整自己的个人习惯、行为方式、课程重点、学习空间、课程安排等方面。若课程实施者能清楚了解并熟悉新的课程计划所包含的意图和目标，参与课程设计的部分工作，共同讨论达到课程目标的各种手段，这样课程实施的阻力就会小很多。

美国课程论专家古德莱德（J. I. Goodlad）将课程区分为五个层次，深刻触及了课程实施问题。他认为，不同层次的课程具有不同的含义：一是理想的课程（ideological curriculum），这是尚处于观念之中的课程，往往由研究机构、学术团体和课程专家所倡导。这类课程是否产生实际的课程影响要看它是否被采用。二是正式的课程（formal curriculum），这是由教育行政部门规定的课程计划、课程标准和教材，也就是列入学校课程表中的课程。该层次的课程远离学习者，课程目标、教学科目的确定是一个社会政治的过程，国家和地方经常通过各种政策法规和课程指南来确立教学科目、教学内容、教学时间、教科书和其他材料。三是领悟的课程（perceived curriculum）。该层次的课程被限定于日、周、学期、学年的确定时间，通常以学科的形式组织起来。这些学科源于主要的知识和认知领域，对每一学科而言，不同年级有不同的课题和主题。这类课程大部分源于国家和地方确立的"正式的课程"，学校有关人员根据学校的特色和需要对正式的课程进行选择和修改，由此形成学校层次的课程。四是运作的课程（operational curriculum）。这是教师规划并实际实施的课程。这类课程尽管也决定于社会层次的课程，但它更直接地导源于领悟的课程。显然，运作的课程体现了教师对课程的理解，也体现了教师在课前和课中对课程的实际运作。五是经验的课程（experiential curriculum）。这是学生实际体验到的课程。尽管经历了同样的课程学习，但不同学生会获得不同的学习经验或体验。古德莱德认为这是最重要的课程，是被内化和个性化了的课程。

古德莱德的五个课程层次体现了自上而下的课程实施策略，理想的课程和正式的课程属于课程计划阶段，而领悟的课程、运作的课程和经验的课程则进入课程实施阶段。课程的最终完成主要由经验的课程即学习者的最终学习效果所决定。

（二）课程评价

课程评价是教育领域中教师、教育管理工作者或有关人员经常进行的一种特殊的价值判断活动，其目的在于对课程做出各种决策，保证课程的有效性与合理性。课程评价是课程主体在一定价值观指导下对课程整个过程和结果的监控和评价，从根本上来讲，课程评价是对课程促进学生发展的效果的价值判断。因此，课程评价只有发挥了其促进学生发展的功能，才能保证其长足的合理性与有效性。

课程评价作为一个重要的课程评价领域，自国外从泰勒的"八年研究"期间正式提出这一概念，逐步引起了人们的广泛重视。但在我国，由于各种原因，课程评价长期没得到应有的重视，一直到20世纪80年代后才进行系统研究。随着国外课程理论的引进和国内课程专家对课程评价问题的关注，有关课程评价的研究成果日益丰硕，课程评价研究在研究的广度和深度上都取得了快速的发展。我国学者们总结国外课程评价的成功经验、吸取其失败教训，在较短时间里引进大量国外研究成果，积累了较丰富的借鉴资料，为课程评价研究奠定了良好基础。

四、课程管理与领导

(一) 课程管理

课程管理是教育管理的一个组成部分。教育行政管理对课程政策、课程方案、课程制度做出规定就是课程管理的核心内容。课程管理又是学校管理的重要构成。因为课程计划、课程标准、教科书等课程文件的具体实施都要落实到学校、课堂、教师,对课程实施及其结果评价的管理是学校管理中的基本内容。

按照系统论的说法,课程管理可以对课程设计、课程文件的编制、课程实施及其结果的评价中所涉及的人、财、物、课程信息等资源进行规划、指导、决策、组织、监督、协调等,从而产生最佳效果,以实现课程目标。课程管理是课程系统工程的核心构成,涉及规划、实施与评价等多方面因素。因此,强有力的课程管理是正确实施课程和提高课程建设水平的客观要求。加强课程管理,对于课程建设、课程实施、课程评价等都有着重要的意义。首先,加强课程管理,促进三级课程管理体制的有效组织和给予制度保证,在一定程度上提高国家课程、地方课程和学校课程的建设水平。其次,加强课程管理,可以通过规划、组织、监督和协调等手段,促进课程系统中的师资、教材、设备等课程资源发挥最大效益,有力促进课程实施的顺利运行。最后,加强课程管理,通过对课程系统及其运行过程的督查,促进课程评价所带来的课程决策的合理修正。

20世纪50年代至20世纪80年代中期,我国中小学课程管理权力一直集中于中央教育行政管理部门。20世纪80年代中期,我国逐渐分权,虽然刚开始国家、地方、学校三级课程管理体制逐步推行,但地方特别是学校以及课程管理意识薄弱,缺乏一定的管理经验和管理能力,课程管理只发挥了其有限的管理效用。如今,课程管理已逐步摆脱科学主义管理范式下的课程控制,走向人文主义管理范式下的课程服务,从课程管理的官僚等级走向课程组织结构的扁平化。

(二) 课程领导

在组织学中,管理和领导是两个可以互换的概念。我国常用的是"课程管理"一词。无论是国内还是国外,课程领导都是一个较新的概念,目前人们没有较为一致的理解。课程领导,最早是由美国哥伦比亚大学教授哈利·帕索(A. Harry Passow)于1952年在其博士论文《以小组为中心的课程领导》中提出的。但在科学管理化时代,课程领导并未引起人们的重视。20世纪70年代后,人们逐渐关注并深入研究课程领导。有学者指出,课程领导是"20世纪70年代以后伴随教育民主化运动的深入、课程领域的'范式转换'和课程变革过程研究的深化而产生的新兴课程研究领域"①。美国学者格拉索恩(A. A. Glatthorn)于1987年指出:"课程领导功能的行使,是要促使学校达到其确保学生学习品质的目标。课程领导应发展学生的多元智能,照顾个别差异,并为大部分学生提供优质的课程。"②格拉索恩强调课程领导的功能发挥。美国课程论专家兰姆博特(Lambert)认为

---

① 张华:《论课程领导》,《教育发展研究》2014年第2期。

② Allan A. Glatthorn:《校长的课程领导》,单文经等译,华东师范大学出版社,2003,第63页。

课程领导具有以下含义："① 一个团体，而非个别的领导者（如校长），且组织内的每一个成员都有成为领导者的潜能和权利。② 团体内的所有成员一起学习、共同合作建构意义和知识。领导是可以促使建设性转变的学习，学习具有共同的目的。③ 透过成员间的交谈，在共同信念和信息的情境下，反思工作并给工作赋予意义，从而实施有助于工作的行动。④ 要求权利和权威的再分配，共同承担或共享学习、目的、行动和责任。"①兰姆博特强调课程领导的主体间互动。国内学者钟启泉认为："从教育生态学的管理理念出发，区分了传统与革新两种不同的课程管理观，即课程管理与课程领导。"②李定仁等认为："课程领导属于课程管理范畴，是课程管理的重要职能。课程管理的领导职能是使整个管理过程中其他职能得以实现的起主导作用的推动力量。"③李定仁等强调国内课程领导在课程管理职能中起主导作用。张华认为："课程领导系课程变革过程中不同课程利益相关者通过民主合作而进行的创新性课程工作，其核心是问题解决与课程创生，旨在促进教师的专业成长和学生的个性发展。"④张华强调对课程实施的新的理论要求。

在我国，课程领导因我国第八次基础教育课程改革而出现。我国以往推行的是中央集权制的课程管理体制，决策权掌握在少数人手中。这种体制在客观上适应了当时教师的素质和教学水平相对不足的情况，但也造成了外在控制愈是加强，学校成员愈是依赖，就越需要监控的生态现象。20 世纪 80 年代中期，我国推行了"一纲多本"的分权改革，我国第八次课程改革沿承其分权方向，划分了国家、地方和学校三级的课程权责，试图建立一种放权和控制能够平衡的新基础教育体系。课程实施能按课程计划推行非常不易，因此，课程实施中课程领导就特别重要。随着我国第八次基础教育课程改革的深入，课程领导已被认为是提升学校课程管理水平、促进学校课程发展的重要实践方式。在新课程实施中需要一种领导："确定一批人应当前进的方向，并带领人们朝着这个方向前进，使之投身于这一运动，并激励他们战胜前进道路中不可避免的障碍坎坷……带来建设性或适应性变革。"⑤

本章小结

对课程论的一般理论的认识是学习课程论知识的理论基础。

本章第一节是有关课程论的理论基础的知识，包括课程论的哲学、心理学、社会学三个学科基础。教材首先分析了哲学对课程论的影响，并介绍了当代西方教育哲学流派及其课程观；其次，分析了心理学对课程论的影响，并介绍了当代西方心理学流派及其课程观；最后，分析了社会学对课程论的影响，并介绍了当代教育社会学流派及其课程观。

本章第二节是有关课程开发的模式的知识，包括泰勒的目标模式、斯滕豪斯的过程模

① 李森、陈晓端：《课程与教学论》，北京师范大学出版社，2015，第 202 页。

② 钟启泉：《从"课程管理"到"课程领导"》，《全球教育展望》2002 年第 12 期。

③ 李定仁、段兆兵：《试论课程领导与课程发展》，《课程・教材・教法》2004 年第 3 期。

④ 张华：《论课程领导》，《教育发展研究》2014 年第 2 期。

⑤ （美）科特：《变革的力量——领导与管理的差异》，方云军译，华夏出版社，1997，第 4 页。

式、施瓦布的实践模式三个方面。教材首先介绍了目标模式的产生，详细分析了目标模式的基本原理，并对目标模式做出了历史功绩、局限性两方面的评价；其次，介绍了过程模式的思想渊源与理论基础，详细阐述了过程模式的核心思想，并对过程模式做出了优点、局限性两方面的评价；最后，详细介绍了施瓦布的实践模式的思想，并对施瓦布实践模式做出了优点、缺点两方面的评价。

本章第三节是有关我国当前课程体系的基本范畴的知识，包括课程价值取向与课程目标、课程结构与课程内容、课程实施与评价、课程领导与管理几个方面。教材首先介绍了对课程价值取向、课程目标的基本理解，详细分析了几种基本的课程价值取向和课程目标的基本取向；其次，介绍了课程结构与课程内容的概念、作用，并详细分析了课程结构、课程内容的历史发展；再次，介绍了课程实施、课程评价的概念，并详细介绍了古德莱德的课程实施的层次及课程评价研究的进展；最后，介绍了课程管理、课程领导的概念及二者的关系，并简要分析了课程管理、课程领导在我国的发展。

[思考与练习]

1. 试用自己的话阐述哲学、社会学对课程论的影响。
2. 试论述建构主义心理学对课程论的影响。
3. 试论述课程开发目标模式的原理及其评价。
4. 简述课程开发过程模式的原理及其评价。
5. 简述我国当前课程开发的基本范畴。

第三章 小学课程价值取向与课程目标

扫码获取
相关资源

内容提要

所有的课程活动都是在一定的课程价值观和课程价值取向下具体落实的。课程价值取向关涉课程的各要素及其功能的发挥，对构成课程体系的课程观、课程目标、课程内容、课程结构和课程活动方式各个要素都起着统领作用。新课程改革背景下小学课程价值取向，要摆脱单纯的"知识本位""社会本位""学生本位"的藩篱，反映学生的全面发展，注重学生核心素养的养成。课程目标是课程论的基本问题。课程目标是学生学习所要达到的国家所预期的结果或水准。在课程活动中，课程目标发挥着一定的功能，课程目标的功能有导向功能、激励功能、中介功能和标准功能。课程目标是教育目标系统的核心构成，与教育目的、培养目标、教学目标一起分别表征教育领域中目标问题的不同层次。课程目标有不同的分类。新课程背景下我国小学课程目标主要分为知识与技能、过程与方法、情感态度与价值观三个维度；各学科课程标准明确规定了各自学科课程总目标和学科课程阶段目标两个层次。为了更好地理解课程目标，本章列举了小学语文、数学、科学、艺术、体育、品德六门学科的课程目标。

学习目标

1. 了解课程价值的概念，理解课程价值对课程体系的统领作用。
2. 理解新课程背景下小学课程价值取向。
3. 理解教育目的、培养目标、课程目标、教学目标等概念，掌握课程目标的功能及分类。
4. 会运用小学各学科课程目标，分析具体学科课程教学目标的合理性。

第一节 课程价值取向

所有的课程活动都是一定的教育价值观（教育目的、教育宗旨等）的具体化，都是一定课程价值观的具体落实。这里所说的课程价值观主要体现为课程价值取向。因不同历史时代课程主体对课程的需求不同，课程价值取向也各有差异。比如历史上出现的知识本位、学生本位、社会本位三种的课程价值取向。课程价值取向关涉课程的各要素及其功能的发挥，有什么样的课程价值观，就会有什么样的课程体系。在当前新课程改革背景下，结合我国教育目的、核心素养和重学习过程的体验性等思想，明确小学课程的价值取向，对于当前小学课程实施的顺利开展具有至关重要的价值。

一、课程价值和课程体系的概念及课程价值对课程体系的统领作用

（一）课程价值和课程体系的概念

要理解“课程价值”一词，应从价值谈起。价值是主体对客体的需要与客体具有满足这种需要关系的反映，反映的是一种关系存在。课程价值是课程主体对课程的需要与课程具有满足这种需要的关系的反映，是课程在满足个体和社会需要中的有用性。由于人们的课程价值观不同，课程价值有着不同的表现方式，比如课程的社会价值与个人价值、理想价值与实用价值、内在价值与外在价值（工具价值）等。由于课程所发挥的作用不同，课程价值是课程内容自身所具有的效用（内在价值）和课程作为工具所起到的作用（外在功能）的统一体。课程的内在价值表现在以下三个方面：① 学校课程自身具有强大的逻辑力量，对受教育者的理性发展和心智成熟具有推动作用。② 学校课程实践通过课程体系的核心要素——知识的传承能够达到发展学习者能力的目的。[①] ③ 学校课程具有培养学生人格的功能。课程的外在价值体现在：① 课程的社会影响价值，即课程是社会统治阶级对学生加以社会影响的中介。② 课程的文化传承价值，即课程是对主流文化和价值观念的继承、传递和保持的独立活动。③ 课程的学生发展价值，即课程是促进学生社会化发展的重要载体和手段。

课程体系是指在一定的教育价值观念指导下，将课程的各个构成要素加以排列组合，使各个课程要素在动态过程中统一指向课程价值和课程目标实现的系统。课程体系是育人活动的指导思想，是培养目标的具体化和依托。课程体系主要由特定的课程价值观、课程目标、课程结构、课程内容、课程实施、课程评价、课程管理等所组成，其中课程价值观起着主宰作用。而这里所说的课程价值观反映的是一定教育价值观在课程领域的具体体现，它统领着课程体系的运行。课程目标是课程活动的起点和归宿。课程结构和课程内容是课程体系的内在框架和核心组成，类似于课程体系的“骨胳”和“肉体”。课程实施、课程评价、课程管理是课程体系得以发挥整体功能的保障。

（二）课程价值对课程体系的统领作用

课程体系主要由特定的课程观、课程目标、课程结构、课程内容、课程实施、课程评价、课程管理构成，可见课程体系不是单一的某个课程要素，而是多个课程要素的有序综合。而作为承载教育价值观念的课程价值，对课程体系具有统领作用，具体来讲，有以下几个方面。

1. 课程价值对课程观的统领作用

课程价值作为一种关系存在，是一定历史时期的课程能满足当时课程主体的需求的

---

① 李森、陈晓端：《课程与教学论》，北京师范大学出版社，2015，第 65 页。

关系，一定历史时期的课程观是特定时期教育价值观的具体体现。一定历史时期的课程，发挥着其社会控制价值、文化传承价值以及学生发展价值，体现了一定社会的课程价值。“当一种价值观经内化而成为人们的行为向导时，就成了‘价值取向’。”[①]课程观与课程价值取向亦是如此。课程价值一旦形成，在一定时期内是相对稳定的，统领着当时课程观的走向。课程观作为课程体系的核心组成部分，对课程体系起着主宰作用，相应地，课程价值对课程体系起着统领作用。

2. 课程价值对课程目标的统领作用

课程目标是课程本身要达到的意图或结果，是国家教育目的和学校培养目标的具体化，反映了一定历史时期的教育价值观和课程观。或者说，一定历史时期的教育价值观通过具体化的课程目标在学校教育中得以呈现。有什么样的课程价值观，就会有什么样的课程目标。课程价值对课程目标起着统领作用。

3. 课程价值对课程内容、课程结构、课程实施、课程评价、课程管理的统领作用

特定的课程内容、课程结构、课程实施方式、课程评价方式和课程管理方式的确定，是由特定的课程目标决定的，而特定的课程目标又会受到特定的课程观和课程价值的制约。

由上述可知，课程价值对课程观、课程目标起着统领作用，相应地，课程价值对课程内容、课程结构、课程实施、课程评价、课程管理同样起着重要的统领作用。

二、新课程改革背景下小学课程的价值取向

基于马克思主义的科学价值论，课程价值应体现社会发展价值和个人发展价值的统一。传统的基础教育课程价值取向使得课程脱离了学生主体，“知识本位”架空了学生的全面发展，“理性至上”导致学生精神世界的残缺不全。夏正江认为：“就现代基础教育的性质而言，培养既具‘科学头脑’又有‘人文情怀’的年轻一代，是中小学教育应予追求的价值目标之所在。”[②]因此，新课程改革背景下小学课程价值取向，既要摆脱单纯的“知识本位”“社会本位”或“学生本位”的藩篱，应反映学生的全面发展，注重学生核心素养的养成；又要摆脱“理性至上”的牢笼，应尊重学生个体的需求，注重学生个体成长的过程性体验。

新课程改革背景下，小学课程的价值取向表现为如下几个方面：

（一）关注学生的全面发展，尤其关注学生核心素养的养成

首先，从课程价值主体的需求来讲，小学课程价值取向应以学生全面发展为核心。传统基础教育课程价值主体以社会为核心，强调课程为社会政治经济服务，只关注社会主体，而不关注学生主体，在课程价值主体上会造成“人的迷失”，在价值追求上侧重知识技能的掌握，较少有对人的终极关怀，造成学生精神世界的残缺与情感的压抑，表现出明显的过度理性追求和功利化倾向，教育异化现象严重。新课程改革背景下小学课程在价值取向上摆脱了“知识本位”，注重学生全面发展，既重视学生对知识与技能的掌握，又重视学生对学习过程的经历和学习方法的习得，更重视学生在知识技能掌握过程中的情感态度与价值观的养成。《基础教育课程改革纲要（试行）》在课程标准部分，明确做出了学生

---

① 朱小蔓：《中国教师新百科·中学教育卷》，中国大百科全书出版社，2002，第174页。

② 夏正江：《科学与人文：课程价值取向的两歧及启示》，《中国人民大学教育学刊》2015年第4期。

全面发展的要求，即课程标准“应体现国家对不同阶段的学生在知识与技能、过程与方法、情感态度与价值观等方面的基本要求，规定各门课程的性质、目标、内容框架，提出教学和评价建议”。在教育部制订的小学各门课程标准中，课程目标都涵盖了知识与技能、过程与方法、情感态度与价值观三个维度。这说明，小学课程在价值取向上体现了对学生全面发展的要求。

其次，小学课程将价值取向聚焦到学生的核心素养养成上。小学课程价值取向应以学生全面发展为核心，而学生核心素养在价值定位上与学生全面发展是相一致的，因此，小学课程在价值取向上尤其关注学生核心素养的养成。首先，核心素养是党的教育方针的具体化，是连接宏观教育理念、培养目标与具体教育教学实践的中间环节。党的教育方针通过核心素养这一桥梁，可以转化为教育工作者易于理解的具体要求。《中国学生发展核心素养》文件中也明确指出学生发展核心素养“以培养‘全面发展的人’为核心”。其次，学生核心素养是学生全面发展的综合表现。学生发展核心素养是指学生应具备的，能够适应终身发展和社会发展需要的必备品格和关键能力，是关于学生知识、技能、情感、态度、价值观等多方面要求的综合表现。

最后，小学课程价值取向体现了对学生核心素养养成的要求。《中国学生发展核心素养》明确指出，“学生发展核心素养，以科学性、时代性和民族性为基本原则，以培养‘全面发展的人’为核心，分为文化基础、自主发展、社会参与三个方面。综合表现为人文底蕴、科学精神、学会学习、健康生活、责任担当、实践创新六大素养”。如前所述，影响课程的三个主要因素是学科知识、社会、学生，在学生的核心素养中，“文化基础”关注了“学科知识”，“社会参与”关注了“社会”，“自主发展”关注了“学生自我”。具体来讲，在六大素养中，充分关注了学生的全面发展。总体来讲，小学课程在价值取向上，关注学生的全面发展，尤其关注学生核心素养的养成。

（二）尊重学生个体的需求，注重学生成长的过程性体验

从课程价值的内涵来讲，小学课程价值取向应尊重学生个体的需求，注重学生成长的过程性体验。课程价值的实现是课程价值主体需要和课程价值客体属性的辩证统一。而课程价值主体的需要是课程价值活动的出发点和课程价值的首要内涵。因此，小学课程价值取向应建立在对课程主体发展需求的基础上。课程主体无论是个体主体还是社会主体，对课程的需求都是多方面的，一般包括物质（功利性需求）和精神（非功利性需求）两大类。传统基础教育课程更多地满足学生谋生所需的知识和技能，在价值取向上更倾向于人们的功利性需求。新课程改革背景下小学课程不仅关注到了小学生的物质需求（功利性需求），更关照到了学生作为社会人的精神成长需求（非功利性需求）。小学各门课程中都涉及对小学生情感态度与价值观的培养，关注到小学生成长的过程性体验。比如义务教育数学课程总目标中对情感态度目标进行了如下阐述：① 积极参与数学活动，对数学有好奇心和求知欲；② 在数学学习过程中，体验获得成功的乐趣，锻炼克服困难的意志，建立自信心；③ 体会数学的特点，了解数学的价值；④ 养成认真勤奋、独立思考、合作交流、反思质疑等学习习惯，形成实事求是的科学态度。

在课程价值内涵上，新课程背景下小学课程在价值取向上尊重学生个体的需求，注重学生成长的过程和体验，是功利性价值与非功利性价值的统一。小学课程功利性价值的

实现不能偏离善的轨道，精神层面的非功利性价值的实现是以功利性价值为物质载体。

综上所述，新课程背景下小学课程价值取向应关注小学生的全面发展，尤其关注小学生核心素养的养成，做到知识、社会、学生三者的统一，做到个体主体与社会主体的统一；同时，小学课程价值取向上应尊重小学生个体的需求，注重小学生成长的过程性体验，做到功利性价值与非功利性价值的统一。

第二节　小学课程目标

课程目标是课程论的基本问题，是课程与教学实施的方向、标准和依据。在整个课程体系中，确定课程目标，具有举足轻重的意义。课程目标是课程付诸实践的方向和归宿，有助于课程内容的选择与组织，并可作为课程实施的依据和课程评价的准则。因此，厘清课程目标问题，对课程内容的选择与组织、课程实施与评价、课程管理与领导等问题都有着基础和前提意义。

一、课程目标的含义与功能

(一) 课程目标的含义

什么叫目标？你经过一点努力得到的果子就是短期目标；经过蹦跳得到的果子就是中期目标；要用棍子才能得到的就是长期目标，而棍子也就是你学到的东西。在英文中，curriculum aims 是指课程的总体目标，与我国教育领域讨论的教育目的或教育方针基本一致。curriculum goals 是指学科的课程目标，是更为下位的概念。curriculum objectives 是将 curriculum goals 进行分解、细化、具体化，是针对具体课程内的某一单元或某一节课的目标，这一层次与教学目标和学习目标联系紧密。

从课程构成的要素来看，为促进学生的成长和发展，在开发课程时精选人类生活所必需的知识、经验和超验的信念等要素。课程目标是在微观的学习活动过程中促进学生对课程要素的重新组织、建构和转化，它与学习目标在课程开发的内在逻辑上具有同构性。

由于不同时期人们的价值观念和认识水平的限制，人们对课程目标的理解随着时代变换在不断发生变化。早期的人们是从教育目的、教育目标的层面把握和处理课程目标的，没有把课程目标单列出来，比较宽泛，属于社会本位的。比如博比特、查特斯分别采用活动分析法和工作分析法得到所理解的课程目标，都是外在预先基于成人活动需要确定的，都是从社会发展所需人才素质的要求出发而确定的课程目标，反映了社会本位。

后来，人们对课程目标的理解侧重于学生个体的体验。比如艾斯纳认为，课程目标是学生从事某种活动后所得到的结果，关注学生在活动中表现出来的某种程度上首创性的反应形式。

当代人们对课程目标的理解越来越深入，把课程目标与课程结果、学习目标、学习结果联系在一起。奥利瓦认为，“课程目标就是用没有成就标准的一般性术语表述的趋向或结果。课程规划者希望学生在完成了一个特定学校或学校系统的课程计划的部分或全部后，达到这一趋向或结果”，而“课程结果就是用具体化的、可以测量的术语表述的趋向或结果”。[①] 黄政杰认为，课程目标是“课程设计的方向或指导原则，是预见的教育结果，是学生经历教育方案的各种教育活动后必须达成的表现”[②]。廖哲勋认为：“课程目标是一定阶段的学校课程力图促进这一阶段学生的基本素质在其主动发展中最终可能达到国家所预期的水准。简言之，课程目标是一定学段的学校课程力图最终达到的标准。”[③]靳玉乐认为：“所谓课程目标，就是指一定教育阶段的学校课程力图促进该阶段学生的身心发展所要达到的预期程度。简言之，课程目标是指特定阶段的学校所要达到的结果。”[④]

中外学者虽然立场不同，所指称和研究的课程目标有国家、地区和学校的以及不同层面的巨大差异，因此对课程目标的含义和实质的理解和阐释必然出现不一致。不过，在不一致中也有一致的地方，这就是把课程目标均理解为学生学习所要达到的国家所预期的结果或水准。

小学课程目标是指课程力图促进小学生身心发展最终可能达到国家所预期的水准或结果。汪霞认为，小学课程目标有三层含义：一是把课程目标与教育“成”人的基本功能联系起来，致力于儿童健全人格的发展；二是注重儿童知识和经验的习得，夯实儿童的学力基础，发展儿童的基础性学力；三是通过儿童与环境之间的相互作用进行自我调节，在丰富儿童世界认知的基础上，养成良好的生活习惯，端正学习态度，促进儿童自我意识的发展和学习行为的转变。[⑤] 为了促进小学生全面发展和小学生核心素养的养成，结合新课改背景下小学课程价值体现尊重小学生的个体发展需求和个体成长的过程性体验，我国小学课程目标主要分为知识与技能目标、过程与方法目标、情感态度与价值观目标三个维度。

（二）课程目标的功能

课程目标的功能，又称课程目标的作用或意义，是课程目标的特殊结构对社会和儿童的发展所产生的作用和影响，有积极的意义，也有消极的意义。关于课程目标的功能，学者们有不同的认识。靳玉乐认为，课程目标具有导向功能、调控功能、中介功能、评价功能。[⑥] 张华认为，课程目标具有四方面的功能：第一，为课程内容与教学方法的选择提供依据；第二，为课程与教学的组织提供依据；第三，为课程实施提供依据；第四，为课程与教学评价提供依据。[⑦] 概括来讲，这四个方面的功能主要是作为依据而存在的标准功能。廖哲勋、田慧生认为，课程目标具有三大功能：激发和维持动机的激励功能，规定、组织和协调师生行为的导向功能，以及检验、评估实际结果的标准功能，在这些功能中，标准功能是课程目标所特有的功能，激励功能、导向功能是标准功能的衍生物。[⑧] 钟启泉认为，在

---

① P. F. Oliva: Developing the Curriculum(3rd ed.), Little, Brown and Company, 1992, p. 259-261.

② 黄政杰：《课程设计》，台湾东华书局，1991，第186页。

③ 廖哲勋：《课程学》，华中师范大学出版社，1991，第84页。

④ 靳玉乐：《现代课程论》，西南师范大学出版社，1995，第155页。

⑤ 汪霞：《小学课程与教学论》，华东师范大学出版社，2011，第68页。

⑥ 靳玉乐：《现代课程论》，西南师范大学出版社，1995，第157-159页。

⑦ 张华：《课程与教学论》，上海教育出版社，2000，第152页。

⑧ 廖哲勋、田慧生：《课程新论》，教育科学出版社，2003，第150页。

所有这些功能之中，无疑核心的功能是课程目标具有的导向功能和标准功能。[①] 归结上述课程目标的功能研究，本文认为课程目标的功能有导向功能、激励功能、中介功能和标准功能。

1. 导向功能

导向功能是课程目标所要达到的最终结果的方向性，是课程目标对课程内容的选择与组织、课程实施、课程评价产生的导向作用。课程目标是学校课程力图促进学生身心发展所要达到国家所预期的水准或结果，可以把握课程的总体进程以及最后达到的目标结果，这与教育目的的总方向是一致的，是课程的总方向。首先，课程目标与教育目的、培养目标对接，体现了一定的课程价值观，使自身与社会发展需求、与国家教育要求、与学生发展诉求保持一致。其次，课程目标在一定程度上制约着整个课程开发的方向，制约着课程内容的选择和组织。最后，课程目标为课程实施与评价活动明确了方向，为师生的教与学活动提供共同的目标导向，避免无关刺激的干扰。

2. 激励功能

社会心理学认为，目标不仅仅是一种结果，也是一种期待，是激发人们动机的诱因。课程目标亦是如此，也具有激励功能。激励功能是指课程目标在对师生达成预期学习目标、达成学生认知平衡时所发挥的激励功能。首先，课程目标能激发师生达成预期的学习结果。课程目标，作为一种结果期待，当教师为学生陈述完具体的目标时，能激发师生个体学习新知识达成目标的欲望，调动师生教与学的积极性。其次，课程目标能激发学生学习需求，促使学生寻求并达成认知平衡。根据认知心理学的观点可知，当明确目标后，学生原有的认知水平和目标要求达到的水平之间有一定的差距，形成了认知冲突或认知不平衡，而这种认知冲突或认知不平衡就是学生的学习需要或学习动机，学生的学习需要是学习积极性、主动性、自觉性的源泉，通过学习需要的满足，以达成认知平衡。

3. 中介功能

中介功能是指课程目标在教育目标系统中以及在学科逻辑体系、师生的教与学、课程内容与社会需求间的关系上所发挥的中介作用。首先，课程目标是连接国家教育目的、学校培养目标和教学目标之间的中介。课程目标向上应对接国家教育目的和学校培养目标，向下应对接教学目标。其次，课程目标是链接各门学科课程的逻辑体系、教师的教与学生的学以及课程内容与社会需求的关系的中介。课程目标能体现各门课程中学科的逻辑体系，将各门课程中学科的逻辑体系链接起来，发挥其中介功能；同时，通过细化课程目标，可以将教师的教与学生的学统一起来；课程目标还关注到课程内容与社会需求之间的关系，起到连接课程内容与社会需求间的中介作用。

4. 标准功能

标准功能是指课程目标对课程内容的选择与组织、课程实施、课程评价产生的标准作用。概言之，课程目标是课程内容的选择与组织、课程实施、课程评价的标准。课程目标是课程活动的出发点与归宿，是课程活动达到预期结果及要求的重要评价标准。首先，课程目标就是学生应当达成的水平及程度的标准，学科标准是在教学活动中师生努力而达

---

① 钟启泉：《课程论》，教育科学出版社，2007，第 112 页。

成的具体要求,具有可以客观评价学生学习程度的具体标准的性质。其次,课程目标体现了一定的课程价值观,为课程内容的选择与组织提供了标准依据,课程内容的选择与组织不能偏离课程目标所体现的社会生活需要、学科发展需要和学生发展需要。最后,课程目标不仅为课程实施与评价活动提供依据,而且也是评价这些活动是否合理有效,是否达到了预期目标的基本标准。因此,课程实施要努力朝着课程目标的方向展开课程教学活动,课程评价要以课程目标为标准梳理出课程评价指标体系,严格以课程目标为依据评估课程教学活动。总之,课程目标是把课程内容的选择与组织、课程实施和课程评价在目标上统一了起来,以保证教育教学过程产生最大的课程效益。

二、教育目的、培养目标、课程目标、教学目标的关系

在教育目标系统中,教育目的、培养目标、课程目标、教学目标分别表征教育领域中目标问题的不同层次。

(一) 教育目的

教育目的是指教育的总体方向,所体现的是普遍的、总体的、终极的教育价值。教育目的是最宏观的教育价值,它具体体现在国家、地方、学校的教育哲学中,体现在宪法、教育基本法、教育方针之中。教育目的是培养人的总目标,“关系到把受教育者培养成什么样的社会角色和具有什么样素质的根本性质问题,是教育实践活动的出发点。根据一定的社会生产力、生产关系的需要和人自身发展的需要来确定”①。在历史上,教育目的因社会制度、民族文化传统、教育思想不同而异。在阶级社会,教育目的具有阶级性。古希腊雅典教育要求培养身心和谐发展的人,斯巴达教育要求培养骁勇善战的人。中国封建社会要求培养明人伦的士大夫。英国培养有学问的绅士。2015 年 12 月新修订的《中华人民共和国教育法》在总则第五条中指出:“教育必须为社会主义现代化建设服务、为人民服务,必须与生产劳动和社会实践相结合,培养德、智、体、美等方面全面发展的社会主义建设者和接班人。”这是我国现阶段教育方针的表述。其中“培养德、智、体、美等方面全面发展的社会主义建设者和接班人”表明的是我国现阶段的教育目的,回答的是“培养什么样的人”;“教育必须为社会主义现代化建设服务、为人民服务”表明的是我国教育的性质,回答的是“为谁培养人”;“必须与生产劳动和社会实践相结合”表明的是我国教育目的的实现途径,回答的是“怎样培养人”。

(二) 培养目标

培养目标是指依据国家的教育目的和各级各类学校的性质、任务提出的具体培养要求,即各级各类学校、各专业的具体培养要求。培养目标是中观的教育价值,是由特定社会领域和特定社会层次的需要所决定的,也随着受教育对象所处的学校类型、级别而变化。为了满足各行各业、各个社会层次的人才需求和不同年龄层次受教育者的学习需求,才有了各级各类学校的建立。各级各类学校为培养社会需要的合格人才,就要制定各自的培养目标。培养目标所体现的是不同性质、不同阶段的教育的价值。如基础教育、高等

---

① 顾明远:《教育大辞典(增订合编本)》,上海教育出版社,1998,第 765 页。

教育、职业教育、成人教育有着不同的培养目标。2001年我国教育部颁布的《基础教育课程改革纲要(试行)》规定了基础教育的培养目标:应体现时代要求。要使学生具有爱国主义、集体主义精神,热爱社会主义,继承和发扬中华民族的优秀传统和革命传统;具有社会主义民主法制意识,遵守国家法律和社会公德;逐步形成正确的世界观、人生观、价值观;具有社会责任感,努力为人民服务;具有初步的创新精神、实践能力、科学和人文素养以及环境意识;具有适应终身学习的基础知识、基本技能和方法;具有健壮的体魄和良好的心理素质,养成健康的审美情趣和生活方式,成为有理想、有道德、有文化、有纪律的一代新人。

(三) 课程目标

课程目标是指课程本身要实现的具体目标和意图。它规定了某一教育阶段的学生通过课程学习以后,在发展品德、智力、体质等方面期望实现的程度,它是确定课程内容、教学目标和教学方法的基础。事实上,课程本身就是使学生达到教育目的的手段。每一门课程既有一般性的总体目标,又有具体化的学段目标。比如,《义务教育语文课程标准(2011年版)》明确提出了小学语文的总体目标。根据总体目标,从知识与技能、过程与方法、情感态度与价值观,将义务教育分为三个学段(1～3年级为第一学段、4～6年级为第二学段、7～9年级为第三学段),对课程的具体目标加以详细阐述。课程目标是指导整个课程开发最为关键的准则。在确定课程目标时,首先要明确课程与教育目的和培养目标的衔接关系,以便确保这些要求在课程中得到体现;其次要在对学生的特点、社会的需求、学科的发展等各个方面进行深入研究的基础上,才有可能确定行之有效的课程目标。

(四) 教学目标

教学目标是指学校教学活动中师生预期达到的学习结果和标准,是教学活动所预期达到的质量规格和标准。教学目标是师生双方所预期的,既包含教师教的目标,也包含学生学的目标。教学目标实质上是学生的学习结果。从课程开发者的角度看,教学目标是学生学习所要达到的结果;从教师的角度看,教学目标是课程目标细化后在教学中设计的意图和体现,是教的目标;从学生的角度看,教学目标是学生通过努力可以达到的标准或习得的结果,是学的目标。

教学目标是为实现某一学科课程目标而设置的主要目标,是学科课程总目标和学段课程目标的进一步细化、具体化。教学目标是分层次的,包括学科教学总目标、学段教学目标、单元教学目标和课时教学目标。学科教学总目标是教师为完成该学科教学任务所提出的概括性要求,是教学设计的起点。学科教学总目标一般包括三层含义:一是社会性的目的,要求考虑国家、社会和未来赋予教育教学的历史使命和任务;二是学生方面的目的,要求考虑学生自身的身心发展;三是与学科课程内容有关的目的,要考虑学科专业的特点和教学要求。学段教学目标是该学科各学段各方面的具体要求。单元教学目标是指某门课程各单元的具体要求。课时教学目标简称课时目标,是对某门学科课程每个课时教学的具体要求,即一堂课的教学目标,体现出的是学生学习结果。比如《花钟》是人教版第五册第三单元的一篇精读课文,其教学目标如下:① 能正确认读“芬”等9个生字新词;

正确读写“斗”等13个字和“争奇斗艳”等23个词语,并能联系上下文理解词义。② 正确流利朗读课文,背诵第一自然段。③ 默读第一、二自然段,能找出关键语句,并分别说说这两个自然段的主要意思。④ 仿照例子,根据课文内容填空,体会“花开了”这一个意思多种说法的语言现象及其在表情达意上的作用,并仿照写一写其他花;感悟留心观察的意义,激发观察大自然的兴趣。①

(五) 四者的关系

教育目的、培养目标、课程目标、教学目标是关系十分密切的四个概念,它们之间既有区别,又有联系。一是从教育目的到培养目标、课程目标、教学目标是一个从概括到具体,从抽象到具象,从少数到多数不断转化、呈现、增加的过程,后三者是教育目的的具体化、客观化。教育目的是培养目标、课程目标和教学目标的上位概念。二是教育目的为培养目标、课程目标和教学目标的制定提供了方向指导,对课程目标和教学目标的制定起着调控和制约作用。教育目的是整个国家各级各类学校必须遵循的统一的质量要求,它为各级各类学校指明了一个总的方向,对各种形式的教育、课程和教学活动都有指导和制约作用。培养目标、课程目标和教学目标体现教育目的的总要求,教育目的通过培养目标、课程目标和教学目标得以实现。三是四者的制定主体不同。一般来说,教育目的、培养目标和课程目标主要是国家层面制定的,主要通过文本形式体现制度层面的理想和要求,而教学目标主要是实践层面的,主要是由教学工作者特别是教师来完成,是教育目的、培养目标、课程目标的具体化,是师生通过协商才得以完成的。四是四者的数目因其概括性不同而有差异。一般而言,教育目的的数目要少于培养目标的数目,培养目标的数目要少于课程目标的数目,课程目标的数目要少于教学目标的数目。

总之,没有教育目的,培养目标、课程目标和教学目标就失去了存在的理由和方向;反之,没有具体目标的连续达成,教育目的就难以实现。教育目的正是通过培养目标、课程目标、教学目标的连续达成而实现的。

三、小学课程目标的类型与层次

根据不同的标准,课程目标可以分为不同的类型。如前所述,根据目标所采用的表述形式,可以将课程目标分为普遍性目标、行为性目标、表现性目标和生成性目标。根据重结果还是重过程,可以将课程目标分为结果性目标、程序性目标和体验性目标。根据不同学科,可以将课程目标分为语文课程目标、数学课程目标、英语课程目标、科学课程目标、品德课程目标、体育与健康课程目标等。根据我国课程价值取向,可以将课程目标分为知识与技能目标、过程与方法目标、情感态度与价值观目标三个维度。相应地,我国小学课程目标主要分为知识与技能、过程与方法、情感态度与价值观三个维度。各学科课程标准明确规定了各自学科课程总目标和学科课程阶段目标。

---

① 陈基:《花钟》教学设计,http://xiaoyu.pep.com.cn/xxsx_176803/xxsxwd/201904/t20190429_1937719.html.

(一) 小学课程目标的分类

1. 知识与技能

“知识与技能是指人类生存所不可或缺的核心知识和基本技能”①，是“什么是值得学习的”或关于“是什么”的目标②，是学生通过一段时间的学习都可以达到的预期学习结果。知识与技能目标，是显性知识，属于结果性目标，是有待师生转化的知识，是小学课程目标的基础和载体。

知识与技能中的“知识”是指作为社会公认的人类生存所不可或缺的核心知识和学科基本知识，属于狭义的知识，常常表现为描述客观事物的特点及关系的概念、命题和命题网络、表象、图式，具有客观、稳定的特征。在学校教育中，知识是各门学科所涉及的基本，是该学科中较为确定、接近共识的内容，是人类积累下来的比较可靠的经验体系，但知识总在不断进化和更新，人总在试图对世界做出更准确、更完整、更深刻的理解和解释。因此，在学校教育中，应该把知识当成一种看法，一种解释，让学生去理解、分析与鉴别，而不应该用知识的权威去压服学生，让学生有展现自主性和创造性的空间。

知识与技能中的“技能”是指人们经过练习而获得的合法则的活动方式，常常表现为一系列的动作及其执行方式，具有不可言传性。技能具有如下特点：一是练习是技能形成的途径。在技能学习中，学生的活动方式总要经历一个由不会到会、由会到熟练的发展过程。二是动作方式是技能的表现形式。技能是由一系列的动作及其执行方式构成，在技能学习中，学生头脑中最初储存的是概念性知识，经过反复练习形成熟练技能，这时头脑中储存的是一种完整严密的动作，无法用语言描述，通过实际活动表现出来。三是合乎法则是技能形成的前提。在技能学习中，各个活动方式不是随意组合的，各个动作要素及其之间的顺序都有遵循活动本身的要求，这样，通过反复练习逐渐实现动作自动化。

掌握知识是技能形成的基础，技能的形成是掌握知识的升华。这样看来，把知识与技能看作一个维度的目标是比较合理的。

2. 过程与方法

过程与方法是关于“怎样习得特定的知识与技能”的目标③，是教师指导学生获取新知识和新能力的根本程序和具体做法。“过程与方法的过程是指应答性学习环境与交往体验，方法是指基本学习方式和生活方式”④。过程与方法目标应包括：一是让学生了解相关知识形成的过程与方法，即让学生了解知识的来源、规律、特点等，为达成知识与技能向能力转化提供认知基础；二是让学生掌握获取相关知识、培养相关技能的过程与方法，即通过关注学习的过程、方式、手段、途径等来掌握学习策略，以达成知识与技能向能力转化的目的。

过程与方法目标是隐性知识，是动态化、开放式的程序性目标和体验性目标，是认知

① 钟启泉：《“三维目标”论》，《教育研究》2011 年第 9 期。

② 崔允漷：《追问“学生学会了什么”——兼论三维目标》，《教育研究》2013 年第 7 期。

③ 崔允漷：《追问“学生学会了什么”——兼论三维目标》，《教育研究》2013 年第 7 期。

④ 钟启泉：《“三维目标”论》，《教育研究》2011 年第 9 期。

思维的操作和体验，着重于转化过程，是通过认知思维完成知识与技能向能力的转化过程，也就是说，学生向学会发现、分析、解决问题的方法和运用知识与技能的能力的转化过程。而且不同年龄阶段学生的认知思维转化是不一样的，同一年龄阶段学生的认知思维的转化方法是多样化的。

3. 情感态度与价值观

“情感态度与价值是通过学习过程习得特定的知识与技能对学生有何意义的目标”①，是学生对亲身经历过的事实的体验性认识及其由此产生的态度和行为习惯。情感态度与价值观是一种社会性态度，包括自我意识、自我发展、学习兴趣、学习动机、态度、道德、价值观、心理健康等多个方面。

情感态度与价值观目标是隐性知识，属于体验性目标。情感态度与价值观目标与学生在学习知识与技能的过程中的社会性需要有关，是人类特有的复杂的体验。明确学生的社会性需求，有利于教师以最适合的激励措施充分调动学生学习的积极性与内驱力。情感决定并形成态度，态度体现情感，而情感、态度是价值观形成的基础，价值观是情感态度的升华。

关于三者之间的关系，三者相互渗透，融为一体。既有明显的区别，又有密不可分的联系。知识与技能目标是形成过程与方法目标、情感与态度目标的基础；过程与方法是掌握知识与技能以及形成情感态度的载体；情感态度与价值观目标为知识与技能目标、过程与方法目标的实现起着促进和优化作用。过程与方法目标、情感态度与价值观目标都是伴随知识与技能的发生、发展过程而产生的，它们为达成知识技能目标提供了保障机制。

（二）小学课程目标的层次

根据知识与技能、过程与方法、情感态度与价值观目标的要求，每一门学科课程都设置有明确的总目标与学段目标。

1. 学科课程总目标

学科课程总目标是在一定学科课程价值观的指导下，结合学科课程性质、基本理念、设计思路，通过学科课程学习学生所要达到的预期的总结果。不同学科课程设置不同的总体目标。目前小学学科课程总目标包括知识与技能、过程与方法、情感态度与价值观三个维度。但不同的学科具体表述不太相同。语文课程总目标包括知识与技能、过程与方法、情感态度与价值观三个维度。数学课程总目标包括知识技能、数学思考、问题解决、情感态度四个维度。科学课程总目标包括“科学知识”“科学探究”“科学态度”“科学、技术、社会与环境”四个方面。艺术课程总目标包括艺术与生活、艺术与情感、艺术与文化、艺术与科技四个方面。体育课程总目标包括运动参与、运动技能、身体健康、心理健康与社会适应四个方面。品德与生活课程总目标包括情感与态度、行为与习惯、知识与技能、过程与方法四个方面。品德与社会课程总目标包括情感·态度·价值观、能力与方法、知识三个方面。无论表现形式如何多样，但都可以最终归结为知识与技能、过程与方法、情感态

---

① 崔允漷：《追问“学生学会了什么”——兼论三维目标》，《教育研究》2013 年第 7 期。

度与价值观三维目标。

2. 学科课程学段目标

学科课程学段目标是在一定学科课程价值观的指导下，结合学科课程性质、基本理念、设计思路、总目标，通过学科课程学习，不同学段的学生所要达到的预期的学段结果。小学不同学科课程学段目标在内容要求上，与上面的学科课程总目标是一致的。在小学，不同学科课程阶段目标在学段划分上不太一样，一般有如下四种：一是 1～3 年级为第一学段、4～6 年级第二学段，如语文课程。二是 1～2 年级为第一学段、3～4 年级为第二学段、5～6 年级为第三学段，如数学课程、科学课程、品德与生活和品德与社会课程。三是 1～2年级为第一学段、3～6 年级为第二学段，如艺术课程。四是 1～2 年级为水平一、3～4 年级为水平二、5～6 年级为水平三，如体育与健康课程。

四、小学不同学科课程目标举隅

(一) 小学语文课程目标

《义务教育语文课程标准(2011 年版)》在“前言”的“三、课程设计思路”中对语文课程目标做了基本说明：3. 课程目标九年一贯整体设计。课程标准在“总目标”之下，按 1～2 年级、3～4 年级、5～6 年级、7～9 年级四个学段，分别提出“学段目标与内容”，体现语文课程的整体性和阶段性。各个学段相互联系，螺旋上升，最终全面达成总目标。4. 学段目标与内容从“识字与写字”“阅读”“写作”(第一学段为“写话”，第二、第三学段为“习作”)“口语交际”四个方面提出要求。课程标准还提出了“综合性学习”的要求，以加强语文课程内部诸多方面的联系，加强与其他课程以及与生活的联系，促进学生语文素养全面协调地发展。

在“第二部分　课程目标与内容”中明确指出了小学语文课程的总目标与学段目标①，具体如下：

一、总目标

课程目标从知识与能力、过程与方法、情感态度与价值观三个方面设计。三者相互渗透，融为一体。目标的设计着眼于语文素养的整体提高。

1. 在语文学习过程中，培养爱国主义、集体主义、社会主义思想道德和健康的审美情趣，发展个性，培养创新精神和合作精神，逐步形成积极的人生态度和正确的世界观、价值观。

2. 认识中华文化的丰厚博大，汲取民族文化智慧。关心当代文化生活，尊重多样文化，吸收人类优秀文化的营养，提高文化品位。

3. 培育热爱祖国语言文字的情感，增强学习语文的自信心，养成良好的语文学习习惯，初步掌握学习语文的基本方法。

4. 在发展语言能力的同时，发展思维能力，学习科学的思想方法，逐步养成实事求是、崇尚真知的科学态度。

---

① 中华人民共和国教育部：《义务教育语文课程标准(2011 年版)》，北京师范大学出版社，2012，第 6－14 页。

5. 能主动进行探究性学习，激发想象力和创造潜能，在实践中学习和运用语文。

6. 学会汉语拼音。能说普通话。认识 3 500 个左右常用汉字。能正确工整地书写汉字，并有一定的速度。

7. 具有独立阅读的能力，学会运用多种阅读方法。有较为丰富的积累和良好的语感，注重情感体验，发展感受和理解的能力。能阅读日常的书报杂志，能初步鉴赏文学作品，丰富自己的精神世界。能借助工具书阅读浅易文言文。背诵优秀诗文 240 篇(段)。九年课外阅读总量应在 400 万字以上。

8. 能具体明确、文从字顺地表达自己的见闻、体验和想法。能根据需要，运用常见的表达方式写作，发展书面语言运用能力。

9. 具有日常口语交际的基本能力，学会倾听、表达与交流，初步学会运用口头语言文明地进行人际沟通和社会交往。

10. 学会使用常用的语文工具书。初步具备搜集和处理信息的能力，积极尝试运用新技术和多种媒体学习语文。

二、学段目标

➢ **扫描本章二维码，阅读“小学语文学段目标”。**

（二）小学数学课程目标

《义务教育数学课程标准(2011 年版)》在“前言”的“三、课程设计思路”中对数学课程目标做了基本说明：义务教育阶段数学课程目标分为总目标和学段目标，从知识技能、数学思考、问题解决、情感态度等四个方面加以阐述。数学课程目标包括结果目标和过程目标。结果目标使用“了解”“理解”“掌握”“运用”等行为动词表述，过程目标使用“经历”“体验”“探索”等行为动词表述。在“第二部分　课程目标”中明确提出了小学数学课程的总目标与学段目标[①]，具体如下：

一、总目标

通过义务教育阶段的数学学习，学生能：

1. 获得适应社会生活和进一步发展所必需的数学的基础知识、基本技能、基本思想、基本活动经验。

2. 体会数学知识之间、数学与其他学科之间、数学与生活之间的联系，运用数学的思维方式进行思考，增强发现和提出问题的能力、分析和解决问题的能力。

3. 了解数学的价值，提高学习数学的兴趣，增强学好数学的信心，养成良好的学习习惯，具有初步的创新意识和实事求是的科学态度。

总目标从以下四个方面具体阐述：

---

① 中华人民共和国教育部：《义务教育数学课程标准(2011 年版)》，北京师范大学出版社，2012，第 8－13 页。

知识技能	• 经历数与代数的抽象、运算与建模等过程，掌握数与代数的基础知识和基本技能。 • 经历图形的抽象、分类、性质探讨、运动、位置确定等过程，掌握图形与几何的基础知识和基本技能。 • 经历在实际问题中收集和处理数据、利用数据分析问题、获取信息的过程，掌握统计与概率的基础知识和基本技能。 • 参与综合实践活动，积累综合运用数学知识、技能和方法等解决简单问题的数学活动经验。
数学思考	• 建立数感、符号意识和空间观念，初步形成几何直观和运算能力，发展形象思维与抽象思维。 • 体会统计方法的意义，发展数据分析观念，感受随机现象。 • 在参与观察、实验、猜想、证明、综合实践等数学活动中，发展合情推理和演绎推理能力，清晰地表达自己的想法。 • 学会独立思考，体会数学的基本思想和思维方式。
问题解决	• 初步学会从数学的角度发现问题和提出问题，综合运用数学知识解决简单的实际问题，增强应用意识，提高实践能力。 • 获得分析问题和解决问题的一些基本方法，体验解决问题方法的多样性，发展创新意识。 • 学会与他人合作交流。 • 初步形成评价与反思的意识。
情感态度	• 积极参与数学活动，对数学有好奇心和求知欲。 • 在数学学习过程中，体验获得成功的乐趣，锻炼克服困难的意志，建立自信心。 • 体会数学的特点，了解数学的价值。 • 养成认真勤奋、独立思考、合作交流、反思质疑等学习习惯，形成实事求是的科学态度。

总目标的这四个方面，不是相互独立和割裂的，而是一个密切联系、相互交融的有机整体。在课程设计和教学活动组织中，应同时兼顾这四个方面的目标。这些目标的整体实现，是学生受到良好数学教育的标志，它对学生的全面、持续、和谐发展有着重要的意义。数学思考、问题解决、情感态度的发展离不开知识技能的学习，知识技能的学习必须有利于其他三个目标的实现。

二、学段目标

➢ **扫描本章二维码，阅读“小学数学学段目标”。**

本章小结

对小学课程价值取向与课程目标的认识是学习课程理论知识的基础。

本章第一节是有关课程价值取向的知识，包括课程价值对课程体系的统领作用、新课程改革背景下小学课程的价值取向。教材首先分析了课程价值和课程体系的概念，并从课程价值对课程观、课程目标以及课程内容等的统领作用，详细介绍了课程价值对课程体系的统领作用。其次，从全面发展、核心素养、过程性体验等思想出发，详细介绍了新课程改革背景下小学课程的价值取向，既要反映学生的全面发展，注重学生核心素养的养成；又要尊重学生个体的需求，注重学生个体成长的过程性体验。

本章第二节是有关小学课程目标的知识，包括课程目标的含义与功能，教育目的、培养目标、课程目标、教学目标的关系，小学课程目标的类型与层次，小学不同学科课程目标举隅四个方面。教材首先介绍了课程目标的含义，并从导向功能、激励功能、中介功能和标准功能详细分析了课程目标的功能；其次，介绍了教育目的、培养目标、课程目标、教学目标分别表征教育领域中目标问题的不同层次，详细阐述了各个层次的目标及其之间的关系；再次，从知识与技能、过程与方法、情感态度与价值观三个维度分析了小学课程目标的类型，并从学科课程总目标与学科课程学段目标两个方面介绍了小学课程目标的层次；最后，从各学科课程总目标与学段目标两个方面详细介绍了小学语文课程目标、小学数学课程目标。

[思考与练习]

1. 什么是课程价值？什么是课程体系？课程价值对课程体系是如何起统领作用的？
2. 如何理解新课程背景下小学课程价值取向？
3. 什么是课程目标？它具有哪些功能？
4. 新课程背景下我国小学课程目标的分类如何？
5. 能运用小学课程总目标和学科课程学段目标，分析小学学科课程教学目标的合理性。

第四章 小学课程结构与内容

扫码获取
相关资源

内容提要

课程结构与课程内容是实现课程目标的中介和媒体，在掌握课程目标知识后，本章旨在探讨小学课程结构与课程内容的问题。在课程结构上，本章主要阐述课程结构的内涵，从不同维度对课程类型进行了分类，分析课程的宏观、中观、微观结构，最后对当前新课程改革课程结构的发展趋势做了介绍。在课程内容上，介绍课程内容的三种取向与整合问题，分析课程内容的三种表现形式和选择的三个依据，揭示课程内容组织的准则和方法，最后介绍当前新课程改革课程内容改革的趋势。希望通过本章的学习，能让你对课程结构与内容问题有一个全面、全新、系统的认识。

学习目标

1. 理解小学课程结构与课程内容的含义，把握小学课程结构与课程内容的改革趋势。
2. 掌握小学课程结构的层次和课程的不同类型。
3. 掌握小学课程内容的取向和课程内容的选择依据。
4. 理解小学课程内容的三种表现形式。
5. 能运用小学课程内容组织准则，分析现今小学课程内容的组织形态。

第一节 小学课程结构

课程结构是一定的课程价值、课程理念转化为课程内容的中介。在不同的课程观下，学校课程结构表现各不相同，甚至对立。在教育改革背景下，有必要深刻理解我国小学当前课程结构表现的形态、特点及其发展趋势，为走向教师工作、熟悉小学课程做好准备。

一、小学课程结构的含义

在教育理论中尚未产生“课程结构”这个教育科学术语前，裴斯泰洛齐、赫尔巴特等教育家们已经在研究课程结构问题。裴斯泰洛齐基于教育要促进学生“手、脑、心的协调发展”，建议初等学校分别开设体育、智育、德育方面的课程，这实质上是在研究课程结构中课程领域的结构问题。裴斯泰洛齐进而阐述了初等教育学校中体育、智育、德育方面的课程分别由哪些科目构成，这其实是探究课程科目结构问题。最后，不同科目内容，如何根据“要素教育”原则，从简单到复杂地组织起来，这实质上是探讨课程的内容结构。赫尔巴特把兴趣分为经验的兴趣和同情的兴趣两类，其中经验的兴趣包括经验的、思辨的、审美的三种兴趣，同情的兴趣包括同情的、社会的和宗教的三种兴趣。为满足学生多方面兴趣的需要，赫尔巴特建议学校针对兴趣的种类开设不同门类课程，同时赫尔巴特基于心理活动的“统觉”过程，提出了这些门类课程之间应该按照“相关”和“集中”的原则进行组织。不难看出，赫尔巴特旨在探究学校课程的科目结构。

布鲁纳是较早明确提出课程结构理论的学者，布鲁纳的结构主义课程理论重视教学生掌握学科的基本结构，学科的基本结构包括基本概念、基本原理、基本态度、基本方法以及其内在的相互联系。从布鲁纳的分析来看，他所谓的课程结构，其实是学科课程内容的结构。与布鲁纳一起领导美国结构主义课程改革的教育家施瓦布也深入地研究了课程结构问题，施瓦布认为学科结构要包括学科间的结构、学科实质结构和学科句法结构。此后美国哥伦比亚大学的福谢依教授、苏联学者列德涅夫等国外学者开展了对课程结构的探索。我国学者钟启泉和廖哲勋在 20 世纪 90 年代也系统研究了课程结构问题。

不同学者在研究课程结构时，所研究的对象其实是不一致的，有的在研究学校课程的领域结构、有的在研究学校课程科目，有的在研究具体课程内容的结构。这些都是构成课程的要素。因此，有学者把课程结构界定为课程各要素、各成分之间合乎规律的配合、组织。①

二、小学课程结构的表现形式

按照组织的课程要素范畴不同，课程结构可以分为宏观结构、中观结构与微观结构。分析课程结构时，由于着眼的课程要素层次不同，课程结构所表达的具体内涵也相应发生变化。如果从课程领域的构成要素看，涉及课程类型结构，如分科与综合课程结构；如果从构成某一类型内在课程要素来看，涉及该类型包含的具体科目之间的结构，如小学学科课程的结构、校本课程的结构等。如果从某门课程自身来看，也存在自身的结构。

（一）宏观课程结构

宏观结构即学校课程的类别（类型、领域）结构。学校课程类别结构主要涉及课程类别及其比例关系。

从课程内容的属性来看，存在学科课程和活动课程之间的结构；从课程组织来看，存在分科课程与综合课程之间的结构；从课程管理来看，存在国家课程、地方课程与校本课程之间的结构；从学习要求来看，存在必修课程与选修课程之间的结构；从完成的任务来看，存在基础型课程、拓展型课程与研究型课程之间的结构；从影响方式看，存在显性课程与隐性课程之间的结构。每种类别的课程都有其自身价值，各种类别课程之间的协同性

---

① 钟启泉、汪霞、王文静：《课程与教学论》，华东师范大学出版社，2009，第 138 页。

和比例关系直接影响着学校育人功能的发挥。

我国过去的课程类别结构比较单一，严重影响课程的育人功能。重视学科课程，忽视活动课程，导致学生实践能力不足；重视分科课程，忽视综合课程，导致学生知识的整体性降低；重视国家课程，忽视地方课程和校本课程，导致学校平面化，丧失了自身特色。

（二）中观课程结构

中观课程结构即课程的科类结构。具体而言是课程宏观结构中每类课程内部的具体科目及其比例关系。如：小学课程的宏观结构有必修课程和选修课程，必修课程中的体育与健康、数学、语文、科学、艺术、品德与生活等科目及其比例关系；小学课程宏观结构存在国家课程、地方课程、校本课程，国家课程中不同科目及其比例关系。

教育部对小学国家课程门类和比例做了具体规定。

表 4－1　小学国家课程门类和比例

小学国家课程	年级与课时					
	1 年级	2 年级	3 年级	4 年级	5 年级	6 年级
品德与生活	2	2	/	/	/	/
品德与社会	/	/	2	2	2	2
语文	8	8	7	7	6	6
数学	5	5	4	4	4	5
外语	/	/	3	3	3	3
体育	4	4	3	3	3	3
音乐	2	2	2	2	2	2
美术	2	2	2	2	2	1
科学	1	1	2	2	3	3
信息技术			1	1	1	1
综合实践活动	1	1	2	2	2	2

（三）微观课程结构

微观课程结构即某门科目（课程）的内在结构。微观的课程结构是指某门课程内在的构成部分及其比例关系。不同科目的教材，甚至同一科目不同出版社出版的教材，在微观结构上的表现是不同的。

下面以教育部统编数学教材为例，对其结构进行简单介绍：① 不同学段的教育部统编小学《数学》教材在结构上体现了模块化和连续性。教育部统编小学《数学》教材严格按照《义务教育数学课程标准》编写，1～3 年级和 4～6 年级两个学段中，每个学段的数学教材都是由“数与代数”“空间图形”“统计与概率”“实践与综合应用”四个模块构成，每个模块数学知识与后一学段该模块数学知识之间存在螺旋式上升的关系，如第一学段 3 年级下学期“数与代数”模块中需要学习两位数乘两位数，在第二学段 4 年级上学期“数与代数”模块中需要学习三位数乘两位数。② 教育部统编小学《数学》教材在结构上体现了数学问题解决的思维过程。一般数学课文首先是呈现情境，在联系生活的情境中提出数学问题；其次是引导探究，形成结论；最后是拓展练习，应用知识。这种设计结构能很好地将数学与生活建立联系，能让学生充分经历数学探究的过程并掌握数学方法，也能让学生知行合一，运用所学。

小学课程结构的三个层次具有相互依存、相互制约的关系。宏观课程结构是中观课程结构和微观课程结构赖以形成的支柱；中观课程结构依附于宏观课程结构，又是联结宏观与微观课程结构的纽带；微观课程结构依附于宏观、中观课程结构，又是宏观、中观课程结构得以生根的基础。① 这三者在一定空间和时间内相互结合，使中小学课程形成了一个有机构成的立体式的整体结构。

三、小学课程类型及其结构关系

探讨课程的宏观结构，无法回避的是课程类型问题，本次课程改革在结构上的改革主要体现在课程类型结构的改革上，下面就课程类型及其结构关系进行分析。

（一）学科课程与活动课程及其结构关系

按照课程内容的属性，可以将课程分为学科课程和活动课程。如果课程关注的是间接经验，就是学科课程；如果关注的是直接经验，就是活动课程。

1. 学科课程

学科课程是以科学文化知识（如科学、哲学、艺术）为基础，按照一定的价值标准，从不同的知识领域或学术领域选择一定的内容，按照知识的逻辑和自身的体系，将所选择的知识组织起来形成的课程。

学科课程是最古老、使用范围最广的课程类型。学科课程的主导价值在于传承人类文明，强调使学生掌握、传递和发展人类积累下来的文化遗产。我国古代的“六艺”和西方古代的“七艺”是早期的学科课程。当下小学设置的语文、数学、英语、美术、音乐都是学科课程。

学科课程作为学校重要的课程形态，有其优点，也有其不足。

学科课程优点有：① 系统性强，有利于培养学生的学科素养；② 有利于课程设计、实施和评价工作的有序推进；③ 有利于管理。

学科课程不足有：① 每门学科课程都有其相对独立和稳定的逻辑系统，容易忽视当代社会生活的需要。学科课程以分门别类的方式组织和编排，而学生的现实生活却是完整的，这种课程上的人为割裂，造成学生认知结构的支离破碎，学习内容相互分离并与真实社会生活相脱节，不利于学生综合能力的培养。② 学科课程不利于培养学生的动手能力和实践能力。学科课程容易导致教师中心、教材中心、教室中心，学习过程远离学生的经验、活动，最终容易产生高分低能的弊端。③ 学科课程容易忽略学生的学习兴趣和动机。学科课程是前人探索的经验总结，可能远离了儿童自我的内在需要，导致学习动机的不足。

---

① 廖哲勋：《论中小学课程结构的改革》，《教育研究》1999 年第 7 期第 60 页。

2. 活动课程

活动课程也叫经验课程，它是以学生的需要和兴趣为中心设计的，以学生主体性活动为组织形式而产生的课程。现代活动课程是以杜威实用主义教育思想作为理论基础，以开发与培育主体内在的、内发的价值为目标，其主导价值在于使学生获得关于现实世界的直接经验和真切体验。活动课程对于打破传统教育的“教师中心”“教材中心”和“教室中心”有着重要的意义。

活动课程作为学校课程的补充形态，有其优点，也有其不足。

活动课程的优点有：① 活动课程能满足学生的兴趣和需要，激发学生学习的主动性；② 活动课程有利于培养学生的动手能力与实践能力；③ 活动课程尊重了学生的个性差异，能培养学生的特殊才能。

活动课程的不足有：① 活动课程易忽略系统学科知识的学习，学生难以掌握完整的学科知识体系；② 活动课程对教师的素质和学校的资源提出了较高要求；③ 活动课程以学习者的活动为中心，把握不当，会极大地影响教学效率和教育质量。

3. 学科课程与活动课程的关系

活动课程能有效地弥补学科课程的不足，活动课程与学科课程具有内在的统一性，是互补的关系。当前小学在处理学科课程与活动关系时，有以下几个方面的要求：① 小学以学科课程为主，活动课程为辅助；② 学科课程的学习要重视活动，让学生在主动活动中获取知识；③ 掌握学科知识后，应注重把知识应用于实践活动。

(二) 分科课程与综合课程及其结构关系

按照课程的组织方式不同，可以把课程分为分科课程与综合课程。如果将某一领域知识按照自身逻辑组织在一起就是分科课程，如果将多个领域的知识、经验整合在一起，就是综合课程。

1. 分科课程

分科课程通常又称为科目课程。分科课程是根据各级各类学校培养目标和科学发展水平，从各门科学中选择出适合一定年龄阶段学生发展水平的知识，组成起来而形成的课程。分科课程的主导价值在于使学生获得逻辑严密和条理清晰的文化知识，但是容易带来科目过多、分科过细的问题。

分科课程的优点有：① 分科课程的系统性强，学生循序渐进学习，可逐步获得完整的知识体系；② 有助于彰显教学的专业性、学术性和结构性，从而有效地促进学科尖端人才的培养和国家科技的发展；③ 有助于教师组织教学与评价，便于提高教学效率。

分科课程的不足有：① 分科课程片段零碎地传授知识，往往使学生不知道知识在生活中的意义与用途，容易导致轻视学生的需要、经验和生活；② 学科内容可能忽略当代社会生活的现实需要，偏重空疏知识的学习，知识与生活脱节，难以培养学生适应生活及解决问题的能力；③ 各学科间缺少联系与沟通，分割了学生完整的学习经验，限制了学生的视野，束缚了学生思维。

2. 综合课程

综合课程是一种整合若干相关联的学科或领域而成为一门更广泛共同领域的课程。简单来说，就是指打破传统的分科课程的知识领域，组合两门以上学科领域而构成的一门新的学科。

影响课程的因素主要有学生、社会、知识三个方面，综合课程关注的价值不同，相应表现为学科本位综合课程、儿童本位综合课程和社会本位综合课程。

（1）学科本位综合课程

学科本位综合课程是从学科或文化方面综合而形成的课程。学科本位综合课程打破各分科课程固有的逻辑，形成一种不同学科内容有机整合为一体的新逻辑。学科本位综合课程按照综合程度由低到高可以分为相关课程、融合课程、广域课程。

一是相关课程。相关课程是指两种或两种以上学科既在一些主题或观点上相联系，又保持各学科原来的相对独立。相关课程还是分门别类的几门课程，只是加强其内在的相关和协同。

二是融合课程。融合课程是将有关学科融合为一门新的学科，融合之后，学科之间原来的界限将不复存在。例如，目前小学的“品德与生活”课程就是将品德学科和社会学科整合而形成的新课程。

三是广域课程。广域课程是将各科教材依性质归到各个领域，再将同一领域的各科教材加以组织和排列而形成的课程。例如：美术、音乐、文学等科目整合为人文学科。

（2）儿童本位综合课程

儿童本位综合课程强调课程应该适应儿童的个性，关注学生的兴趣和需要，以此来选择和组织课程内容，使课程适应儿童，而不是儿童适应课程。在儿童本位综合课程中，一般没有详细的预设计划，而是在活动过程中发现问题或活动主题，制定活动方案，创造性地实施课程。儿童本位综合课程发端于卢梭的自然主义教育思想，二十世纪后，杜威的经验课程理论是儿童本位课程的重要代表，此后以人本主义心理学家罗杰斯的学生中心课程论和以派纳、格鲁梅特为代表的现象学课程论把儿童本位综合课程推到了一个新的高度。

（3）社会本位综合课程

社会本位综合课程是社会以问题为中心组织形成的课程。社会本位综合课程源自20世纪50—60年代美国社会改造主义者布拉梅尔德。20世纪70年代以后，国际上流行的社会本位综合课程有STS课程（科学—技术—社会课程）、环境教育课程和国际理解课程。社会本位综合课程理论强调，教育的根本价值是社会发展，学校应该致力于社会的改造而不是个人的发展。为此，社会本位综合课程理论批判儿童本位综合课程理论过于注重学生的个人需要、兴趣、自由及活动而忽视了社会的需要，主张课程的最终价值是社会价值，课程是实现未来理想社会的工具。

综合课程的优点有：① 综合课程易于适应当代科技的迅猛发展，有利于课程容纳科技发展和社会需求所提供的新内容，特别是各种跨学科的内容；② 综合课程有助于强化学科间联系；③ 有助于学生能更好地认识和处理当代的社会问题，以促进学生更好地适应社会、改造社会。

综合课程的不足有：① 课程设计过程中，如何将不同知识整合在一起，是个难题；② 课程实施过程中，只专不博的教师很难胜任综合课程的教学，教学具有一定的难度；③ 难以向学生提供系统完整的专业理论知识，不利于高级专业化人才的培养。

3. 分科课程与综合课程的关系

分科课程重视不同学科之间的相对独立性、逻辑性，综合课程重视学科之间的关联性、统一性。当前学科发展存在分化和综合并存的趋势，两种类型的课程适应了这种趋势，它们的关系是互补关系。①

当前我国倡导在小学以综合课程为主，初中设置分科与综合相结合的课程体系，高中课程以分科为主。目前学术界认识到，在实践中，很多地方由于师资和条件限制，分科教学现象大量存在，因此有必要探索分科课程背景下的综合化问题。

（三）必修课程与选修课程及其结构关系

按学习的要求分，可以把课程分为必修课程和选修课程。

1. 必修课程

必修课程是根据人的发展和社会发展需要制定的，所有学生都必须学习的科目。它是个体社会化的基础，主导价值在于培养和发展学生的共性。

必修课程是面向所有学生提出的共同要求，是教育质量的最基本保障，它是社会权威在课程中的体现，强制性是其根本特性。小学的语文、数学、英语、艺术（音乐或美术）、体育、道德与法治及综合实践活动，都是必修课程。就我国现阶段小学教育课程现状而言，必修课程一般包括国家课程和地方课程。

2. 选修课程

选修课程是针对必修课程的不足而产生的课程形态，是为发展学生的兴趣、爱好和个性特长而开设的课程。选修课程主导价值是致力于"个性发展"。

选修课程始于洪堡 1810 年创办的柏林大学，洪堡倡导教的自由和学的自由，选修课由此应运而生。我国 1922 年颁布的壬戌学制开始推行选修课程。选修课程按照内容可以分为学术选修、兴趣选修和职业选修；按照管理方式可以分为限定选修课程和非限定选修课程。

当前，在强调打造特色学校和重视校本课程的背景下，选修课程已经成为许多学校课程体系中的重要模块，引起了学生和家长的广泛关注。

3. 必修课程与选修课程的关系

必修和选修课程分别关注学生的全面发展和个性发展问题，是实现我国教育目的"促进学生个性全面发展"的内在要求不可或缺的两种课程形态，两者是相辅相成、相互促进的关系。

必修课程和选修课程的地位是平等的。选修课程与必修课程具有等价性，即二者拥有同等的价值，不存在主次关系，选修课程不是必修课程的附庸或陪衬。选修课程不是随意的、散漫的、浅尝辄止的学习，而是有严格的学习和评价标准的。

当前，必修课和选修课日渐融合，在必修课程中推行选修的方式成为当前分层教学思想的一种重要实践。我国当前课程改革正在尝试推行"选课制"和"走班制"。所谓"走班上课"，是指行政班级不变，学生可以按照自己的兴趣爱好、知识基础和学习能力选择相应

---

① 钟启泉、汪霞、王文静：《课程与教学论》，华东师范大学出版社，2008，第 152 页。

课堂上课。“走班上课”给了学生更多自主权，让学生由“要我学”转变为“我要学”。目前国内部分地区的中学已经引入这种全新的教学方式，收到良好的效果。

(四) 国家课程、地方课程与校本课程及其结构关系

按照课程管理方式不同，可以把课程分为国家课程、地方课程与校本课程。

新中国成立后很长时间内只有国家课程，1999 年开始倡导实施三级课程。当前，世界各主要国家都走向了三级课程。

1. 国家课程

国家课程也叫一级课程。国家课程集中体现一个国家的意志，是国家根据人才质量培养的目标而设置的课程。国家课程的主导价值在于通过课程体现国家的教育意志，它侧重于学生发展的基本要求与共同素质，强调课程内容的一致性、共同性和发展性，在实施上具有强制性。

国家课程由教育部制定、颁布国家课程的管理与开发政策、国家课程方案、各类国家课程的比例和范围，同时还制定国家课程教材编写、审查和选用制度，它是影响国家基础教育质量的主要因素。

目前小学课程体系中国家课程的科目有品德与生活、品德与社会、语文、数学、外语、体育、艺术、科学、信息技术、综合实践活动等几门课程。

2. 地方课程

地方课程也叫二级课程。地方课程是由省一级的教育行政部门或其授权的教育部门在国家规定的各个教育阶段的课程计划内，依据当地的政治、经济、文化、民族等发展需要而开发的课程。地方课程的主导价值在于通过课程满足地方社会发展的现实需要，它是一种为突出地方特色与地方文化，满足地方发展需要而设置的课程，具有区域性、本土性的特点。

3. 校本课程

校本课程也叫三级课程。校本课程是学校在确保国家课程和地方课程有效实施的前提下，针对学生的兴趣和需要，结合学校的传统和优势以及办学理念，充分利用学校和社区的课程资源，自主开发或选用的课程。校本课程的主导价值在于通过课程展示学校的办学宗旨和特色，提升学校的办学水平，促进学生的个性发展。校本课程能满足学生在国家课程和地方课程中难以满足的发展需要，它是课程结构中不可或缺的组成部分。

应该说明的是，综合实践活动既是国家课程、又是地方课程，还是校本课程，人们把它称为三级管理课程。

4. 国家、地方、学校课程之间的关系

国家课程、地方课程和校本课程三类课程关注的具体价值不同，但最终功能是一致的。国家课程考虑的是国家的意志和共同的要求，地方课程关注的是不同地方经济、文化的多样性，校本课程关注的是学校具体情况的不同。国家课程、地方课程和校本课程最终的价值是关注学生有个性的全面发展，从这个意义上讲，最终功能是一致的。

(五) 显性课程与隐性课程

按照课程的影响方式，可以把课程分为显性课程和隐性课程。

1. 显性课程

显性课程也叫正规课程、官方课程、公开课程，它指的是为实现一定的教育目标而正式列入学校教学计划的各门学科以及有目的、有组织的课外活动，按照预先制定的课程计划实施的课程。凡是有目的、有计划地影响学生的因素都可以看成是显性课程，它对人的影响是直接的、明显的，主要起正向影响作用，在学校课程计划之内的都是显性课程，在课程计划之外有目的组织的活动也是显性课程。比如升旗仪式、课外活动、研学等都是显性课程。

2. 隐性课程

隐性课程也叫潜在课程、隐蔽课程。它是学校政策及课程计划中未明确规定的、非正式和无意识的学校学习经验。① 如校风、学风、班风、师生关系、教师衣着、学校建筑风格等都是隐性课程，隐性课程对人的影响是潜在的，既可能是正向作用，也可能是负面作用。

最早涉及隐性课程研究的是美国教育家杜威，他把具体内容学习过程中伴随而产生的情感态度等称为"附带学习"。此后克伯屈进一步把学习分为主学习、副学习和附学习，"附学习"指在"主学习"过程中产生的有关情感、态度的学习。美国教育学家杰克逊在1968年出版的《班级生活》一书中首先提出隐性课程的概念，此后越来越多的学者开始了隐性课程的研究。近些年来，我国关于隐性课程研究持续进行，研究的范围主要包括学校的物质环境、制度环境以及人际心理环境对学生心理发展的潜在影响。

3. 显性课程和隐性课程的关系

显性课程与隐性课程是两种不同的课程类型。二者在性质、特点、功能等方面各不相同。最明显的区别是显性课程主要是有计划的、预期性的教育影响，而隐性课程则主要是有非计划性、非预期性的教育影响。

显性课程与隐性课程之间存在内在联系，其表现为如下两个方面：

（1）显性课程的实施总是伴随着隐性课程，因为课程的实施是教师与学生，是以自主性、能动性、创造性为特征的两类主体，这就决定了课程的实施过程绝非机械地执行既定课程方案的过程，课程实施过程具有不可预期性，这个过程必然存在非计划性、非预期性的教育影响，必然存在隐性课程。

（2）隐性课程也在不断转化为显性课程。一旦人们认识到隐性课程的作用，并对相关因素进行控制、建设，那么隐性课程就转化为显性课程了。人们研究隐性课程的目的就是让其显性化，体现其正面的教育价值。

四、新课程改革背景下小学课程结构改革的趋势

2001年6月中华人民共和国教育部颁布的《基础教育课程改革纲要（试行）》指出："改变课程结构过于强调学科本位、科目过多和缺乏整合的现状，整体设置九年一贯的课程门类和课时比例，并设置综合课程，以适应不同地区和学生发展的需求，体现课程结构的均衡性、综合性和选择性。"②

---

① 钟启泉、汪霞、王文静：《课程与教学论》，华东师范大学出版社，2009，第143页。

② 中华人民共和国教育部：《基础教育课程改革纲要（试行）》，2001年6月8日。

（一）课程结构的均衡性

传统的应试教育追求的价值是应试，重视共同的基础知识和基本技能，这种片面的价值追求在课程结构上反映为重视学科课程、重视分科课程、重视考试所考科目等倾向，最终活动课程、地方和校本课程、人文艺术和道德课程等得不到重视。当下的课程改革倡导素质教育，重视学生的全面发展，这种全面价值追求在课程结构上体现为重视不同类型的课程，如学科与活动课程的均衡、综合与分科课程的均衡、人文社会与科学课程的均衡、德智体美劳课程的均衡，从而保证学生和谐、全面发展。

当前国家在课程结构的设置上保证了课程的均衡性，但在课程实施过程中，还需要防范人为地偏向一些“主课”，忽视“副课”的现象。因此，2019 年 6 月 23 日，中共中央国务院颁布了《关于深化教育教学改革全面提高义务教育质量的意见》，《意见》指出：“学校要健全教学管理规程，统筹制定教学计划，优化教学环节；开齐开足开好国家规定课程，不得随意增减课时、改变难度、调整进度。”①

（二）课程结构的综合性

打造综合化的课程结构体系是落实全面发展教育改革理念的基础。小学课程结构与内容设置要打破以往学科结构的限制，在保留各学科原有逻辑体系的基础上努力加强学科间的课程整合。

20 世纪 90 年代，我国小学阶段综合课程研究已经取得一些进展，1992 年原国家教委将小学开设的“社会”科纳入统一颁布的《九年义务教育全日制小学、初级中学课程计划（试行）》中。2001 年 7 月，教育部颁布了《基础教育课程改革纲要（试行）》，明确指出小学阶段以综合课程为主。

目前小学课程综合化体现在以下三个方面：

（1）开设学科性的综合课程。如小学开设了品德与生活、品德与社会、科学、艺术等课程，这些课程综合了以往开设的相关课程。

（2）从小学到高中设置综合实践活动课程。《基础教育课程改革纲要（试行）》指出：“从小学至高中设置综合实践活动并作为必修课程，其内容主要包括信息技术教育、研究性学习、社区服务与社会实践以及劳动与技术教育。强调学生通过实践，增强探究和创新意识，学习科学研究的方法，发展综合运用知识的能力。增进学校与社会的密切联系，培养学生的社会责任感。在课程的实施过程中，加强信息技术教育，培养学生利用信息技术的意识和能力。了解必要的通用技术和职业分工，形成初步技术能力。”②

（3）分科课程下的综合。由于综合课程对教师素质和学校条件的要求较高，教材编写难度大，因此一些地方的学校在实施中还是用分科课程。在这样的背景下，有必要探索在分科课程背景下开展综合教学。

（三）课程结构的选择性

课程结构的选择性强调课程结构要适应地方、学校以及学生的差异。新中国成立到

---

① 中共中央国务院：《关于深化教育教学改革全面提高义务教育质量的意见》，2019 年 6 月 23 日。

② 中华人民共和国教育部：《基础教育课程改革纲要（试行）》，2001 年 6 月 8 日。

1999年期间，大量的时间段里只有国家课程，课程的选择性比较差。1999年6月13日，中共中央国务院颁布了《关于深化教育改革全面推进素质教育的决定》，《决定》指出：“调整和改革课程体系、结构、内容，建立新的基础教育课程体系，试行国家课程、地方课程和学校课程”[①]。

课程的选择性主要体现在四个方面：① 为适应地方经济、文化特点，设置地方课程；② 为考虑具体学校的特点，设置校本课程；③ 无论是国家课程还是地方课程，重视学校教师对其进行再次开发，以适应具体学校；④ 适应学生个别差异，建立和完善课程选修制。

第二节　小学课程内容

课程内容是课程的主体部分，它存在于学校的各科教科书和各种活动之中。对于什么是课程内容，这是课程理论无法回避的基本问题，它深刻影响着课程内容的选择与组织。

一、小学课程内容的含义

课程内容在历史上，存在不同的表现形态。我国西周时期学校教“六艺”，古希腊学校教“七艺”，无论是“六艺”还是“七艺”，甚或启蒙教育中的《三字经》《百家姓》《千字文》《千家诗》等，其内容还没有明确的学科界限。因为人类知识古代形态的显著特征是笼统综合化。[②] 到近代社会后，各学科逐步从“哲学”中分化，学校课程内容主要是各门学科的基础知识。进入现代社会后，课程内容日益多元。以杜威为代表的学者倡导的经验课程，其内容主要是与儿童兴趣、需要相联系的直接经验；以布拉梅尔德为代表的社会改造主义倡导的课程，其内容主要是社会问题。

(一) 课程内容的三种取向

当前，关于课程内容的概念理解大致可分为三种取向。

1. 课程内容即教材

课程内容即教材这种课程内容取向，反映了其背后的课程价值取向是知识本位取向的思想。这种取向认为，传递知识是课程的重要功能，而知识是以教材作为载体的，因此课程内容即教材。

夸美纽斯、赫尔巴特、布鲁纳等教育家都倡导课程内容即教材。夸美纽斯基于泛智教育思想，提出了“百科全书”式的课程内容。赫尔巴特是主知主义思想的代表人物，强调知识本位的课程思想，他把道德教育放在首位，而品德的培养需要开设多方面兴趣、多方面知识的课程。布鲁纳是结构主义教育思想的代表人物，他强调学生学习务必掌握学科的基本结构，重视系统的学科知识。

---

① 中共中央国务院：《关于深化教育改革全面提高素质教育的决定》，1999年6月13日。

② 钟启泉：《课程论》，教育科学出版社，2015，第138页。

课程内容即教材体现了如下优点：① 重视了知识的逻辑性、系统性，有利于学生系统地掌握学科知识；② 教师和学生的教学活动有固定的材料，教学活动有章可循。

课程内容即教材取向的不足：① 忽视了儿童的兴趣和需要。学科系统是基于成人的经验和逻辑预先组织的，容易与儿童的兴趣、需要分离。② 对学科系统性、固定的知识体系的重视，容易忽视最新学科知识。③ 容易使教学变成单向传递过程。教师最熟悉学科知识和教材体系，为了有计划、有目的、快速地落实教材意图，教师教学过程容易出现单向的讲授和练习，忽视了学生学习的过程。

2. 课程内容即学习活动

学习活动取向的重点放在学生做些什么上，而不是放在教材体现的学科体系上。以学习活动为取向的课程，特别注重课程与社会生活的联系，教育要回归生活。这种观点的代表人物是杜威，杜威重视教育与生活的联系，围绕儿童的经验设置各种类型的活动。博比特和查特斯也重视从社会生活的角度设计课程，他们主张对成人生活进行分析，从中找出学校的课程目标，围绕这些目标设计学习活动。

课程内容即学习活动这种取向的优点：① 能激发学生学习的兴趣；② 能加强教育与社会生活的联系。

课程内容即学习活动这种取向的不足：① 忽视了基础知识、基本技能等重要的间接经验的重要性；② 活动容易导致教育流于形式，不系统，从而降低教育的质量。

3. 课程内容即学习经验

课程内容即学习经验取向把学习者当成是学习的主体，学习过程是学习者与环境的相互作用过程，课程内容是学习者的学习过程和最终产生的个体的认识和体验。课程内容即学习经验强调了课程内容的过程性、生成性。其代表人物是英国著名教育家斯滕豪斯、美国人本主义心理学家罗杰斯。课程内容即学习经验强调教师不是呈现什么教材或活动要让学生参与，而是创设学习的情境，让学生在情境中主动地建构属于自己的知识和经验。知识不是“教”会的，只能是“学”会的。

把课程内容当成经验取向的优点：① 体现了学生学习的主动性。强调学生是一个主动参与者，认为学生是学习活动的主体，学习的质量决定于学生而不是课程。② 重视了学生建构知识的过程。这种课程内容观强调学生与外部环境的互相作用，最终建构属于自己的经验。

把课程内容当成经验取向的不足：① 给课程设计带来困难。把课程内容视为学习经验的缺点是加剧了内容选择的难度。因为学生的心理体验，只有他自己了解，教育者无法有效了解学生的心理是如何受特定环境影响。② 不能很好地体现教师主导。把课程内容当成学习经验，重视了学生对课程内容的理解、体验，强调课程内容受学生控制。实践也证明，过于强调以学习者为中心，对教育质量的提高并没有太大益处。

（二）三种课程内容取向的关系及其整合

以上三种取向的课程内容，都有其合理性和局限性，它们都是在不同时代、针对不同的社会要求而提出并实施的，是不同的哲学观、教育观、儿童观和课程观在具体实施中的体现。它们都强调一方的重要性而忽视或轻视另一方的重要性及作用，这是不足取的。实际上，无论是“学科知识”“社会生活经验”还是“学习者的经验”，都是课程内容来源的不可分离的一部分，它们之间是相互融合、不可分割的：学科知识和社会生活经验只有转化为学习者的经验，才能成为相应的课程内容；同时，离开了学科知识和当代社会生活的价值，学习者的经验也没有什么意义。

（三）课程内容的概念

不同的哲学观、教育观、课程观在课程内容上强调重点不同，但从总体上讲，人们一般倾向认为，课程内容是根据课程目标，有目的地选择的一系列直接经验和间接经验的总和。

二、小学课程内容的三种表现形式

课程是学校教育的核心，是学校培养未来人才的蓝图，它涉及教学过程中教师“教什么”和学生“学什么”的问题，它规定以什么样的教育内容来培养新一代，是学校教育的基础。目前，我国中小学课程内容能直接感知的材料主要由课程计划、课程标准、教材三部分组成，人们把它们称为课程内容的表现形式，这三种材料过去被称为教学计划、教学大纲和教材。

课程计划、课程标准和教材是三个不断具体化的材料。课程计划体现了国家对某一层次学校的统一要求，是编写各科课程标准和教材的主要依据；课程标准是课程计划的分学科展开，每门学科都有对应的学科课程标准，它是教材编写的依据；教材是课程标准进一步展开和具体化的产物。

（一）小学课程计划

1992 年，原国家教委在制订九年义务教育的教学计划时，把“教学计划”更名为“课程计划”。课程计划是根据一定的教育目的和培养目标，由教育行政部门制定的有关学校教育和教学工作的指导性文件。因此存在不同阶段的课程计划，如“义务教育课程计划”“高中课程计划”，小学教育属于义务教育，因此，“小学课程计划”属于“义务教育课程计划”的一部分。课程计划具体规定了学校课程设置、课程顺序、课时分配、学年编制和学周安排、评价方式等。其中，课程设置（开设哪些科目）是课程计划的首要和中心问题。义务教育阶段课程计划具有强制性、普遍性、基础性三大特征。

课程计划是学校教育教学工作的指南，每个小学教师都应该熟悉我国当前课程计划的主要内容。下面把当前我国义务教育计划阶段的课程计划呈现如下，以便同学们了解相关知识。

➢ **扫描本章二维码，阅读《九年义务教育全日制小学、初级中学课程计划（试行）》。**

（二）课程标准

1. 课程标准的概念

2001 年颁布的《基础教育课程改革纲要（试行）》把原来用的“教学大纲”改称为“课程标准”。课程标准是针对课程计划中的每门国家课程，以纲要的形式编写的、有关学科教学内容的指导性文件。学科课程标准主要由前言、课程目标、内容标准、实施建议、附录（术语解释）等几个方面构成，不包括重点难点和时间分配。在课程标准中，内容标准所占比例最大，因此，课程标准的核心是学科教学内容。

2. 课程标准历史沿革

我国清朝末年兴办近代教育之初，在各级学堂章程中有《功课教法》章，列有课程门目表和课程分年表，这是课程标准的雏形。1912 年 1 月 19 日教育部颁布了《普通教育暂行之课程标准》。在新文化运动的推动下，原有学制体系面临改革，1923 年颁布了《新学制中小学课程纲要》，为各学科制订了课程纲要。1929 年 10 月公布了《中小学课程暂行标准》，此后经过三次修改。

1950 年，根据新中国新的教育方针和任务，研制新的课程标准，包括 12 个学科的暂行标准初稿。1952 年出台的各科课程文件名由课程标准更名为教学大纲。1956 年，教育部根据新的形势颁布了各学科新的教学大纲，由于 1958 年以后，在“大跃进”活动的冲击下，全国各地自编教学大纲和教科书，1956 年的大纲失去了指导意义。“文化大革命”结束，为扭转教育工作的混乱局面，1978 年，国家颁布了各学科全日制十年制教学大纲试行草案。1986 年 4 月，第六届人大第四次会议通过义务教育法，之后教育部组织修订小学初中教学大纲，并于 1988 年颁布，1992 年，又对义务教育各学科大纲进行了修订。

2001 年，国家启动了新世纪基础教育课程改革，教学大纲改为课程标准，各学科课程标准出台。在课程标准执行过程中，发现一些课程标准的内容、要求有待调整和完善，教育部对各学科课程标准进行了修订完善，2011 年正式印发义务教育各学科课程标准(2011 年版)，并于 2012 年秋季开始执行。

3. 从教学大纲到课程标准的理念变化

新课程改革中以“课程标准”代替“教学大纲”，体现了如下精神：

(1) 课程价值趋向，从精英教育转向大众教育。过去教学大纲对学生所提的要求是最高要求，只有部分精英学生才能达到。当前课程标准对学生所提的要求是最低要求，要求每个学生都要达到。

(2) 课程目标着眼于学生素质的全面提高。过去教学大纲主要是从基础知识和基本技能方面指明学科的要求。当前课程标准从知识与技能、过程与方法、情感态度与价值观三个维度，并结合具体课程的特点提出学生在某门科目的具体要求。

(3) 从只关注教师教学转向关注课程实施过程。教学大纲是着眼于教师如何教学，关注教师的教学行为，而课程标准突出了对学生学习过程的关注。

(4) 课程管理从刚性转向弹性。教学大纲“刚”性太强，不利于教师创造性的发挥，没有给教材特色化和个性化发展留下足够的空间，不利于教材多样化的实现。

4. 课程标准的作用

课程标准是课程计划的分学科展开，具有如下作用：

(1) 课程标准是教材编写的依据。目前我国实施的是“一纲多本”，小学国家课程每科只有一个课程标准，但教材可以多样化(2017 年秋季起，小学语文、数学、道德与法制三个科目用教育部统编教材)。各地教材都要根据课程标准编写，并经“中小学教材审定委员会”审定通过，才能使用。

(2) 课程标准是考试的依据。课程标准指明了各科课程要达到的要求，每门课程考试都要依据课程标准命题，不能超纲。

(3) 课程标准是教学的依据。教师教学要吃透课程标准的要求，以课程标准的精神来设计和实施教学。

（三）教材

1. 教材的概念

教材是依据课程标准所研制的、便于教师教与学生学的基本教学媒介。教材是课程计划和课程标准的具体化和工具载体，它由课程标准所要求达成的各种知识内容及方法所构成。在狭义上，教材就是指教科书；在广义上，除了教科书外，教材还包括补充练习材料、补充阅读材料、教学所用影像材料等。随着课程观念及信息技术的不断进步，教科书突破了纸质的形式，出现了电子教科书、网络教科书等，而且人们关于教科书及其所包含知识的认识也在不断发展。

新课程强调教材是学生发展的“文化中介”，是师生进行对话的“话题”。师生进行教学活动的目的不是记住“话题”本身，而是通过以“话题”为中介进行交往，获得发展。新课程将教材视为“跳板”而非“圣经”，倡导教师“用教材教”，而不是简单地“教教材”。

2. 教科书的作用

教科书是教材的核心，起着如下的作用：

(1) 教科书是学生在学校获得系统知识、进行学习的主要材料，它可以帮助学生掌握教师教授的内容，同时，也便于学生预习、复习和做作业。

(2) 教科书是教师进行教学的主要依据，它为教师的备课、上课、布置作业、学生学习成绩的检查评定提供了基本材料。

(3) 教科书是教师分析本学科的教学目标、内容范围和教学任务的重要依据。

3. 教科书编写应遵循的基本原则与要求

一是科学性与思想性的统一；二是强调内容的基础性与适用性；三是知识的内在逻辑与教学法要求的统一；四是理论与实践的统一；五是教科书的编排形式要有利于学生的学习；六是注意与其他学科的纵向和横向联系。

4. 教师使用教科书的要求

一是整体把握教科书；二是重点设计教科书；三是充分利用教科书；四是及时引进新知识；五是适当补充乡土教材；六是指导学生充分运用好教科书。

从课程计划到课程标准，再到教材，是课程价值观、课程目标和课程内容的不断具体化，最终指向教师与学生的课堂创造。

三、小学课程内容的选择与组织

（一）小学课程内容选择的依据

课程内容的选择简称“课程选择”，它是根据特定的教育价值观及相应的课程目标，从学科知识、当代社会生活经验或学习者的经验中选择课程要素的过程。一般来说，选择课程内容时要注意以下几项基本准则。

1. 根据课程目标选择课程内容

课程内容是实现课程目标的材料，课程内容选择最重要的依据是根据课程目标选择有效达成课程目标的课程内容。为此，国家为小学每个学科制定了课程标准，在学科课程标准中明确地规定了该学科的课程总目标和课程阶段目标，这为课程内容的选择和教材的编制提供了最直接的依据。

2. 根据学科的需要选择课程内容

小学教育的重要任务是要使学生有效地掌握人类文化遗产中的精华，并充分发展学生的各方面能力，以适应未来社会发展的需要。人类文化遗产中的精华在小学表现为不同的学科，因此课程内容的选择要充分考虑学科的基本概念、事实、技能、方法、态度等要素，处理好这些基本要素的相互关系和先后顺序。同时，在选择课程内容时要注意到学科知识的广度与深度的问题，因为这些学科知识的学习对象是处在童年期的小学生。

3. 根据社会生活需要选择课程内容

课程内容应该考虑到让学生了解社会、接触社会的需要，以便掌握一些解决社会问题的基本技能。即使在选择学术性学科的内容时，也应该尽可能地联系社会的需要，以便学生所掌握的知识技能可以较好地发挥社会效用。同时，课程内容不仅要注意与现实社会的相关，而且还要注意与未来社会的相关。

4. 根据学生需要选择课程内容

课程内容是为特定教育阶段的学生而选择的，课程内容的选择应该关注特定阶段小学生的特点，学生的身心发展水平与特点决定了对课程内容的接受程度。首先，在内容选择过程中，需要根据学生的年龄特点和发展水平确定内容的深度、广度、难度。其次，课程内容选择要关注学生的兴趣，学生在自己感兴趣的领域中才能得到探索的满足感。再次，要考虑让学生的学习经验与其他经验联结在一起，这样才有利于学习的迁移。

（二）小学课程内容的组织

依据上述原则选择出来的课程内容，需要对其内关系进行处理，以便形成一个有机的结构，这就需要对课程内容进行组织。课程组织涉及课程目标、课程门类、课程内容等多方面的组织，课程内容的组织是课程组织的下位概念。

1. 课程内容组织的准则

对课程内容的组织问题进行系统研究的是美国著名课程专家泰勒，泰勒提出了课程内容组织的连续性、顺序性和整合性准则，此后奥利弗提出课程内容组织的衔接性、均衡性和连续性准则，奥恩斯坦提出了课程内容组织的范围(scope)、整合性、顺序性、连续性、衔接性和均衡性等六大准则，布雷迪提出了顺序性、整合性和安排(arrangement)三个准则，古德莱德提出了课程内容组织的连续性、顺序性、整合性、衔接性和范围等五个原则。[①] 其他学者所提出的课程内容组织准则一般都是建立在泰勒观点基础上，因此下面主要介绍泰勒提出的课程内容组织的三大原则。

一是连续性。课程内容组织的连续性是指课程内容在不同时期或学习阶段反复出现，不断予以重复。课程内容的连续性有助于学习者持续地学习相关课程内容，产生积累效应，加深对知识的理解。如小学语文教材中，一个单元是记叙文，课程内容中有关记叙文要素的知识在本单元反复出现，从而让学生巩固和加深了对记叙文要素知识的掌握。

---

① 钟启泉、汪霞、王文静:《课程与教学论》，华东师范大学出版社，2009，第132页。

二是顺序性。课程内容组织的顺序性是指每一后继内容应以前面的内容为基础，同时又对前面的内容加以深化、拓展，做到由浅入深，由简单到复杂。连续性和顺序性有着明显不同，连续性要求课程内容能做到一定程度的重复，难度没有加深，而顺序性不是简单重复课程内容，而是在不断地加深和拓展知识。小学大量的课程内容在组织时，体现了顺序性准则。例如，小学数学内容安排方面，先学习整数乘整数，接着学习整数乘小数，在此基础上学习小数乘小数。

三是整合性。课程内容的整合性是指保持课程内容之间的横向联系，以便学生获得统一观念，克服分科课程导致课程内容支离破碎的倾向。当前，小学分科课程是比较普遍的形式，需要思考如何在分科课程背景下进行内容的综合。

2. 课程内容组织的方法

基于课程内容组织的准则，人们探索出不同课程内容组织的方法，大概可以归纳为直线式课程组织和螺旋式课程组织、横向组织和纵向组织以及逻辑顺序组织和心理顺序组织等三个维度。

（1）直线式与螺旋式课程组织

一是直线式课程组织。直线式课程组织是把一门课程的内容组织成一条逻辑上前后联系的直线，前后内容基本不重复。直线式组织中，课程内容不重复，进度比较快，对于复杂的知识，不利于学生的理解和掌握。但对于简单的课程内容的组织，直线式组织是比较合适的，它避免了知识的简单重复和学生厌烦心理。在教育史上，不少学者倡导直线式组织。苏联教育家赞可夫提出了发展教学理论，主张在教学中高难度、高速度地进行教学，为保证教学的速度和难度，直线式课程组织成了其主张的课程组织方式。美国教育心理学家加涅也主张直线式课程组织，加涅从学习的繁简程度，把学习结果分成了由低到高的不同层次，即从较简单的辨别技能的学习到复杂的问题解决技能的学习，由此实现了全部教学内容按等级来排列。

二是螺旋式课程组织。螺旋式课程组织是指在不同的阶段，课程内容不断地重复出现，但是这些重复的内容在深度和广度上都有所加强。螺旋式课程组织考虑了学生学习的心理特点和理解能力，比较适合复杂知识的组织，螺旋式组织能在学生心理发展水平基础上增进其对知识的理解。但对于过于简单知识，螺旋式组织容易导致学习时间的浪费和学生厌烦的心理。螺旋式课程组织是由美国教育学家布鲁纳倡导的课程组织方式。布鲁纳强调，任何知识都应该在理智上适当的方式交给任何阶段的任何学生，以在理智上适当的方式组织知识，这就要考虑学生的思维特征。从思维特点来看，个体随着年龄的增长其知识表征方式依次存在动作性表征、映像性表征和符号性表征表征，当同一主题的学习内容在不同时期分别以适合学生的三种表征形式进行呈现，螺旋式上升。为了做好螺旋式课程组织，布鲁纳强调一本好的教材应该由课程专家、专业教师、心理学家共同编制。专家或科学家更懂得该门学科知识发展的来龙去脉，知道它的基本概念、原理范围，了解它的排列顺序及网络结构，因而能够按照知识的基本结构编制教材；教师能够从教学的角度反映教材怎样才能符合教学的规律和特点，满足课堂教学的需要；心理学家可以从学生智力发展和心理成熟等方面考虑教材怎样安排才能与学生发展阶段相吻合，怎样找到学生个体与知识结构的内在联系，编写出适合各年龄阶段学生学习的教材。

(2) 横向组织和纵向组织

一是横向组织。横向组织是指打破学科的界限和传统的知识体现,将各门学科的知识联系起来,以便让学生更好地探索社会和个人最关心的问题。横向组织体现了课程内容的综合性,这种综合性表现在学科知识的整合、学习者经验的综合和社会生活的综合。在现行课程中,综合课程突出课程内容的横向组织。

二是纵向组织。纵向组织又称序列组织,是指按照知识的逻辑序列,从已知到未知、从具体到抽象等先后顺序组织编排的课程内容。纵向组织注重课程内容的独立体系和知识的深度,学科课程多体现为课程内容的纵向组织。

3. 逻辑顺序组织和心理顺序组织

课程内容是以逻辑顺序的形式组织还是以心理顺序的形式组织,是"传统教育"流派和"现代教育"流派争论的焦点,其背后隐藏的是重视学科知识还是重视学生。

一是逻辑顺序组织。逻辑顺序组织是按照学科本身的知识体系和知识内在联系来组织课程内容。"传统教育"流派认为,学科知识是教育的主要内容,教材应该重视学科的逻辑顺序,应按照逻辑顺序来编排,至于这些逻辑顺序和关系对学生而言是否理解,是否有意义不在考虑范围内。

二是心理顺序组织。心理顺序组织是以学生心理发展的特点来组织课程内容。"现代教育"流派认为,教育的对象是学生,教育的目的是满足学生的需要、促进学生思维发展,学生是教育的中心。因此课程内容组织要根据学生的心理发展规律、学生兴趣和需要来组织。

"传统教育"流派和"现代教育"流派在课程内容组织上各执一端,走向了极端,如何将逻辑顺序和心理顺序统一,大量教育学家做出了深入的探索,泰勒、奥苏贝尔等学者都做出了重要贡献。

上述课程内容组织的方法只是为了分析方便进行的分别介绍,实际上课程方法之间不是孤立的。今天在课程内容组织过程中要根据教育教学目的、内容的特点以及学生的阶段,实现多种课程内容组织方法的综合运用。

四、新课程改革背景下小学课程内容改革的趋势

(一) 重视课程内容的德育功能

"课程思政"这一理念是当前课程改革的一个重要指导思想,在小学课程内容方面表现为重视课程内容的德育功能。

课程内容的德育功能是对小学不同门类课程的共同要求,其主要体现在三个方面:① 小学品德与生活、品德与社会课程是直接对学生进行德育的课程,课程内容围绕个人与自我、个人与社会、个人与自然三个方面进行系统的思想品德教育。② 小学语文、艺术等人文学科主要以思想道德渗透的方式体现德育功能。如语文课程中主人公的人格形象、文章的中心思想,音乐课中歌曲表达的情感,这些都是对小学生进行德育的重要内容。③ 数学、科学等理科课程中同样存在着德育的重要元素。数学和科学课程中,通过呈现科学人物、事迹等课程内容引导学生学习其内涵的道德品质,通过呈现数学和科学探究的过程培养学生的科学精神和科学思想。

（二）课程内容生活化

陶行知的生活教育理念是当前新课程内容改革的重要思想，教育回归生活是课程内容设计的重要依据。生活具有教育的意义，生活决定了教育，教育不能脱离生活。教育为改造生活服务，在改造生活的实践中发挥积极作用。

小学各门类的课程都在试图体现教育和生活的结合点，让学生在不同生活场景中学习各科知识。如教育部统编数学教材，几乎所有的课文首先是呈现生活情境，在生活情境中提出数学问题；品德与生活教材按照有层次、有结构的生活场景和生活事件引入道德认识和道德规范。

（三）课程内容的系统化

小学课程内容系统化是指体现小学各科课程内容内在结构的完整性和联系性。小学课程内容的选择和安排，在考虑学生现阶段接受能力的基础上，不管是按照直线式还是螺旋式课程组织，学科本身的逻辑性都是各门课程考虑的一个重要因素。课程内容的系统化在数学、科学、信息技术等科目中体现得更为明显。

（四）课程内容现代化

现代社会的发展客观上要求课程内容现代化。各学科都力求精选终身学习必备的最基础的知识和最基本的技能作为课程主干内容，在保留传统课程内容中有价值的基础知识的同时，强调从当代科学的最新成果中吸取新的基础知识，增加新的具有时代性的内容，体现时代特色，剔除陈旧过时的知识，注重与社会生活的联系。

例如，如何收集有用信息，怎样对其进行整理和分析以及怎样从中得出结论，是现代人不得不面对和解决的问题。在此背景下，小学数学课程内容逐渐渗透了统计学的相关知识，其要求学生不仅要学会收集和整理数据，还要学会利用数据进行推理和分析。此外，随着生活节奏的加快，模糊数学的概念逐渐深入人心，其在生活中的应用领域也越来越广泛，这在数学中反映为对估算能力的重视。

本章小结

课程结构与课程内容是课程价值和课程理念走向课程实施的中介和媒体。

本章第一节是有关课程结构的知识，包括课程结构的内涵、课程类型、课程结构的层次以及课程结构发展的趋势四个方面。教材首先分析了课程结构的概念，认识了课程结构是课程要素之间的关系；其次，介绍了宏观、中观、微观课程结构，尤其是微观结构表现出来的小学教材结构；再次，分析了课程的类型，介绍了学科课程与经验课程，分科课程与综合课程，国家、地方、校本课程，必修课程与选修课程等，深化了对宏观的课程结构的理解；最后，总结了我国新课程改革课程结构发展的趋势。

本章第二节是有关课程内容的知识，包括课程内容的含义、课程内容的表现形式、课程内容的选择与组织以及课程内容改革的趋势四个方面。教材首先分析了课程内容的概念，阐述了课程内容即教材、课程内容即活动、课程内容即学习经验三种取向以及当前倡导三种取向的整合思想；其次，分析了课程内容的表现形式，分别介绍了课程计划、课程标准、教材这三种课程内容表现形式；再次，阐述了课程内容的选择与组织，基于泰勒思想，提出了课程内容要根据学生、社会、学科三个方面选择，同时提出了课程内容组织要坚持连续性、顺序性、整合性这三大准则，并解释了体现课程准则的课程内容组织方法；最后介绍了新课程改革背景下课程内容发展的趋势。

[思考与练习]

1. 比较分科课程与综合课程间的差别。
2. 阐释如何提升学科课程的学习兴趣。
3. 阐述不同课程内容组织方法所体现的课程内容组织准则。
4. 简述义务教育课程计划中小学所设国家课程门类与课时要求。
5. 阅读某一科课程标准，介绍该门课程在小学阶段的总目标。
6. 找一本小学阶段教育部统编教材，简要说明其结构。
7. 谈谈你对用好教科书的看法。
8. 谈谈课程内容的三种取向对你将来上课有什么启发。
9. 请联系学校实际，谈谈隐性课程的表现形式。

第五章 小学课程实施、评价与管理

扫码获取
相关资源

内容提要

本章旨在探讨小学课程实施、评价以及管理的问题。课程实施是将课程方案付诸实践的过程，不同的教育价值观会导致不同的课程实施取向，多方面因素会影响课程实施的过程，因此要坚持正确的课程实施观，并处理好影响课程实施的因素。课程方案质量、课程实施的效果如何，需要通过课程评价加以判断，以便改进课程体系，因此，要了解当前课程评价的本质、功能和评价模式，更好地开展课程评价工作。最后，课程系统方方面面的工作需要在一定的组织制度下运行，如何进行课程管理，以便为课程运行提供制度保障，也是课程实践中的重要问题。

学习目标

1. 了解小学课程实施、课程评价与课程管理的含义，把握小学课程实施、课程评价与课程管理的改革趋势。
2. 认识小学课程实施取向、课程评价的模式与课程管理方式。
3. 掌握小学课程实施的影响因素，分析小学课程改革成败的关键要素。
4. 理解小学课程管理的层次，学习不同层次课程管理的影响与作用。

确定课程目标、课程结构、课程内容后，学校就有了课程计划，如何将课程计划推向实践，这就涉及课程实施的问题。同时为了有效地引导课程实施工作，需要课程评价和课程管理提供助力。本章就重点阐述课程系统中的课程实施、课程评价与课程管理问题。

第一节　小学课程实施

课程设计后，只有通过课程实施，才能将计划的课程转化为现实的课程，没有课程实施，新课程改革的价值追求、课程目标、课程内容都无从实现。因此，课程改革的核心是课程实施。

本节主要探究课程实施的含义、课程实施的取向、影响课程实施的因素、课程实施的模式以及新课程改革背景下课程实施发展的趋势。

一、小学课程实施的含义

课程实施是把新的课程计划付诸实践的过程。①

课程实施是20世纪70年代后兴起的一个新的课程研究领域。20世纪60年代，以布鲁纳为代表的教育家领导了美国结构主义课程改革，美国政府投入了大量资金、聘请了不同领域的学科专家开展新课程的设计，但这次课程改革最终以失败告终。学者对这次课程改革失败原因进行分析时发现，不是课程改革方案本身的问题，而是改革的理念与措施没有得到落实，或者在实施过程中走了样。② 由此，人们转而开始研究课程实施的问题，思考课程实施过程中实际发生了什么，哪些因素影响课程实施。

当前人们对课程实施有不同的理解，归纳起来主要有三种观点：

1. 课程实施就是教学

传统观点认为，课程是教育内容问题，教学是教育形式和方法问题，这种二元对立的观点割裂了课程与教学的内在联系，把课程实施看成教学就是针对这种二元对立观点提出的。持“大课程论”的学者认为，课程实施把课程计划变成课程行动是在课堂教学中进行的，教学和课程是内在统一的，课程实施就是教学。③

这种观点能解决课程与教学分离的弊端，但课程实施不能与教学等同，两者有不同的方向，有不被对方包括的范畴。如课程实施过程中需要进行课程改革思想的普及、课程资源的开发、教师培训、学校课程制度的建立、教师教学工作等等，课程实施不仅仅是教学。

2. 课程实施是执行课程方案的过程

这种观点将课程实施看成是课程采用，把课程方案看作固定的、不可变更的，只要学校“采用”了某种课程方案，课程实施的工作就得以实现。20世纪60年代，“课程采用”的观念较为盛行，课程决策者认为一项新的课程方案被采用意味着课程实施的成功。实际上，课程实施者总是用自己的认识来理解课程计划，在实施过程中就表现出不同的结果，预期的课程方案和实际的课程结果就出现明显的不同。

3. 课程实施是将课程计划付诸实践的动态过程

这种观点认为，课程实施过程是作为一个动态的过程而存在。

一方面，实施新的课程，要求实施者的个人习惯、行为思维方式、教学方式、内容安排，以及教学组织形式都会发生一系列的变化。这些变化来自实施者新的认识，唯有实施者了解变革的必要性，又认识到变革的有效性，才会对变革有真正的需求，并见诸自己的行动。

另一方面，课程设计者在课程实施前应充分考虑课程实施中可能产生的问题，并在实施过程中及时发现问题，完善课程计划。

因此，课程设计和课程实施是相辅相成的关系，课程实施是作为实施者的教师和设计者的专家共同关心的问题，是互动的过程。

---

① 钟启泉、汪霞、王文静:《课程与教学论》，华东师范大学出版社，2009，第166页。

② 钟启泉:《课程论》，教育科学出版社，2015，第202页。

③ 黄甫全:《现代课程与教学论学程》，人民教育出版社，2006，第529页。

二、小学课程实施的取向

辛德等人关于课程实施取向的分类研究受到了课程学者的普遍认同。他们将课程实施取向分为忠实执行取向、相互适应取向以及创生取向。

（一）忠实执行取向

课程实施的忠实取向认为，课程实施的过程应是忠实执行课程方案的过程，预期课程方案的实现程度成为衡量课程实施成功与否的关键。忠实执行取向强调完全信任课程专家的学术权威，认同课程计划的重要性和有效性，无条件接受并忠实执行课程计划。

忠实执行背景下教师是消费者。教师不能修改课程方案和内容，教师没有课程开发权利。课程实施是线性的过程，当教师能够按指示（新课程的原本意图及计划）完成课程实施的时候，实施就是成功的。

（二）相互适应取向

课程实施的相互适应取向也叫历程取向。这种取向将课程实施看成是连续动态的过程，课程实施是课程变革计划与班级或学校实践情境在课程目标、内容、方法、组织模式诸方面相互调整的过程。

富兰认为，研究实施问题，不应将改革方案看成是不变的和完全可以实施的。不应当用固定的方法来看待改革的实施，而应该用动态的、变化的方法来看待改革的实施。[①]

相互适应是双向的适应，具体表现为：① 既定的课程方案发生变化，以适应各种具体实践情境的特殊需要。真正的实施过程不能或不应加以事先详细界定，而应允许不同的实施者因地制宜地转化。② 既有的课程实践发生变化，以适应课程方案的需要。课程实施者要根据课程的理念、课程目标、课程内容更新自我的教育观念和教育行为。③ 相互适应取向在一定程度上重视教师的创造性活动，但课程专家还是居于主导作用。

（三）创生取向

创生取向也叫缔造取向，它把课程实施视为师生在具体的情境中共同合作、创造新的教育经验的过程。课程不是实施前完全预定的，课程实施过程也是课程的生成过程，课程是教师和学生共同参与实践的结果，课程专家的预定课程方案只是教师和学生进行活动的一种资源，真正的课程并不是在课程实施前固定下来的。

创生取向的课程实施高度重视教师和学生在课程实施中的主动性和创造性，但赋予了教师和学生过于理想化的角色和素质要求。教师毕竟不是课程开发的专家，所以不应该把全部的课程问题交给教师和学生创造，不然会造成教师无所适从、压力过大等局面。但创生取向让教师参与课程制定过程，重视了教师和学生在课程实施过程中的主体地位，目前逐渐成为国际课程改革的一种趋势。

（四）三种课程实施取向的不同价值追求与关系

三种课程实施取向在课程的价值追求上体现出不同。忠实执行取向重视自上而下的

① 钟启泉：《课程论》，教育科学出版社，2015，第 204 页。

课程实施思路，强调课程专家和学科专家制定的课程计划的权威性，认识到课程变革过程中专家及其编写的课程材料的重要性。相互适应取向既重视了课程设计专家的重要作用，也强调了具体学校中的校长和教师的独特性、主动性和创造性。创生取向重视在学校具体情境中，教师和学生都是课程的开发者，课程实施是教师和学生共同建构教育经验而实现共同发展的过程，重视具体教育情境、教师、学生的重要性。

三种课程实施取向存在超越的关系。相互适应取向是对忠实执行取向的超越，创生取向又是对相互适应取向的超越。我国课程实施越来越重视创生取向。

三、影响小学课程实施的因素

课程实施要把预期的方案付诸实践，不能简单地把课程实施看成是专家设计课程，学校和教师忠实执行课程的线性过程。在付诸实践的过程中，多重因素制约着课程方案能否转化为教师和学生的课堂行为。

在影响课程实施因素的研究中，富兰、辛德等学者做了大量深入的研究，基于富兰和辛德的研究成果，影响课程实施的因素大致可以归纳为如下四个方面。

（一）课程变革特征

课程变革以下几个方面的特征影响着课程实施。

1. 课程变革的必要性

课程变革是对旧课程问题的揭示，在此基础上制定行之有效的新课程计划。如果课程变革目的性不强，对实践中的问题解决没有针对性，人们实施新课程计划的主动性就降低，甚至抵制。因此，应该让教师充分理解课程改革的必要性，从观念上接受新课程。

为了增强人们对新课程改革的针对性与必要性的认识，本次新课程改革做了大量工作。在课程改革酝酿阶段，教育部对全国各地教师和学生开展了大规模调查，通过问卷，了解了我国教育中存在的主要问题。在分析问题的表现与成因的基础上，研制课程改革指导性文件，如《关于深化教育教学改革全面提高义务教育质量的意见》《基础教育课程改革纲要(试行)》。同时，在重要的课程文件的研制过程中，许多一线骨干教师被聘为课程改革专家组成员，实现了课程改革的文件精神与一线的课程实践需要紧密结合。

2. 课程改革方案的清晰性

课程改革方案的清晰性指一线教师对课程改革目标和内容的认识和理解程度。对课程改革目标和内容理解程度越高，课程实施程度越大。为此，本次新课程改革，加大了课程改革思想的宣传，加强了对教师新课程改革方面的培训。在课程启动之初，主要对骨干教师进行新课程培训，接着进行大面积的轮训，当前走向了更有针对性的校本培训。

3. 课程变革的复杂性

课程变革的复杂性是指课程变革对课程实施者要求的难度和复杂程度。如果课程变革的计划对课程实施者要求过于简单，就很难调动课程实施者的积极性。

4. 课程变革计划的质量与实用性

课程变革计划的质量和实用性指提供给课程实施者的课程资料的质量和可利用性。课程变革计划的质量和实用性越高，课程实施的深入程度越大。

这次课程改革在课程变革计划的质量与实用性方面做了大量工作。2001 年颁布的

《基础教育课程改革纲要(试行)》是在长时间酝酿基础上得以形成,各科课程标准通过了国家课程改革试验区的试验和完善,各科教材是在“中小学教材审定委员会”严格审核下才能进入课堂。

(二) 学区的特征

学校所在的行政区域即“学区”,它是影响课程实施的又一重要因素。

1. 学区从事课程变革的历史传统

一个学区先前对教育改革、课程改革的积极性,影响着课程实施的程度。越是有优良教育改革、课程改革历史的学区,新课程推行起来就比较容易,课程实施的程度就越大。

从我国当前新课程改革推进的情况看,传统教育进行得越“扎实”的学区,推进新课程改革的阻力越大。

2. 学区对课程计划的采用过程

课程变革是一项系统的变革,学区对课程计划的采用涉及课程改革计划的接受、课程实施条件的准备、教师教学思想和行为的改变以及课程评价的转变等方面,学区对一项课程变革所做出的人与物的规划质量越高,就越能应对实践中遇到的各种问题,实施课程变革的程度也就越大。如果仅仅是接受课程方案,配套条件和评价方式等未有效转变,会极大地制约新课程改革推进的深度和广度。

3. 学区对课程变革的行政支持

学区行政部门对课程变革的重视程度和支持力度越大,新课程实施的程度越大。如果学区只是在文件宣传方面重视新课程改革,而不给学校和教师行政支持,课程实施就会陷入形式化。

4. 课程变革人员的发展水平与对变革的参与程度

课程改革的参与人员相应素质越高,参与积极性越高,课程实施程度越大。教师是最重要的教育资源,为提高课程实施程度,学区应为教师创造专业发展的外在条件,加大教师培训力度。

5. 课程变革的时间表与评价体制

课程变革是一个系统的变革,需要各方面准备和酝酿工作,因此课程变革时间表影响着课程各方面的配合协同。本次新课程改革分阶段推进,就给各方面准备工作留下时间保证。新课程改革走到当前,经历了四个阶段。第一阶段:1996 年—1999 年,课程改革的准备酝酿期。这个时期,做了大量的准备工作,如在全国进行大规模教育调查,把握我国课程领域存在的核心问题。第二阶段:1999 年—2001 年,新课程改革文件出台期。第三阶段:2001 年—2004 年,课程改革试验期。在国家课程改革试验区实施改革试验,验证课程方案的有效性,同时加强课程改革思想的宣传和培训。第四阶段:2004 年后,进入推广和反思期,当前已经进入反思期。

评价体制最终影响人才培养导向,如果在推行新课程改革过程中,最终评价体制和评价方式没有跟上,必然会影响学校和教师推进新课程的积极性。

(三) 学校的特征

学校是课程变革的主要阵地,学校三方面的特征对课程实施起着重要影响。

1. 校长的角色

校长是否能成为学校课程变革的支持者、发起者和引领者，极大地影响着课程实施的程度。校长如果只是把自己的职责定位为管理者，其作用是管理教师、学生与日常事务，这样不利于课程实施的深化。校长应该有课程变革的新理念，站在课程变革的最前沿，发起和引导课程改革，这样学校才能不断深化课程变革。

2. 教师与教师之间的关系

课程实施主要是在学校背景下进行的，教师与教师之间的合作、信任、支持、交互作用的情况，会影响课程实施的程度。新课程变革需要新的理念和技能，这需要教师和教师之间进行合作、互动、分享。教师和教师之间形成的是否积极推进新变革的氛围会影响教师个体新课程变革的态度和课程实施的程度。

3. 教师的特征与价值取向

课程实施的主要主体是教师，教师的素质和态度直接影响着课程实施的程度。教师的教学能力越高，课程变革的意愿越强烈，越有利于推动学校课程的变革。

(四) 外部环境的特征

学校所处的外部环境也是影响课程实施的重要因素，其具体体现在如下几个方面。

1. 政府机构的影响

政府部门尤其是政府的教育行政部门与学校的课程变革直接相关。① 政府教育行政部门对学校课程的采用、启动和推广起到重要作用，它是区域课程变革的直接决策者和推动者。同时，教育行政部门围绕课程变革不同环节制定的相关课程变革文件、支持政策、评价措施等直接引导着课程变革的相关工作。当然，政府机构在宏观引导课程变革过程中也应该给学校和教师一些宽松的环境和灵活的空间，从而为学校和教师营造安全感，提供创新的舞台。

2. 社区的支持

学校总是存在于一定社区文化环境中，学校课程变革需要取得社区组织和个人的认同、支持。课程实施过程中，需要充分利用社区人力、物力资源，只有取得社会的认同，才能更好地推动相关工作。在社区的支持中，课程变革尤其要取得家长的认同和支持。

四、小学课程实施的模式

(一) 研究—开发—推广模式

1. 研究—开发—推广模式的含义

二十世纪五六十年代的新课程运动中，以美国为代表的许多国家都采用了“研究—开发—推广模式”。这种模式强调由某个中心编制课程，然后再直接提供给散布于周边的学校使用。这种模式的大致过程是先由国家组织专家对课程问题进行研究，根据研究成果开发设计出课程方案，最后推广到学校，学校无条件修改，只负责使用。

2. 研究—开发—推广模式的阶段与特征

这种课程实施模式是线性推进的，具体过程体现为以下四个阶段：

---

① 钟启泉：《课程论》，教育科学出版社，2015，第 211 页。

（1）研究：学科专家和课程专家研究相关课程问题，提出课程变革的理论基础。

（2）开发：根据确定的理论设计课程变革的新方案。

（3）推广：将课程新方案推广到学校。

（4）采用：学校和教师按照课程方案的要求执行。

美国学者波斯纳指出，研究—开发—推广模式具有如下特征：

（1）假定了课程实施的技能是可以学习并固定化的。

（2）课程专家设计的课程方案是几乎完美的，适合不同学校情境。

（3）假定课程目标已经得到了课程开发者、学校教师和学生的认同，这些目标构成评价学生的主要依据。

（4）课程评价的主要方法是测量式的，如开展成就测验或调查。

（5）课程评估主要看"忠实执行"程度，课程方案的使用者是课程变革的被动接受者。

研究—开发—推广模式的总体思路是专家制定课程方案，学校和教师执行课程方案，体现了课程实施的忠实执行取向。

3. 研究—开发—推广模式的优点与不足

研究—开发—推广模式的优点在于重视课程变革过程中学科专家和课程学者对课程指导思想、理论的研究，并运用系统的理论开发课程方案，保证课程计划的质量。同时，加强了课程设计和课程实施的关系，弥合了理论研究与实践之间的鸿沟。

研究—开发—推广模式的不足在于没有认识到影响课程实施因素的复杂性，无视学校的特殊性和教师在课程实施中的创造性。研究—开发—推广模式需要有强大的课程研究专家队伍以及强有力的课程推广能力，这也是不容易实现的。

（二）兰德课程变革动因模式

1. 兰德课程变革动因模式的含义

"兰德课程变革动因模式"是由美国兰德社团在1973年至1977年对美国联邦政府资助的教育变革开展研究而形成的。研究人员发现，学校决定采用新课程方案后，课程改革推进的主要障碍在于学校的组织动力和人们已经习惯化的做法。兰德模式强调对课程改革各阶段中组织变量的关注，以减少课程改革实施的障碍。

2. 兰德课程变革动因模式的阶段

兰德课程变革动因模式将课程改革过程分为三个阶段：

（1）启动阶段：课程改革者对课程改革计划做出解释，使课程使用者（教师和行政人员等）能理解和接受新课程计划。

（2）实施阶段：新课程方案及参与课程变革的组织和人员之间进行相互调试，从而使得既定课程方案的特点、教职工的能力、当地社区的性质以及学校的组织结构等都可能产生变化。

（3）合作阶段：为了使新课程改革能不断推进，需要在人力、物力、培训等方面得到校内外各方面的广泛合作。

兰德课程变革模式关注了课程改革过程中学校、教师、社区等因素的作用，课程改革方案不断与这些因素调试，体现了课程实施的相互适应取向。

3. 兰德课程变革动因模式的优点与不足

兰德课程变革动因模式的优点在于关注了课程改革过程中的学校、教师以及社区因素对课程实施的影响,并寻求课程设计者与课程实施者之间的对话、理解与合作,有效地降低了新课程改革推进的阻力。

兰德课程变革动因模式的不足在于没有考虑到有些课程是基于学校、教师和学生的具体情境创生式实施的。兰德课程变革动因模式总体上依然是自上而下的课程实施模式,只不过是在强调统一课程设计的基础上,在课程实施过程中需要取得学校、教师、社区的理解与合作,体现了课程实施的相互适应取向。如何考虑基于学校、教师和学生具体情境进行创生式的课程实施,这是课程变革的情境模式和课程行动研究模式应该思考的问题。

(三) 变革阻力消除模式

1. 变革阻力消除模式的含义

变革阻力消除模式认为,新课程变革的计划在推向实施过程中,会遇到多种阻力,最大的阻力来自教师。计划性课程变革的成败取决于课程领导者是否有能力克服教师对新课程计划的抵制。①

变革阻力消除模式认为,消除阻力有三种方法:

(1) 课程领导、组织者与实施者共同参与课程计划的制定过程,让教师把课程变革当成是自己分内之事。课程领导者与课程实施者共享课程权力,课程实施者才能成为变革的真正主人,认真负责地推动课程变革。

(2) 确定和处理好教师普遍关注和忧虑的事情。变革阻力消除模式认为教师个体的改变先于组织的变革,当然课程变革也应该允许教师的个性特点在课程实施中有所体现。

(3) 在课程变革过程中必须明了教师和其他参与者的需求。

2. 教师对新课程变革关注的阶段

针对课程变革中教师关注和忧虑点的不同,赫尔和洛克斯把教师对课程变革关注状态划分为四个阶段:

(1) 无关关注。这个阶段教师没有意识到自己与课程变革之间的关系。课程变革需要有人去完成,但是与自己无关,因此教师也不会去抵制相关变革。

(2) 自我关注。这个阶段教师将课程变革与自己联系起来。教师开始了解新课程与现行课程之间的差异、自己在推行新课程时有哪些困难等问题。

(3) 任务关注。这个阶段教师关注新课程在课堂上的推行情况。教师开始思考用什么方法可以教得更好、教学准备的材料是否足够等问题。

(4) 影响关注。这个阶段教师关注课程变革对学生、同事和团体的影响。教师开始思考新课程改革是否促进了学生更好发展、学生学习新课程需要什么样的新方法等问题。

变革阻力消除模式中,必须处理好教师关注课程变革的第二、三、四个阶段所忧虑的问题,否则教师不会认同新课程改革,甚至产生抵制。

---

① (美)艾伦·C.奥恩斯坦,费朗西斯·P.汉金斯:《课程:基础、原理和问题》,柯森译,江苏教育出版社,2002,第325页。

（四）课程变革的情境模式

课程变革情境模式是由美国学者帕里斯提出的。帕里斯认为：① 课程知识是教师在课程实践中不断创造的，课程知识与教师面临的复杂情境密不可分。② 课程变革的过程是教师个体在认识和行为方面不断成长与变革的过程。③ 教师对课程的认识和实践总是随着他们面临的特殊情境而发生变化。课程变革的情境模式认为，真正的课程是教师与学生联合创造的教育经验，课程实施本质上是在具体教育情境中师生创生新的教育经验的过程，既有的课程方案只是供课程创生的手段和工具。

课程变革的情境模式强调教师是课程的开发者，教师和学生成为课程经验创造的主体，课程创生过程是教师和学生持续成长的过程。课程变革的情境模式体现了课程实施的创生取向。

（五）课程行动研究模式

1. 课程行动研究模式的含义

课程行动研究模式兴起于 20 世纪 50 年代，主要原因在于作为课程实施活动的局外人（课程研究人员、课程专家）对课程实践中具体的课程和教学问题难以妥善而有针对性地处理，这就需要作为课程实践活动的主体教师成为研究者，在实际的课程、教学情境中采取行动，提高教学质量，进而改进课程实施。20 世纪 90 年代，美国学者麦克纳出版了课程行动研究的专著《课程行动研究》，掀起了世界性的课程行动研究浪潮。

课程行动研究不同于其他研究方法的基本特点体现在三个方面：① 教师成为研究者。教师作为课程的研究者，可提高自己的教学技能，改进课程教学实践。据此进行的研究是一种自我反思式的研究。② 自然观和实践观。人的行为在很大程度上受行为赖以产生的环境的影响。作为外部的研究者，其研究有时会使学生的行为及正常的研究背景受到干扰或影响，难以保持应有的自然状态。因此，最好采用随堂进行的研究方法，在课程教学实践的现场或情境中，也可以在合作小队的协助之下，由课程实践者进行。③ 场域研究和质的方法。场域研究需要立足理解和描述，而不是测量和预测。因此，其侧重点在启发性、现实性和相关性。这是一种自然状态下的“追溯性的”研究。

2. 课程行动研究的阶段

课程行动研究重视将课程问题发展成研究主题进行系统的研究，边研究边行动，以解决课程实际问题。课程行动研究是一种自我反思性的螺旋式上升的循环研究过程，不同的学者提出了不同的课程行动研究的循环步骤，但基本上都体现了这样一个循环的过程：设计、行动、观察、反思、再设计、再行动、再观察和再反思。

课程行动研究模式重视实施课程的具体学校的情境，重视教师对课程的再次开发，体现出课程实施的相互适应取向甚至创生取向，能够让课程计划在具体学校中得到完善和发展。

3. 课程行动研究模式的优点与不足

课程行动研究模式优点在于体现了教师即研究者的理念，能有效地推动教师的专业发展。同时，课程行动研究模式重视解决实践中的课程问题，能完善学校和教师自身的课程方案，提高教育质量。

课程行动研究模式的不足在于其体现了严格的行动研究步骤，在一定程度上可能限制教师研究的过程。正如塔巴和纽尔在提出自己课程行动研究模式后告诫人们："不能因循守旧地信奉这些研究阶段，没有什么是不可更改的，许多问题在研究中甚至会发生改变。"①

上述课程实施模式之间是互补关系。研究—开发—推广模式是大规模课程改革的宏观思路，是自上而下的课程实施。而兰德模式和变革阻力消除模式可以用在国家大规模课程改革过程中，解决如何和教育一线的学校和教师进行沟通，取得合作和理解，消除阻碍课程实施的因素。情境模式和课程行动研究模式是微观的课程变革，鼓励教师进行课堂层面的课程与教学活动变革与探索，从而深化课程变革，让变革与教师的专业发展成为同一过程。

第二节　小学课程评价

课程变革是一个系统工程，如何鉴定课程变革各方面的质量，及时发现问题，以便改进，更好地推进变革走向深入，这就需要开展课程评价工作。

一、小学课程评价的含义、对象与功能

（一）课程评价与小学课程评价

1. 课程评价的含义

课程评价是根据一定的课程价值观，运用一定的方法，收集、分析、整理必要的课程信息，对课程计划、课程实施过程和结果等的价值或特点做出判断，从而为课程决策提供可靠信息的过程。课程评价在整个课程系统中占有十分重要的地位。因为它既是课程设计与实施的终点，又是课程设计与实施继续向前发展的起点，通过评价，可以发现课程设计和实施中的问题，开展新的课程设计或实施。

理解课程评价内涵，需要把握以下几点：

（1）课程评价是一个价值判断。价值判断是运用一定的价值标准对客观事实进行的判断。比如，同样一本教材，评价者对这本教材的呈现方式、知识分布、纸张品质等都有清晰的认识，但这仅仅是事实判断。不同的评价者所持课程价值不同，最终评价也不一样：重视知识价值的人认为这本教材逻辑性、系统性强，是一本好教材；重视儿童发展价值的人则认为，这本教材没有联系学生现有经验，没有设置学生活动情境，是概念到概念、原理到原理的，不利于学生有效发展。

（2）课程评价是一个系统的评价。课程评价对象的范围很广，它既包括课程计划本身，也包括参与课程实施的教师、学生、学校，还包括课程活动的结果，即学生和教师的发展。如对课程设计的评价还包括对课程目标、课程标准、教科书等方面的评价。

① 焦炜、徐继存：《课程行动研究模式探析》，《外国教育研究》2010 年第 8 期第 39 页。

(3) 课程评价的核心功能是发展功能。课程评价的目的在于对课程体系运行过程中的信息进行诊断，发现存在的问题，以便改进问题，最终促进课程体系的发展、教师的发展、学生的发展。

2. 小学课程评价的含义

小学课程评价作为课程评价的重要组成部分，是在遵循小学生身心发展规律的基础上，通过合理的方法、途径，结合所涉及的相关因素，对小学课程设计、小学课程内容、小学课程实施过程及结果等方面进行价值判断的过程。

(二) 课程评价的对象

从课程评价的概念看，课程评价的对象包括课程运作过程与结果。

1. 课程运作过程的评价

课程运作过程包括课程设计、课程实施、课程评价，需要对这些活动过程进行评价，因此就产生了课程设计的评价、课程实施的评价、课程元评价。所谓课程元评价是在课程评价中，评价人员也会监控自己的评价行为，对课程评价进行再评价。①

2. 课程结果的评价

课程结果指的是课程运作过程中的产物。课程运作的不同阶段，会产生相关课程产物。在课程设计阶段会产生课程改革指导思想、课程目标体系、课程标准、教科书等。在课程实施阶段，会产生教师备课计划、课堂教学、教师教的行为和学生学的行为以及学生学业成就等。在这些评价中，重点评价的对象是教科书和学生学业成就。

(三) 课程评价的功能

课程评价是对课程运作过程和课程结果的评价，对过程的评价是及时诊断问题，改进和调整课程运作；对课程结果的评价是及时发现课程结果的价值。由此斯克里文将课程评价的功能宏观分为形成性评价功能和总结性评价功能。

形成性评价功能是在课程设计、试用、实施等课程运作过程中进行评价所体现的功能，其目的是收集相关运作过程的信息，做出判断和决策，及时修改、完善或放弃相关课程活动。

总结性评价功能主要是在课程设计、试用、实施结束后进行评价所体现的功能，其目的是对课程设计、实施、结果等做出的总体价值判断，从而用于对相关人员的业绩评定和考核。

在对课程评价功能的二元分类的基础上，学者们还在此基础上对课程评价功能进行了更细致的划分。美国著名教育家艾斯纳提出了评价的五种功能，我国台湾学者黄政杰提出了七种功能，具体见表 5-1。

---

① 钟启泉：《课程论》，教育科学出版社，2015，第 300 页。

表 5-1 艾斯纳和黄政杰对课程评价功能划分

学者	形成性评价功能			总结性评价功能			
艾斯纳	评估教育需求	诊断	改良课程	比较		确定目标达成	
黄政杰	需求评估	缺点诊断	课程修订	课程比较	课程方案选择	目标达成程度的了解	绩效判断

二、小学课程评价的主要模式

课程评价模式是在一定的评价理论的指导下，对课程评价要素所做出的安排，进而形成的评价操作环节，并对课程评价实践产生一定的影响。由于课程评价的对象繁多，目的不同，因此产生了不同的课程评价模式。在众多模式中，比较有代表和特色的有目标评价模式、目标游离模式、CIPP 评价模式、CSE 评价模式、差距评价模式、应答模式。

（一）目标评价模式

目标评价模式是课程理论之父泰勒提出来的一种课程评价模式。在美国“八年研究”的课程改革实践中，泰勒形成了自己的目标本位的课程理论，人们把它称为“泰勒原理”，泰勒原理包括课程设计原理和课程评价原理。在该原理中，课程设计和课程评价都以目标为核心，根据课程目标设计课程计划，根据最终结果与预期目标之间的吻合程度来评价课程效果，从而使得整个课程系统成为一个线性的过程。

具体而言，泰勒的目标评价包括以下七个步骤：

（1）确定课程目标。泰勒提出从“三个来源”和“两把筛子”确定课程目标。首先通过对社会发展需要、学生发展需要和学科发展需要来选择课程目标，泰勒强调主要从社会需要来选择目标。其次，通过教育哲学和教育心理学“两把筛子”过滤出基于“三个来源”产生的无价值和不现实的目标。

（2）用行为术语界定课程目标。课程目标最终要成为评价的依据，必须具体可操作，因此需要根据行为和内容两个方面来界定每一个目标，即用行为目标的方式表述每个目标。

（3）确定使用目标的情境。行为目标的检测需要一定的情境，学生在什么情境下才会表现出相应的行为要求。如为了检测学生是否熟练掌握小白鼠解剖，需要明确需要哪些有关的设备、资源和条件等。

（4）设计呈现情境的方式。在确定使用目标的条件基础上，设计对目标达成的测量情境。

（5）设计获取记录的方式。根据测量情境的呈现方式，选择记录方式，如纸笔考试、问卷、表现观察等。

（6）确定评定时使用的计分单位。

（7）设计获取代表性样本的手段。

泰勒的整个评价过程是以目标为中心，其他所有步骤都是围绕目标展开的。目标评价模式强调要用明确的、具体的行为方式来陈述目标，并以预先规定和界说的目标为中心来设计、组织和实施评价，从而确定学生通过课程教学所取得的进步，确定学生达到目标的程度，找出实际结果与课程目标之间的差距，并利用这种信息反馈作为修订课程计划或更新课程目标的依据。相对而言，这是一种较为客观并有效率的评价模式，这是目标评价模式最大的优点。

但目标评价模式只考虑了预期课程目标的达成程度，忽略课程实施并非一个线性的忠实执行过程，忽略了其他因素对课程评价的影响，其他课程评价模式多是建立在对泰勒目标评价模式批判的基础上。

（二）目标游离模式

目标游离模式是美国教育学家、心理学家斯克里文 1967 年提出的一种课程评价模式，这一模式是在对泰勒目标评价模式批判的基础上建构起来的。斯克里文认为在对课程进行评价时，只关注“预期目标”是不科学的，还要关注实际教学过程中出现的情况，即强调评价的重点应该由预期的结果转向实际的结果。斯克里文甚至认为：“对目标的考虑和评价是一个不必要的且很可能是有害的步骤。”[1]因此，应降低预期目标对课程评价者的影响，以便关照整个实施过程的真实情况，不宜把预期的课程目标告诉评价者，这种不受预定活动目标影响的评价模式被称之为“目标游离模式”。

斯克里文的目标游离模式不依照预期目标进行，为了增加评价的可操作性，斯克里文提出了一个“重要评价检查表”，表中列出了 18 个因素或评价步骤：① 说明；② 委托人；③ 受评价者和评价的背景；④ 资源；⑤ 功能；⑥ 输送系统；⑦ 消费者；⑧ 需要与价值；⑨ 标准；⑩ 历程；⑪ 成果；⑫ 概括；⑬ 成本；⑭ 比较；⑮ 重要性；⑯ 建议；⑰ 报告；⑱ 后设评价。这些步骤并非特定的执行程序，他建议评价者在几个周期内循环使用这个检查表，前面几个周期使用这个检查表是形成性评价，后面周期使用检查表是总结性评价。

目标游离评价模式在一定程度上弥补了目标评价模式的弊端，有其鲜明的优点：① 从预期目标转向实际结果，能较全面地评价真实课程实施情况；② 多次使用评价检查表，将形成性评价与总结性评价有机结合起来；③ 在斯克里文所列的评价步骤中，其中一个步骤就是“后设评价”，即对评价工作的评价，它提高了评价的信度和效度。

但目标游离评价模式并没有真正游离目标，评价者自身在评价时有其内心评价的目标。并且，完全游离于预期目标之外的评价，其价值也是值得怀疑的。因此目标游离评价模式只能作为目标本位模式的补充。[2]

（三）CIPP 模式

CIPP 评价模式是由斯塔弗尔比姆等人提出的一种评价。CIPP 是背景（context）、输入（input）、过程（process）、成果（product）的英文名称首字母的缩写，CIPP 评价包括背景评价、输入评价、过程评价和成果评价四个环节。

斯塔弗尔比姆领导的美国俄亥俄州立大学教育评价中心于 1966 年提出了 CIPP 评价模式，他们认为，评价最重要的目的不是为评价对象的优劣提供证明，而是为决策者提

① 瞿葆奎：《教育学文集·教育评价》，人民教育出版社，1989，第 77 页。
② 邓艳红：《课程与教学论》，首都师范大学出版社，2011，第 326 页。

供信息，改良评价对象，使评价对象更富有成效，因此 CIPP 评价是一种决策性评价。具体来说，CIPP 评价需要从前到后提供四种决策信息：① 规划决策，指明课程存在的问题与变革的目标；② 结构决策，修改计划或比较计划优劣，从而获得变革的方案；③ 实施决策，判断实施过程与变革方案是否一致；④ 考核性决策，了解变革效果，决定变革计划是否须再修改或再实验。

与上述所需要提供的四种决策信息相对应，CIPP 评价包括连续的四个步骤：

1. 背景评价

背景评价是指在特定环境下评定教育对象的需求、问题、资源和机会，了解相关的教育环境。背景评价实质是一种状况分析，了解对象所处的现状、问题，并为这些状况找出变革的方向。从背景评价的内容看，其属于诊断性评价，提供课程系统运作的基本信息。

2. 输入评价

输入评价是指在背景评价的基础上，对达成目标所需要的条件、资源以及各种备选方案所做的评价，其实质是对新变革方案的可行性和效用性进行的判断，也就是对解决课程问题的备选方案进行的论证和评定。

3. 过程评价

过程评价是指对新方案实施过程进行连续的监督、检查和反馈，以便了解方案实施的进度以及是否按照预定方案实施。这一环节发生在课程实施阶段，通过过程评价，课程变革者可以获得他们新方案实施过程中的信息，以便克服实施过程中的问题。从过程评价的内容看，其属于形成性评价，为课程实施的有效推进奠定了基础。

4. 成果评价

成果评价是对课程变革方案是否解决了背景评价诊断出问题的评价，其包括测量、判断、解释课程变革方案的成效。

CIPP 评价坚持决策评价的导向，其优点体现在将诊断性评价、过程评价与终结性评价有机结合，形式灵活，体现了评价的改进功能。

CIPP 评价的不足在于其主要是为决策者收集信息，忽视了决策人之外的需要和价值取向。

（四）CSE 评价模式

CSE 评价模式是以美国洛杉矶加利福尼亚大学评价研究中心（Center for Study of Evaluation）命名的评价模式，20 世纪 60 年代以来该中心一直研究和推广这一模式。这种模式是将 CIPP 评价理念用于教师专业发展，是以人为本，面向教师未来发展，以尊重教师主体地位和人格为前提的评价。这种评价通过帮助教师认识到自己专业发展中面临的问题、选择问题解决的发展方案、监控方案实施过程、评价方案的效果，最终促进教师专业发展与提高教师教学技能。

CSE 评价包括四个阶段：

1. 自我发展需要评定

自我发展需要评定指对教师自我发展目标进行认定，也就是确定和选择自我专业发展中的核心问题。

2. 自我发展方案评定

自我发展方案评定是指教师自己对实现自我发展目标方面成功的可能方案进行评定。主要的工作目的是对各种可供选择的计划进行评价，并在各种方案中选择一个能够满足自我发展需要的计划，又称为计划的选择阶段。

3. 形成性评定

形成性评定指教师在实现自我发展性目标过程中发现成功和不足之处，及时修改自己的行动方案，从而保证发展目标的实现，是计划的修正阶段。这一阶段的评价主要是确定所实施的计划是否与原定计划相一致，通过发现计划在自我发展过程中的成功与不足之处，随时修正某些偏离目标的地方，以保证目标的达成度。

4. 总结性评定

总结性评定指教师对自我发展性目标的达成情况进行全面的调查和判断，对所实施的行动方案是推广、保留、修正，还是放弃做出最终选择，这一阶段又称为计划的批准或采纳阶段。

CSE评价是一种综合性评价，它有以下几个特点：① 它是一种为教师自我发展提供服务的评价模式；② 评价过程中形成性功能与总结性功能得到了有机统一；③ 这是一种动态的评价，评价活动贯穿于自我发展的整个过程。

(五) 差距评价模式

差距评价模式是由普罗佛斯提出的一种课程评价方式。普罗佛斯认为，一些课程评价只注重课程计划之间优劣的比较，没有注意课程计划自身的成分，事实上，一些学校实施某项课程计划时，并没有按照该课程计划的要求实施，因此不同方案之间的比较并没有多大意义。差距评价是将某课程计划的课程标准与实际运行状况进行比较，分析两者之间的差距，利用获得的差距信息，改善学校课程。

差距评价模式所说的某门课程的标准包含三种主要成分：预期结果、先在因素、过程。预期结果是指课程计划规定所应达到的目标，这个目标要分为最终目标和中介性目标；先在因素指实现计划目标所需要的人员、设备、材料等条件；过程即为达到课程目标而开展的活动。此模式在比较"标准"和"表现"之间的差距，从而作为改进教育教学方案的依据。

差距评价可以分成五个阶段：

(1) 设计阶段。即界定某项课程计划的课程标准阶段。课程标准分三个方面界定：① 课程计划要达到的目标，包括最终目标和中介性目标(预期结果)；② 实现目标所需的人员、媒介和设备(先在因素)；③ 达成目标过程中师生需从事的活动(过程因素)。有了课程标准后，就可以确定实际活动中是否按照课程标准的要求运作了。

(2) 装置阶段。这一阶段需要通过搜集实施过程中方案的资料，即已装置完毕的方案的资料(目标、先在因素和过程因素)，并与标准进行比较，旨在考察教师是否按照课程计划的要求进行课程教学活动。

(3) 过程评价阶段。这个阶段主要是了解导向最终目标的中介性目标是否实现，进一步了解先在因素、过程因素和学习结果的关系并调整这些因素。

(4) 产出评价阶段。这个阶段的工作旨在探讨教育计划的最终目标是否达到。

(5) 成本效益分析阶段，也可称为方案比较阶段。这个阶段主要目的是比较目前完成的方案和其他的方案，找出最经济有效的方案。

差距评价模式注意到课程计划应该达到的标准(应然)与各个阶段实际表现(实然)之间的差距，并关注造成这种差距的原因，以便及时做出合理的抉择，这是其他评价模式所没有关注的。

(六) 应答模式

应答模式由斯塔克提出，后经古巴、林肯等人进一步发展而成。斯塔克认为，要使评价产生效果，评价就应该向听取评价结果的人提供他们所关心的信息，并回应问题。古巴和林肯对应答模式做了进一步说明。

应答模式最主要的特点是把问题而不是目标和假设作为评价的依据。通过与课程评价服务对象进行谈话，了解他们关心的现实的或潜在的问题，这些构成了继续与各方讨论和制定资料收集计划的方向，确定课程评价的范围。在此基础上，展开评价活动以便获得相关信息并反馈各需要方。

基于上述评价思想，应答模式有以下实施步骤：① 评价者与一切跟评价对象有关的人员交谈，获取他们对评价对象的看法；② 根据获取的信息，确定评价范围；③ 对方案的实施做实地观察；④ 对方案希望达到的目标与实际上取得的成果进行比较；⑤ 对评价应回答的问题进行理论上的修正；⑥ 评价者以此为基础设计评价方案；⑦ 选择收集信息的方法；⑧ 对收集来的资料进行加工处理；⑨ 将处理过的信息按需要回答的问题分类；⑩ 把分类评价结果写成报告；⑪ 根据评价报告对方案做出全面判断。

应答模式的最大优点表现为以下两个方面：① 从评价信息需求方出发，确认他们的关注焦点；② 应答模式回答了所有其他模式希望回答的诸如目标的达成程度、决策、价值判断等问题，较好地适应了多元社会的现实和具有不同观点的评价听取人的需要。

课程评价模式众多，不同模式关注重点不同，适用范围不一样。目标评价模式关注的是课程计划预期的目标在最终实施过程中的达成程度；目标游离模式关注的是课程计划实施后的全部变化，并非只关注预期目标的达成；CIPP 评价关注的是做出一次课程变革决策的全过程，为决策者提供变革全程的信息；CSE 评价是将 CIPP 评价的基本理念用于教师的专业发展过程，对自我专业发展的全程进行反思和改进；差距评价模式关注的是计划实施的课程计划与实际实施过程之间的吻合程度，它为一项课程计划的实施提供了优化信息；应答模式旨在为不同主体提供其所需要的信息，回应其关切。在实践中有时很难说一种评价完全属于哪种模式，往往会涉及两三种不同的模式。所以，需要综合性地、多样化地和有针对性地选用合适的评价模式。

三、课程评价的过程与方法

(一) 课程评价的过程

1. 课程评价的宏观过程

课程评价是一个系统性的工作，从课程评价运作的宏观阶段来看，涉及课程评价的前、中、后三个阶段，也就是课程评价的设计、实施、总结阶段。

课程评价的设计阶段。本阶段主要明确本次课程评价目的、对象，在此基础上设计课程评价的标准与手段，进而形成课程评价方案。

课程评价的实施阶段。本阶段主要是依据课程评价方案全面、系统、准确地收集课程信息，在此基础上对资料信息进行组织、处理、分析。

课程评价的总结阶段。本阶段主要是撰写评价报告、反馈，同时为了优化课程评价活动，需要对评价本身进行反思和评价，即开展元评价工作。

2. 课程评价的具体过程

不同学者对课程评价的具体阶段进行了研究，我国台湾学者黄政杰将课程评价的具体阶段进行了划分[①]：① 确定评价目的；② 依据评价问题，描述所需材料；③ 进行相关文献的探讨；④ 进行评价设计；⑤ 依照设计收集所需材料；⑥ 整理、分析和解释材料；⑦ 完成评价报告，并加以推广、反馈；⑧ 实施元评价。

（二）课程评价的方法

按照美国学者古巴和林肯的观点，课程评价发展大致经历了测验和测量、描述、判断、建构等四个时期。在前三个时期，尤其是测验期和描述期，人们主要用统计、测验等方法进行课程评价，采用的方法是量化的课程评价方法。古巴和林肯在批判前三个时期的评价基础上，提出了第四代的评价概念，他们倡导以新的、文化人类学的研究范式取代旧有范式，以质性的方法反对传统的定量的方法。因此，从课程评价的发展历程来看，课程评价的方法主要有量化评价方法和质性评价方法，并且发展趋势是从量化评价方法走向质性评价方法。

1. 量化评价

量化课程评价方法试图把复杂的课程问题和现象简化为数量，从数量分析和比较中判断评价对象成效的方法。这种方法在 20 世纪 60 年代之前“第一代评价”和“第二代评价”中占主导地位。

量化课程评价的目的主要针对课程实施结果进行判断，常见的评价形式是最终结果与预期目标之间的吻合程度，如学生学习结果评价，通过量化成绩测试，判断目标达成情况。

量化课程评价的形式主要有观察、实验、调查、统计，强调评价的效度、信度，对评价的严密性、客观性、价值中立提出了严格的要求，力求得到绝对客观的事实。

量化课程评价过程采用逻辑、理性的方法和线性模式，探寻投入、实施过程和结果之间的联系。

量化评价的方法简便易行，容易操作，具有具体性、精确性和可验证性等特点，推进了课程评价科学化的进程，因而一直在实践中处于支配地位。

2. 质性评价

质性课程评价源于解释主义哲学，这种评价方法强调事实与价值并不是相互独立的，不能完全用科学的方法评价课程，课程的许多问题需要用语言、图片等描述性手段对评价对象的行为、产生这种行为的原因以及意义进行解释。20 世纪 70 年代以后，“量化评价”

---

① 黄政杰：《课程评鉴》，台北师大书苑，1990，第 267 页。

逐步为“质性评价”所取代，质性课程评价也日益兴盛起来。

质性课程评价的目的在于从参与人的角度来描述课程相关表现的特点和价值，从而使每个人受益。如对学生绘画行为进行评价，不采用共同的标准，而是从绘画主体表现出的个人的态度、风格等方面进行解释，以揭示该生的绘画特点。

质性课程评价的形式主要有参与观察、深度访谈、行动研究、人种志、成长记录袋等。与量化评价的精确定义、精心设计、预设程序和工具等相反，质性评价中的方式是逐渐显露出来的，在评价开始之前，人们不知道他需要揭示的东西，随着资料的收集和分析，所需要的方式将不断显现。

质性课程评价的过程是一个连续性的、动态的、不断反馈的过程，是一种共同参与的活动。

第三节　小学课程管理

课程是一个系统的工程，整个运作过程包括课程设计、课程实施、课程评价等诸多环节，为了提高课程运作的效率，需要对影响课程运作的各种因素进行协调和组织，更好地发挥课程的育人功能。小学课程管理需要国家、地方、学校相关的行政人员、管理人员、教师多方面主体参与，共同组织和协调小学课程运作的过程及其结果等多方面的内容。学习课程管理相关知识，是系统掌握小学课程理论与实践不可或缺的部分。

一、课程管理的概念与分类

（一）课程管理的概念

课程管理是对课程编订、实施、评价的组织、领导、监督和检查。[①] 也就是有关部门、人员对课程运行各个环节的规划、指导、决策、监督、协调等措施，而这个运行环节主要指课程设计环节、课程实施环节、课程评价环节。

教育管理不能替代课程管理。在教育研究中，教育管理问题研究比较多，而课程问题研究起步比较晚，论述比较少，一直以来没有得到重视。教育管理属于宏观管理，如国家教育方针政策、教育行政、学校系统、教育管理人员管理、教育经费管理等方面的属于教育管理问题。课程管理属于中观管理，涉及的问题比较具体，如对课程目标、课程结构、课程标准、教科书、课程实施等方面的管理属于课程管理，它是宏观教育管理最后落实到微观课堂管理的中间环节。

课程管理的内涵，可以从下面几个方面进行把握：

1. 课程管理的主体

狭义的课程管理主体是中央政府及各级教育主管部门；广义的课程管理主体指共同对课程产生影响的人员，包括中央、地方、学校、教师、社区、家长、学生等。

---

① 顾明远：《教育大辞典》，上海教育出版社，1990，第 201 页。

2. 课程管理的对象

狭义的课程管理对象是对课程设计过程及其中所涉及的人、物、信息等因素与条件的管理；广义的课程管理对象是对课程设计、课程实施和课程评价等整个课程运作活动及其相关因素与条件进行的管理。

3. 课程管理的功能

宏观角度来看，课程管理的功能是促进学生全面发展；微观角度来看，课程管理的功能是保证课程目标的达成。

（二）课程管理的分类

从不同的维度，可以把课程管理分成不同的类别。[①] 具体见表 5-2。

表 5-2　课程管理的分类

分类标准	类别
对象	普通中小学课程管理、职业技术学校课程管理、中等专业学校课程管理、高等学校课程管理、特殊学校课程管理
层次（或主体）	国家课程管理、地方课程管理、学校课程管理
内容	课程设计管理、课程审定管理、课程实施管理、课程评价管理
方式	静态管理、动态管理

二、新中国成立后课程管理的历史沿革

新中国成立后，我国课程管理体制大致经历了四个发展阶段：[②]

（一）中央集权的课程管理体制初建期（1949—1957）

新中国成立后，为了办好人民的教育，有计划地建立社会主义教育制度，国家开始实行中央集权的课程管理制度。具体表现在这三个方面：① 颁布全国统一的教学计划。1950 年 8 月，中央人民政府颁发了《中学暂行教学计划（草案）》；1952 年，教育部制定了《中学教学计划（草案）》和五年一贯制小学的《小学教学计划》；1955 年 9 月，教育部颁布了《小学（四二制）教学计划（草案）》。② 颁布各科教学大纲。1952 年 12 月，教育部颁布了《中学数学教学大纲（草案）》《中学物理教学大纲（草案）》《中学生物教学大纲（草案）》等学科的教学大纲，到 1956 年国家颁布了新中国成立后第一套比较齐全的各科教学大纲，共 15 种。③ 确立了中小学教材统一供应的方针。中小学教材统一供应的方针是在 1950 年 9 月的全国出版会议上确立的，第一套通用的中小学教材是对当时使用较好的教材进行修订或重编的结果。1954 年，人民教育出版社开始着手编写第二套全国通用的中小学教材，这套教材共包括学生用书 41 种 97 册，教学参考书 23 种 69 册。

（二）中央集权课程管理体制的调整、反复期（1958—1965）

1958 年，中共中央、国务院发布《关于教育事业管理权力下放问题的规定》，确立了中

---

① 钟启泉：《课程论》，教育科学出版社，2015，第 240 页。

② 杨中枢：《学校课程管理研究》，西北师范大学博士学位论文，2004，第 13 页。

央、地方在教材编制上的双重职责，但由于受“左”倾思想及“教育大革命”的影响，许多地方大搞教材编写的群众运动，最终导致教材及中小学教学质量的严重下降。从1959年开始，中央针对课程管理出现的问题进行了调整，再次强调国家在课程管理中的作用，此后连续多次出台相关文件。但由于受到随后再次掀起的缩短学制、精简课程浪潮的影响，国家规定的教学计划并没有在中小学正式使用。这一时期国家在课程管理上开始处理中央和地方的关系，重视乡土教材的编写和设置选修课。

（三）“文化大革命”时期的课程管理的盲动期（1966—1976）

1966年6月，中共中央、国务院批转教育部党组《关于1966—1967学年度中学政治、语文、历史教材处理意见的请示报告》，要求中小学教材要突出无产阶级政治，体现毛泽东关于阶级和阶级斗争的学说和党的教育方针，并按照这些要求重新编写中小学教材。由此引发了对通用教材的全国性的大批判，把通用教材看成是所谓“封、资、修”的大杂烩，就连负责编写出版全国中小学教材的人民教育出版社也被取消。[①] 1967年，中共中央号召“复课闹革命”，各地复课以后，一般由学校或教师自订方案、自定课程、自选教学内容、自编教材，但最终所编教材普遍陷入对生产有关知识的肤浅介绍，学校正常的课程体系及教学秩序被打乱。表面上看来，这一时期由地方负责教材的编写，中小学校和教师甚至也参与了课程的编制，但实际上在极“左”思想的影响下，中小学课程完全成为“阶级斗争”的工具，各地对中小学课程的要求都与中央保持高度的、空前的一致，这种课程管理实质上是高度集权的管理模式。

（四）国家、地方和学校三级课程管理逐步确立期（1977至今）

“文化大革命”结束后，为整顿中小学的课程设置及教学秩序，加强国家对中小学课程的统一管理显得非常必要。1978年，教育部颁发了《全日制十年制中小学教学计划试行草案》，1981—1884年教育部又分别颁发了《五年制中学教学计划（修订草案）》《五年制小学教学计划（修订草案）》和《全日制六年制小学教学计划（草案）》，进一步规范了中小学的课程设置和教学。1986年人民教育出版社编写了十二年制中小学教材。通过以上努力，我国在20世纪80年代中期基本上重新确立了国家在中小学课程管理中的重要地位。

随着我国改革开放的深入和社会经济政治的发展进步，实行多样性和灵活性的课程管理成为必要。1985年，《中共中央关于教育体制改革的决定》提出实行基础教育由地方负责、分级管理的原则，1986年发布的《中华人民共和国义务教育法》规定了义务教育事业应在国务院领导下实行地方负责，分级管理。1986年，全国中小学教材审定委员会成立，决定改革统一的教材体制，在统一要求、统一审定的前提下实行教材的多样化。这些都为我国课程管理体制的改革做了思想上的准备、奠定了必要的基础。

1999年6月中共中央国务院发布的《关于深化教育改革全面推进素质教育的决定》指出：“调整和改革课程体系、结构、内容，建立新的课程体系，试行国家课程、地方课程和学校课程。”[②]2001年教育部颁布的《基础教育课程改革纲要（试行）》正式提出“为保障和

---

① 田慧生、曾天山：《中小学课程教材改革与实验》，四川教育出版社，1997，第12页。

② 中共中央国务院：《关于深化教育改革全面推进素质教育的决定》，1999年6月13日。

促进课程对不同地区、学校、学生的要求，实行国家、地方和学校三级课程管理。学校在执行国家课程和地方课程的同时，应视当地社会、经济发展的具体情况，结合本校的传统和优势、学生的兴趣和需要，开发或选用适合本校的课程。各级教育行政部门要对课程的实施和开发进行指导和监督，学校有权力和责任反映在实施国家课程和地方课程中所遇到的问题。”①这样，国家、地方和学校三级课程管理体制被正式确立。

从总体来看，我国的课程管理体制是从中央集权的管理走向国家、地方、学校三级课程管理。新中国成立以来两次课程权力的下放都受到“左”倾思想的严重干扰，没有给中小学的课程发展带来益处，反而严重破坏了中小学的课程建设。到了20世纪80年代，随着时代的发展，对中央集权制的课程管理体制进行改革，最终确立国家、地方、学校三级课程管理的局面。

三、国家、地方、学校三级课程管理

当前我国确立的三级课程管理制度，不同层次的课程管理的主体不同、职责不同，也表现出不同的特点。

（一）国家课程管理

国家课程管理的主体主要是教育部，也包括国家部门。教育部总体规划基础教育课程，制定基础教育课程管理制度，确定国家课程门类和课时，制定国家课程标准，积极实行新的课程评价制度。

国家课程管理是宏观的管理，在整个课程管理中起统筹总揽的作用。国家课程管理的职责主要包括如下方面：

（1）制定并执行教育法规、制度。负责教育法规的制定、解释、监督、执行，制定国家的政策和教育制度。

（2）统筹分配教育经费与资源。

（3）领导教育实践、教育改革与教育研究活动。

（4）制定不同阶段学校的培养目标，根据要求拟定基本的课程框架，设立国家课程的课程标准。

（5）制定并执行教科书审定制度。建立教科书的编审、使用与评价制度。

（6）领导课程改革的实施。就课程改革如何高质量地在全国范围内开展，提供一系列指导性的建设性意见；就课程改革怎样在地方和学校有条不紊地推进，提供一定的专业支持和方向引导。

（7）制定并执行课程评价与监控制度。为了保证课程改革的有效落实，制定相关的课程评价和监控体系。

（8）指导地方和校本课程的开展。在完善基础教育课程改革决策的同时，颁布一系列地方、学校课程管理指南，保障课程能够在各组织层面上合理开发；对教学管理工作跟踪研究、定期检查。

---

① 教育部:《基础教育课程改革纲要(试行)》,2001年6月8日。

国家课程管理宏观指导和调控着整个课程管理体系，具有鲜明的整体性、规范性、指导性，从而保证课程系统有序地运行。

（二）地方课程管理

地方课程管理的主体主要是省级教育行政部门。省级教育行政部门依据国家课程管理政策和本地具体情况，制定本省（自治区、直辖市）实施国家课程的计划，规划地方课程，报教育部备案并组织实施。经过教育部批准，省级教育行政部门可以单独制定本省（自治区、直辖市）范围内使用的课程计划和课程标准。

地方课程管理的职责主要包括以下几个方面：

（1）贯彻执行由国家制定的国家课程标准和课程计划。

（2）以本地政治、经济、文化等现实发展需要为依据，针对不同教育阶段，分类别制定课程计划，自主开发出地方课程，并确保落实。

（3）指导学校制定适合学校发展的课程计划。

（4）实时监控本地中小学的教学、测评、课程资源开发和利用等基本情况，及时发现其中存在的问题，并在第一时间予以解决。

（5）对于学校编订的校本课程，能够及时做出审议和反馈。

地方课程管理在三级管理中起承上启下的作用，表现出地域性、灵活性、针对性和适切性。

（三）学校课程管理

学校课程管理的主体主要是校长和教师。学校在执行国家课程和地方课程的同时，应视当地社会、经济发展的具体情况，结合本校传统和优势、学生的兴趣和需要，开发或者选用适合本校的课程。学校课程管理包括两层含义：一是国家课程和地方课程的有效实施，二是校本课程的合理开发。

学校课程管理的职责主要表现在以下几个方面：①

（1）根据教育部和本省（自治区、直辖市）课程计划的有关规定，从当地社区和学校自身的实际出发，规定学校学年课程的实施方案，报县一级教育行政部门备案。

（2）根据教育部颁布的学校课程管理指南，结合本校传统和优势，独立自主或与校外有关机构或人士合作开发校本课程，提供给学生选择。校本课程开发方案必须在规定时间报县一级行政部门审议。

（3）选用经国家一级审定或省一级审查获得通过的教材。教材的选用应体现民主的原则，应该有教师、学生代表参加，并通过多种途径听取家长的意见。

（4）反映国家和地方课程计划在实施中所遇到的问题，建立校本课程的内部评价机制，以保证校本课程与国家课程、地方课程在总体目标上的一致性和互补性。

（5）根据上级教育行政部门的规定，结合本校实际情况，对学校的所有课程实施管理。特别是对于教学、评价和考试、课程资源开发和利用等方面要进行自我监控，确保学校基本办学质量的稳定和提高。

---

① 朱慕菊：《走进新课程：与课程实施者对话》，北京师范大学出版社，2002，第 202－203 页。

学校课程管理是在具体情境中开展的管理活动，具有过程的复杂性、情境的多变性、主体的多元性、方法的生成性等特点。

四、从课程管理走向课程领导

（一）课程管理与课程领导的不同

近年来，“课程管理”一词逐渐被“课程领导”一词替代。在传统的管理实践中，经常表现出自上而下的官僚体制的“监控”“管制”，在学校课程管理中表现为学校接受上级行政部门的指令之后才开始围绕学校的课程展开活动和运作。因此从“课程管理”到“课程领导”，强调的是课程管理要体现出自身的创造性、自律性、自主性，并且在自身的管理过程中体现出民主、开放、沟通、合作的新特色。

1952 年，哥伦比亚大学的帕索教授写了题为《以集体为中心的课程领导》的博士论文，该文是较早使用“课程领导”这一术语的学术论文。到了 20 世纪 70 年代，人们认为传统课程理论受技术理性的支配，课程无视教师和课堂及学习者的个性特点，进而人们认识到学校中的领导质量是解决这一问题的关键所在。课程是学校教育的施工蓝图，是学校的核心工作，课程领导问题也就成为人们破解传统课程问题的重要策略。1985 年，布莱德雷出版了《课程领导与发展手册》一书，该书被认为是较早对课程领导进行系统研究的著作。1987 年，格拉索恩在《课程领导》一书中提出了课程领导者的职责所在。1990 年，菲尔丁在《课程领导者手册》中具体指出了课程领导者的主要任务。1995 年，萨乔万尼在《领导和优质学校》中明确界定了课程领导的概念。至此，课程领导的研究日益细化和丰富。

课程管理与课程领导的不同主要表现在以下几个维度(见表 5－3)：①

表 5－3 课程管理与课程领导的不同

比较维度	课程管理	课程领导
权力主体	管理权力集中于管理者特权阶级，学校和教师不分享权力。	实行权力分享，课程相关人员均民主分享权力，尤其是对课程实施及其结果承担责任的学校与教师。
权力实施	依靠课程管理者法定权力和自身的个人权威，以前者为主。	依靠课程领导者的法定权力和自身的个人权威，以后者为主。
决策及推行	课程管理者进行决策，以行政命令方式自上而下推行，学校和教师被动执行课程决策。	相关人员民主决策，由作为决策主体之一的学校和教师实施。
教师观	认为教师只是既定决策、命令的执行者，缺少决策能力。	相信教师具有创意和创造力，具有一定的决策能力。
沟通模式	纵向交流为主，有较少的自发形式的校际横向沟通。	纵向沟通之外有较大程度的校内外横向沟通与交流。
动力来源	来源于外部、上司的监管、监控。	决策主体自身的创意和创造力，自我驱动。

① 靳玉乐、赵永勤：《校本课程发展背景下的课程领导理念与策略》，《课程·教材·教法》2004 年第 2 期第 9 页。

课程领导从主体层次看，可以分为国家、地方、学校课程领导，当前人们研究课程领导问题时，主要聚焦在学校课程领导方面，因为学校是课程的最终实践场所，并且其处于权力链条末端，最容易产生被动地接受管理指令、机械地开展课程管理工作的倾向。

（二）学校课程领导的内涵

在对课程领导的研究中，人们从不同角度对课程领导进行了界定。我国学者钟启泉认为，课程领导是学校诉诸自身的创意和创造力，自律、自主地驱动组织本身运行，把日常的课程实践活动作为自身的东西加以自主、创造性地实施。[①]

不同学者对课程领导的研究，大致体现出课程领导的如下内涵：

1. 课程领导是学校课程实践的综合形式

课程领导是指引、统领学校课程改革、课程开发、课程实施和课程评价等活动的总称。其中既包括统领国家、地方课程的创造性的落实，也包括统领校本课程的开发、实施和评价等工作。

2. 课程领导的主体可以是个人，也可以是学校组织与团体

在学校课程领导活动中，由于有些教师在课程方面具有较高的个人素质，能在课程领导中起积极促进作用，充当着课程领导的主体角色。教师是重要的课程领导参与者，教师的课程领导能力和专业发展对学校的课程发展起着重要作用。学校校本课程开发委员会、年级教研组也是学校课程领导重要的决策和实施主体。在当前课程领导的研究中，大量学者集中研究校长的课程领导和教师的课程领导，尤其是校长的课程领导。

3. 课程领导是课程与领导两个范畴的结合

课程领导者必须运用现代领导学的理论、方法与策略来完成课程范畴内的任务，以顺利推进课程设计、课程实施、课程评价等一系列过程。

4. 课程领导依托学校中民主的学习型组织

课程领导旨在体现一种人性化的组织管理观，把组织视为一种合作性的、社团的和协作的系统。课程领导过程就是课程领导者与所属成员共同探究课程问题的互动与合作过程。

5. 课程领导的目的是促进教师专业发展和提高学生学习效果

课程领导通过改变学校教师内在信念和提高行政组织机构运作能力，实现学生学习效果的提高。

（三）学校课程领导的任务

就学校课程领导而言，其任务应该兼顾一般行政领导和课程范畴专业领导两个方面的要求。[②] 具体来说，包括如下几个方面：

1. 凝练学校课程愿景

学校课程愿景是全校师生对课程活动的共同意愿和构想，是学校课程教学理念和办学特色的重要体现，它是学校发展的蓝图，更是一种行动。学校课程愿景的形成依赖于以

---

① 钟启泉：《从“课程管理”到“课程领导”》，《全球教育展望》2002 年第 12 期第 24 页。

② 王利：《学校课程领导研究》，西北师范大学博士学位，2007，第 55 页。

下几个方面：① 学校课程愿景依赖于校长的办学理念和教育哲学。校长应该不断提高自我的教育素养，做到教育家办学，既坚持国家办学的方针政策，也能体现学校的特色。2019 年 6 月，中共中央国务院颁布的《关于深化教育教学改革全面提高义务教育质量的意见》中指出："倡导教育家办学，支持校长大胆实践，创新教育理念、教育模式、教育方法，营造教育家脱颖而出的制度环境。"[1]这一文件的出台，既为校长提出了发展要求，也为校长创造了大有可为的空间。② 学校愿景要充分彰显集体的智慧和意愿，应该整合教师、家长、学生的观点，通过真诚的沟通而达成共识。它应是分享的愿景，是大家共同协商的结果，并为大家所认可的，而不是自上而下的、外在规定的、不能体现教师民主意愿的目标。③ 学校课程愿景应符合国家课程精神，体现国家对本阶段学校课程的要求。④ 学校课程愿景要体现学校特色。

2. 促进学校课程体系的运行

学校课程管理的目的在于促进课程体系的完善，最终实现教师专业素养的提高和学生发展。学校课程领导要促进学校课程的有效运行，需要完成多项任务：① 建立学校课程组织。如校本课程开发委员会、学科课程小组、教材选用小组、课程教学督导组等。② 协调和组织课程与教学活动。如规划并执行实施国家和地方课程、组织校本课程开发、组织课程与教学评价活动、整合社会资源等。③ 解释课程改革的方案，提供必要的专业支持，解决课程发展与实施过程中所遇到的问题。

3. 规划教师专业发展

教师是重要的课程资源，课程教学质量的提高有赖于教师专业发展的程度。学校课程领导过程中，要制定教师专业发展相关制度，提供教师专业发展必备的条件和机会，提高他们的专业水准，使他们熟悉相关新技术、新知识，学会统整不同学科，最终让教师逐步成为学校课程领导者。

4. 打造学习型组织

通过学习型组织充分发挥每个成员的创造能力，激发学校各种组织学习积极性，凭借个人的课程行动研究、小组的合作分享等途径引导个人、集体不断发展。

5. 引领学校文化的变革

课程的运行需要良好的学校文化氛围，如学风、教风、师生关系等都对课程的运作起到重要影响。通过课程领导形成行政服务教学、尊重专业自主，教师终身学习、教书育人，学生活泼好学、健康生活的优质学校文化。

6. 搭建支持系统

学校支持系统的统筹和发展包括校内支持系统的建立、校外资源的争取、社区的支持和参与等方面。学校课程领导只有充分利用校内的资源，有效沟通协调并整合各方资源，增进社区的参与和支持，发展良好的公共关系，才能促进学校的课程发展。

---

① 中共中央国务院：《关于深化教育教学改革全面提高义务教育质量的意见》，2019 年 6 月 23 日。

本章小结

课程实施、课程评价、课程管理是课程计划最终转化成课程实践的相关活动，通过这些工作最终实现学校的课程目标。

本章第一节是有关课程实施的知识，包括课程实施的内涵、课程实施的取向、课程实施的影响因素以及课程实施的模式等四个方面。教材首先分析了课程实施的概念，认识了课程实施的三种观点；其次，分析了课程实施取向，介绍了忠实执行取向、相互适应取向以及创生取向；再次，介绍了课程实施的影响因素，尤其以课程改革视角分析影响改革成效的可能原因；最后，阐述了课程实施的不同模式及其优缺点。

本章第二节是有关课程评价的知识，包括课程评价的含义、课程评价的模式、课程评价的过程与方法等三个方面。教材首先分析了课程评价的含义，阐述了课程评价的类型与功能；其次，介绍了课程评价的模式，分别介绍了目标评价模式、目标游离模式、CIPP 模式、CSE 评价模式、差距评价模式、应答模式等六种课程评价模式，分析了不同模式的内涵、阶段以及优点与不足；再次，阐述了课程评价的过程与方法，分析了课程评价的宏观与具体过程，介绍了课程评价的质性与量化的方法。

本章第三节是有关课程管理的知识，包括课程管理的概念与历史发展、三级课程管理、从课程管理走向课程领导以及学校课程领导等四个方面。教材首先分析了课程管理的概念，阐述课程管理的分类与历史发展情况；其次，介绍了新中国成立后课程管理的发展历史，详细阐述了课程管理的四个发展阶段；再次，阐述三级课程管理，分别分析了国家、地方、学校三级管理的内涵及其职责；最后，阐述了从课程管理走向课程领导，分别介绍了课程领导与课程管理的不同、课程领导的内涵以及学校课程领导的任务。

[思考与练习]

1. 请阐述你对课程实施内涵的理解。
2. 请分析三种不同课程实施取向下教师的地位与作用。
3. 基于课程实施因素的掌握，试分析我国当前课程实施的障碍。
4. 请阐述不同课程实施模式的优劣。
5. 请阐述课程评价的主要内容。
6. 请介绍你欣赏的一种课程评价模式。
7. 请阐述三级课程管理的必要性。
8. 请分析课程管理与课程领导的不同。
9. 请查阅资料，阐述教师在课程领导上的作为。

第六章
小学教学的一般理论

扫码获取
相关资源

内容提要

本章主要引导学生掌握教学和小学教学的一般理论，它是学习小学教学后续知识的基础。通过教学概念的分析，引导学生认识到教学是促进学生全面发展的基本途径，从而明确小学教学的任务是在双基的基础上促进学生德、智、体、美、劳诸方面的发展；通过对教学过程的要素分析，引导学生掌握教学规律是教学要素之间的本质和必然联系，从而明确小学教学中存在的五大教学规律。在理解认知因素与非认知因素统一的教学规律基础上，引导学生基于教学过程的认知和非认知两个方面理解教学过程的基本环节。

学习目标

1. 了解教学和小学教学的概念、任务。
2. 了解教学过程的本质与要素。
3. 理解教学过程的五大规律。
4. 掌握小学教学的基本环节。

第一节　教学的概念与任务

一、教学与小学教学

(一) 教学

早在殷周时期，甲骨文中已经出现“教”和“学”字，两字合用首见于《尚书・兑命》中的“教学半”。孔颖达对“教学半”的解释是“上学为教；下学者，学习也。言教人乃是益己学之半也”。① 用今天的语言表述就是学习对人是一种促进作用，而学后教人，对自己更是起促进作用。这是古代萌芽状态的教学思想。

① 刘金荣：《“學(斆)”字注音献疑》，《语文学刊》2006 年第 20 期。

历史的不同时代，对教学中“学”和“教”关系的认识不同。① 古代教学偏重“学”。古代主要以个别教育为主，学生学习内容、学习进度和能力水平不一样，因此，教学中学生以自学为主，教师辅以个别指导。② 近代教学偏重“教”。夸美纽斯的班级授课制和赫尔巴特教学过程阶段思想产生后，西方学校教育走向了制度化教育，强调教师教育工作的目的性、计划性、组织性和系统性，教师如何系统地向学生呈现知识成了教学的主要方向。因此，以赫尔巴特为代表的传统教育体现了“教师中心、教材中心、教室中心”。③ 现代教学偏向“学”。杜威等现代教育家在对传统教育进行批判的基础上，提出了教育即生活、教育即生长、教育即经验的改组与改造等思想。现代教学更重视儿童的兴趣和需要，教学的内容更偏向直接经验，教学更偏向学生学习活动。

今天，我国教学论方面的专家普遍认为，教学是由教师教的活动、学生学的活动所构成的双边活动。教学论专家王策三在其所著的《教学论稿》中指出：“所谓教学，乃是教师教、学生学的统一活动；在这个活动中，学生掌握一定的知识和技能，同时，身心获得一定的发展，形成一定的思想品德。”[①]李秉德认为：“教学就是指教的人指导学的人进行学习的活动。进一步说，指的是教和学相结合或相统一的活动。”[②]

从教学的结构看，教学包括教的过程、学的过程以及评价反思过程。教学中教师应该有明确的目的和方向，应对学生开展有针对性的指导，这体现为教师教的过程；学生在教师引导下开展多样化的学习活动，有效地完成教师的任务，这体现为学生学的过程。教师要根据学生的学习情况来反思自己教的情况，并灵活地调整自己的教学进度和方法，学生也需要通过教师的反馈来改进自己的学，这体现为教学活动的评价反思过程。

从教学的功能看，教学要关注学生全面发展。近代教学重视知识和技能的获得，现代教学重视能力的发展。教学的功能是多样的，要在学生掌握基础知识和技能的过程中，促进学生德智体美劳诸方面全面发展。

因此，可以从教学活动的结构与功能两个方面这样定义教学：教学是教师的教和学生的学所构成的双边互动活动，在这个活动过程中教师引导学生掌握基础知识与基本技能，进而促进学生全面发展。

（二）小学教学

小学教学除了具有教学的一般特征外，具有小学教学自身的特性。小学阶段的学生有其特定的心理和生理特点，这就需要在教学过程中要根据小学生的特点开展教学工作。如在心理方面，小学生处在具体形象思维阶段，教学过程中应多考虑直观教学、具体操作等形式；在身体发展方面，学习任务和作业量要考虑小学生生理可承受的程度。

因此，可以这样定义小学教学：小学教学是根据小学生身心发展规律和小学培养目标开展的，由教师的教与学生的学构成的双边互动活动。在这个活动过程中，教师引导小学生掌握基础知识与基本技能，进而促进小学生的全面发展。

---

① 王策三：《教学论稿》，人民教育出版社，2005，第 88－89 页。

② 李秉德：《教学论》，人民教育出版社，2001，第 2 页。

（三）相关概念的辨析

1. 教学和教育

教育包括教学。教育是一个广义的概念，它包括学校教育、家庭教育、社会教育，学校教育工作中存在有目的、有计划的教学工作。教育目的在于育人，育人可以通过多种途径进行，如学校管理工作、学校组织的实践活动、升旗仪式等多种形式，教学是形式之一。

教学是学校教育工作的中心工作。坚持教学的中心地位有其必然性：首先，教学是学校的中心工作是历史经验的总结。20 世纪 50 年代到 60 年代，学校以生产为中心，60 年代末到 70 年代以政治斗争为中心，这些做法都扰乱了学校教育的正常秩序，导致教育质量的严重下滑。“拨乱反正”后，国家在教育政策方面始终坚持“教学是学校的中心工作”这一指导思想。其次，教学是学校中心工作是由教学工作特点决定的。教学工作具有效率高、系统性强、综合性强的特点，相比其他工作，对学生发展的影响更大。同时由于教学在学校教育工作时间最长，涉及面最广，对学生发展影响最全面深刻，对学校教育质量的影响也最大，因此学校必须以教学为中心。最后，教学是学校中心工作是由学校职能影响的。学校存在教学、管理、后勤等多种职能机构，其他机构都是服务于教学工作，学校要坚持教学的中心地位。教学是学校的中心工作，并不意味着可以轻视甚至忽视其他工作，应该坚持“教学为主，全面安排”。

2. 教学与智育

教学不等于智育，教学是落实智育的基本途径。教育工作从纵向（时间维度）可以分为教育目标、课程、教学、评价与管理等，教学是对教育纵向分类后产生的概念；学校教育工作从横向上可以分为德育、智育、体育、美育和劳动技术教育，智育是对教育横向分类后的概念。尽管教学和智育不是同一个层次的概念，但智育及德育、体育、美育等各方面教育目标的实现主要是通过课堂教学。因此，可以说教学是落实智育的根本途径，还可以说教学是落实学校教育任务的基本途径。

3. 教学与自习

教学和自习的关系视情况不同而不同。教学是有目的、有计划开展的师生互动活动，如果学生自习是在教师要求和引导下开展的，那么这种自习属于教学；如果学生自习是自主开展的，这里就没有双边互动，只有单纯的学生学，那么这种自习就不属于教学。

4. 教学与课外活动

课外活动与教学是互补的关系。课外活动是利用课余时间，在课程计划之外，学生有计划、有目的开展的活动，课外活动不属于教学活动。课外校外活动与教学活动构成互补的关系，课外活动是学生自主进行的，教师不起主导作用，但在课外校外活动中有效地运用了课堂知识，实现了理论与实践的结合。《学记》中的“藏息相辅”表达的就是课堂教学与课外活动是互补的关系。

二、小学教学的任务

习近平总书记在 2018 年 9 月 10 日召开的全国教育大会上强调，要培养德智体美劳全面发展的社会主义建设者和接班人，这也是我国当前的教育目的。教学的根本任务是全面落实我国的教育目的，因此，小学教学的根本任务是促进小学生全面发展。

（一）系统传授基础知识、基本技能

基础知识是指一个学科最基本的事实、概念、命题，基本技能是指最基本的处理问题的操作步骤，这些知识和技能具有广泛的实用性、迁移性，并对生活和学习起支持作用。基础知识和基本技能合在一起构成了小学教学中的“双基”，当然“双基”会随着社会发展和科学发展而发生变化。由于人类社会在发展过程中积累了大量的知识和技能，学生能力不足，教学时间不够，不能全盘教授，就需要选择属于小学的基础知识和基本技能，引导学生掌握。“双基”是中国教育本土化的专有名词，1952 年 3 月，教育部颁布的《中学暂行规程》中提出中学的教育目标之一是使学生获得“现代科学的基础知识和技能”，同时颁发的《小学暂行规程》把小学教育概括为“全面的基础教育”，“文化大革命”期间，“双基”一度被冷落，其后，我国教育文件政策一直要求重视基础知识和基本技能的教学。

小学阶段每个学科的教学中，都存在大量的基础知识与基本技能。如小学六年级数学“圆的认识”一课，对“圆的概念、半径直径的概念、半径是直径的两倍”等的学习，属于基础知识的学习，“如何用圆规画圆”就属于基本技能；小学四年级语文“钱塘江大潮”一课，应该掌握的“潮、浩、沸、涨、犹、据、踮、恢”等生字以及相关的新词属于基础知识的学习，而能“运用排比造句”属于基本技能。

鉴于小学生知识基础比较薄弱、能力水平比较低的现实状况，小学教学过程中要传授基础知识和基本技能，不要任意拔高。同时，教师在传递基础知识与基本技能的过程中还要做好系统性和连贯性，这就要求小学教师在教学过程中不仅要熟悉本节课内容，而且对小学各阶段本科目的教材都要了解，真正做到承前启后，系统传授基础知识和基本技能。

基础知识和基本技能是全面发展的基础。学生品德的发展需要掌握基础的道德知识，学生智力发展必须掌握科学知识和技能，学生体质、体力的发展需要掌握体育运动方面的知识与技能，学生劳动能力的发展需要掌握生产劳动方面的知识和技能。过去“应试教育”存在的问题不是不重视基础知识和基本技能，而是把基础知识和基本技能作为唯一的教学任务，进而造成“高分低能”的现象。因此当前教学的任务应该是在落实“双基”的基础上，促进学生的全面发展。

（二）使学生养成高尚思想品德、正确的世界观和良好的个性品质

教学永远具有教育性，除了专门的品德课外，小学各科教学要重视渗透思想道德教育。2019 年 6 月 23 日，中共中央国务院颁布的《关于深化教育教学改革全面提高义务教育质量的意见》中明确提出：“深化课程育人、文化育人、活动育人、实践育人、管理育人。”在各种育人中，课程育人是最主要的育人途径，当前各级各类教育都在倡导课程育人，倡导“课程思政”的教育理念。“课程思政”就是要用好课堂教学这个主渠道，各类课程都要与思想政治理论课同向同行，形成协同效应。因此在小学各科目的教学过程中，要结合课程内容、活动方式、教师行为等方面对学生进行道德教育。如在小学语文课讲“树”一字的书写时，结合书写知识，引导学生领悟中国文化和中国人谦让的品质；讲小学数学课“圆周率”时，可以结合知识讲述中国古代数学家祖冲之的故事，激发和培养小学生的民族自豪感和文化自信。

（三）提升学生智力，培养学生的创新精神和实践能力

智力是人在认识过程中表现出来的认知能力，不同科目教学都能培养小学生相关智

力，关键是如何教才能培养学生的智力。学生智力的提高应在学生智力活动中实现，也就是学生要成为认识的主体、学习的主人，才能提高其智力。从古到今，伟大的教育家都强调启发式教学，其目的就是让学生成为学习的主体，增长学生的智慧。

素质教育要重视发展学生的智力，尤其是创新精神和实践能力的发展。在小学教学过程中，教师要给小学生留下独立思考的时间和空间，引导小学生多维度地思考问题，倡导一题多解，培养小学生的创新思维；课堂教学中要关注学生的动手操作，课后作业要重视实践性作业，培养小学生的实践能力。

（四）增强学生体质、体能，提高学生身心健康水平

学生健康的体魄不仅是学习的保证，也为幸福生活打下了良好基础，小学教学必须把发展小学生体力、养成健康体魄放在重要位置。课堂教学中要健全学生视力健康综合干预体系；不同科目要结合本科目教学内容，对学生进行营养、饮食、健康生活方式等方面的教育；不同科目的教学时间和学习方式要考虑小学生的身体状况，单一的讲授和抄写容易造成小学生疲惫；作业布置要保障学生充足的睡眠时间；学校不能为所谓“主课”的教学而压缩体育课的课时，在体育活动中，要科学安排小学体育课运动负荷。

（五）培养学生高尚的审美情趣，提高欣赏美、创造美的能力

小学教学中，音乐和美术是专门对小学生进行美育的科目，其他科目中同样也渗透美的元素。诚如古希腊伟大的哲学家亚里士多德所说：“虽然数学没有明显地提到美，但美也不能和数学完全分离，因为美的主要形式就是秩序、匀称和确定性，这些正是数学研究的原则。”①正因如此，小学数学课程可以对小学生进行和谐美、对称美、简洁美等方面教育；小学语文课程可以对小学生进行语言美、人性美、风景美等方面的教育；小学品德课程可以对小学生进行道德美的教育。小学其他科目的教学也可以对小学生进行审美情趣以及欣赏美、创造美的教育。

（六）培养正确的劳动观点和习惯，提高劳动能力

2018年9月10日，习近平总书记在全国教育大会上指出：“要在学生中弘扬劳动精神，教育引导学生崇尚劳动、尊重劳动，懂得劳动最光荣、劳动最崇高、劳动最伟大、劳动最美丽的道理，长大后能够辛勤劳动、诚实劳动、创造性劳动。”学校各科教学中，应将教学与生产劳动实际相结合，在不同科目中渗透生产劳动知识、劳动技能、劳动观点的教育，培养学生正确的劳动态度和劳动习惯。小学数学、科学科目中大量的知识和技能可以跟农业生产和工业生产相结合，语文和思想品德课中的许多课文内容、人物能和正确的劳动观点与习惯相联系。同时，还可以组织学生将课堂知识运用于劳动，提高学生的劳动能力。

综上所述，小学不同科目的教学中，在把握本科目主要功能的基础上，尽可能体现教学的多种教育功能，促进小学生和谐全面发展。

① 徐利治：《数学科学与现代文明（下）》，《自然杂志》1997年第2期。

第二节　教学过程

教学过程是指教学活动的启动、发展、变化和结束在时间上连续展开的程序结构。教学过程实质上是教师引导学生学习的教与学统一活动的实践进程，这一过程将各种教学要素联系起来，最终达成教学目标。

教学过程有多层次的指称，从宏观到微观层面，可以区分多种教学过程。一是指在人类历史发展进程中的教学过程；二是指贯穿在从幼儿园到大学的整个学校教育体系中的教学过程；三是指在一个教育阶段里(如小学、初中、高中等)，从入学到毕业的教学过程；四是指为了完成一个教学单元或相对独立的教学课题的教学任务，从开始到结束的整个教学过程；五是指以一节课为时间单位，从开始上课到下课的教学过程。在教学研究和教学实践中，人们通常是从第五个层面理解教学过程，也就是说教学过程主要指上课的过程。

教学过程具有鲜明的历史性、周期性、整体性、个性化的特点。历史上不同时期，教学存在形式不同，教学过程表现不一，教学过程具有历史性。教学工作是循环往复的，教学过程也是不断更替的，具有周期性。在教学过程中，不同的阶段之间要相互配合，内在联系，具有整体性。不同教师，不同课型，其具体的教学过程表现出独特性，具有个性化。应该说明，尽管今天人们提出教学过程的基本环节，这是从一般意义上讲的教学过程步骤，教师应该在具体的教学工作中，体现自身教学过程的特殊性和个性化。

一、教学过程的本质

(一) 教学过程的辩论

教学过程的本质直接影响教师的教学观念和教学行为，制约着一定时期教学的质量。新中国成立后，对教学过程本质认识的发展经历了四个阶段①。第一阶段是 50 年代末到 60 年代初，借鉴与沿用阶段。在教学过程本质观问题上主要沿用凯洛夫教学论的观点，把教学过程视为一个特殊的认识过程。第二阶段是 70 年代末 80 年代初，大讨论、大发展阶段。在解放思想的背景下，从认识论、心理学、生理学、经济学等多方面对教学过程本质展开了探索，形成了多重本质说、传递说、发展说。第三阶段是 80 年代中后期到 90 年代初，进入相互质疑与多学科、多角度、多层次探讨阶段。在这一阶段，除原有的教学过程本质多种观点各自细化、发展和相互质疑外，形成了“认识—实践说”“统一说”“交往说”“学习说”“价值增值说”等。第四阶段是 90 年代中期到今，进入回顾、反思、展望和继续探索阶段。

在教学过程本质的讨论中，主要形成了如下几种观点：

---

①　周波、徐学福：《我国近 60 年教学过程本质研究的审视》，《河北师范大学学报(教育科学版)》2009 年第 6 期。

1. 特殊认识说

这种观点是从马克思对人类活动宏观分类产生的。马克思主义认为人类活动主要有两种，一种是改造主观世界的活动，一种是改造客观世界的活动，前者是认识，后者是实践。从这个角度来讲，教学活动主要是认识活动。而认识活动表现形式多种多样，教学活动与其他认识活动（如科学家的认识活动）相比具有其特殊性。首先，教学活动认识的对象主要是前人的知识经验，科学家认识的是未知世界，因此教学过程具有间接性。其次，教学是教师引导下教与学构成的双边活动，科学家开展的是独立的探索活动，因此，教学过程具有引导性和交往性。再次，学生在教师的引导下，在一节课上可能掌握较多知识，而科学家可能一辈子都不能探索出一个真理，因此，教学过程具有简捷性。最后，教学受社会意识形态制约，要服务于一定的社会政治制度，体现一定社会的思想政治要求，教学内容内含着思想品德，教师的行为和语言蕴含着思想道德的因素，因此，教学过程具有教育性。

2. 发展说

这种观点的理论基础主要是皮亚杰的发生认识论、维果茨基的“文化—历史理论”。这种观点认为教学过程的根本目的就在于培养人，促进学生全面发展。该观点强调尊重学生的独立性和创造性的发展，要重视学生的自我活动和兴趣，进而促进学生发展。促进学生发展不仅包括学生的智力发展，还包括学生的情感、意志品质、性格等方面的发展。

3. 双边活动说

这种观点主要是从教学活动的结构来分析教学过程，教学活动包括教师教的活动，也包括学生学的活动，两者在教学过程中相互作用。教师教的活动指导学生学的活动，学生学的效果反馈给教师，进而改进着教师教的活动。教学过程的本质是双边活动这一观点来源于凯洛夫。凯洛夫认为教和学是同一个过程的两个方面，彼此不可分割地联系着。但这种观点是对教学过程的现象描述，不能解释教学过程的本质。

4. 多重本质说

这种观点认为，从认识论、心理学、生理学等不同纬度分析教学过程，就存在不同的本质，这些认识都丰富了对教学过程的认识。从活动性质看，教学主要是认识活动；从活动结构看，教学是双边活动。研究者思考问题的维度不同，教学过程的本质不一样。这种观点揭示了教学过程的多种属性和侧面，但无法回避本质是唯一的观点。

5. 认识—实践说

这种观点认为，活动可以分为认识与实践活动，教学过程中，学生掌握知识，改造了自己的主观世界，是认识活动。而教师工作的对象是学生，学生是被改造者，从教师的角度考虑，是实践活动。教学过程是教师教育学生和学生学的一个认识和实践辩证统一的过程。

6. 交往说

这种观点认为，教学过程是教师和学生借助多种多样的中介开展的认知、情感、态度、行为、价值观念等多方面人际交往和相互作用的过程。在这个过程中，应该营造开放的交往环境，展开充分的对话交流，寻求理解与合作，最终实现共享。交往说对当前课堂教学改革起到重要的指导作用。

此外，在教学过程的本质上还存在认识—发展说、审美说等观点。

（二）当前对教学过程实质的看法

1. 教学过程主要是一个特殊的认识过程

从认识和实践的关系看，学生学的过程主要对象是教材、知识，学习的目的是改造自己的主观世界，因此，学生学的过程是认识过程，应充分彰显学生在学习过程中的主动性和积极性。教师教的过程的对象是学生，其目的是培养和改造学生，尽管这个过程中教师的认识也得到了发展，但主要改造的是学生的主观世界，因此，教师教的过程是实践过程。当前，教学要从教师的教转向重视学生的学，教学过程中要"以学定教"，教学效果的评价要"以学论教"，因此，在教师教的活动和学生学的活动两者地位处理上，要把学生学的活动摆在重点，从这个意义上讲，教学尽管是双边活动，是教师教的实践活动和学生学的认识活动的辩证统一，但主要是学生学的认识活动。

从认识与发展的关系看，认识是基础，学生多方面的发展要建立在认识的基础上。学生知识、技能、经验的获得是学生智力、品德、体质等多方面发展的前提，脱离这个前提，就会陷入历史上形式主义教学的泥潭。因此，教学过程主要是认识过程。

教学过程作为特殊的认识过程，其特殊性表现在认识对象的间接性、认识过程的引导性和交往性、认识速度的简捷性和认识结果的教育性。

2. 教学过程要以互动交往为背景和中介

传统的教学将教学过程看成是刺激—反应的过程，学生是教学过程中的客体。建构主义教学观认为，知识的学习是一个建构的过程，这个过程中包括学生与人的互动交往、学生与物的互动交往、学生与自我的互动交往，其中最高级的互动交往是学生与自我的互动交往。只有进行多方面的互动交往，学生才能建构知识，获得意义，实现发展。

交往中要注意教学组织形式多样性。从组织形式上讲，交往有个体自我的交往、两个人的交往、小组交往、跨小组交往、集体交往。个体自我的交往是学生基于教材或教学情境开展深入的观察、探究、操作、反思活动，这种交往是一种深入的、有效的交往，实现的是人与物和人与自我的交往，很多时候容易被忽略。两个人的交往是教师和学生之间或两个学生之间的交往，经常表现为有意义的问答、谈话或协作学习。小组交往和跨小组交往是集体交往的形式，多表现为合作学习。

要根据不同组织形式选择有效的教学方法。交往教学中，经常运用的有启发式讲授法、操作实践法、讨论法、游戏法、发现法等。在这些教学方式中，尤其注意对讲授法应该有一个正确的认识。讲授法是一种重要的互动方式，新课程改革背景下很多教师把讲授法贴上了传统教学的标签，这是对讲授法的误解。教学中，不是反对运用讲授法，而是反对机械地灌输，反对没有启发性的讲授法。在讲授法使用过程中，为了体现启发性，教师应注重讲授内容的结构性、逻辑性；讲授的方式应体现情感性、艺术性、形象性；讲授的重点和难点要突出；注重讲授的双边性，讲授过程中要适当停顿以便给学生留下思考的空间，或设置必要的问题以便于和学生互动。

在注重教学过程中的交往互动因素时，应该克服一些问题。① 为了交往而交往，忽视了交往的目的性。在新课程倡导交往互动思想的背景下，部分教师的课堂交往形式表现出表面化、形式化倾向，把过去的"满堂灌"变成了"满堂问"或其他形式化的交往形式，提出一些幼稚的、没有目的的问题与学生互动，课堂教学表面上看是气氛活跃，却丢掉了学生的有效发展。如课堂中的“是不是啊”“老师同意他的观点，你们同意吗”，这些问题都是为了交往而交往。② 交往过程的不公平。交往是在友好的、平等的对话中进行的，要克服随意性和个人偏好，体现出交往的公平性。教师要给予学生公平的交往机会，合理分配教学资源，对学生的态度要一视同仁。③ 交往类型单一。在交往主体上，教师要组织教师与学生之间、学生与学生之间以及学生与自我的多种形式的交往。在交往手段方面，要注意语言交往和非语言交往形式。在交往的内容上要注意认知、情感等多方面内容。

3. 教学过程的任务是促进学生全面发展

习近平总书记指出“培养什么样的人”是教育的首要问题。在 2018 年全国教育大会上习总书记进一步指出“要培养德智体美劳全面发展的社会主义建设者和接班人”。教学是学校教育工作的中心工作，必然要肩负起培养德智体美劳全面发展的社会主义建设者和接班人的重任。

教学过程要肩负起促进学生全面发展的任务，就必须改变重知轻能的状况，要认识到知识是基础，在这个基础上需要促进孩子相关方面智力的发展、品德的发展、审美的发展，也就是要转“知”为“智”、转“知”为“德”、转“知”为“美”。而这一任务的实现，重点在改变教师的教学方式、学生的学习方式，让知识的学习过程真正成为学生的发展过程，而不是简单的知识填充和积累过程。2019 年 6 月 23 日，中共中央国务院颁布了《关于深化教育教学改革全面提高义务教育质量的意见》，《意见》指出：“坚持教学相长，注重启发式、互动式、探究式教学，教师课前要指导学生做好预习，课上要讲清重点难点、知识体系，引导学生主动思考、积极提问、自主探究。融合运用传统与现代技术手段，重视情境教学；探索基于学科的课程综合化教学，开展研究型、项目化、合作式学习。精准分析学情，重视差异化教学和个别化指导。”

二、教学过程的基本要素

在教学过程构成要素的研究中，有两种研究思路，一种是多因素理论，一种是简单要素理论。前者回答的是构成教学的所有要素，如李秉德把教学过程的要素分为教学目的、课程、教学方法、教学环境、教学反馈、学生和教师七个方面；简单要素理论思考的是构成教学的基本要素。

在教学基本要素的研究中，存在“三要素说”和“五要素说”。“三要素说”认为教学中最基本的要素是教师、学生、教学内容；“五要素说”认为教学中基本的要素包括教师、学生、教学内容、教学媒体、教学环境。

目前主流的观点认为，教学的基本要素是教师、学生、教学内容。教师是教学活动的主体，在教学中起主导作用；学生是学习活动的主体，教学要彰显学生的主体性；教学内容是教师和学生活动的客体、对象和中介。现代教学要处理好如何将教师的主导作用与学生的主体性有机结合，让学生能动地系统地掌握教学内容。

在教育史上，不同的教育家对教学中各要素的重视情况不同。以赫尔巴特为代表的传统教学重视教师和教学内容，体现了教师中心；以杜威为代表的现代教学重视学生和经验，体现了学生中心；以布鲁纳为代表的结构主义教学理论强调学习有结构的知识，倡导发现学习，体现了对教学内容的重视。

三、教学过程的基本规律

从哲学层面讲，规律是客观事物发展过程中的本质联系，具有普遍性的形式。探讨教学过程中的基本规律也就是探索教学过程要素之间的基本联系。从教学主体方面看，教学要素有教师和学生，由此产生教师主导性与学生主体性相结合的规律；从教学内容方面看，教学要素有直接经验和间接经验，因此有直接经验与间接经验相结合的规律；从教学任务方面看，教学任务有掌握基础知识、发展智力、培养品德、增强体质、提升审美能力等多方面，知识是基础，智力发展和品德发展在全面发展中最为重要，因此就有知识获得与智力发展相结合的规律以及知识获得与品德发展相结合的规律；从影响教学过程因素的方面看，学生的认知因素和非认知因素都对教学效果产生影响，因此就有认知因素与非认知因素相结合的规律。

（一）教师主导与学生主动性相结合的规律

教师主导与学生主动性相结合的规律也叫双边规律，这个规律是指教学过程是一个双边活动过程，在这个过程中，教师是教的活动的主体，学生是学的活动的主体，教师的教与学生的学要辩证统一。

教师在教学中起主导作用有其内在的必然性。① 教师闻道在先，经过专业训练，懂得教育方法，是学生掌握知识的引路人；② 教育方针和教育政策的落实以及教学任务的完成要通过教师的教来实现；③ 教师是国家意志的代言人，引导着学生思想政治发展方向，教师的思想观点和立场，对学生的政治态度有着直接影响；④ 教师与学生之间的关系，贯穿于整个教育过程之中，学生主动性的发挥是建立在教师有意识、有针对的指导基础上。

学生主动性的彰显是取得良好教育效果的必然要求。① 从哲学来看，马克思主义认为，内因是事物发展的动力，外因是事物发展的条件。学生积极参与教学活动，是他们获得发展的"内因"，教师的教学为学生的学习活动提供良好的环境和条件，是学生获得发展的"外因"，学生的主动学习最终是实现发展的内在保障。② 从学习心理看，学生学习是一个主动建构的过程，这个过程需要学生思考问题、动手操作、与人交往，没有学生的主动学习，就不能最终实现自我的发展。

如何处理好教师主导与学生主体性的关系，需要从以下几个方面入手：

1. 充分发挥教师主导作用

教学过程中没有教师的主导，学生的学就陷入随意和肤浅的境地，历史上，儿童中心的教学实践就是很好的例证。为了发挥好教师的主导性，教师在教学活动的各个环节都要做好相应工作。课堂教学之前，教师要基于小学各科教材和本阶段小学生特点充分备课，厘清教学目标，把握教学重难点，设计好教学活动环节，同时对课堂可能产生的问题做出预测。课堂教学过程中，教师要组织好课堂教学，根据课堂实际情况灵活地执行教案。在教学活动之后，应对小学生的学习情况和自我的教学情况进行评价和反思，为更好地进行下次教学奠定基础。同时应该注意，教师应该充分地认识到"主导"不是"控制"，一切主导作用都是为了更好地促进小学生能动地学习。

2. 充分调动学生的主动性

教师主导性最终体现为学生主动性的激发。课堂教学前，教师应以学定教，根据小学生能力、兴趣等特点设计教学活动。课堂教学活动过程中，教师应该创设情境以便激发学生兴趣，设置问题以便引发学生思考，安排活动以便鼓励学生动手。最终，学生能否真正体现出主体性，需要教师营造民主的师生关系，消除对回答错误的恐惧。

3. 教师的主导和学生主体的相互促进

在整个教学过程中，师生双方是相互促进的。从教学目的、方向、内容、方法等方面看，教师起主导作用；但从学生的认识活动看，他们是否具有自觉的学习愿望和积极的学习行动，则是一个决定因素。在教学过程中，只有将教师的主导作用与学生的主体作用有机结合起来，才能使教和学相辅相成，彼此促进。

4. 防止两种极端

历史上，赫尔巴特倡导教师中心，导致教学走向了僵化，教学过程变成知识的单向传递过程，学生能力得不到有效的发展；杜威倡导学生中心，导致教学走向随意化，20 世纪 50 年代末美国教育界就开展了对杜威教学思想的批判。

案例 6－1

人教版小学五年级数学“平行四边形的面积”课堂实况（课堂观察记录）

1. 刘老师的课堂实况

师：同学们，回顾一下，前面我们学习了常见的四边形有长方形、正方形、平行四边形和梯形。三年级的时候，我们已经学习了长方形的面积公式是长乘宽，今天我们学习平行四边形的面积。看，老师手里有一个已经剪好的平行四边形，现在老师沿平行四边形左上边这个点垂直往下剪，最后有几个图形？

生：有一个梯形和一个三角形。

师：下面我们把剪下的三角形拼在梯形的右边，形成了一个什么图形？

生：长方形。

师：那么，同学们，原来平行四边形的面积与这个新的长方形面积是不是相等？

生：是相等的。

师：那么好了，也就是计算平行四边形的面积可以转化为熟悉的长方形的面积，观察一下，新的长方形的长和宽与平行四边形的底和高有什么关系？

生：长方形的长和宽分别是原来平行四边形的底和高。

师：长方形的面积是长乘宽，等于平行四边形的底乘高。所以平行四边形的面积是底乘高。

2. 王老师的课堂实况

师：同学们大家好，今天我们一起继续研究图形面积，请看大屏幕，你发现了哪些图形？你能计算哪些图形的面积？

生：长方形、正方形、平行四边形、三角形、梯形。

教师：板书长方形的面积＝长×宽，正方形的面积＝边长×边长。

师：请看大屏幕，学校有两块草坪，一个是长方形，长方形的长是4米，宽是3米。一个是平行四边形，平行四边形的底是4米，高是3米。请问这两块草坪的面积哪块大、哪块小?

学生：只要计算两块草坪各自的面积就可以。

师：我们已经知道长方形的面积是怎样算的，平行四边形的面积又怎样算呢？平行四边形的面积(板书课题)。

师：以前用数方格的方法得到了长方形和正方形的面积，用数方格的方法能得到平行四边形的面积吗？一起看“初步探究学习卡”，大声读出要求，读懂要求后把表格填完整。

师：同桌交流一下填法。

师：观察表格你发现了什么?

生：我发现平行四边形的底和长方形的长相等，平行四边形的高和长方形的宽相等，平行四边形的面积和长方形的面积也相等。

师：看来，数方格的方法可以得到这个平行四边形的面积，现在我想得到一个很大的平行四边形花坛的面积，能不能找到一种方法，适用于计算所有平行四边形的面积呢？老师为每组准备了4个不同的平行四边形，我们就利用剪刀、三角板等学具，完成下面的深入探究活动。寻找平行四边形面积的计算方法。

师：操作完请交流你的操作过程与结果。

生1：我把平行四边形沿高剪下一个直角三角形，向右平移，能拼成一个长方形。

生2：我把平行四边形沿高剪下一个直角梯形，向右平移，也能拼成一个长方形。

生3：我把平行四边形沿中间任意点剪，剪出了两个直角梯形，其中一个向右平移，能拼成一个长方形。

师：你怎么知道平行四边形的面积和剪拼后的长方形面积相等？请每位同学选一种你喜欢的剪拼方法，说说你的想法。

交流、总结，最后教师板书：平行四边形的面积＝底×高。

从上述课堂实况看，两位教师的课堂教学表现出鲜明的不同。在教学思想上，刘老师的教学体现出教师中心、教材中心的特点，王老师的教学体现出素质教育的特征。在教学方式上，刘老师整节课运用的都是讲授法，其间也有师生问答，但这些问答都是简单的问题，不能引发学生的思维，只是配合教师教学推进，整个过程是教师主导；王老师的教学运用了讲授法、问答法、讨论法、探究性学习，能多方面调动学生参与，尤其是给学生留下了创造性思考的空间，既体现了教师主导，又充分地调动了学生的主动性。在教学效果方面，刘老师的教学看似效率非常高，但仅仅止于记忆和练习平行四边形面积公式；在王老师课堂教学中，学生不仅充分理解了平行四边形面积公式，而且数学归纳思维得到了很好的训练，同时学生对数学学习的兴趣更浓厚，体现了多方面的教育功能。

(二) 直接经验与间接经验相结合的规律

直接经验与间接经验相结合的规律也叫间接性规律。所谓直接经验是通过亲身实践而获得的知识和经验；间接经验是前人总结出的经验，表现为课本中系统的知识。传统教育强调以教材为中心，重视间接经验；现代教育强调经验中心和学生中心，重视直接经验。

前者会导致学生对知识理解不深入，能力得不到提高；后者会导致学生掌握知识不够系统。教育家陶行知所说的"接知如接枝"就是要把两者结合起来。

如何处理好直接经验与间接经验的关系，需要从以下几个方面入手：

1. 教学以间接经验为主

由于小学生在学校学习的时间有限，活动能力不强，不能事事都让小学生亲身经历。同时，间接经验内化着前人探究的智慧和思想的结晶，能让小学生认识水平较快达到历史文化高度。因此小学教学以间接经验为主、直接经验为辅助。

2. 掌握间接经验应联系直接经验

由于小学生的抽象逻辑思维要建立在形象思维的基础上，在课堂教学中应提供直接经验以便让学生理解教材抽象的间接经验。如何在具体学科教学中联系小学生的直接经验，下面呈现实践中一些教师的探索：① 呈现生活情境、案例，联系学生生活经验。如在讲小学数学"整数乘小数"时，联系当时秋天放风筝的情境，设置买风筝的案例，引入整数乘小数的课题，这样既联系了学生的经验，也激发了学生探究的欲望。② 围绕当下课堂生活，联系学生直接经验。如在讲小学语文"人物描写"时，可以让学生介绍自己班级的同学，大家猜猜他是谁。③ 运用材料，引发学生实际操作经验。如在小学数学"圆周率"的学习中，可以让学生动手测量不同圆柱的周长和直径，探索周长和直径的关系。④ 深入生活，开展实践。教师可以根据知识教学的需要，引导学生到学校、到周边社区开展实践活动。⑤ 布置实践型作业，联系学生经验。如小学语文课"爬山虎的脚"的教学中，可以引导学生课后观察一种植物，运用教材的写作方法描写它的特征。

3. 学会间接经验后要用于实际

在课堂教学中，学生掌握间接经验后，为了深化对间接经验的理解，应将间接经验用于实际。教师在课堂练习环节或课后布置作业时，应安排一些与学生生活经验相连的任务，让学生在实践作业过程中实现知行统一、手脑并用。

案例 6－2

人教版小学三年级数学"位置与方向"教学设计节选①

一、儿歌铺垫，引出新课

同学们，你们会背有关东、南、西、北方向的儿歌吗？

儿歌：太阳出来暖洋洋，背起书包上学堂，不迟到，不旷课，老师教导记心上。面向太阳认方向，前面东来后面西，左手北，右手南，东西南北我不忘。

读了这首儿歌，你们能辨认东、南、西、北四个方向吗？这节课我们一起来探究这个问题。

板书课题：认识东、南、西、北方向。

二、联系生活情境，探究、体验新知

1. 以 4 人小组为单位，根据儿歌让学生在学校操场上辨认东、南、西、北方向。

---

① http://www.doc88.com/p-3069108903564.html.

2. 生观察东、南、西、北四个方向都有什么建筑物?

3. 到教室,请将各小组的记录纸贴在黑板上,汇报交流各种不同的方法,上方定为什么方向,为什么这样定?

4. 学生讨论各种不同方法后,教师讲解地图上通常的方向:上北、下南、左西、右东。

引导学生按地图的记录方式,重新整理自己的记录,完成校园示意图。再结合示意图用“东、南、西、北”说一说各种景物所在的位置。

三、分层练习,巩固新知

1. 说一说教室里东、南、西、北各有什么?

2. 用东、南、西、北这些词语说一说你座位周围同学所在的方向。

3. 你说我做:5 人一组,1 人指挥,4 人做动作(1 人指挥站中间,4 人听指挥站 4 个方向)。

4. 合作完成教科书练习一的第 2 题。

四、课堂总结

1. 全课小结:你们今天有什么收获?

2. 师总结。

五、联系生活、布置作业

回家后,跟妈妈说说学校在你家的什么位置?你经常去的超市在你家什么位置?或者选择你喜欢的地方向家人介绍介绍它的位置。

案例里,教师设计的教案把陶行知的生活教育理念贯穿在整个活动中。在教学导入部分,教师运用学生熟悉的儿歌引入课题,联系了学生已有的经验。教学过程中,将课堂从教室转移到操场上,在直接实践中学习,关注了学生的直接经验。在学生直接体验了东、南、西、北后,进入教室,在黑板上标志东、南、西、北,让学生掌握课本知识,把间接经验的学习建立在直接经验基础上。在巩固练习环节,采用多种直接操作的方式,让学生在实际应用中巩固间接经验。最后继续在作业布置中联系生活,将东、南、西、北的知识运用于生活实际。

(三) 掌握知识和形成思想品德相结合的规律

掌握知识和形成思想品德相结合的规律也叫教育性规律,这一规律是指教学中要教授学生科学知识,并结合知识教学对学生进行思想道德教育。

习近平总书记在不同场合阐述了知识教学与思想道德教育相结合的思想。2016 年 12 月 7 日,习近平总书记在全国高校思想政治工作会议上的讲话中指出:“好的思想政治工作应该像吃盐,但不能光吃盐,最好的方式是将盐溶解到各种食物中自然而然吸收。”这个新鲜而又生动的比喻说明了对学生的思想道德教育不能采用说教的方式,而是要内化到不同科目知识中、教育不同环节中。2018 年 5 月 2 日,习总书记在北京大学师生座谈会上的讲话中指出:“要把立德树人的成效作为检验学校一切工作的根本标准,真正做到以文化人、以德育人,不断提高学生思想水平、政治觉悟、道德品质、文化素养,做到明大德、守公德、严私德。”习近平总书记将“立德树人”具体到“以文化人”,通过知识促进学生品德的发展。

如何处理好学生掌握知识和形成思想品德的关系，需要从以下几个方面入手：

1. 学生思想品德的形成以掌握知识为基础

在古希腊时期，苏格拉底就提出了“知识即美德”，这里并不是说知识就是美德，而是强调知识对美德形成的重要性。现代德育理论认为，学生品德心理包括知、情、意、行四个要素，道德知识和道德判断能力是品德形成的基础。所以人们不会说一个幼儿不道德，因为他缺乏道德知识和道德判断能力。近代德国教育家赫尔巴特在教学中就提出了教育性教学原则，他认为：“教学如果没有进行道德教育，只是一种没有目的的手段，道德教育如果没有教学，就是一种失去了手段的目的。”①赫尔巴特表达了道德教育是教育的目的，而教学传递知识是实现道德教育的基础和手段。

2. 学生思想品德的提高推动着学生积极地学习知识

马克思在高中毕业论文《青年在选择职业时的思考》中提出“选择最能为人类福利而劳动的职业”，这个远大的理想，推动着马克思在学术上不断前行。尽管小学生还不能形成这么高远的理想，但可以从小的方面开始，如养成认真、勤奋、踏实、仔细等品质，这些品质能有效地促进他们的学习。

3. 传授知识和思想道德教育有机结合

在小学教学中，要避免教师脱离知识对学生进行思想道德的教育。同样，也不能只重视知识的积累而不结合具体对学生进行道德教育。

不同科目的教师要结合自身科目的知识有意识地培养学生的思想品德。小学语文等文科教学中，结合知识对学生进行品德培养相对较为容易，因为“文以载道”，文科的思想性比较明显。数学等理科教师结合知识，灵活地开展思想道德教育，可以从这些方面进行：① 结合教学情境，对学生进行思想道德教育。如在二年级的数学加法学习中，教师呈现了“小花帮妈妈摘黄瓜，一根藤上摘了 6 根黄瓜，另一根藤上摘了 5 根黄瓜，小花一共摘了多少根黄瓜”这样一个数学情境。可以结合这个情境，对学生说：“小花是一个乐于帮助妈妈的好孩子，请你们也做一个助人为乐的孩子，帮小花算一算她一共摘了多少根黄瓜。”这样的情境在教材和教学过程中比比皆是，如“种树问题”“分蛋糕问题”等。② 结合科目知识点，对学生进行思想道德教育。如科学课中，学生了解了植物能吸收二氧化碳，释放氧气，可以结合这个知识点教育学生保护自然环境，珍爱大自然。③ 结合科学历史和人物，对学生进行思想道德教育。如讲到圆周率，可以介绍中国古代祖冲之对圆周率的研究，从而让学生产生文化自豪感和认同感。④ 结合科学操作过程，对学生进行思想道德教育。如科学实验课中，指导学生仔细观察、认真记录，养成实事求是的科学精神。⑤ 结合作业布置，对学生进行思想道德教育。教师在作业布置中，要给学生提出作业的要求，使学生形成认真、踏实、诚实的品质。

（四）掌握知识与发展智力相结合的规律

掌握知识与发展智力相结合的规律也叫发展性规律，这一规律是指在教学活动中，要授予学生知识，同时在知识学习过程中引导学生参与、思考、探索，促进学生智力发展。

---

① （德）赫尔巴特：《普通教育学》，李其龙译，人民教育出版社，1989，第 215 页。

知识和智力互为条件和基础。知识是智力发展的材料，智力发展是在知识掌握过程中形成的。智力是学生知识学习的条件，智力发展有助于知识的学习，影响着知识学习的速度和质量。教育史上的形式教学和实质教学都走向了极端，前者把智力发展作为教学的根本任务，后者把知识掌握当成教学唯一目的。当然也不能把知识掌握就等同于能力发展，两者存在内在的转化机制。

如何处理好学生掌握知识与发展智力的关系，需要从以下几个方面入手：

1. 知识掌握是智力发展的基础

智力发展需要以知识掌握为基础，但掌握知识并不必然能发展智力。要让学生在掌握知识的过程中发展智力，就需要思考掌握什么知识和如何掌握知识的问题。

对掌握什么知识有助于智力发展的问题，历史上教育家们做了大量探索。1859年，英国教育家斯宾塞在《什么知识最有价值》一文中指出，无论是就知识的实用价值还是思维培养价值，科学知识最有价值。美国教育家布鲁纳在其1960年出版的《教育过程》一书中，提出了结构主义教学思想，倡导掌握学科的基本结构。学科结构是指一个学科的基本概念、基本原理、基本态度、基本方法以及彼此之间的联系，这些要素具有普遍的实用性。在小学教学过程中，要注重引导小学生掌握有理性、逻辑、系统的知识，用知识内在的智慧影响学生智力的发展。

对如何掌握知识才能有效发展学生的智力，心理学家做了深入的研究。奥苏贝尔提出了有意义接受学习理论，有意义学习是指学习过程中要建立新知和旧知之间非人为、实质性的联系，也就是学生要理解知识，学生理解知识才能发展智力；布鲁纳倡导发现学习，只有学生是知识学习的主体，经历多样化的探索、发现过程才能发展智力；建构主义认为，知识学习过程是自我建构知识的过程，要重视学习中的多样化互动。这些理论让我们认识到，在小学教学过程中，要把学生当成是学习主体而不是接受知识的容器，要引导学生开展多样化的活动来学习知识。因此，当前小学教学改革倡导从教师的教转向学生的学，重视合作、自主、探究的学习方式。

2. 智力发展是知识掌握的重要条件

学生具有的智力、能力，是进一步掌握文化科学知识的必要条件，学生智力发展水平直接影响着学生掌握知识的广度、深度。小学生的学习实际情况表明，学生的注意力、观察力、记忆能力、思维能力发展水平的高低影响着学生对知识的掌握。

3. 教学过程中既要重视学生智力的发展，又要重视知识的掌握

防止单纯只重知识或只重智力发展的片面倾向。小学教学过程中，要夯实学生不同科目的基础知识，对学科的基本概念、基本原理和方法，要重点突破。同时，教师还要重视调动学生学习的积极性，引导学生自觉地掌握知识，从而促进学生智能的发展。

2019年6月23日，中共中央国务院颁布的《关于深化教育教学改革全面提高义务教育质量的意见》明确提出："提升智育水平。着力培养认知能力，促进思维发展，激发创新意识。严格按照国家课程方案和课程标准实施教学，确保学生达到国家规定学业质量标准。充分发挥教师主导作用，引导教师深入理解学科特点、知识结构、思想方法，科学把握学生认知规律，上好每一堂课。突出学生主体地位，注重保护学生好奇心、想象力、求知欲，激发学习兴趣，提高学习能力。加强科学教育和实验教学，广泛开展多种形式的读书

活动。各地要加强监测和督导，坚决防止学生学业负担过重。”

（五）认知因素与非认知因素相结合的规律

认知因素与非认知因素相结合的规律也叫知情统一规律，这一规律是指教学中要充分地调动学生感知、记忆、思维等认知因素的参与，也要考虑学生需要、兴趣、意志等非认知因素，这两种因素相互渗透、相互推进、相互制约，共同完成学生的学习过程。

认知因素也称为智力因素，智力因素通常是指记忆力、观察力、思维能力、注意力、想象力等，即认知能力的总和，它是人们在对事物的认识中表现出的能力，是认识活动的操作系统。非认知因素也称为非智力因素，它包括动机、兴趣、情感、意志、性格等，具体说来它是由成就动机、求知欲望、学习热情、自信心、自尊心、好胜心、责任感、义务感、荣誉感、自制性、坚持性、独立性等心理因素所组成，非认知因素对人的认识过程起直接制约的作用。在教学过程中，学生的学习过程不仅有认知因素参与，而且伴随着非认知因素的活动，二者不能分开。

如何处理好学生认知因素与非认知因素的关系，需要从以下两个方面入手：

1. 认知因素与非认知因素共同作用于教学过程

任何知识的学习过程，都包括一系列复杂的心理活动，大致分为认知因素和非认知因素。认知因素是关于认知过程本身的因素，直接介入学习过程，是学习活动的执行者和操作者，承担着对各种知识的加工、处理，如感知教材、理解教材、复习旧知等。非认知因素不直接介入学习，是学习活动的发动者和推动者，对学习活动起到启动、定向、维持和调节作用，是学习活动的动力系统。没有认知因素，教学活动无法实现；没有非认知因素，教学过程就不能发生和持续。

2. 引导学生的认知因素，激发学生的非认知因素，有成效地完成教学任务

认知因素和非认知因素对教学过程都起到重要作用，因此要调动两者共同参与学习过程。

教师可以根据认知过程的规律组织相应的教学活动，来调动学生的认知因素。从知识学习过程看，学生要经历感知、理解、巩固、运用环节。在感知环节，教师可以给学生呈现图片、案例、情境等，引导学生观察；在理解方面，教师可以采用分析、比较、探索等方式，引导学生动手、动脑；在运用环节，教师可以设计情境性强的任务、问题，加强知识的迁移和巩固，进一步增进学生对知识的理解。

激发非认知因素也是教师要思考的重要方面。小学课堂教学调节学生的非认知因素要从两方面进行：一方面要改进教学本身，使教学富有吸引力；另一方面要端正学生学习的态度，提高小学生自我教育能力。因此，小学教师要重视精彩的导课、生动的情境和案例、灵活多样的教学方法、优美的语言和姿态，以便激发学生非认知因素；同时要帮助小学生形成自律、自制的品质和认真、踏实的学习态度。

四、教学过程的基本阶段

在教育史上，不少教育家对教学过程的基本阶段进行了阐述。

（一）历史上有关教学过程基本阶段的认识

1. 中国教育家对教学过程阶段的认识

中国古代教育家提出了多种教学过程阶段的思想。孔子提出了学、思、行的学习过程思想;《中庸》中提出了博学之、审问之、慎思之、明辨之、笃行之的学习过程观;朱熹提出了循序渐进、熟读精思、虚心涵泳、切己体察、着紧用力、居敬持志的读书过程观。以上这些有关教学过程的思想,更多的是从人一生的学习过程论述的,不是一节课的过程。20 世纪 20 年代末,陈鹤琴开展"活的教育"试验改革,提出了活的教育包括实验与观察、阅读与参考、发表与创作、批评与研讨四个步骤。当前我国对教学过程阶段的研究主要是建立在西方教育家对教学过程阶段研究的基础上。

2. 西方教育家对教学过程阶段的认识

古希腊、古罗马时期,就有教学过程的萌芽思想。古希腊的教育家苏格拉底提出了"产婆术"的教学方法,这种教学方法把教学过程分为讥讽、助产、归纳、定义四个环节。古罗马教育家昆体良就演讲家的培养提出了"模仿、理论、练习"三个循序渐进的学习过程。

近代西方大量教育家提出了自己的教学过程理论。班级授课制产生后,对如何设计一堂课的过程,传统教育的代表赫尔巴特提出了明了、联想、系统、方法四个阶段,从赫尔巴特开始,教学过程的研究构成了一个专门的研究领域。赫尔巴特的学生齐勒将第一阶段"明了"分为分析、综合,从而形成了分析、综合、联想、系统、方法五个阶段。赫尔巴特的另一个弟子莱因将赫尔巴特教学过程中的"明了"发展成"预备"和"提示",将"联想"改为"联合",将"系统"改为"总结","方法"改为"应用",形成了预备、提示、联合、总结、应用五段教学法。

20 世纪以后,各国对教学过程的研究日益深化和丰富。美国教育家杜威提出了疑难、问题、假设、验证、结论的思维五步教学法。苏联教育家凯洛夫在继承赫尔巴特思想基础上,运用马克思主义思想,将教学过程分为感知、理解、巩固、运用四个阶段。赫尔巴特等人探究的教学过程主要是学科课程的教学过程,美国教育家克伯屈系统地探究了活动课程的教学过程,提出了设计教学法(活动课的教学),设计教学法由决定目的、制定计划、实施计划、评判结果四个阶段构成,人们把克伯屈称为"设计教学法之父"。

（二）当前学校教学过程的基本阶段

当前,学校教学主要是学科课程的教学,因此下面阐述的小学教学过程其实质是课堂教学的过程。前面分析了教学过程的基本规律,认知因素与非认知因素都参与到教学过程中,赫尔巴特和凯洛夫的教学过程思想主要考虑了认知过程,没有考虑非认知因素的参与,也没有考虑学习效果最终的鉴定。因此,当前人们在凯洛夫教学过程的基础上,加上激发动机环节和检查效果环节,构成激发学习动机、感知教材、理解教材、巩固知识、运用知识、检查效果六阶段理论。

1. 激发学习动机

学习动机是指激发学生的学习活动,并对已引发的学习活动进行维持,最终使学生行为朝着既定学习目标迈进的内部心理状态。学习动机属于非认知因素,是学习的动力,对学习起到重要作用。《论语》中提到"知之者不如好之者,好之者不如乐之者",教学中要重视学生学习动机的激发和培养。

激发学生学习动机既是学习活动开始的工作，也应该贯穿到整个教学过程中。如何激发学生学习动机，可以从多个方面入手：① 创设问题情境，激发兴趣，维持好奇心。教学过程开启的时候，可以通过设置能引发学生求知欲和兴趣的问题情境，让学生产生学习的需要。② 设置符合学生认识水平的学习目标和任务，激发学生学习动机。学习的目标和问题太难，会使学生产生畏惧心理，而太简单，学生就丧失了学习的兴趣。③ 提供明确的、及时的、经常性的反馈。学习过程中，教师要对学生学习情况及时反馈，让学生在教学过程中体验到成功感，由此产生学习的内在动力。④ 对学生表达明确的期望。在教学过程中，教师要经常对学生表达想象性的期望，这些期望能暗示学生，学生会向教师理想的期望迈进。如“你写得很好，我觉得你将来一定能成为作家”。⑤ 采用各种方式对学生进行表扬。表扬是一种重要的强化方式，在教学中，可以适当给孩子一些物质的或代币的奖励，也可以进行口头的夸奖，但应该把握好度。⑥ 进行竞争性教育，适当开展学习竞争。同学们之间的适当竞争能激发学生学习的动力。教师可以在课堂教学中采用抢答、小组PK 等方式营造竞争氛围。

案例 6－3

导课案例（课堂观察记录）

1. “加法”一课的导入

教师：一只蜗牛不小心掉到了很深的井里，它想爬出去，这时在这井里长久生活的一只青蛙对它说：“井太深，你爬不出去，不要做无用功。”但是蜗牛不听，它不想在这漆黑的井里待一辈子，它还想享受阳光的照射，于是它努力地往上爬，第一天爬了 5 米，第二天爬了 3 米，第三天爬了 2 米，终于爬出了漆黑的井底，又享受到温暖的阳光了。在学生听完故事后，教师引导学生思考，这个井有多深，你能计算出来吗？今天为了解决这个问题，我们一起来学习“加法”吧。

2. “惊弓之鸟”一课导入

教师：大家都知道，有了弓，有了箭，才能射鸟。可是古时候，有个叫更羸的人，只拉弓不射箭，就能把大雁射下来，这是怎么回事呢？今天，我们学习了第 20 课《惊弓之鸟》以后就明白了。

在“加法”一课的导入过程中，教师设置了生动的“蜗牛爬井”的故事，吸引学生的注意力，同时，又设计了有针对性的问题，调动了学生的求知欲望，顺利地进入“加法”这一课题的学习。在教学过程中，应该注意，导课中的设计，不仅要生动有趣，还应该有针对性，能切入学习主题，这位教师这两个方面都处理得很好。

在“惊弓之鸟”一课的导入过程中，教师采用简短的故事，设置了一个有冲突的问题，给学生制造了一个悬念，引发了学生一探究竟的欲望。这个故事既有生动性，又很简短，同时还设置了悬念，引导学生进入新的课题。在教学中，导入环节不能太长，不然就产生喧宾夺主的倾向，在这个方面，这位老师做得很好。

2. 感知教材

感知教材指将教材的信息以感性的形式呈现给学生，让学生形成清晰的表象，为深入理解抽象的知识奠定基础。从认识过程看，学习是从感性走向理性，从直观走向抽象。教学中，教材是符号表达的抽象知识，属于前人的间接经验。因此在教学过程中应提供直观的经验和现象，为学生归纳、概括知识提供准备。

案例 6－4

“什么是动物”的教学片段(课堂观察记录)

教师呈现第一组图片，有天上飞的各种鸟。

教师：“这些是不是动物？它们有什么外部特点？”

学生：是动物，它们都有翅膀、羽毛。

教师：羽毛、翅膀是起什么作用？

学生：用来飞的。

教师总结：能飞的是动物。板书“飞”。

教师呈现第二组图片，水中游的各种鱼，并引导学生观察外部特征，最后总结能游的是动物。板书“游”。

教师呈现第三组图片，四条腿的小猫、小狗等，引导学生观察外部特征，最后总结能跑的是动物。板书“跑”。

教师：能飞、跑、游的是动物，能不能用一个字概括一下什么是动物？

学生：能动的是动物。

教师接着呈现风中摇摆的狗尾草和天上飞的飞机，引导学生掌握，能动的未必是动物，只有自己能动的才是动物。

在“什么是动物”一课的教学过程中，这位教师根据动物存在的主要形态，分别呈现了鸟类、鱼类、哺乳类三组动物图片，学生对每组图片中的动物都有生活经验，容易形成清晰的表象。在直观教学过程中，教师对学生的观察进行了引导，如“它们有什么外部特点”，让学生明确了观察的重点。最后，这位教师引导学生从各种动物图片中，归纳出动物的特征，进而形成了动物的概念，实现了学生的认识从直观向抽象的过渡。

3. 理解教材

理解教材是教学过程的中心阶段。理解教材是指在感知教材的基础上，引导学生对材料开展比较、概括等深度加工改造，从而获得一类事物的本质特征与内在联系的过程。应该说明的是，有的学者把感知教材和理解教材归纳为领会知识，从这个意义上讲，领会知识是教学过程的中心阶段。

在感知教材的基础上，学生形成了有关知识的感性经验，这个时候就要引导学生进行比较和概括，以形成对知识的抽象认识。比较是在直观的基础上确定事物之间共同点和差异点的思维方法。概括是将比较环节获得的特征进行综合，形成概念、原理、规律的过程。要真正地获得知识，教师应通过教学活动启发学生积极思考、自觉概括。这就需要鼓励学生自己去发现、总结原理和规律等，尽量避免死记硬背。教师启发学生进行自觉概括的最常用的方法是鼓励学生主动参与问题的讨论。

案例 6－5

小学数学“商不变性质”的教学片段(课堂观察记录)

一、教师呈现两组对比题

(1)	(2)
6÷3＝2	8 000÷2 000＝4
60÷30＝2	800÷200＝4
600÷300＝2	80÷20＝4
6 000÷3 000＝2	8÷2＝4

二、学生观察、讨论

汇报讨论结果：第(1)组，被除数和除数同时扩大相同的倍数，商都是2，商不变；第(2)组，被除数和除数同时缩小相同的倍数，商都是4，商也不变。

三、概括“商不变的性质”

学生总结：被除数和除数同时扩大或缩小相同的倍数，商不变。

四、进一步概括、总结

教师引导学生进一步思考，“被除数和除数同时扩大或缩小相同的倍数，商不变”这个结论是否科学，是否严密。学生通过老师的点拨，认识到如果扩大或缩小“0”倍时，就不对了。这样，教师和学生进一步总结概括出商不变的性质——“被除数和除数同时扩大或缩小相同的倍数(0除外)，商不变”。

在“商不变性质”的课堂教学过程中，教师呈现两组具体直观的数学题，引导学生进行对比，发现两组题目的相同点和不同点。相同点是商的结果不变，不同点是一个扩大了若干倍，一个缩小了若干倍。最终引导学生概括出商不变的性质，然后教师进一步引导学生对概括的观点进行完善。这个过程充分考虑了学生数学概念的学习心理过程，关注了学生在“感知教材”阶段思维深度加工的过程。

4. 巩固知识

理解知识是巩固知识的前提。巩固知识是指教学过程中要引导学生在理解知识的基础上，牢固地掌握知识和技能，以便长久地保持在记忆中，根据需要能迅速再现出来。在教学中，教师可以通过小结、总结、提问、课堂练习等多种形式巩固知识。

如何使知识得到有效的巩固，教学中可以选择有效的策略。① 在理解的基础上巩固。理解知识是巩固知识的前提。意义记忆的效果优于机械记忆，而意义记忆是建立在知识的理解上的，因此教师在教学过程中要让学生深刻地理解知识。② 组织多种形式的复习和练习。艾宾浩斯的遗忘规律揭示了学习后马上产生大规模的遗忘，因此，要及时组织学生开展多种形式的复习，把经常性复习与阶段性复习和总结性复习结合起来。同时，给学生提供多种练习机会，在知识的练习中实现知识的理解和巩固。③ 指导学生掌握记忆的方法。为了加强知识的巩固，教授学生必要的记忆方法显得尤为必要。教学过程中，可以把知识要点编成顺口溜、歌谣，或构造成直观的图像等，通过多种记忆法巩固知识。④ 在扩充改组和运用知识中积极巩固。在教学中教师可以扩大加深原有知识，积极运用所学新知识解决实际问题，从而达到巩固旧知识的目的。

5. 运用知识

运用知识是指将课堂知识从大脑中提取出来，运用于新的情境，解决具体问题。知识的运用对知识的理解和巩固起到重要作用，运用知识是较高层次的理解知识。知识运用在教学中常表现为布置课堂作业和课后作业，其主要有两种形式，一是将知识用于解决理论问题；二是将知识运用于实际问题，当前课程改革倡导教育联系生活，对第二种运用形式非常重视。

知识的运用是一个复杂的过程，教师教学中应重视学生知识运用能力的培养。知识运用的过程一般包括审题、相关知识在头脑中的重现、解题。在小学教学活动过程，学生运用知识的过程经常表现出审题不清楚，没有抓住题目的本意。在小学二年级之前，教师和家长尽可能给学生读题，引导学生抓住题目的意思，慢慢让学生自己读题，并划出关键的词，多度几遍以后再做题。

案例 6－6

实践作业的布置（课堂观察记录）

某小学数学教师教“小数乘法”一课后布置的课后作业：同学们，回家帮爸爸妈妈买买菜，算算账，下次课把账单带过来我们一起分享。

某小学语文教师教“狼和小羊”一课后布置的课后作业：自己续编故事，展开想象，构建新的形象。这条凶恶的狼吃掉这只小羊了吗？你觉得小羊怎样才能不被狼吃掉呢？请学生来当当小小智慧家，帮帮小羊。

在“小数乘法”一课的作业布置中，该教师将知识从课堂延伸到了生活，很好地体现了学以致用的特点。同时还将思想道德教育的因素渗透在作业布置中。

在“狼和小羊”一课的作业布置中，让学生续编故事，很好地培养了学生的想象力和创造力。同时，引导学生思考如何机智地解决问题，培养了学生智力。

6. 检查效果

检查效果是教师对学生课堂的表现以及课外作业进行分析，把握学生学习的整体情况。检查效果提供的信息，为教师调整教学的内容、进度、方法提供了依据。检查效果的方式非常灵活，比如提问、检查课堂练习、课后作业等。为了培养学生学习的主动性和自觉性，在检查效果环节，教师可以组织学生进行自查、互查、小组检查。实践表明，只有那些能对自己所学知识、所做作业自主进行认真检查、验证的学生，才能在学习中及时纠错、精益求精，获得优异的学习效果，养成良好的学习习惯。

应该说明，上面分析的教学过程的基本阶段是从教育学意义上讲的阶段，是一般意义上的教学过程环节，不同学科教师应该根据自己所教科目的特点，在体现一般过程的基础上进行创造，设计每课有特色的教学过程。

本章小结

对教学和教学过程的认识是学习教学理论知识的前提。

本章第一节是有关教学概念与教学任务的知识，包括教学概念、相关概念辨析、教学的基本任务三个方面。教材首先分析了现代教学的概念，并将教学的概念与教育学中相关概念进行了辨析，深化了对教学概念的认识；其次，通过教学概念的分析，揭示了教学最基本的任务是促进学生全面发展，在此基础上分析了促进"双基"和德智体美劳全面发展任务的具体表现。

本章第二节是有关教学过程的知识，包括教学过程的本质、要素、规律与阶段。首先介绍了历史上几次关于教学过程本质讨论的情况，分析了今天人们对教学过程实质的看法；其次，介绍了教学要素知识，在教学要素分析的基础上，揭示了当前教学过程中的五大基本规律；最后，在分析历史上对教学过程阶段认识的基础上，联系凯洛夫的教学阶段思想，分析了我国当前教学过程的基本阶段。

[思考与练习]

1. 请陈述小学教学的基本任务。
2. 请谈谈你对教学过程主要是一种特殊认识过程的理解。
3. 请简述小学教学过程的基本规律。
4. 请谈谈如何处理教师主导和学生主动性之间的关系。
5. 请简述小学教学过程的基本阶段。
6. 选择小学某学科一课内容，设计你的课堂导入语。

第七章 小学教学目标

扫码获取
相关资源

内容提要

本章主要引导学生掌握小学教学目标相关理论知识和小学教学目标的叙写。通过对小学教学目标概念的分析,引导学生掌握教学目标与教育目的、培养目标之间的关系,进而理解教学目标的特点和功能。通过对教学目标分类思想的阐述,让学生掌握布鲁姆教学目标分类、加涅教学目标分类以及新课程改革教学目标分类之间的内在联系。最后介绍教学目标的不同表述形式,引导学生掌握教学目标的编写。

学习目标

1. 理解教学目标的概念、特点和功能。
2. 掌握布鲁姆的教学目标分类、加涅的教学目标分类、新课程改革背景下教学目标分类,掌握其内在联系。
3. 了解教学目标制定的依据。
4. 掌握小学教学目标叙写的方法。

马克思认为,人与动物的区别首先在于人的活动是有目的有意识的活动。教育活动是人类活动的重要方面,教育活动的目的性和意识性应该比一般活动要更明显。教育学家左藤正夫认为:“一切教育现象、教育过程得以形成的基准点是目标。”[①]教师的教学工作首先就是要明确教学目标,教学目标是教学活动的起点和归宿,支配着教学的全过程,因此,教学目标的设计是教学活动设计的核心环节。一堂课的教学目标一旦确定下来,教学活动的各环节就围绕目标展开。

① (日)左藤正夫:《教学论原理》,钟启泉译,人民教育出版社,1996,第 176 页。

第一节　小学教学目标概述

教学目标是教学活动的向导。如果在教学活动前不能明确教学目标，就会影响教学实施和教学评价。有了明确而有针对性的教学目标，教师和学生就如同有了藏宝地图，可以凭借这个地图在学科知识的海洋中展开探索活动。

一、小学教学目标的概念与层次

（一）小学教学目标的定义

1934 年，美国课程专家泰勒首次提出了“教学目标”一词，此后大量学者对教学目标进行了探索，教学目标的研究逐渐演化为教育学和教育心理学一个重要领域。泰勒认为：“形形色色的行为方式的变化，就是教学目标。”[①]泰勒所说的教学目标主要反映在行为变化方面，这与他所秉承的行为主义心理学是分不开的。教育家梅尔认为教学目标是指与具体教学过程相连的努力方向，他将教学目标与具体的教学过程紧密相连。美国学者克拉克认为：“教学目标是目前达不到的事物，是努力争取的、向之前进、将要产生的事物。”[②]克拉克阐述教学目标时，把教学目标指向了学生努力达成的要求，是教学前教师的预期，这个观点被许多学者所借鉴。美国教育家、心理学家布鲁姆和加涅在教学目标的研究过程中，把教学目标也指向预期学生学习的结果，布鲁姆认为“目标就是预期的结果”[③]。我国教育心理学学者莫雷在其 2007 年出版的《教育心理学》中指出：“教学目标是教学活动中所期待得到的学生的学习结果。”[④]王本陆认为：“教学目标是对教学活动结果的预期，教学活动实施的结果主要表现在学生的发展变化上，教学目标是经过具体的教学活动实施后，在学生身上表现出的预期变化。”[⑤]袁振国认为：“教学目标是教育者在完成某一阶段教学活动后，期待学生达到某种要求或发生的变化结果。”[⑥]

通过对不同学者的教学目标概念分析，不难明确教学目标内涵：

（1）教学目标是指具体教学过程的目标，也就是某一阶段、某一科目教学的目标。教育家梅尔强调了教学目标是与“具体的教学过程”相连的努力方向，这个“具体的教学过程”内含了某一课程、某一阶段的意思。王本陆认为教学目标是“经过具体的教学活动”实施后学生身上表现出的预期变化，这里的“具体教学活动”也在强调教学目标要指向某一阶段、某一科目教学活动，袁振国更是明确地指出“完成某一阶段教学活动”后期待学生达到某种要求或发生的变化结果。教学目标指向某个阶段、某一科目的教学目标，这个阶段

---

① 裴娣娜：《教学论》，教育科学出版社，2007，第 81 页。

② （美）克拉克：《中学教学法》，王铁生译，人民教育出版社，1985，第 165 页。

③ 陈旭远：《课程与教学论》，东北师范大学出版社，2002，第 194 页。

④ 莫雷：《教育心理学》，教育科学出版社，2007，第 79 页。

⑤ 王本陆：《课程与教学论》，高等教育出版社，2004，第 166 页。

⑥ 袁振国：《当代教育学》，教育科学出版社，2004，第 58 页。

既可能是一个课时、一个单元、一个学段某门课程的教学目标，甚至更宏观地指向整个小学、初中、高中阶段某门课程的教学目标。从“具体”这个词来理解，教学目标主要指向某门课程某课时的教学目标。

(2) 教学目标是预期学生的学习结果。上述多数学者都强调了教学目标是预期的学习结果。克拉克将“预期的学习结果”描述为“目前达不到的事物”“将要产生的事物”，布鲁姆将“预期的学习结果”描述为“预期的结果”，莫雷将“预期的学习结果”描述为“期待得到的学生的学习结果”，王本陆将“预期的学习结果”描述为“教学活动结果的预期”，袁振国将“预期的学习结果”描述为“期待学生达到某种要求或发生的变化结果”。教学目标作为教师预期学生学习的结果，教师在教学活动前，要以国家的教育目的、培养目标为依据，结合教学内容和学生特点制定明确的教学目标，指明学生学习以后应该达成的结果。

(3) 教学目标指向预期学习结果主要从行为上表现出来。泰勒在阐述教学目标时，明确地提出教学目标是“形形色色的行为方式的变化”，他强调教学目标应该指向学生行为的变化。王本陆指出“教学活动实施的结果主要表现在学生的发展变化上”。这些学者强调教学目标是能表现出来的，甚至是能观察到的行为，通过观测，才知道学生是否达成教师的预期。应该说明，学习以后，学生的发展未必全部变现为一时的外在行为，有些高级的发展很难转化成具体的外在可观测的行为。

基于以上观点，可以这样定义小学教学目标：小学教学目标是小学某门课程在某一阶段的教学活动过程中，预期小学生要达成的学习结果，这种结果往往通过学生行为得以体现。

(二) 我国教育目标层次

在长期的教育研究中，人们并没有清晰地区分教育目的、教育目标、培养目标、教学目标等的关系。随着教育研究的深入和具体化，人们开始对这些概念进行规范和区分，其中最有代表性的是加拿大学者奥利瓦，他提出教育目标从宏观到微观包括教育宗旨、课程目的、课程目标、教学目的、教学目标五层次。

我国目前将教育目标主要分为教育总目的、培养目标、教学目标。

1. 教育总目的

教育总目的是指国家或社会对整个国家的教育所要造就人的质量规格所做的总体规定与要求，它是教育活动的起点和终点。一定时期一个国家的教育总目的主要体现在一定时期一个国家的教育政策和教育方针中，教育方针包括教育总目的。

2015 年 12 月 27 日，根据第十二届全国人民代表大会常务委员会第十八次会议《关于修改〈中华人民共和国教育法〉的决定》，对 1995 颁布的《中华人民共和国教育法》做了第二次修正。《中华人民共和国教育法》第一章的第五条指出：“教育必须为社会主义现代化建设服务、为人民服务，必须与生产劳动和社会实践相结合，培养德、智、体、美等方面全面发展的社会主义建设者和接班人。”第五条是我国当前的教育方针，而“培养德、智、体、美等方面全面发展的社会主义建设者和接班人”是我国当前的教育目的。

教育总目的决定了培养目标、教学目标的方向和性质，它是制定其他教育目标的依据和前提，对教育工作起到导向、指导、激励、评价的作用。

2. 培养目标

一定时期国家教育总目的明确后，为了指导各级各类学校教育，必须根据教育总目的制定各级各类学校的培养目标。培养目标是指依据国家的教育目的和各级各类学校的性质、任务提出的具体培养要求。培养目标是对教育目的的具体化，它具有阶段性、层次性等特点，不同性质、不同层次的学校，国家分别制定了相应的培养目标。应该说明的是，我国当前推行九年义务教育，实施九年一贯制，国家在制定培养目标时，小学和初级中学的培养目标是一起设置的。

2011 年教育部颁布了《九年义务教育全日制小学、初级中学课程计划（试行）》，对当前九年义务教育的培养目标做了明确的规定："全面贯彻党的教育方针，体现时代要求，使学生具有爱国主义、集体主义精神，热爱社会主义，继承和发扬中华民族的优秀传统和革命传统；具有社会主义民主法制意识，遵守国家法律和社会公德；逐步形成正确的世界观、人生观、价值观；具有社会责任感，努力为人民服务；具有初步的创新精神、实践能力、科学和人文素养以及环境意识；具有适应终身学习的基础知识、基本技能和方法；具有健壮的体魄和良好的心理素质，养成健康的审美情趣和生活方式，成为有理想、有道德、有文化、有纪律的一代新人。"从上面义务教育培养目标的内容看，它是对国家教育总目的"培养德、智、体、美等方面全面发展的社会主义建设者和接班人"的具体化。

3. 教学目标

教学目标是对培养目标的具体化。小学培养目标确定后，为了达成培养目标，国家需要为小学阶段设置不同门类的课程，开展教学活动以达成小学阶段的培养目标。这就需要根据某门课程的特点制定不同时期教学活动具体要达成的教学目标。

（三）小学教学目标的层次

为了落实小学阶段培养目标，需要设置不同科目，并开展相应的教学活动。小学某门课程的教学活动，可以根据时间指称不同，从宏观到微观上区分为某门课程整个小学阶段的教学活动、某门课程学段教学活动、某门课程某单元教学活动和某门课程某课时教学活动。因此，教学目标可以分为学科教学总目标、学段教学目标、单元教学目标和课时教学目标。应该说明的是，课程研究中，人们也把学科教学总目标和学段教学目标分别称为课程总目标和学段课程目标。

1. 学科教学总目标

为了落实国家教育总目的和不同阶段教育的培养目标，国家、地方、学校设置了不同门类的课程，每门课程在一定阶段要达成的目标就是学科教学总目标。

学科教学总目标是由学科专家制定的，体现在课程标准中。目前，我国每门课程都有课程标准（以往称为教学大纲），在课程标准中明确地规定了每门课程的总目标。

2. 学段教学目标

学段教学目标是某门课程在某一学段的教学目标。小学某门课程教学总目标确定后，需要将教学总目标的要求落实到不同学段的教学活动中，每个学段某学科的教学需要制定相应的学段教学目标。

小学学段教学目标也是学科专家制定的，也体现在某门课程的课程标准中。在小学阶段，根据不同学科知识体系自身的特点，将学段进行了分割，不同学科的学段时间有所不同。如《义务教育语文课程标准》将小学语文教学的学段分为1～2年级、3～4年级、5～6年级,《义务教育数学课程标准》将小学数学教学的学段分为1～3年级、4～6年级。

3. 单元教学目标

单元教学目标是每个单元教学的目标。当前,小学不同科目一定学段的教材都是由单元构成的,每个单元都有相对独立的知识体系,这些单元又分为若干课。例如人教版小学五年级数学教材上册由小数乘法、位置、小数除法、可能性、简易方程、多边形的面积、数学广角——植树问题和总复习八个单元构成,而“小数乘法”这一单元教学又分若干课时教学。在明确小学某门课程的学段目标以后,需要进一步思考单元教学目标。相关科目的教师根据课程标准的要求和教材的内容,结合具体班级学生的情况制定不同单元的教学目标,单元教学目标对一个单元的教学起到统领作用。

案例 7－1

表7－1　小学五年级人教版数学上册各单元教学目标①

单元	单元教学目标
第一单元 小数乘法	1. 探索小数乘法的计算方法,能正确进行笔算,并能对其中的算理做出合理的解释。 2. 会用“四舍五入法”截取积是小数的近似值。 3. 理解整数乘法运算定律对于小数同样适用,并会运用这些定律进行一些小数的简便运算,进一步发展学生的数感。 4. 体会小数乘法是解决生产、生活中实际问题的重要工具。
第二单元 位置	1. 结合具体情境,让学生能用数对(正整数)表示物体的位置。 2. 让学生能在方格纸上用数对表示物体的位置。 3. 让学生知道数对与方格纸上的点存在对应关系。
第三单元 小数除法	1. 使学生掌握小数除法的计算方法,能正确地进行计算。 2. 使学生会用“四舍五入法”截取商是小数的近似值,能结合实际情况用“进一法”和“去尾法”。 3. 截取商的近似值。初步认识循环小数、有限小数和无限小数。 4. 使学生能用计算器探索计算规律,能应用探索出的规律进行一些小数乘除法的计算。 5. 使学生会解决有关小数除法的简单实际问题,体会小数除法的应用价值。
第四单元 可能性	1. 在具体情境中,通过现实生活中的有关实例使学生感受简单的随机现象,初步体验有些事件的发生是确定的,有些是不确定的。 2. 通过实际活动,使学生能列出简单的随机现象中有可能发生的结果。 3. 通过实验、游戏等活动,使学生感受随机现象结果发生的可能性是有大小的,能对一些简单的随机现象发生的可能性大小做出定性描述,并能和同伴进行交流。
第五单元 简易方程	1. 初步认识用字母表示数的意义和作用,能够用字母表示学过的运算定律和计算公式,能够在具体的情境中用字母表示常见的数量关系。初步学会根据字母所取的值,求含有字母式子的值。 2. 初步了解方程的意义,初步理解等式的基本性质,能用等式的性质解简易方程。 3. 感受数学与现实生活的联系,初步学会列方程解决一些简单的实际问题。培养学生根据具体情况,灵活选择算法的意识和能力。

① https://max.book118.com/html/2017/1203/142546160.shtm.

（续表）

单元	单元教学目标
第六单元 多边形的面积	1. 利用方格纸和割补、拼摆等方法，探索并掌握平行四边形、三角形和梯形的面积计算公式。会计算平行四边形、三角形和梯形的面积。 2. 认识简单的组合图形，会把组合图形分解成已学过的平面图形并计算出它的面积。 3. 通过操作、观察、比较，发展学生的空间观念，培养学生运用转化的思考方法解决问题的能力和逻辑思维能力。 4. 让学生在学习中能主动求知，在独立思考的基础上加强与同学的交流，增强学生合作交流意识，培养学生良好的思维习惯和细心、认真的学习习惯，并在学习中获得自信。
第七单元 植树问题	1. 引导学生通过观察、比较、猜测、试验、推理等活动，初步体会植树问题的模型思想。 2. 通过画线段图初步培养学生探索解决问题有效方法的能力。 3. 让学生尝试用植树问题的方法解决实际生活中的简单问题，初步培养学生解决实际问题能力。 4. 使学生在数学活动中养成与人合作的良好习惯，初步学会表达和交流解决问题的过程和结果。

4. 课时教学目标

课时教学目标是每节课的教学目标，它体现在教师的教案中。单元教学目标是对一个单元教学所做的规定，还不够具体，不能有效地指明具体某节课的方向，教师教学活动中要制定每个课时的教学目标。教师在制定课时教学目标时，不能宽泛，应该具体、具有可操作性。

教学目标体系中，国家在课程标准中对学科教学总目标、学段教学目标已经做了规定，而单元教学目标主要体现在教师的意识中，多半没有用文字的形式表现出来。教师制定教学目标，主要指制定课时教学目标。因此，后面关于教学目标的相关论述，主要从课时教学目标的角度展开。

案例 7－2

小学课时教学目标案例（来自一线教师文本教案）

1. 某小学语文教师人教版四年级上册“观潮”一课的教学目标

（1）认识7个生字，会写13词语。

（2）有感情地朗读课文，背诵课文第3、4自然段。

（3）边读书边想象画面，能联系上下文或结合生活实际体会词句的含义。

（4）感受大自然的壮观，能把自己的阅读感受与他人交流。

2. 某小学数学教师人教版四年级上册“面积和面积单位”一课的教学目标

（1）理解面积的含义，对常用的面积单位建立起正确的表象，掌握长方形、正方形面积的计算方法，并能较熟练地进行解答，掌握面积单位间的进率，并能进行简单计算。

（2）能运用所学到的知识、技能，解决实际生活中遇到的有关问题，增强能力。

（3）在学习过程中，感受数学的乐趣，感受数学知识来源于生活，数学知识应用于生活，服务于生活。

（4）通过学习活动，培养团结协作精神。

教学目标的层次关系，可以用图 7－1 表示出来。

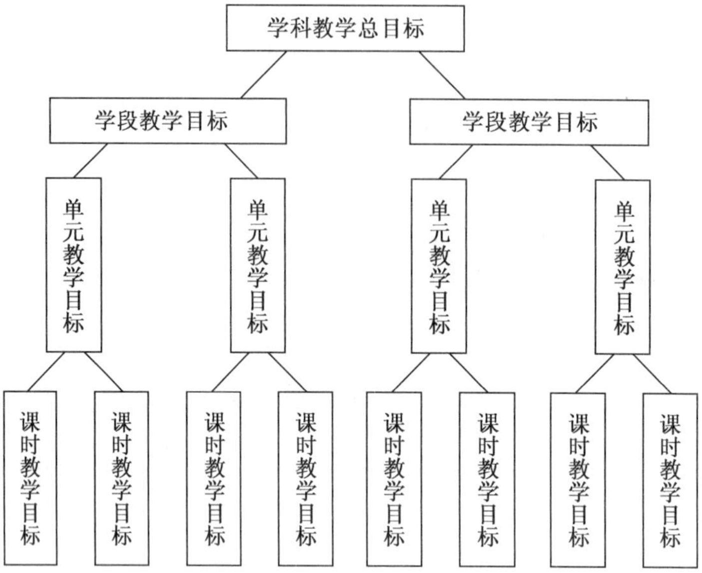

图 7－1　教学目标的层次关系

二、教学目标的特征

（一）预期性

教学目标是预期学生在教学后所达成的结果，它体现了教学工作的目的性、计划性。教师在课前要深入地研究课程标准、教材，分析本阶段本班级小学生的特点，在此基础上制定教学目标。教学目标的预期性首先反映在国家对学生在相应知识学习上的预期，也反映教师在相应知识上对学生的预期，因此，教师制定教学目标要研究学科课程标准，这是国家对学生学习预期的反映，同时，教师要研究教材和学生，才能结合班级和学生情况，将国家预期细化和具体化。

（二）生成性

尽管教师撰写的教学目标具有预设性，但课堂教学真正的开展过程，教师不是按部就班地执行教案，要根据学生的兴趣点和问题，对教学活动进行适当的调整。这就意味着教学目标未必全部都是在教学活动之前编写的，随着教学过程的开展，临时会生成一些有价值的目标。生成性目标体现了新课程改革重视过程甚于结果的理念，在教学中教师要充分地认识到生成性目标的重要性。

（三）系统性

教学目标是由具体的目标构成的整体，各目标之间是相互联系的，同时不同阶段本门课程的目标需要前后照应。从横向讲，教学是促进学生多方面发展的，不能只关注知识技能的获得，也要关注学生能力培养和良好品德的养成，这就需要系统全盘地把握本课的教学目标。从纵向讲，一节课的教学目标要与前面的教学目标和后面的教学目标产生关联，这就需要教师在设计教学目标时，不能只考虑这节课的内容，同时还要思考此前教学达成了哪些相关目标，此后在这个知识点上还会对学生提出什么更高的要求。

（四）可操作性

教学目标有具体性、明确性、可操作和可行性，它才能很好地指导一堂课的方向，有效地推动整个教学过程。教学目标模糊、抽象，不利于教师的课堂教学。如有的教师在教学生"圆的周长"这一课时，确定的教学目标是"培养学生数学思维能力"，这一目标太宏观，具体到这堂课，应该是"引导学生掌握化曲为直"的数学思维；有的教师在写"窗前的气球"这一课的教学目标时，写到"认识生字"，这也不具有可操作性，认识是什么意思，包含哪些生字，应该写成"能认'户''亚''呆''始''猜''栓''逗'7 个字，能写'户''亚''角''周''床''病''始''张'8 个字"。也就是教学目标用的动词要具体，要求学生能做什么的内容也要具体。

（五）灵活性

同样的教学内容，不同教师、班级、学校在坚持国家课程标准的前提下，设置的教学目标有差异。因为具体班级的学生不同，教学情境不一样，不能直接照搬别的教师写的教学目标。同时教师在撰写教学目标后，应该根据课堂实际情况做出调整。

三、教学目标的功能

教学目标是教学设计的核心部分，它对教学活动具有重要的作用。美国学者麦克唐纳认为教学目标具有五个方面的功能：第一，明示教育进展的方向；第二，用于选择理想的学习经验；第三，有利于界定教育计划的范围；第四，提示教育计划的要点；第五，可作为评价的重要基础。①

当前，人们一般认为教学目标主要具有以下几种功能。

（一）导向功能

教学目标是教师工作的起点也是归宿。教学活动主要是落实教学目标的过程，教学目标指导着整个教学工作的开展。教师上课应围绕教学目标展开，但应该认识到，教学目标和教学活动并非一一对应的。一个教学目标可以对应多个教学活动，同样，一个教学活动也可以落实多种目标。教师作业的布置、课外辅导的组织、考试命题的方向也应该围绕课堂教学目标进行，不然就会导致教学的随意化。

（二）评价功能

教学目标是检查评价教学工作的尺度与标准。评价一门课的教学以学段目标为依据，评价单元教学以单元目标为依据，评价一堂课的教学以课时教学目标为依据。教学目标要成为评价的标准，教师在教学活动前，应该将教学目标写得具体和可操作，不然就不清楚学生学习后达到什么样的标准才是实现教学目标的表现。同时也应该认识到，教学目标不是评价学生的唯一标准，目标本位的评价也存在问题。当前教学评价走向了多元

---

① 王本陆：《课程与教学论》，高等教育出版社，2009，第 154 页。

评价，目标本位评价只是关注了学生学习结果，学生学习的过程也应该构成教学评价的重要方面。

（三）调控功能

教学目标能调控教师和学生的课堂行为。教学目标能及时指导教师调整自己的教学工作，与目标方向保持一致，我们经常说某教师上课跑题，这是没有做好教学目标对教学工作调控的表现。教学过程中，应运用教学目标来检测教学效果，及时发现教学中教师和学生存在的问题，诊断这些问题的成因，进而有针对性地对教师的教与学生的学进行调控，保证教学的有效进行，达成预期的教学效果。

（四）激励功能

明确的教学目标有利于唤醒学生对学习的期待，引发其实现教学目标的欲望，激励学生进行努力的学习。[①] 课堂教学之初，设置教学目标并向学生呈现合适的教学目标，有利于学生明确学习的方向，激发学生学习的动机；在教学过程中或教学过程结束后，围绕教学目标对学生进行提问、检测等活动，能考量学生是否达成教学目标。如果反馈效果好，能让学生感到欣喜和满足，有利于进一步激发学生的学习心向。教学目标要体现激励功能，应该将教师提出的外在教学目标转化成内在学生的需求，同时目标难度要适当。

第二节　教学目标分类理论

教学过程中，教师要设计哪些领域的目标，这些领域的目标之间的关系如何以及每个领域目标的层次问题，这就需要教师在设计目标前思考教学目标的分类问题。

教学目标的分类是指利用分类学的观点，将教学目标逐层具体化，由最抽象的类到较具体的类以及更具体的类，使教学目标形成一个系统，以实现教学目标的系统化、具体化和可实施化。[②]

教育家和教育心理学家对教学目标的分类进行了深入的研究，形成了不同的教育目标分类思想，其中成就最为显著的是美国教育家布鲁姆、教育心理学家加涅和苏联教育家巴班斯基。

一、布鲁姆的教学目标分类理论

美国教育心理学家本杰明·布鲁姆发现，美国学校的测试题95%以上是在考学生的记忆力，这不应该是学校教育要达成的全部目标，基于这一现实问题，布鲁姆认为有必要系统地研究教学目标的构成领域。在1948年波士顿召开的美国心理学年会上，布鲁姆和克拉斯沃尔等人正式提出了把教育目标分为认知、情感和动作技能三大领域，并将每个领

---

① 王延龄、吕宪军：《论教学目标设计理论与实践的应用研究》，《东北师大学报（哲学社会科学版）》2004年第1期。

② 吴立岗：《教学的原理、模式和活动》，广西教育出版社，1998，第391页。

域又按照由低到高分出了不同层次。这一分类影响了后期学者对教学目标的分类研究，并成为西方国家学校教学目标分类的主流思想。

(一) 认知领域的目标分类

布鲁姆等人在 1956 年出版的《教育目标分类学：认知领域》中把认知领域的目标分为从低到高的六个层次：知识、领会、运用、分析、综合和评价。

1. 知识

这里的知识等同于识忆，即学生将所学的信息储存在头脑中，必要时能回忆出来。知识主要包括具体的知识、处理具体事物的方式方法的知识、学科领域中的普遍原理和抽象概念的知识这三个亚类。

在知识这类教学目标的表述中，教师经常用的动词是回忆、记忆、识别、复述、背诵等。如小学语文课中“认识生字词”的教学目标，小学数学课中“记下小数乘整数的规则”“背诵三角形的概念”的教学目标，都属于知识层次的目标。

2. 领会

领会指对知识的掌握，即能抓住事物的实质、材料的意思和中心。它主要包括三个亚类：一是转化，即将获得的信息用自己的语言表述的能力；二是解释，即能说明清楚所获得信息的内在联系；三是推断，指根据最初获得信息所描述的条件，在超出既定资料之外的情况下，延伸各种可能趋向。

在表述“领会”这类教学目标时，教师经常用的动词是说明、识别、描述、解释、用自己的语言复述、归纳、比较等。如小学语文教学设计中教师设计的“概括出‘观潮’一课的小标题”这一目标，小学数学教学设计中教师设计的“说明构成三角形的几个条件”这一目标，都属于领会层次的目标。

3. 运用

运用指将所学习的概念、法则、原理运用到具体的问题或情境中。

这类教学目标在表述时，教师经常用的动词是应用、操作、实践、解决等。如小学数学中“用乘法解决生活中的数学问题”这一教学目标，就属于运用层次的教学目标。

4. 分析

分析是指将材料分解成各种组成要素或组成部分，找出组成的要素，从而分析其相互关系和构成的原理。它主要包括要素分析、关系分析、组织原理的分析这三个亚类。

分析这类教学目标在表述时，教师经常用的动词是分析、检查、实验、组织、对比等。如小学语文教学设计中教师写的“请分析《狼和羊》故事中故事发生的时间、地点、人物，事情的起因、经过和结果”这一教学目标，就属于分析层次的教学目标。

5. 综合

综合是指全面加工已经分解出来的各种要素，并再次将它们按要求重新组合成整体，以便创造性地解决问题。它主要包括三个亚类：具有特色的表达；制定合理的计划和可实施的步骤；根据基本材料推出某种规律等活动。

这类教学目标表述时经常用的动词是组成、建立、设计、开发、计划、系统化。如小学语文教学中教师设计的“请用‘观潮’一课中的写作顺序和写作方法，描写你所看到的一个自然景观”这一教学目标，就属于综合层次的教学目标。

6. 评价

评价是认知领域最高层次的教学目标。评价是指理性地、深刻地对材料和方法的价值做出判断。它包括依据内在证据来判断、依据外部准则来判断这两个亚类。

评价这类教学目标在表述时常用的动词是评价、估计、评论、鉴定、支持等。如小学数学教学中教师设计的“请比较三种小数乘整数计算的方法，选出你认为最简便的方法”这一教学目标，就属于评价层次的教学目标。

（二）情感领域的目标分类

布鲁姆、克拉斯沃尔等在1964年出版的《教育目标分类学：情感领域》一书中把情感领域目标分为接受（注意）、反应、价值评价、价值组织、价值体系的性格化这五个亚领域。

1. 接受（注意）

接受是指学习者感受到某种情感、态度、行为的存在，并接受这些因素。它分为三个亚类：觉察、接受、有选择的注意。如小学语文教学中教师设计的“感受詹天佑爱国主义精神”这一目标，就属于接受层次的教学目标。

2. 反应

反应是指学习者对出现在自己面前的情感、态度、行为，已经不只是注意而是上升到积极的注意。它包括三个亚类：默认的反应、愿意的反应、满意的反应。

如小学思想品德课教学中教师设计的“愿意遵守交通的规则”这一目标，小学语文教学中教师设计的“从个性阅读中获得乐趣”这一目标，都属于反应层次的教学目标。

3. 价值评价

价值评价是指学习者确认某种情感、态度、行为是有价值的，即学习者将外在价值变为自己的价值标准，形成了某种价值观、信念，并以此指引自己的行为。它包括三个亚类：价值的接受、对某一价值的偏好、信奉。

如小学数学教学中教师设计的“形成严谨认真的态度”这一目标，小学思想品德教学中教师设计的“形成热爱劳动的思想”这一目标，都属于价值评价层次的目标。

4. 价值组织

价值组织是把各种价值组织成一个体系，确定价值之间的相互关系，形成个人的价值体系。这一领域包括价值的概念化、价值体系的组织这两个亚类。

如小学思想品德课教学中，教师写的“形成学生正确地与教师、同学、父母相处的态度”这一教学目标，其中对教师、同学、父母的态度是不同的，需要整合起来，这就属于价值组织层次的教学目标。

5. 价值体系的性格化

价值体系的性格化是指价值体系长期控制个体的行为，使个体长期以某种方式行动，逐渐形成自己的品行。这一领域包括泛化心向、性格化这两个亚类。

如小学语文教学中教师设计的“养成课前预习的习惯”这一教学目标，小学体育教学中教师设计的“形成终身体育的态度”这一教学目标，就属于价值体系的性格化层次的教学目标。

（三）动作技能领域的目标分类

布鲁姆在创立教育分类学时意识到动作技能领域的存在，但并未制定出动作技能领域的具体目标层次。此后，哈罗从学龄前儿童教育视角提出了动作技能领域教学目标分类，辛普森从职业技术教育视角提出了动作技能领域教学目标分类。哈罗将动作技能领域目标分为六类，即反射动作、基本动作、知觉能力、体能、技巧动作、有意的沟通。

辛普森的动作技能领域教学目标分类比较适合普通教育阶段的实际，因此把辛普森的技能领域目标七类分述如下①：

1. 知觉

知觉在这里是指运用感官获得信息以指导动作，主要了解某动作技能的有关知识、性质、功用等，它包括感觉刺激、选择线索和转化三个亚类。如小学教师引导学生学习第九套广播体操前，讲解有关广播体操的作用及第九套广播体操的特点等，学生注意相关知识。

2. 定势

定势在这里是指为某种动作操作所做的预备性调整或准备状态，它包括心理定势、生理定势和情绪定势三个亚类。如小学教师在学生做第九套广播体操前，引导学生将手和脚摆好姿势；打字前把手放在打字的位置。这些属于定势中的生理准备层次。

3. 指导下的反应

指导下的反应是指个体学生在教师指导下，或学生自己根据一种操作模式表现出来的外显的行为行动，它包括模仿和试误两个亚类。如教师示范三步上篮动作，学生模仿动作，这属于指导下反应的模仿层次。

4. 机制

机制也称为机械动作，这里是指已成为连贯的习得的反应。在这一层次上，学习者对从事某种行动已有一定的信心和熟练的程度，但是流畅性不够，还需要意识参与。如学生能做第九套广播体操。

5. 复杂的外显反应

复杂的外显反应是指技能已被掌握，能进行得既稳定而又有效，达到了自动化，即花费最少的时间与精力完成这一动作。它包括消除不确定性、自动化操作两个亚类。如学生能不假思索地做好第九套广播体操。

6. 适应

适应是指改变动作活动以符合新的问题情境。如通过改编第九套广播体操，形成一种新的体操。

7. 创作

创作是指根据在动作技能领域学习中形成的理解力、能力和技能，创造新的动作或操作材料的方式。如创造一套新的身体运动方式。

布鲁姆等学者的教育目标分类理论具有两个显著特征：① 结构性。布鲁姆等学者的教学目标具有层次性和结构性，把教学目标分成三个领域，每个领域分了从低到高的不同类别，同时每个类别还有更微观的层次亚类。② 普遍适用性。布鲁姆等学者的教学目标

① (美)辛普森：《教育目标分类学提纲：动作技能领域》，施良方译，《华东师范大学学报(教育科学版)》1988 年第 3 期。

分类学具有普遍的适用性，能应用到不同科目和不同阶段的教学活动中。

二、加涅的教学目标分类理论

美国著名教育心理学家加涅1985年出版了《学习的条件和教学论》一书，系统地阐述了按照学习结果对教学目标分类的思想。在这本书中，加涅认为学习结果是一种习得的性能，这种习得的性能近似地代表了教学目标。学习结果与教学目标的区别仅仅在于：教学目标提出于教学之前，它指向预期学生学习的结果，而学习结果实现于教学之后。所以，加涅的学习结果分类理论即一种教学目标分类理论。

加涅在1965年出版的《学习的条件》中提出了八类学习，即信号学习、刺激—反应学习、连锁学习、言语联想、辨别学习、概念学习、规则学习、问题解决学习。在1985年的《学习的条件》修订版中，将八类学习进行整合，把人类学习的结果分为言语信息、智慧技能、认知策略、动作技能、态度五种类型，前三者属于布鲁姆的认知领域，第四个方面属于布鲁姆的动作技能领域，第五个方面属于布鲁姆的情感领域。

（一）言语信息

言语信息主要是指学习用语言能表达的知识，即“是什么的知识”。这类学习可以分为三个亚类：符号记忆、事实知识、有组织整体知识。如小学语文中的生字词、外语中的单词、数学中的符号等，属于符号知识；小学语文中的记叙文有六要素、数学中的正方形是长方形的特例等，属于事实知识；小学数学中有关不同类型乘法的知识，属于有组织整体知识。

（二）智慧技能

智慧技能主要指运用概念和规则办事的能力。智慧技能又分为五个小类：辨别、运用具体概念、运用定义性概念、运用原理与规则、运用高级规则。如小学数学教学中学会小数乘整数的计算方法，小学语文教学中学会用比喻的方法造句，这些都属于智慧技能。

（三）认知策略

加涅认为认知策略是一种内部控制过程，是学生赖以选择和调整他们的注意、学习、记忆和思维等的内部过程，它主要指向学习方法。

认知策略可分为五个亚类：

（1）复述策略。复述策略是指出声或不出声地重复材料的策略。如小学生掌握的识记策略、复习的方法，这些都属于复述策略。

（2）精加工策略。精加工策略是指学习者把所学的新信息与头脑中旧信息建立联系。如小学生掌握的做笔记策略，联系写作背景理解教材的策略，这些都属于精加工策略。

（3）组织策略。组织策略是指将经过精加工提炼出来的知识点加以构造，形成更高水平知识结构的信息加工策略，它包括归类策略和纲要策略。如学生掌握的画知识树的策略，按偏旁将字归类策略，这些属于组织策略。

（4）理解监控策略。理解监控策略也可称为“元认知策略”。它是指学习者建立学习目的、评价是否成功地达到目的、选择其他策略来达到目的的能力。如小学生复习前制定学习计划的能力,学习过程中调整自我学习方法的能力,这些都属于理解监控策略。

(5) 情感策略。情感策略是指学习者用以集中和维持注意、控制焦虑、有效使用时间的策略。如小学生考试时消除考试紧张的策略,上课时约束自己不想无关事情的策略,这些都属于情感策略。

(四) 动作技能

动作技能是指通过练习获得的、按一定规则协调自身运动的能力。动作技能不仅仅指完成某种规定的动作,而且指这些动作组织起来构成流畅、合规则和准确的整体行为。动作技能又可分为运动型和职业型。如小学一年级学生掌握正确的书写动作,小学体育教学中学生学会跳绳,这些都属于动作技能。

(五) 态度

态度是指习得的对人、对事、对物、对己的反应倾向。这类学习主要集中在学生品德方面。如小学生学会礼貌地跟人交往,语文教学中结合课文人物特征体会其良好的性格,体育教学中学会合作精神,这些都属于态度。

在上述分类中,容易混淆的是智慧技能和动作技能,这两种技能一种是在头脑中的操作,一种是身体作用于外的操作,有时候智慧技能伴随着外在动作,动作技能也伴随着内在思考,这就需要考虑其主要是内部操作还是外部操作。如写作有外部操作,但重点是内部构思,所以是智慧技能;开车有内在思考,但更多是外显操作,所以是动作技能。

三、巴班斯基的教学目标分类理论

苏联教育家巴班斯基运用系统论的思想,对学校教学任务做了整体的分析。巴班斯基认为,学校教学应将教养、教育和发展的任务统一起来,这实际上就将教学目标分为教养性目标、教育性目标、发展性目标。

(一) 教养性目标

教养性目标是指教师要引导学生掌握学科的理论知识,形成技能、技巧。

学科理论知识包括一个学科的事实、基本概念、定理、规律、理论等。如小学数学“圆的认识”一课中,学生知道“太阳、钟表、气球是圆的”是事实性知识,它为学生形成圆的概念奠定了基础,掌握圆的概念后,就能进一步学习“圆的半径相等”“直径是半径两倍”等规律性知识。

技能、技巧是指有关学科所特有的技能、技巧,技能是基础性的,达到熟练后方能形成技巧。如小学数学“圆的认识”一课中,学生“能用圆规画大小不同、位置不同的圆”是这节课的技能,能“流畅地画圆”“用圆设计不同的作品”就属于这节课的技巧。

(二) 教育性目标

教育性目标是指教师要对学生进行共产主义教育,包括培养学生的辩证唯物主义世界观,进行思想政治教育、劳动教育、道德教育、美育和体育。

教育性目标具体表现为:① 引导学生形成基本的世界观;② 培养学生道德、劳动、审美方面正确的观念、观点和信念；③ 使学生形成在社会中健康的行为方式和活动方式；④ 促进学生形成理想、态度以及进行体格锻炼的习惯。

巴班斯基的教育性目标体现了教学永远具有教育性的思想，反映了教书和育人的有机结合。

（三）发展性目标

发展性目标是指教师教学要促进学生智力、意志、情感等方面的发展。

发展性目标主要表现为：① 培养学生一般的学习技能、技巧（如拟定答案提纲、比较、概括、使用书籍、阅读和书写速度、自我检查等）；② 促进培养学习意志和毅力（通过解答疑难问题、引导学生参加讨论等加以培养）；③ 培养学生的情感（通过在课堂上创造惊奇、愉快、妙趣、离奇等情绪体验的情境来培养）；④ 培养学生的学习兴趣（指出所学问题对发展科学、技术、生产的意义，指出这些问题对学生的职业定向以及培养爱好的作用，把游戏的情境引入教学等）。

国外有影响的教学目标分类还有基尔拉奇的教学目标分类、布洛克的教学目标分类、罗恩特里的教学目标分类、梶田叡一的教学目标分类、马扎诺的教学目标分类。

四、我国当前新课程改革背景下小学教学目标分类

美国教育学家布鲁姆把教学目标分为认知、情感、动作技能三大类，美国教育心理学家加涅在布鲁姆思想基础上，把认知领域目标进一步分解为言语信息、智慧技能和认知策略，把情感领域称为态度，把动作领域称为动作技能。新课程改革在加涅的分类基础上将教学目标分为知识与技能目标、过程与方法目标、情感态度与价值观目标，简称为三维目标。知识与技能目标主要指向言语信息目标、智慧技能目标、动作技能目标。过程与方法目标主要指向认知策略目标。情感、态度与价值观目标主要指向态度领域的目标。如果仔细分析，还能发现新课程改革的三维目标与巴班斯基的教养性目标、教育性目标、发展性目标有着内在相似性。

知识与技能目标立足于让学生夯实双基，过程与方法目标立足于让学生会学，情感态度与价值观目标立足于让学生乐学和学会做人。

（一）知识与技能目标

知识与技能目标即教学要引导学生掌握每门学科的基础知识和基本技能。我国教育领域工作者，从20世纪50年代开始学习凯洛夫的教育思想，一直坚持基础知识与基本技能在教学活动中的重要地位，不同时期的教育政策都在强调落实“双基”。重视基础知识与基本技能没有错，但如果把教学目标看成只有基础知识和基本技能方面的目标，学生的全面发展会被架空，最终会回到以赫尔巴特为代表的实质主义教育（或传统教育）老路。如何在掌握知识和技能的同时，又能培养学生的能力和良好的情感态度，这就是新课程改革设置三维目标初衷。

知识与技能目标是基础性目标。过程与方法是学习知识与技能而展开的过程、获得的方法，情感态度与价值观是在学习知识与技能的基础上产生的情感态度与价值观。

（二）过程与方法目标

过程即让学生了解学科知识形成的过程、“亲历”探究知识的过程，方法是学生应该掌

握的一个学科的基本方法。新课程改革提出的过程与方法目标，把教学从过去“重视结果”转向“重视过程”，注重学生学习过程的体验和科学方法的掌握与内化。

过程与方法目标是核心目标。过程与方法目标贯穿在知识与技能的学习、情感态度价值观养成的全过程。没有过程与方法，知识是灌输、接受的知识，技能是机械训练出的技能，学生的主动学习、探究、合作、交往被排除在课堂教学之外。没有过程与方法，情感态度与价值观的教育就变成了教师的说教，生硬地告知学生怎么做人。

因此，教学三维目标不是分别写三个方面的目标，应该将过程与方法目标与其他方面的目标结合起来。也就是写清楚是在什么样的学习过程中，学生掌握相关的知识与技能或者是获得相关的情感态度与价值观。

（三）情感态度与价值观目标

情感态度不仅指学习兴趣、学习责任，更重要的是乐观的生活态度、求实的科学态度、宽容的人生态度。价值观不仅强调个人的价值，更强调个人价值和社会价值的统一；不仅强调科学的价值，更强调科学的价值和人文价值的统一；不仅强调人类价值，更强调人类价值和自然价值的统一，从而使学生内心确立起对真善美的价值追求，形成人与自然和谐和可持续发展的理念。情感态度与价值观目标是优先性目标。

三维目标是一个整体，设计教学目标时，要实现它们的整合。知识与技能、过程与方法、情感态度与价值观构成的三维目标是一个整体，是在学习过程中同时实现的。这就意味着教师在写教学目标时，并不是将三个目标分开来写，而是要实现它们的整合。

案例 7－3

如某小学语文教师设计的“古诗两首”一课的教学目标

（1）借助教材注释，结合课外资料，通过独立自主地学习，正确理解两首古诗的大概意思。

（2）咀嚼重点诗句，体悟古诗内涵，在反复诵读与融情想象中，感受诗歌的情绪和意象，受到心灵的熏陶和滋养。

（3）在两首古诗的对比参读中，初步感受借景抒情的表达方式，明了诗与诗之间的内在联系，体悟诗人忧国忧民的情怀。

上述教学目标在表述形式上，虽然没有出现知识与技能、过程与方法、情感态度与价值观三个维度目标明显的提示语，但是每一条目标都很好地把三维目标交融在一起，并且分层递进，为课堂教学达到三维目标和谐共振奠定了基础。

第三节　小学教学目标的编写

一、小学教学目标编写的依据

泰勒在 1949 年撰写的《课程与教学的基本原理》一书中，提到了目标编写的三个依据。泰勒认为教学目标的“三个来源”是学习者、学科和社会三个方面。当前基础教育核心素养与泰勒关于教学目标制定依据内在契合。2014 年教育部研制印发《关于全面深化课程改革落实立德树人根本任务的意见》，该《意见》提出要研究各学段学生发展的核心素养体系，2016 年 9 月 13 日，中国学生发展核心素养研究成果发布。中国学生发展核心素养以培养“全面发展的人”为核心，分为“文化基础”“自主发展”“社会参与”三个方面。“文化基础”表现为“人文底蕴”和“科学精神”，“自主发展”表现为“学会学习”和“健康生活”，“社会参与”表现为“责任担当”和“实践创新”。核心素养中文化基础指向学科，自主发展指向学生，社会参与指向社会。从这个意义上讲，教学目标制定应该分析学生、学科、社会。课堂教学目标是根据课程目标制定的，课程标准构成了教学目标制定的直接依据，同时教师制定教学目标时，为保证合理、有效，还需要借鉴其他资料。

基于以上分析，教学目标制定的依据包括研究学科课程标准、分析教科书(学科知识)、分析学生特征、分析社会需要以及参考其他资料。

中小学生核心素养如图 7－2 所示。

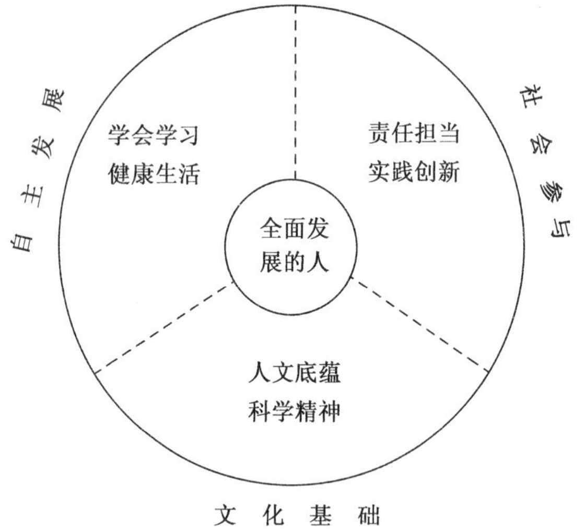

图 7－2　中小学生核心素养

1. 研究学科课程标准

课程标准是国家以纲要的形式编写的有关学科教学内容的指导性文件，是课程计划的分学科展开。学科课程标准由前言、课程目标、内容标准、实施建议、附录(术语解释)等几个方面构成，不包括重点难点和时间分配。课程标准的核心是知识点的分布(范围)，它是教材编写的依据、考试的依据、教学的依据。

学科课程标准规定了该门课程的课程目标（教学总目标）和内容标准（学段教学目标），教师要深入地领悟这些宏观教学目标的要求，并把这些要求细化为每节课的教学目标。

2. 分析教科书（学科知识）

教科书是根据课程标准编写的教学用书，是教师和学生进行教学活动的中介，教师要结合课程标准充分理解教材的意图和要求，把这些要求转化为课堂教学目标。

教师在分析教材时，要重视教材的系统性、逻辑性、基础性。从系统性上讲，教师要处理前后教材的关系，分析教材不能只分析某节课，而要系统分析整个阶段的教科书。通过系统分析前后不同时期教科书内容，把握本课内容中哪些是已经掌握的素养，哪些是本节课要解决的问题。如小学五年级语文“窃读记”一课，大量运用了比喻句，把“我”比喻成饿狼，把书籍比喻成粮食等等，这并不意味着本课教学目标需要学生掌握比喻句，因为从二年级开始学生就需要掌握比喻句了。通过系统分析教科书，能设置合适的教学目标，既不压低，又不拔高内容要求。从逻辑性上讲，一节课的教学内容是有内在联系的，这些联系表现在知识先后关系、思维方式的前后贯穿等方面，这就要求在设计教学目标时，要循序渐进地搭建有层次的教学目标。从基础性上讲，教师要分析教科书中具有普遍迁移和广泛适用的知识内容，把它们转化成重要教学目标。

3. 分析学生特征

教学目标确定要考虑学生的现实水平和实际需要。教学目标是预期学生学习以后发生的变化，这就需要分析学生的现有水平和可能水平，让教学的要求落在学生最近发展区内。对学生的分析包括学生的一般性和个性分析两方面。从一般性上讲，要分析本班学生现阶段的知识储备总体状况、思维方式和班风等。从个性上讲，教师要分析学生的个别差异、后进生的水平。根据学生情况，制订难易适合的教学目标。一线教师在制定教学目标和要求时，主要是参考中等生的情况。

4. 分析社会需要

教师在制订课堂教学目标时，要充分联系社会生活需要，毕竟教育教学是为了学生更好地生活。联系社会生活制订教学目标意味着要将课堂教学内容与生活联系，将那些能充分运用到社会生活的知识、技能、态度等方面的素养转化成教学目标。如小学五年级数学“小数乘整数”一课，可以设计让学生“运用小数乘整数知识解决生活中的实际问题”这样的教学目标。

5. 参考其他资料

教师个人的认识总是有限的，教师制订教学目标时，要参考其他各类教学资料。教师可以通过观看优质课或相关视频、查阅教学参考书、阅读其他教师教案等方式，了解专家和其他教师设计或体现的教学目标。

二、小学教学目标表述模式

目前产生了多样化教学目标表述模式，有代表性的表述模式有行为目标表述模式、内在心理与外部行为相结合的表述模式、表现性目标表述模式。这些不同的表述形式并不是冲突的，而是互补的。行为目标表述模式对简单的知识、技能、态度、方法方面的目标比较实用，内在心理与外在行为相结合的表述模式对于表述复杂的知识、技能、态度、方法等方面的教学目标比较实用，而表现性目标对创造性培养方面的教学目标表述有着重要意义。

（一）行为目标表述模式

行为目标主要指用可观测的动词来标志教学后学生所产生的行为变化。行为目标具有具体性和可操作性。行为目标表述模式是行为主义取向的教学目标表述形式，适合简单的认知、技能领域目标的表述。

1. 传统普遍性目标及其不足

普遍性目标是根据一定时期的伦理观念、哲学思想、意识形态、政治需要对教育教学做总括性或原则性规范的目标。这种目标一般表现为一定时期的教育宗旨。古代和近代，教育工作的计划性、系统性不强，人们还没有明确区分教育目的、培养目标、课程目标和教学目标的关系，而笼统地用一个宏观教育宗旨来规范所有目标。如中国古代《大学》开篇就提到“大学之道，在明明德，在亲民，在止于至善”，这就是普遍性目标。

普遍性目标给教育工作提供了创造性空间，但比较模糊，会造成教学工作的随意性。因此不倡导用普遍性目标来表述教学目标。

2. 行为目标概念的提出与探索

为了克服普遍性目标过于笼统、含糊的弊端，教育家和教育心理学家开始探索如何清晰地表达教学目标。1934 年美国课程专家泰勒提出了行为目标的概念，倡导用可观测的行为描述目标。但如何具体地描述行为目标，泰勒只是笼统地提出教学目标既要指出要使学生养成的那种行为，又言明这种行为能在其中运用的生活领域或内容。在泰勒之后，布鲁姆也对如何表述行为目标进行了探索。布鲁姆在《教育目标分类学第一分册：认知领域》一书中指明：“我们设计的这种分类学是一种对学生行为的分类，而这些行为代表教育过程所要达到的结果。”①布鲁姆提出了教育目标分类学，将教学目标分为认知、情感和动作技能三个方面，每个方面又分为若干层次。如布鲁姆把认知领域分为知识、领会、运用、分析、综合、评价六个层次，每个层次又分为不同的亚类。用知识（了解）、领会、运用、分析、综合、评价等动词来描述教学目标，但这些动词往往是描述内部心理的动词，而不是描述学生学习行为结果的动词，不具有可观测性。如“了解”这个动词，外在的行为表现不清楚。布鲁姆的教学目标表述最终没有实现用行为来表述目标。

在当前小学教学中，有很多教师在采用布鲁姆的教学目标描述方式，如“了解猜字谜的基本方法，并学习运用”“理解课文内容”等，这样看似是用动词表达目标，但用的是心理动词而不是行为动词，很难表述清楚学生学习以后的行为表现。

3. 以马杰为代表的行为目标表述模式

在泰勒的影响下，美国心理学家马杰于 1962 年出版了《准备教学目标》一书，把教学目标的表述概括为可观测的行为、行为的条件、可接受的行为标准三个要素。在教学实践中，人们认为学生是主体，教学目标应该从学生维度来表达，由此将马杰的三要素拓展到

---

① （美）布鲁姆等：《教育目标分类学第一分册：认知领域》，罗黎辉、丁证霖、石伟平、顾建明译，华东师范大学出版社，1986，第 14 页。

四要素，形成了行为目标表述的 ABCD 模式。

A(Audience)是指目标的主体是学生。学生是学习的主体，最终学习结果是通过学生表现出来，所以一个教学目标的主语应该是学生。过去很多教师在写教学目标时，更多是从教师角度写教学目标，如“教师通过讲授生字词结构，让学生掌握生字新词”等。

B(Behavior)是指可观测的行为。马杰认为要避免使用描述内部心理过程的动词来表述目标，如“知道”“掌握”“理解”“欣赏”“记住”。一个教师写的“掌握生字词”，这是一个内部心理过程动词，不能直接外部观测，如果用“能读、会写、能造句”，这样就表现为外部可观测的行为。

案例 7－4

表 7－2　三维目标与其常用动词表①

目标类型	常用动词	科目	科目
		小学语文	小学数学
知识	了解层次：说出、背诵、辨认、回忆、选出、举例、复述、描述、识别、再认	会写、能读、认识、熟记	读、写、用、识别、描述、辨别
	理解层次：解释、说明、阐述、比较、归纳、概述、概括、判断、区别、提供、猜测、预测、估计、推理、检索、收集、整理等	展示、扩展、使用、区分、判断	表示、会画、确定、找出、读懂
	应用层次：应用、使用、质疑、辩护、设计、解决、撰写、拟定、检验、计划、总结、推广、证明、评价等	评价、运用、懂得、联系上下文	分类、选择、比较、排序、解释、判断、推理、估计、设计、检验、推导、证明
技能	模范技能层次：模拟、重复、例证、临摹、扩展、缩写 独立操作层次：完成、制定、解决、拟定、安装、绘制、测量、试验 迁移技能层次：联系、转换、灵活运用、举一反三	讲述、表达、阅读、复述、诵读、倾听、观察、朗读、推想、想象、选择、发现、提取、收集、修改	口算、计算、测量、观察、操作、调查、笔算
过程与方法	经历、感受、参加、参与、尝试、寻找、讨论、交流、合作、分享、参观、访问、考察、体验	感受、尝试、体会、参加、发表意见、提出问题、讨论、积累、体验、交流、分享、合作、组织	体验、感受、交流、解决问题、经历、探索、交换意见
情感态度与价值观	低层次：遵守、拒绝、认可、认同、接受、反对、愿意、欣赏、喜欢、感兴趣、关心、重视、尊重、爱护、摒弃、克服	喜欢、体会、欣赏、感受、尊重、理解、领悟	体会、欣赏、感受
	高层次：形成、养成、具有、热爱、梳理、坚持、追求	乐于、敢于、抵制、养成	养成、树立

① http://www.doc88.com/p-5748144862657.html.

C(Condition)是指行为发生的条件。学生的行为变化最终是在一定条件下发生的，在教学目标表述时，应该指明学生应该达成的行为产生的背景和条件。行为条件一般包括环境、人、设备、信息、时间、问题明确性等因素。如小学体育教学目标“30秒内，完成10个仰卧起坐”，其中“30秒”就是给定的时间条件；又如小学语文教学目标“查字典，能认读生字表中的生字”，其中“查字典”就是给定的信息方面的条件。

D(Degree)是指可接受的行为标准。行为标准是衡量学生学习的最低要求，通常包括“好到什么程度”“精确度如何”“完整性怎么样”“多长时间”等。

案例 7－5

行为目标表述 ABCD 模式及其要素案例

1. 小学英语教学目标案例：给6个英语句子，学生能找出每一个句子中的动词。

A. 学生；B. 找出句子中的动词；C. 给6个外语句子；D. 每一个

2. 小学数学教学目标案例：

(1) 提供直尺和量角器，学生能画出30度、45度、60度的角，每个误差在1度内。

A. 学生；B. 画出30度、45度、60度的角；C. 提供直尺和量角器；D. 每个误差在1度内

(2) 小学数学教学目标案例：出10道乘法计算题，学生能准确地算出8道以上题的答案。

A. 学生；B. 算出答案；C. 出10道乘法计算题；D. 准确，8道以上题

(3) 小学语文教学目标案例：提供本课生字表，学生能正确地认读所有生字。

A. 学生；B. 认读生字；C. 提供本课生字表；D. 正确，全部

应该说明的是，在采用ABCD模式表述教学目标时，并不一定意味着四个要素都应全部具备，除了行为要素外，其他要素可以根据具体情况适当省略。如某教师设计的小学一年级下册“春夏秋冬”一课的教学目标“会写课文生字表中的7个生字”，这个教学目标就没有学生、行为条件和行为标准三个要素，也是可行的。

当前世界各国教学目标的表述主要采用的是行为目标表述法。行为目标表述教学目标的优点是比较具体、可操作，适合表述简单的知识、技能、方法等方面的目标；缺点是不适用于表达高级目标，如复杂的知识与技能、情感领域和创造性方面的教学目标。

(二) 内在心理与外在行为相结合的教学目标表述模式

内在心理与外在行为结合的教学目标表述模式属于认知主义取向的教学目标表述方式，适合高级的认知领域教学目标和情感领域教学目标的表述。

用行为目标表述教学目标克服了普遍性目标表述方式存在的宽泛、含糊的弊端，但在重视行为结果的同时忽略了学生内在心理变化，从而导致多方面的问题。首先，行为目标模式适合于事实性知识和简单技能的教学内容，但不适合于认知水平较高、复杂的教学内容。其次，行为目标过于强调用学生外显的具体行为来表述教学目标，而忽视学生内部认

知、情感心理过程的发展。[1] 再次，行为目标尽管明确、具体，具有可操作性，但容易使教学产生机械训练学生相关行为的倾向。

用行为目标不能揭示学生内部心理变化这一结果，而用布鲁姆的认知动词（了解、理解、分析、综合等）来表述教学目标又失于抽象，不便测量，因此有必要将两者结合起来。格朗伦于1972年提出了“总体目标—具体行为”的方法，即先用描述内部心理过程的动词描述概括宽泛的教学目标，然后用可观测的一系列行为作为例子来使这个目标具体化。[2] 在两者结合中，总体目标着重描述学生内部心理过程的发展，是用概括性的语言来表述教学结果，反映教师总的教学意图。具体行为着重描述可以观察的学生具体行为，是学生达到总体目标时表现出来的有代表性的行为例子，是判断是否达成总体目标的事实证据。也就是说，教师在编写教学目标时首先可用诸如“记忆”“理解”“运用”“分析”“创造”“欣赏”等词汇描述学生内部的心理变化，但考虑到这些内部心理的变化不能直接进行观察和测量，因此需要列出诸如“复述”“写出”“分类”等反映这些内部心理变化的外显行为。

下面是人们根据格朗伦的内在心理和外在行为结合模式编写的教学目标。

总体目标：学生理解解题方法。

具体行为（行为样例）：

1. 说出解决该问题所需运用的定律。
2. 找出有关变量。
3. 从所提供的信息中选取有关的数据资料。
4. 计算。
5. 用自己的语言来描述答案的含义。

由此可见，格朗伦模式既避免了以马杰为代表的行为目标表述模式只顾及具体行为而忽视内部心理发展的缺陷，也克服了布鲁姆以心理动词描述内部心理发展而带来教学目标的模糊性，是一种比较科学而可行的表述课堂教学目标的模式。

（三）表现性目标表述模式

表现性目标属于人本主义取向的教学目标表述方式，适合创造性方面教学目标的表述。

美国课程专家艾斯纳对行为目标进行了批判，他认为马杰的行为目标存在几个严重问题。首先，教学中，情感、态度与创造性等高级的目标不能简单地反映在外在可观测的学习结果上。他认为行为不是唯一的教学结果，也不是最重要的教学结果。如在孩子阅读教学中，与阅读技能这些可训练的行为结果相比，阅读的态度更重要，前者可以用行为目标表述，而后者不能用行为目标表述。其次，学生高级的发展不能短时间转化为学生的行为表现，需要一个较长的过程。再次，行为目标明确地指明了学生学习后能做什么，教学以此为导向，限制了教师和学生的教与学的行为，扼杀了学生的自由，教学丧失了生动性与多样性。

艾斯纳在20世纪80年代提出了用表现性目标来表述教学目标。艾斯纳认为，表现

---

① 肖峰：《六种课堂教学目标编写模式述评》，《杭州教育学院学报》1997年第1期。

② 蒋蓉、李金国：《小学课程与教学论》，北京师范大学出版社，2013，第152－153页。

性目标是唤起性的，而非规定性的，不是规定学生在完成学习活动后所习得的行为，而是描述教育中的际遇，指明这种际遇的情境、儿童将要处理的问题、儿童将要从事的任务，但并不指定儿童将从这些际遇中学到什么。因此，表现性目标不指明学生学习以后达到的要求，只指明学生学习的主题、学生做什么。如“课外读读巴金爷爷的散文，谈谈你的感受”“到校园里写生，画画你觉得最美的场景”，这两个都是表现性目标。表现性目标表述的动词多为参与、体验、感受等过程性动词。

艾斯纳的表现性目标为教师的教和学生的学提供了充分的自由，同时也有利于学生认知、情感等方面的自由发展。一般而言，创造性活动的教学目标比较适合运用表现性目标来表述。

生成性教学目标也是教学目标的一种重要存在形式，教师在教学过程中，应该体现灵活性和针对性，不能只是执行教案，要关注过程中生成的目标。生成性目标是指随着教育过程的展开自然生成的目标，这种教学目标在教学活动前是无法编写的。生成性目标思想可以追溯到杜威，主要倡导者是英国学者斯滕豪斯。斯滕豪斯认为，课程不应以事先规定的目标(或结果)为中心，而要以过程为中心，即要根据学生在活动中提出的问题和需要作为教学目标，课程实施要以此为方向。生成性目标关注了教师和学生在课程实施中的主动性，重视教学的过程性，有着重要的意义。但是，毕竟教学活动是一种有目的的活动，一味地重视生成必然造成教学系统性、规范性的丧失。因此，在当前课堂教学的问题上，如何处理好预设与生成的关系，是一个重要的问题。

本章小结

教学目标是教学活动设计的起始工作，它指引着教学活动的方向。

本章第一节内容是教学目标的概述，主要包括教学目标和小学教学目标的概念与内涵、教育和教学目标的层次、教学目标的功能等几个方面。这节首先介绍了不同学者对教学目标的界定，归纳了教学目标和小学教学目标的概念；其次，对教学目标的范围进行分析，指明了教学目标包括学科教学总目标、学段教学目标、单元教学目标和课时教学目标；最后阐述了教学目标的特点与功能。

本章第二节内容是教学目标的分类，主要包括布鲁姆的教学目标分类、加涅的教学目标分类、巴班斯基的教学目标分类以及新课程改革教学目标分类。本节首先介绍了国外三种教学目标分类及其在小学教学活动中的表现；在分析国外三种主要教学目标分类的内在联系基础上，阐述了新课程改革背景下知识与技能、过程与方法、情感态度与价值观这三维目标的内涵与特点。

本章第三节内容是教学目标的编写，主要包括教学目标编写的依据和教学目标表述的形式。本节首先从泰勒关于教学目标的来源思想出发，分析了我国在教学目标编写方面的基本依据；接着根据不同类型的教学目标，介绍了当前教学目标表述的几种主要模式，并结合小学教学实际情况说明了不同类型的教学目标适用的表述形式。

[思考与练习]

1. 请简述教育目标系统的构成。
2. 小学教学目标的特点有哪些?
3. 请简述布鲁姆认知领域目标的层次。
4. 请简述加涅学习结果的分类。
5. 请简述小学教学目标制定的依据。
6. 请谈谈马杰教学目标编写的 ABCD 模式。
7. 请选择小学的一节课,根据教学目标编写理论叙写该节课的教学目标。

第八章
小学教学原则与教学方法

扫码获取
相关资源

内容提要

教学原则与教学方法是教学论中的一个重要组成部分，对教育实践具有重要的指导意义。教学原则是人们根据一定的教学目的和教学过程的规律而制定的指导教学工作的基本准则。教学原则是指导教学活动的一般原理，教师要顺利完成教学任务，必须研究和掌握教学活动中的一系列原则。教师在确定了教学原则之后，教学方法的选择和运用就成为教学成功的关键因素。教学方法是指教师和学生为了完成一定的教学任务、实现教学目标在教学过程中采用的方式和手段的总称。

学习目标

1. 了解教学原则与教学方法的概念。
2. 理解选择教学方法的制约因素。
3. 掌握小学常用的教学原则的含义及贯彻要求。
4. 掌握小学常用的教学方法的含义及运用的基本要求。

第一节　小学教学原则

一、教学原则的概念

教学原则是人们根据一定的教学目的和教学过程规律而制定的指导教学工作的基本准则。它既指导教师的教，也指导学生的学，应贯穿于教学过程的始终。教学原则反映了人们对教学活动本质性特点和内在规律的认识，是教学工作有效进行的指导性原理。教学原则在教学活动中的正确和灵活运用，对提高教学质量和教学效率起着重要的保障性作用。

教学原则包括四方面的内涵：

第一，教学原则是为实现教学目的服务的。教学活动永远是按照一定的教育教学目的进行的，教学原则要能够指导教学工作，必须与国家所规定的教育教学目的一致，必须是有利于这些目的实现的。

第二,教学原则的确定有赖于人们对教学规律的认识。教学规律是客观存在于教学活动中的,需要通过人们的认识才能获得,教学规律具有客观性。教学原则是根据教学规律制定的,人们提出的教学原则既可能是符合规律的,也可能是不符合规律的,甚至完全与规律相悖的,教学原则具有主观性。只有那些经过长期实践证明确实能给予教学工作正确指导的原则,才可能是真正反映了教学规律的。

第三,教学原则对教学内容、教学方法、教学组织形式的设计与运用起指导作用。

第四,教学原则是教学实践经验的概括和总结。教学原则来源于教学实践,根植于教学经验。任何一条教学原则都是成功教学经验的总结。如孔子提出的“学而时习之”“不愤不启,不悱不发”;朱熹提出的读书要“循序而渐进”等等。

二、教学原则与教学规律、教学准则的关系

(一) 教学原则与教学规律

教学规律是教学原则的客观依据和基础,科学的教学原则是教学规律的体现和反映。教学规律是客观存在于教学过程中的不以人的主观意志为转移的本质的必然的联系。它具有客观性、普遍性、稳固性、必然性,解决的是“是什么”的问题。而教学原则是人们根据对教学规律的认识而制定的为做好教学工作所必须遵循的基本要求。它具有主观性、发展性、社会性,解决的是“应该怎样做”的问题。所以教学规律是制定教学原则的重要依据,而教学原则是由教学规律派生出来的,原则来源于规律,它们之间既相互联系又存在着区别。

(二) 教学原则与教学准则

教学准则是具体的教学要求,它比教学原则小,从属于原则。教学原则是借助于一定的教学准则来具体贯彻的,教学准则是教学原则的具体化。因此每个教学原则需要配合几个教学准则,这体现在具体教学原则中就是贯彻该原则的基本要求。

三、小学常用的教学原则

教学原则对于全面完成教学目的,提高教学质量,确定教学内容,选择教学方法和组织教学活动都具有重要的指导作用。经过不断的总结与归纳,我国逐渐形成了以下教学原则。

(一) 科学性与思想性相统一原则

1. 科学性与思想性相统一原则的内涵

科学性与思想性相统一的原则是指教学以马克思主义为指导,授予学生科学知识,并结合知识教学对学生进行社会主义品德和正确人生观、科学世界观教育。这一原则是培养德智体美劳全面发展的人的要求,是建设社会主义物质文明和精神文明的要求,体现了我国教育的根本方向。同时这一原则也是知识的思想性、教学的教育性规律的反映。这一原则的实质是要求在教学活动中把教书与育人有机地结合起来。

教学的科学性与思想性是相辅相成的,相互促进的。科学性是既指教师传授的知识

必须是正确的、科学的，又指教师组织教学过程是合理的。思想性是指在传授知识的过程当中要对学生进行思想政治教育。一般来说，科学性是思想性的基础和前提，不讲科学性，把错误的知识传授给学生，就是误人子弟，更谈不上思想性；思想性又是科学性的动力，不讲思想性无法激发学生努力追求真知，明确学习文化科学知识的正确方向，必然会影响教学的科学性。

2. 科学性与思想性相统一原则的贯彻要求

在教学活动中贯彻这一原则，对教师有以下要求：

（1）教师要保证教学的科学性。教学的科学性是思想性的前提。学生只有掌握了科学知识，才能正确地认识客观事物及规律，树立科学的世界观和人生观。教师在教学中要认真地把本门学科课程标准和教材所规定的基础知识和基本技能传授给学生，准确地描述教材的概念，提供真实可靠的材料，严密地推理，科学地运用教学方法。

（2）教师要结合教学内容对学生进行思想品德教育。人文社会学科具有鲜明的思想性，如语文、历史、政治等是提高学生思想修养、进行人生观教育的重要教材；自然学科也蕴含着丰富的人文精神，尤其是它所运用的研究方法、经历的艰辛过程和所揭示的客观规律，均有利于养成学生的实事求是的科学态度。① 这就要求教师要全面理解教学任务，以饱满的热情、严肃认真的教学态度、循循善诱的教学方法，把教材中蕴含的思想性挖掘出来，使学生的品德受到感染，从而实现教育学生的目的。

（3）教师要通过教学活动的各个环节对学生进行思想品德教育。除了上课外，教师还要注意通过作业、课外辅导、考试等环节，对学生提出严格要求，培养学生自觉、主动、认真负责的学习态度，勤奋学习、一丝不苟的习惯，不怕困难、勇于克服困难的毅力。

（4）教师要不断地提高自己的业务能力和思想水平。有一位教师说得好："生活常常就像'种瓜得瓜，种豆得豆'一样简洁，骂人教会骂人，憎恨教会憎恨，偏见教会偏见，散漫教会散漫，爱教会爱，关怀教会关怀，宽容教会宽容，诚恳教会诚恳……"在这里寻不到教师教会学生的笼统说法，只有具体的什么教会什么。列宁也曾指出："在任何学校里，最重要的是课程的思想政治方向。这个方向由什么来决定呢？完全只能由教学人员来决定。"②因此，教师只有不断更新知识，提高文化水平和思想修养，才能确保教学的科学性与思想性的统一。教师在行为方面表现出来的特征对学生影响很大，如教学态度、待人方式乃至思想品质、工作方法都明显包含着思想性。

案例 8－1

"植物的叶"的教学案例③

上"植物的叶"一课，重点讲叶的光合作用，这是使学生认识自然界相互关系的好内容。教师在教学中除了通过实验让学生知道绿叶在太阳光照射下有制造养料（淀粉）的作

① 王道俊、郭文安：《教育学》，人民教育出版社，2016，第 202 页。

② 列宁：《列宁全集（第 15 卷）》，人民出版社，1959，第 438 页。

③ 朱兴伟：《常识课中的辩证唯物主义教学》，《浙江教育（小学版）》1982 年第 1 期。

用外，主要讲了：(1) 光合作用需要绿叶、阳光、水、二氧化碳，缺一不可；(2) 光合作用要吸收二氧化碳和水，制造有机养料，呼出氧气；(3) 有机养料和氧气是人和动物所需要的；(4) 人和动物在新陈代谢时呼出二氧化碳，为植物光合作用提供了原料；(5) 植物和动物的生长都离不开太阳。

教师通过对光合作用相关知识的讲解，揭示了光合作用的过程，教导学生认识到植物与动物之间，动、植物与空气、水、太阳(即生物与非生物)之间的关系是非常密切的，从而认识到自然界是相互联系、相互制约的。教师在讲解过程中虽然没有提出“辩证唯物主义”这个概念，但较好地对学生进行了辩证唯物主义的世界观教育。

(二) 直观性原则

1. 直观性原则的内涵

直观性原则是指在教学中教师应尽量利用学生的多种感官和已有的经验，通过各种形式的感知，使学生获得生动的表象，从而比较全面、深刻地掌握知识。这一原则的提出是由学生的年龄特征决定的。

对教学中的直观性原则，古今中外教育家都做过非常精辟的阐述。中国古代教育家荀况说过“不闻之不若闻之，闻之不若见之”“闻之而不见，虽博必谬”，提出了在学习中不仅要“闻之”，更要“见之”，才能“博而不谬”。中世纪捷克杰出的教育家夸美纽斯率先提出了教学中的直观性原则，他在著作《大教学论》中指出，应该尽可能地把事物本身或代替它的图像放在面前，让学生去看看、摸摸、听听、闻闻等。乌申斯基也提出了直观性原则的重要性。

直观性原则的提出是教育史上的一大进步。它给学生以感性的、形象而具体的知识，有助于提高学生学习的兴趣和积极性，减少学习抽象概念的困难。20 世纪以来，广播、幻灯、电影、录音、录像、电视、计算机等现代化技术手段的发展和应用，使直观对象有了重大的突破，这为直观性原则的贯彻开辟了新的广阔的前景。

一般地说，直观的具体手段有以下三种：

(1) 实物直观。实物直观是通过实物进行的，直接将对象呈现在学生面前。在学习比较生疏的内容时，实物直观能够最为真实有效和充分地为学生提供理解、掌握所必需的感性经验，其包括各种实物、标本、实验、参观等。

(2) 模像直观。模像直观是运用各种手段对实物的模拟，包括图片、图表、模型、幻灯、录音、录像、电影、电视等。实物直观虽然具有真实有效的特点，但往往由于受到实际条件的限制而无法使用。模像直观则能够有效地弥补实物直观的缺憾，特别是现代技术在教育领域的应用，使得模像直观的范围更加广阔，大到宇宙天体，小到分子结构，都能够借助某种技术手段达到直观的效果。

(3) 言语直观。言语直观是教师运用自己的语言、借助学生已有的知识经验进行描述，引起学生的感性认识，达到直观的效果。与前两种直观相比，言语直观可以最大限度地摆脱时间、空间、物质条件的限制，是最为便利和最为经济的直观形式。言语直观的运用效果主要取决于教师本人的素质和修养。

2. 直观性原则的贯彻要求

(1) 正确选择直观教具和现代化教学手段。在教学中，要根据教学的任务、内容和学生年龄特征正确选用直观教具。不论使用哪种直观教具都要注意其典型性、代表性，符合教学要求，能有助于学生形成清晰的表象。在制作、改进或运用直观教具时，要注意凸显直观对象的相关方面，用色彩突出所要观察的部位，用动态来揭示事物的运动、变化，以获得最佳的直观效果。直观是教学的一种手段而不是目的，不是直观得愈多愈好，不能为直观而直观，而要根据教学需要来直观。皮亚杰曾指出："形象、影片以及……一切视听教具，只要我们把它们当作一种附属物或精神支柱都是可贵的辅助方法，而且和纯粹口授的教学法比较起来显然是一大进步。但是像文字上有一种咬文嚼字的情况，在形象方面，也有一种拘泥于形象的情况。"①

(2) 直观要与讲解相结合。教学中的直观不是让学生自发地看，而是要在教师的指导下有目的地观察，教师通过提出问题，引导学生把握事物的特征，发现事物之间的联系。通过讲解解答学生在观察中的疑难，以获得较全面的感性知识，从而更深刻地掌握理性知识。

(3) 重视运用言语直观。在教学中，教师用形象、生动的语言，对教学内容进行描述，能给学生以感性知识，唤起学生的表象，同样能够起到直观的作用。教学离不开语言，言语直观不受物质条件、时间和地点的限制，这是其他直观手段所不能比拟的。因此，教师应不断提高自己的语言修养，增强语言的形象性、生动性，善于运用形象、生动的语言进行教学，帮助学生理解、掌握知识。例如：地理课上讲述西南横断山区的"山河相见，山高谷深"的地形特点时，学生由于缺乏感受性认识，一时难于理解。教师可用如下语言进行描述："上山直往云里钻，下山径到河边边，对山二人看得见，一个往返若干天。"通过这样的描述，学生便深深地理解了其地理特点。所以，直观的教学语言常常能激发起学生的感性思维，形成逼真的感性材料，收到事半功倍的教学效果。

运用直观性原则时应注意三个问题，第一，直观是手段，不是目的，学生是以学习间接经验为主，直观是为理解教材服务；第二，直观教具呈现要把握好时机；第三，直观要与讲授相配合。

（三）启发性原则

1. 启发性原则的内涵

启发性原则是指在教学活动中，教师要调动学生的主动性和积极性，引导他们通过独立思考、积极探索，生动活泼地学习，自觉地掌握科学知识，提高分析问题和解决问题的能力。

启发性原则要求正确处理教学过程中发挥教师的主导作用和调动学生学习积极性之间的关系。

启发性原则反映了学生的认识规律性。学生的认识过程是在教师指导下进行的能动认识过程。没有教师的引导，学生的认识就不可能高效和快捷。但学生是学习的主体，掌握知识毕竟要靠他们的观察、思考和操作，教师不应该也不可能包办代替。如果轻率地告诉学生问题的答案，或代他们完成，那么轻则造成学生产生依赖性，影响他们的独立思考

① (瑞士)皮亚杰：《教育科学与儿童心理学》，傅统先译，文化教育出版社，1981，第76—77页。

和作业能力的发展,重则使他们失去学习上的自信心。所以,教学要重视启发,充分调动他们的学习主动性和积极性,发挥学生自身的聪明才智。

中外教育家都很重视启发教学。孔子提出了"不愤不启,不悱不发"的著名教学要求,这是"启发"一词的来源。《学记》发展了启发教学的思想,提出"道而弗牵,强而弗抑,开而弗达"的教学要求。这些思想极为精辟,至今对我们仍有积极意义。在西方,苏格拉底在教学中重视启发,他善于用问答方式引导学生自己寻求正确的答案,这种苏格拉底方法被称为"产婆术"。也即,教师在引导学生探求知识过程中起着助产的作用。文艺复兴后许多教育家都强调启发教学,第斯多惠在提倡启发教学上做出了重要贡献,他的名言是:"一个坏的教师奉送真理,一个好的教师则教人发现真理。"当代倡导的"发现法"或"探究学习",均传承、弘扬与发展了启发教学思想。

2. 启发性原则的贯彻要求

(1) 调动学生学习的主动性。调动学生学习的主动性是要解决学生在学习上的内在动力问题。如果学生的学习只靠外力来强迫命令,而没有内在的动力,则很难持久。所以,调动学生的学习主动性是启发的首要问题。

学生的学习主动性受许多因素影响,如学生的好奇心、兴趣、爱好、求知欲、获得优良成绩或得到表扬与奖励的愿望等。教师要善于因势利导,使许多一时的欲望和兴趣,汇集和发展为推动学习的持久动力。在培养学生的学习主动性上,最主要的是充分发挥教材本身的吸引力,以激发学生的求知欲和积极性。

当然,教师要注意把学生一时的学习兴趣、积极性和学生的奋斗目标与国家对年轻一代的要求联系起来,使他们逐步提高学习的责任感,具有持久的学习热情。

(2) 启发学生独立思考,发展学生的逻辑思维能力。在教学中使学生的思维活动起来,向纵深发展,这是启发的关键。要做到这一点,首先,教师要注意提问、激疑,以启发他们的思维,使其茅塞顿开。常言道"问则疑、疑则思",一石激起千层浪,只要提问切中要害、发人深思,脑子一开窍,学生的思想一下便活跃起来,课堂上将出现令人兴奋、紧张、有趣的生动局面。然后,教师因势利导,使学生的认识步步深入,以获取新知。教学就应当是这样一个不断启发、引导学生去分析矛盾和解决矛盾的过程。

教师在启发学生思考的过程中,要有耐心,给学生以思考时间;要有重点,问题不能多,不能蜻蜓点水、启而不发;要深入,提出补充问题,引导学生获取新知;要启发学生理解学习的过程,掌握获取知识的方法。

(3) 让学生动手,培养独立解决问题的能力。启发不仅要引导学生动脑,而且要引导他们动手。学生掌握知识有一个逐步深化的过程,懂了不一定会做,会做了还不一定有创造性。所以,教师要善于启发诱导学生将知识创造性地用于实际,向他们布置由易到难的各种作业,或提供素材、情境、条件和提出要求,让他们去独立探索,克服困难、解决问题,独出心裁地完成作业,以便发展创造才能。

(4) 发扬教学民主。这是启发教学的重要条件。它包括:建立民主平等的师生关系和生生关系,创造民主和谐的教学气氛,鼓励学生发表不同见解,允许学生向教师提问质疑等。在这种情况下,学生心情舒畅,敢于并热衷于发表自己的见解,积极参与教学中提出的问题的讨论与争辩。这样,学生的聪明才智将充分发挥出来,受到最大的锻炼和提高。在教学中，教师不可唯我独尊、搞一言堂，要允许并鼓励学生发表与教师不同的见解，对学生的发言、答问不应求全责备、失之过严，压抑了学生的积极性。教师还要善于制止学生之间的讽刺讥笑，相互菲薄，引导他们相互尊重、相互理解、相互学习、相互支持。如果学生感到气氛压抑、不能畅所欲言，那么启发教学则将受到很大的局限。

案例 8－2

“沙漠里的船”一课教学案例①

一位教师教“沙漠里的船”一课时，一个名叫颜江武的学生提出了自己的疑问：“书上说，骆驼的嗅觉灵敏，不论什么地方有水，它都能找到，我看有些不科学。水是无色、无味、无臭的液体。水既然没有气味，那骆驼怎能嗅得到呢？”我肯定了这个问题提得好，并鼓励大家谈出自己的看法。不一会儿，一个同学挺有把握地说：“有水的地方空气湿润一点，无水的地方空气干燥一些。如果骆驼的鼻子感到舒服，就知道哪儿有水。”有的说：“空气湿润和干燥，骆驼的鼻子很灵敏，可以凭感觉判别出来。”后来，颜江武同学的《骆驼“嗅”不到水源》发表在《小学生科普报》上，引起了一些小读者的兴趣。

当学生提出自己的疑问时，老师并没有急于回答，而是鼓励大家继续思考，发表自己的看法。由此可见，给学生一个适宜的思考机会，让学生保持一颗敏锐的心，不仅可以调动学生学习的积极性，而且可以提高学生分析问题和解决问题的能力。

（四）巩固性原则

1. 巩固性原则的内涵

巩固性原则是指教学中使学生在理解的基础上，牢固地掌握基础知识和基本技能，长久地保持在记忆中，在需要的时候，能够及时、准确地呈现出来解决问题。

历代许多教育家都很重视知识的巩固问题。孔子要求“学而时习之”，“温故而知新”。夸美纽斯明确提出了“教与学的巩固性原则”。俄国乌申斯基认为“复习是学习之母”。他形象地把学习中不注意巩固知识的现象，比喻为醉汉拉货车，边拉车、边丢货，最后到家时只剩下一辆空车。这个比喻形象而意义深刻。

知识的巩固程度是学生是否掌握知识的重要标志。学生在短短的时间里学习了大量的书本知识，而这些知识很多又不是亲身实践获得的知识，这就要特别注意知识的巩固。知识的巩固也是学生接受新知识的基础，如果学生不能牢固地掌握学过的知识，他们就不能很好地领会新知识，不能使新旧知识发生联系，获得系统的知识。知识的巩固还是学生运用知识于实际的必要条件，要运用知识，首先要能理解知识并在记忆中随时再现知识。只有在记忆中能随时再现的知识，才有助于提高分析和解决问题的能力。

2. 巩固性原则的贯彻要求

（1）要在理解知识的基础上巩固知识。理解知识是巩固知识的基础。要使学生知识掌握得牢固，首先在传授时要使学生深刻理解知识。教学中，要引导学生把理解知识和巩

① 傅道春：《情境教育学》，黑龙江教育出版社，1996，第92页。

固、记忆知识联系起来。强调理解记忆，并不否定在教学中要求学生对一些知识做机械记忆，如年代、人名、比重、原子量、外文词汇等。

（2）组织好学生的复习工作，教会学生记忆的方法。复习就是重温已学过的知识。复习可以使知识在记忆中强化、熟练，加深学生对知识的理解，提高学生的创造力。在教学过程中，应根据教学需要，有计划地组织学生进行各种复习。

为了组织好复习，要向学生提出具体、明确的复习任务；要及时安排复习，不要为考试而复习，不要“平时不烧香，临时抱佛脚”；要注意复习方法的多样化，可以通过运用、提问、讲授、作业，看幻灯片、电视、电影片，进行实验等各种方法进行复习。要指导学生掌握记忆方法，学会通过整理编排知识、写成提纲、口诀等方式帮助记忆。

（3）通过扩充、改组和运用知识的过程巩固知识。复习是通过反复学习已学知识来防止遗忘。复习是巩固的主要方法，但不是唯一的方法。在教学中，许多教师非常重视引导学生通过努力学习新知识、扩大加深改组原有知识和积极运用所学知识于实际来巩固知识。这些方法不是要求学生原地踏步、反复温习，而是在前进中巩固，在学习新知识的过程中不断联系、复习已有知识，在运用知识中不断巩固和深化已有的知识与技能。

案例 8－3

“小数的四则运算”一课的教学案例①

学生在学习了小数四则运算后，老师安排了以下练习：第一，口算小学四则运算，同时板演小数四则混合运算；第二，利用分析和综合图，让学生根据图意列式，讲出思考方法，巩固运算顺序；第三，根据文字题的要求列式，使运算顺序在文字题中逐步加深，并训练学生正确使用括号；第四，判别几个形式相类似，但列式不同的文字题。如：(1) 4.23 加上 0.02 的和乘以 1.2，结果是多少？(2) 4.23 加上 0.02 乘以 1.2 的积，结果是多少？(3) 4.23 加上 0.02 乘以 1.2，结果是多少？第五，自编文字题及思考题，即在“0.5，0.5，0.5，0.5＝0”加上适当的运算符号使等式成立，启发学生思考同数进行运算结果得 0 的有几种情况。

为了巩固学生所学知识，教师安排了五个层次的练习，这些练习都是围绕运算顺序这个中心展开的，循序渐进、依次加深，重点引导学生的思路，促使学生掌握小学四则运算的规律。

（五）理论联系实际原则

1. 理论联系实际原则的内涵

理论联系实际原则是指教师在教学中，应使学生从理论与实际的结合中来理解和掌握知识，并引导他们运用新获得的知识去解决各种实际问题，培养他们分析问题和解决问题的能力。这一原则是直接经验与间接经验相统一的教学规律在教学中的体现。

理论联系实际是人类进行认识或学习应遵循的一个重要原则，也是教学应遵循的重

① 吴粹红：《按知识之“序”组织数学练习》，《上海教育》1982 年第 5 期。

要原则。我国古代教育家十分重视知与行的关系，提出了很多深刻的见解。在西方，古希腊智者派认为，没有实践的理论和没有理论的实践都没有意义。裴斯泰洛齐很重视“知识与知识的应用”。乌申斯基也指出：“空洞的、毫无根据的理论是一点用处也没有。理论不能脱离实际，事实不能离开思想。”

2. 理论联系实际原则的贯彻要求

(1) 重视书本知识的教学，在传授知识的过程中注重联系实际。教学一定要引导学生学好理论，以理论为主导。没有理论就谈不上联系实际，对学生尤其这样。为了使学生能自觉掌握各学科的基本知识、学科结构，教师必须注意联系实际进行知识的讲授：① 联系学生的生活经验、已有的知识、能力、志趣、品德的实际；② 联系科学知识在生产建设和社会生活中的运用实际；③ 联系当代最新科学成就的实际等。只有注意理论联系实际，教学才能生动活泼，使抽象的书本知识易于被学生理解、吸收，转化为精神财富，而不至于造成学生囫囵吞枣，掌握的是一大堆无用的空洞死板的概念。

(2) 重视引导和培养学生运用知识的能力。教师要敢于放手，鼓励学生去尝试和探索，运用所学的知识解决问题。同时在解决问题的过程中获取新的知识，补充书本知识的不足，从而使各种能力得到锻炼、发展。

(3) 加强教学的实践性环节，逐步培养与形成学生综合运用知识的能力。首先，要重视教学实践，如练习、实验、参观和实习等。教学实践是在教学过程中引导学生理论联系实际的主要方面，它对学生掌握和运用知识、培养技能与技巧起着关键作用。教师要引导学生积极地、独立地、创造性地进行这种实践活动，向他们提出严格要求，进行督促、检查，这样才能培养和提高学生运用知识的能力。其次，还要重视引导学生参加实际操作和社会实践。为了克服从书本到书本，理论与社会实际脱节的弊病，教师应当根据教学的需要组织学生进行一些参观、访问、社会调查，参加一些课外学科或科技小组的实际操作活动，或组织他们从事一些科学观察、实验与小发明以及生产劳动等。

这样，学生通过运用知识于实践，大大丰富了自己的直接经验，丰富和补充了书本知识，提高了实际操作能力。

(4) 补充必要的乡土教材。我国幅员广大，南方与北方、沿海与内地在自然条件、经济和文化发展等各方面都有很大差异。即使在一个省内，城市与乡村、平原与山区、富裕地区与贫困地区在许多方面都有差别。每个地方都有它特有的历史文化、物产资源、风土人情、生产建设。因此，在使用统一的教材时，必须适当补充乡土教材，使教学不脱离地区实际，能为地区的经济建设服务。

案例 8－4

“除数是小数除法”一课的教学案例①

学生在学除数是小数的除法之前，接触到的除法运算的商都比被除数小，于是他们几乎都认为这是定律了。当学到除数是纯小数的除法时，许多学生就对商比被除数还大表

① 廖占葆：《讲算理要结合实际》，《江西教育》1982年第10期。

示难以理解。……这次讲完例题后，当学生又提出这个问题时，教师不像以往那样急于回答，而是请学生回答下面的问题：

如果有12个馒头，每人吃了3个，能够分给几个人吃？每人吃2个呢？吃1个呢？吃半个呢？教师将学生的回答板书出来：

12÷3＝4(人)

12÷2＝6(人)

12÷1＝12(人)

12÷0.5＝24(人)

当教师写出最后一道除式后，学生恍然大悟，点头称是。

他们信服地说："难怪，如果一个人没吃上一个，当然吃的人数会比馒头的总数要多。"这时，教师再进一步引导学生观察例题，并联系生活实际中的事例进行分析、对比，最后总结出规律：当除数大于1时，商比被除数小；当除数等于1时，商和被除数同样大；当除数小于1时，商比被除数大。

当发现学生对除数是纯小数的除法特点不理解时，老师并没有急于解释，而是采取了联系学生生活实际的做法，通过分吃馒头，使学生理解了除数是纯小数除法的特点。最后，老师引导学生总结规律，掌握了除法运算的特点和方法。

(六) 因材施教原则

1. 因材施教原则的内涵

因材施教原则是指教师在教学中，要从课程计划、学科课程标准的统一要求出发，面向全体学生，同时又要根据学生的个别差异，有的放矢地进行有差别的教学，使每个学生都能扬长避短，获得最佳的发展。因材施教的原则既为学生的身心发展的客观规律所决定，也受我国的教育目的制约。

我国古代教育家孔子善于根据学生的不同特点，有针对性地进行教育，以发挥他们各自的专长。宋代朱熹把孔子这一经验概括为"孔子施教，各因其材"。这是"因材施教"的来源。美国心理学家加德纳提出并阐明的"多元智力理论"，也有力地说明了应当针对学生的个性特征进行教育。

学生的身心发展各有其特点，尤其在智力才能方面更有他们各自的兴趣、爱好和擅长，只有因材施教才能扬长避短，把他们培养成为有用的和杰出的人才。许多科学天才、体育明星、歌星、舞星等有特殊禀赋和才能的人，早在少年儿童时期便已开始显露，这是因材施教的坚实基础。每个教师有职责去发现人才和培养这些人才。因材施教不仅能提高教学质量，而且能为国家更好地培养人才。

2. 因材施教原则的贯彻要求

(1) 要坚持课程计划和学科课程标准的统一要求。学科课程标准体现了学科知识的内在逻辑系统，并且建立在小学生发展一般规律之上，各种教材是根据学科课程标准编写的，教学活动从根本上是按照课程计划和学科课程标准的顺序展开的。教师要认真学习和研究课程计划和课程标准，充分了解和掌握课程的逻辑以及对学生的要求，这是实施因材施教的前提。

(2) 教师要了解学生,从实际出发进行教学。了解学生个别特点是做好因材施教的前提。教师应当了解每个学生德智体等方面发展的特点,各学科学习的情况与成绩,有何兴趣、爱好与擅长以及不足之处,然后有目的地因材施教。对反应迟钝的学生,要激励他们积极进行思考,勇于回答问题和进行争辩;对能力较强而态度马虎的学生,要给他们一些难度较大的作业,并严格要求他们注意精益求精;对语言表述缺乏条理的学生,要多让他们在课堂上做复述和发言,以克服其不足;对注意力不集中、学习不专心的学生,要多暗示、提醒、提问,培养他们的自控能力;对视、听觉不好的学生,要照顾他们坐在比较适合的地方;对学习感到很轻松或很困难的学生,要加强个别辅导,给能力强者开点"小灶",增加课业,对困难者给予特殊帮助或补课。

(3) 教师要善于发现每个学生的兴趣、爱好,并创造条件,尽可能使每个学生的不同特长都得以发挥。现行的班级上课注重面向全体,往往搞大家齐步走而难以照顾到学生的特点,使许多学生的才能发展受到局限。当前国际竞争日益激烈,要求学校教学应注意从小培养有特殊才能的人。现代教学要重视探索和采用一些特殊措施或制度,以保证早出人才、快出人才。如对有特殊才能的学生请有关学科的教师或校外专家进行特殊的指导和培养,让他们参加一些有关的课外小组、竞赛、校外活动;开设一些选修课以照顾学生的兴趣与爱好;允许成绩优异的学生跳级,使他们的才能获得充分的发展。

案例 8－5

因材施教的教学案例①

我接受了一个差生班以后,对学生的知识进行摸底排队,发现这 24 个学生的发展也是不平衡的。有的学生对这部分知识掌握得比较好,而对另一部分知识掌握得差或尚未掌握。我决定把学生分成两组,进行了同年级同科目同教材有分有合的单式"复教"的尝试。单式"复教"在教学中有分(复式教学)、有合(单式教学)。那么什么时候合,什么时候分呢? 一般情况下,把两个组合起来教学。如果有些教材,好组学生已掌握或容易理解,而差组学生需要在教师辅导下才能掌握或理解的,这时就分组教学;对好组做提高工作,着重培养能力,发展智力,对差组则扎扎实实地讲解教材的基本内容,使这些学生达到基本要求。

同样是学生,在智力、禀赋、性格、心理等各个方面会存在着不同的特点。教师首先要了解每个学生的特点,找到适合不同学生特点的教育方式,因材施教,才会达到事半功倍的效果。

(七) 循序渐进原则

1. 循序渐进原则的内涵

循序渐进原则在西方常被称为系统性原则,是指教师要严格按照科学知识的内在逻辑和学生的认知发展规律进行教学,使学生掌握系统的科学文化知识。循序渐进原则首

① 陈宝山:《单式复教的尝试》,《江苏教育(小学版)》1980 年第 7 期。

先是由科学知识本身的系统性和严密性决定的；其次是由学生发展存在生理活动的节律性和心理发展的阶段性决定的。此外，学生认识活动进程本身也是有序的，是由简单到复杂逐步深化的。因此，循序渐进的“序”包括教材内容的逻辑顺序、学生生理节律的发展之序、学生认识能力发展的顺序和认识活动本身之序，是四种顺序的有机结合。总体而言，循序渐进的“序”包括两大方面，即科学知识的逻辑顺序和学生身心发展规律，其中，学生的身心发展规律包括学生认识能力的发展顺序、学生的认识顺序以及学生的生理发展节律。

我国古代的教学注重按一定顺序进行。《学记》要求“学不躐等”，“不陵节而施”，提出“杂施而不孙，则坏乱而不修”，意思是：如果教学不按一定顺序、杂乱无章地进行，学生就会陷入紊乱而没有收获。朱熹又进一步提出“循序而渐进，熟读而精思”，明确提出了循序渐进的教学要求。在国外，夸美纽斯指出了循序渐进的重要性，乌申斯基和布鲁纳也很强调系统知识的学习。

2. 循序渐进原则的贯彻要求

（1）教师的教学要有系统性。教师应深入领会教材内容，掌握其逻辑结构，做到对知识的融会贯通。按照教材思路和意图开展教学。在此基础上，教师可做适当调整，更好地体现部分知识的内在联系。

（2）抓主要矛盾，解决好重点与难点的教学。循序渐进并不意味着教学要面面俱到、平均使用力量，而是要求区别主次、分清难易、有详有略地教学，这样才能提高质量。

抓好重点，就是要把基本概念、基本技能当作课堂教学的重点，把较多的时间和精力放在重点上，围绕重点对学生进行启发诱导，开展对话、议论、讨论，进行作业及其评议，以保证学生正确掌握基本概念和基本技能。在重点问题上不能马虎，如果搞成“夹生饭”，学生一知半解，以后即使教师多次采取补救措施，也难以弥补学生的知识缺陷。

难点不一定是重点，它是针对具体的学生而言的。不同学生有不同的难点，每个难点都有不同的形成原因。所以，突破教学中的难点要针对学生的困难所在采取措施：如果学生缺少感性知识，则要加强直观；学生基础差，则要注意帮他复习、补课；概念、公式或技能本身过程复杂的，则要进行分解，分为几个层次、部分或步骤以便于逐步掌握；难点过于集中，可以适当分散。

（3）按照学生的认识顺序，由浅入深、由易到难、由简到繁进行教学。无数实践证明，教学不可“躐等”“跃进”。如果不顾教材的系统性和学生认识的循序性，一味搞突击、赶进度、跳跃前进，那必定是“欲速则不达”，学生接受不了而以失败告终。如果循序渐进地教学，学生的基础打好了，认识能力提高了，学习进度自然会加快，效率自然会提高。

案例 8－6

循序渐进教学原则的案例①

对于力，学生相当熟悉，知道搬东西要用力，力还有大小之别，等等。但是，虽然学生天天接触力，但认识也只不过停留在感觉上，没有把力的本质抽象出来，形成完整、准确的

① 何愫园：《指导学生建立“力”的概念》，《浙江教育》1980年第8期。

概念，更不能用书面语言表达出来。

我在讲课时首先提问学生“力到底是什么”，学生都答不出来。我再提问：“谁能讲出力的表现？”学生就活跃起来：有的说“人提水”；有的说“起重机吊钢管”；还有的说“磁铁吸铁钉”。我和学生一起讨论，同时辅以适当的演示实验，并板书如下：

物体	作用	物体
人	提	水
起重机	吊	钢管
磁铁	吸	铁钉

接着布置归纳分析：从上述几个力的表现的例子可以看出，力是离不开物体的，如人、起重机、磁铁都是物体，水、钢管、铁钉也是物体。我再指出“提、吊、吸”在物理学中都称为作用。由此得出力的初步概念：力是物体对物体的作用。

对于“力”，学生并不陌生，但如何给“力”下个定义，学生难以回答。老师依据学生的生活知识，引进事实材料，由浅入深，循序渐进，从而促使学生建立正确的“力”的概念。

（八）量力性原则

1. 量力性原则的内涵

量力性原则，也称可接受性原则，是指教学的内容、方法、分量和进度要适合学生的身心发展，使他们能够接受，但又要有一定的难度，需要他们经过努力才能掌握，以促进学生的身心发展。

我国古代的墨子很重视学习上的量力而为。他提出：“夫智者必量其力所能至而从事焉。”西方文艺复兴后，许多教育家都很重视教学的可接受性。经验证明，教学中传授的知识只有符合学生的接受能力才能被他们理解，顺利地转化为他们的精神财富，罗素、布鲁纳、赞科夫都持这种观点。

教学活动要讲究效率，在同样的时间内，学生所学越多则教学效率就越高。但是，教学效率的获取必须以符合学生身心发展规律为基础，脱离了这个基础，不仅教学效率本身是不可靠的，还会对小学生的发展造成消极的结果。教学难度超过学生的实际接受程度，学生不可能真正理解和掌握所学的知识，各种心理机能也不可能得到恰当的运用和提高；教学难度低于学生的实际接受程度，学生会因为缺少必要的注意和紧张而难以对所学知识留下深刻印象，而且由于无法进行有价值的学习活动而使各方面的发展失去机会。

为了应对突飞猛进的社会发展的挑战，现代教学更注重促进儿童的发展，因而改称发展性原则更能反映其实质。

这里，要注意联系苏联教育学家维果茨基的“最近发展区”。维果茨基的“最近发展区理论”认为，学生的发展有两种水平：一种是学生的现有水平，指独立活动时所能达到的解决问题的水平；另一种是学生可能的发展水平，也就是通过教学所获得的潜力。两者之间的差异就是最近发展区。教学应着眼于学生的最近发展区，为学生提供带有难度的内容，调动学生的积极性，发挥其潜能，超越其最近发展区而达到下一发展阶段的水平，然后在此基础上进行下一个发展区的发展。

2. 量力性原则的贯彻要求

(1) 重视儿童的年龄特征。教师应当不断加强自身的心理学素养，及时掌握心理学的新进展。20 世纪以来发展心理学的研究，对于教师正确理解和贯彻量力性原则具有重要的意义。

(2) 了解学生的发展水平。年龄特征和发展阶段主要是揭示个体发展的普遍规律，这些普遍规律体现在小学生发展的各个方面，而且具有多样化。教师要具体地研究学生的发展特点：如在学习某种新知识的时候，他们原有的知识准备情况如何？他们的思维或记忆水平是否能够完成这一学习任务？可能发生什么困难？能够达到什么样的理解和掌握程度？等等。在这样的研究基础上，才可能真正做到"量力"。

(3) 恰当地把握教学难度。什么样的程度和水平最符合量力性的要求，很难有稳定、确切的具体标准，需要根据心理学揭示的普遍规律和对学生的具体研究，由教师自己来把握。这是教师劳动创造性的体现，是需要教师不断思考、不断解决的问题。

案例 8－7

"圆的认识"一课教学案例①

一位教平面几何的教师在讲授"圆形"的概念时，学生感到抽象，不好理解，老师就让学生想象生活中"毛驴拉碾子"的具体形象，来理解"一个点围绕另一个固定点的等距运动的轨迹就是圆形"这一抽象概念。

教师：这里有一个碾子，现在牵来一头毛驴，把它套在碾子的木杆上，开始让它拉碾子，驴走的路径是什么图形？

学生：是圆形。

教师：驴所经过的任何一点距碾子的中心有多长？

学生：都是木杆那么长。

教师：驴能跑到圆的外面去吗？

学生：不能。

就这样，学生借助于已有的生活经验，加上教师的通俗讲解，很容易地理解了"圆形"的概念。

小学生思维特点决定了他们难以理解抽象的概念，老师为了让学生理解"圆形"的概念，列举出具体的生活事例，增加学生的感性经验，引导学生对抽象概念的理解。

① https://www.jinchutou.com/p－17800009.htm.

第二节　小学教学方法

一、教学方法的概念

教学方法是为了达到教学目标，运用教学手段进行的，由教学原则指导的师生共同围绕教学内容相互作用的一整套行为方式。理解教学方法的概念，关键是要把握以下三个要点：第一，教学方法是教师与学生的一系列持续的教学行为，如讲解与听讲、示范与模仿、演示与观察，它与内容、手段密切联系。第二，在教学过程中，选择和采用各种教学方法，是为完成一定教学任务服务的，与教师的教学风格和教学个性有关，但最主要的还是受教学内容制约。第三，教学方法是一个结构性概念，它主要由教师的教和学生的学有机联系而构成。① 一定程度上说，教师教的方法制约着学生学的方法，学生学的方法也影响着教师的教学方法，教法要兼顾学法，教师的教要服务于学生的学，要促进学生的学；新课程重视学生学法的指导，即教学生如何学会学习。

依据指导思想不同，各种教学方法可归并为两大类，即注入式和启发式，这是两种根本对立的教学方法指导思想。注入式是一种“填鸭式”的教学方法，是指教师从主观出发，把学生看成单纯接受知识的容器，向学生灌注知识，无视学生在学习上的主观能动性。在这种思想的指导下，教师在教学中仅仅起了一个现成信息的载负者和传递者的作用，而学生则仅仅起着记忆器的作用。启发式则是指教师从学生实际出发，采取各种有效的形式去调动学生学习的积极性，指导他们自己去学习。衡量一种教学方法是否具有启发性，关键是看教师能否促进学生积极主动地去学习，而不是单从形式上加以判断。

启发性教学是现代教学方法选择和运用的指导思想。在教学中，要注意调动学生在学习过程中的主观能动性，引发学生强烈的学习动机，引导学生开展积极的思维活动，促进学生形成独立思考问题的能力，从而为学生的创造性思维品质的形成提供良好的条件。

在教学实践中，人们常常把教学方法和教学方式混淆起来。具体地讲，教学方式是运用各种教学方法的技术，是教师教和学生学的具体动作。因此，教学方法应该是教学方式的上位概念，任何一种教学方法都是由一系列教学方式所组成；反过来讲，每一种教学方法都可分解为各种教学方式。例如，在运用讲授法时，教师既可边板书、边讲授，也可以自己的口头讲授为主；学生既可以聚精会神地听讲，也可以边做笔记、边听讲；等等。

教学方法和教学手段也是两个容易混淆的概念。它们的区别是，教学手段是指某种具体的物体和工具，而教学方法不是某种实物，是指对教学手段的操作和运用。

二、小学常用的教学方法

在小学阶段，教师应该采用多种教学方法进行教学，这是由小学教学科目和内容的多样性及小学生身心发展的特点和规律决定的。在小学，教师常用的教学方法主要有以下

① 王本陆：《课程与教学论》，高等教育出版社，2017，第 153 - 154 页。

几种:

(一)讲授法

1. 讲授法的概念

讲授法是教师运用口头语言系统连贯地向学生传授知识,发展学生智力的教学方法。讲授法是历史最悠久,也是使用得最为普遍的教学方法。

2. 讲授法的基本形式

教师采用讲授法进行教学时,根据讲授本身的特点和讲授的科目、内容的不同,可以把讲授法划分为讲述、讲解、讲演和讲读四种基本形式。讲述是指教师用生动形象的语言,向学生具体叙述、描绘事物和现象的方式,在语文、政治、历史等社会科学中运用得较多。讲解是指教师对某个概念、原则、定理、定律等加以解释、剖析、论证的方式,在数理化等自然学科中运用得较多。讲演是指教师不仅向学生描述事实,而且通过深入地分析论证,做出科学的结论的方式,常用在引进新课题,介绍一些重要而又不易理解的材料,以及思想品德教育过程中。讲读是指教师边讲边读或边读边讲,讲读结合。主要用在语文、外语等语言课的教学之中。这几种方式之间没有严格的界限,在教育活动中经常穿插结合使用。

3. 讲授法的优缺点

讲授法可以使学生在比较短的时间内获取大量的系统的知识,并且能结合知识传授进行思想品德教育,有利于发挥教师的主导作用,有利于教育活动有目的、有计划地进行。但是,讲授法容易束缚学生,不利于学生主动、自觉地学习,而且对教师个人的语言素养依赖很大。

4. 运用讲授法的基本要求

第一,讲授内容要有科学性和思想性。这是对教师采用讲授法提出的最基本的要求。科学性是思想性的前提和基础,而思想性是科学性的内在属性。因此,教师在讲授时首先要保证讲授内容的科学性,即教师在课堂上所讲的每一个概念,甚至每一句话都应该是准确无误的,都应该是经过实践检验被证明是正确的。由于小学生知识经验比较贫乏、思维和判断能力较差,一些在学术上有争论的内容一般不宜讲授给小学生。另外,教师在讲授时还应充分挖掘教材内容中蕴藏的思想品德教育的因素,在学科教学中渗透思想品德教育。

第二,讲授要讲究策略和方式,要系统完整,层次分明,重点突出,符合知识的系统性和启发性教学原则要求。例如,有的教师讲课根据教学内容的主次、难易、顺序和系统而采取精讲、细讲、先讲、后讲、重讲、串讲、略讲或不讲。如重点内容精讲,难点内容细讲,破题内容先讲,结论内容后讲,系统内容经常串讲,次要内容略讲,易懂内容不讲。讲课时应留有余地,耐人寻味,要启发学生积极思维。"导而弗牵","开而弗达",学生思想随着教师的讲课而紧张活动,兴趣盎然,注意集中,情绪活跃,学习主动积极,卓有成效。①

第三,注意讲授的时间。在小学阶段,学生身心发展尚未完全成熟。例如,小学生注

① 柳斌:《中国著名特级教师教学反思录(下卷)》,江苏教育出版社,2005,第239页。

意的稳定性虽然随着年龄的增长而增强，但他们能够集中注意的时间还是比较短的。有关研究表明，7～10岁儿童的注意集中时间约有20分钟，10～12岁儿童约有25分钟，12岁以上约有30分钟。① 根据这一特点，小学教师每次讲授的时间不宜过长，以免小学生注意力分散，降低学习效果。

第四，教师努力提高语言表达水平，讲究语言艺术。教师的语言水平直接决定着讲授的效果，因此，必须不断地注重和提高自己的语言修养。首先，要做到语言清晰、准确、精炼、详略得当；其次，要努力做到生动形象、富有感染力；再次，注意语音的高低、语速的快慢，讲究抑扬顿挫。

（二）谈话法

1. 谈话法的概念

谈话法又称问答法或答辩法，是指教师按一定的教学要求向学生提出问题，要求学生回答，并通过回答的形式来引导学生获取或巩固知识的方法。②

谈话法也是一种古老的教育方法，我国古代《学记》中即有“善问”“善待问”的论述；西方苏格拉底的“产婆术”就是这种方法。它的基本形式是学生在教师的引导下通过独立思考进行学习。

2. 谈话法的形式

根据谈话的目的和任务不同，可以把谈话法划分为复习性谈话、启发性谈话、总结性谈话和研究性谈话四种形式③。复习性谈话是根据学生已学教材向学生提出一系列问题，通过师生问答形式以帮助学生复习、深化，系统化已学的知识。启发性谈话则是通过向学生提出未思考过的问题，一步一步引导他们去深入思考和探取新知识。总结性谈话是指在一个课题、单元或学段的教学结束后，教师向学生提出一些能概括所学内容的问题，通过学生回答，达到总结和全面复习的目的。研究性谈话主要是教师提出一些富有启发性、对学生来讲是尚未形成结论的问题，引发学生思维和探究，以此培养和发展学生的创新精神和研究能力。

3. 谈话法的优缺点

谈话法能够照顾到每个学生的特点，充分激发学生的思维活动，有利于发展学生的语言表达能力；能够使教师通过谈话直接了解学生的学习程度，及时检验自己的教学效果，从而提出一些补救措施来弥补学生的知识缺陷，开拓学生的思路，使学生保持注意和兴趣。但是，谈话法与讲授法相比，完成同样的教育任务，它需要较多的时间。此外，当学生人数较多时，很难照顾到每一个学生。因此，谈话法经常与讲授法等其他方法配合使用。

4. 运用谈话法的基本要求

第一，设计好问题。采用谈话法的关键是教师要设计好问题。具体来讲，教师设计的问题应具有以下特点：问题要切合教学目标、任务，抓住教学内容中的重点和难点，符合小学生身心发展的特点和规律；问题要有启发性，对发展学生的思维和智力有价值；问题要

① 王本陆：《课程与教学论》，高等教育出版社，2017，第158页。

② 王本陆：《课程与教学论》，高等教育出版社，2017，第158页。

③ 王本陆：《课程与教学论》，高等教育出版社，2017，第159－160页。

有层次性，做到层层深入、有机联系；问题要有典型性和针对性，既面向全体学生，又因人而异；问题还应有思想性。

第二，善于提问。善问是教学艺术的一种具体体现，也是教师应该具备的一项重要素质。善问要做到以下三点：首先，教师要选择提问的时机，在学生“心求通而未得之意、口欲言而未能之貌”时向学生提出问题。其次，教师应当尽可能使谈话对象有代表性，比如选择不同层次的学生。再次，在谈话时应根据需要适时加以适当的解释、说明，对谈话进行引导。

第三，做好谈话后的总结工作。在谈话中学生的理解和掌握往往表达得不一定十分准确、精炼，因此，在谈话的最后阶段，教师应当用规范而科学的表述对学生通过谈话所获得的知识加以概括总结，进一步明确谈话的目的和收获。

（三）讨论法

1. 讨论法的概念

讨论法是全班或小组成员在教师的指导下，围绕某一中心问题发表自己的看法和见解，从而进行相互学习的一种方法。讨论法既是一种以语言传递为主的教学方法，又是一种研究性的教学方法，是小学教学中常用的一种方法。

2. 讨论法的形式

根据参与讨论的形式，可以把讨论划分为班级讨论和小组讨论。根据讨论内容的性质和特点，可以把讨论划分为三种，即综合性课堂讨论、专题性课堂讨论、研究性课堂讨论。综合性课堂讨论是主要用于扩大有关理论知识的学习而组织的讨论；专题性课堂讨论是主要就某门学科中的个别问题或疑难问题而组织的讨论；研究性课堂讨论是主要就某一课题进行深入探讨而组织的讨论。

3. 讨论法的优缺点

采用讨论法有助于学生听取、比较、思考不同意见，加深对知识的理解；有助于培养学生的思维能力、研究能力和语言表达能力等；同时，采用讨论法还能有效地培养学生的组织管理能力。讨论法的不足之处在于，受到学生知识经验水平和能力发展的限制，容易出现讨论流于形式或者脱离主题的情况。

4. 运用讨论法的基本要求

第一，讨论前，要选择好讨论的题目或内容。首先，教师要根据教学目标选择有讨论价值的问题。一般来说，讨论内容应当是教育教学内容中比较重要的事实、观点、原理等。难度应恰当，过于简单难以激起学生的兴趣，过于复杂容易挫伤学生的积极性。其次，教师要对学生提出具体要求。指导学生收集有关资料，拟订发言提纲等。

第二，讨论中，教师要善于引导学生围绕中心，联系实际，自由发表意见，让每个学生都有发言机会。

第三，讨论结束时，要及时地予以总结，并帮助学生整理结论和答案等。

（四）读书指导法

1. 读书指导法的概念

读书指导法是指教师指导学生通过阅读教科书和其他参考书，以获得知识、巩固知识、培养学生自学能力的一种方法。培养学生阅读教科书和课外读物的能力是小学阶段的一项重要教学任务,因而,读书指导法在小学教学中具有重要地位。

教师指导学生阅读教科书,首先要让学生进行预习,其作用在于能为上课创造有利的学习状态,打好注意定向的基础,把主要注意力集中在主要问题上。其次要让学生进行复习,其作用在于能够使学生及时消化和巩固知识,并使消化和巩固的知识系统化、条理化。

教师指导学生阅读课外书籍要做好三个方面:首先要指导学生选择书籍;其次要教给学生阅读课外书籍的方法;再次要培养学生良好的阅读习惯。

2. 读书指导法的价值

读书指导法对培养和发展学生的阅读能力,进而教会学生学习、发展学生的自学能力具有独特的意义和价值。

3. 运用读书指导法的基本要求

第一,教师要提出明确的目的、要求和思考题。让学生带着任务、问题学,才能提高学生学习的自觉性、积极性,自主地掌握学习的方向、要求和质量,自主地调节自己的行为去实现学习目的。

第二,教给学生科学的阅读方法。引导他们掌握朗读、默读和背诵的方法,浏览、通读与精读的方法,学会利用读物本身的目录、序言、注释、图表和工具书(字典与辞书)来帮助理解,学会做记号、提问题、做眉批、做摘要或摘录、写提纲和读书心得等。

第三,加强辅导。指导学生阅读,特别是指导学生自学教材。他们在阅读过程中必然会碰上困难、发现问题、产生疑难,需要教师及时指点、解决,他们写的心得、做的作业也需要教师及时检查、批改,所以要加强辅导。否则,自学便流于形式。

第四,适当组织学生交流读书心得。在个人阅读的基础上,可以适当组织学生开展讨论、笔谈、办学习园地或交流心得体会,以巩固和增强读书收获,培养学生读书的兴趣爱好。

(五) 练习法

1. 练习法的概念

练习法是学生在教师指导下运用知识反复完成一定的操作、作业或习题,以加深理解和形成技能技巧的方法。在小学阶段,不同年级的学生和不同科目的学习都离不开练习法。

练习必须通过一定数量的活动才有成效,但绝非机械训练,只重数量,不讲质量。即使是动作性技能的掌握,也要引导学生对自己的动作进行观察反思与评析,只有让他们看清自己的缺陷,才能有所改进;至于原理与公式的应用技能的掌握则更为复杂,必须经历解决不同难度问题的锻炼,才能达到较自觉的掌握。练习要逐步增加难度,让学生在多次的、变化了的新情况下也能解决问题,才能达到自如而熟练地掌握技能的程度。

2. 练习法的价值

练习法是一种以实际训练为主的教学方法,其主要价值在于形成和发展学生的技能和技巧,同时也有助于加深学生对所学知识的理解和巩固。

3. 运用练习法的基本要求

第一,明确练习的目的、任务,提高学生练习的自觉性。让学生清楚地认识到为什么进行练习、通过练习要达到什么样的结果，对于增进学生练习的主动性和积极性、提高练习的效果具有重要意义。

第二，要精选练习题，注意练习方式的多样性。精选题目可以收到举一反三的效果。各门学科的题目是无穷尽的，我们要从教学要求出发，选择那些有典型意义的，解一题可弄清一类的题目给学生练习。选题应注意代表性和针对性，要防止搞“题海战术”。同时应注意采用多种练习方式，如口头练习、心理练习、书面练习、操作练习等，以减少学生练习的心理疲劳，提高练习效果。

第三，要注意练习的难度、分量和系统性、经常性。难度过大、分量过重，学生难以完成任务，且会增加心理负担；太容易了、分量太少，也不利于学生的发展。同时，练习要有系统性，注意前后连贯，应由浅入深、由易到难、由单项练习到综合练习、由模仿到独创。布置练习还应该是经常性的，注意培养学生循序渐进地进行学习的良好习惯。

第四，及时检查和评价练习的效果。教师对学生练习结果要及时检查和评价，让学生及时获得练习的反馈信息，以便迅速调节自己的练习活动，使正确的得到强化，错误的得到及时纠正，防止错误的知识和行为成为定势。

（六）实验法

1. 实验法的概念

实验法是指教师引导学生使用一定仪器和设备，进行独立操作，引起某些事物和现象产生变化，从而使学生获得直接经验，培养学生技能和技巧的教学方法。实验法主要运用在小学科学教学中。

2. 实验法的价值

实验法可以把理论与实践结合起来，有利于激发学生的求知欲望；有利于培养学生独立使用仪器进行科学实验的基本技能；可以培养学生严谨的科学态度和扎实的作风。

3. 运用实验法的基本要求

第一，做实验之前，教师要做好实验准备。如编制好实验计划，准备好实验用品，将学生分组，并使学生明确实验的目的及操作过程等。也就是在思想上、组织上、物质上做好各种准备。

第二，加强实验过程的指导。教师应充分发挥学生的独立性和主动性。学生独立实验时，教师要巡视，了解学生的实验情况；当个别学生有困难时，教师应给予帮助和指导。同时要教育学生严格遵守纪律，注意实验安全，爱护实验设备和器材。另外，对小学生而言，特别要提醒他们注意实验时的安全。

第三，做好实验后的总结。实验结束后，教师要以实验的过程和正确的结论为重点进行小结，并指导学生写好实验报告。

（七）演示法

1. 演示法的概念

演示法是指教师通过展示实物、教具和示范性实验来说明、印证某一事物和现象，使学生掌握新知识的一种教学方法。演示法具有直观、形象的特点，与小学生身心发展特点相吻合，属于小学阶段的常用教学方法。演示法体现了直观性、理论联系实际的教学原则。

2. 演示法的价值

演示法的突出作用是使学生获得直观、典型的感性认识，有助于学生理解书本上的概念、原理和规律，有助于培养学生的观察力，激发学生的认识兴趣。随着现代科学技术的发展，演示法的手段和方法也越来越丰富，演示的作用和功能也越来越多样化。

3. 运用演示法的基本要求

第一，做好演示前的准备工作。要根据教学需要，选择典型的实物、教具，放大或用色彩显示要认真观察的部分，还要考虑好演示的方法与过程。若是演示实验，教师应先试做一遍。

第二，指导好演示的过程。主要包括指导学生在看演示时要尽可能运用多种感官对演示的对象和过程产生清晰的感知。同时，为了提高演示效果，教师在演示过程中要配以适当的讲解和谈话等。

第三，演示结束后，教师要引导学生分析观察结果以及各种变化之间的关系，通过分析、对比、归纳、综合得出正确结论。

（八）参观法

1. 参观法的概念

参观法又称现场教学，是教师根据教学目的和要求，组织学生进行实地考察、研究，使学生获取新知识，巩固、验证旧知识的一种教学方法。

2. 参观法的优缺点

使用参观法教学能够激发学生对知识的渴望和兴趣，扩大学生的视野；能够使学生接触社会，并从中受到教育和启发；能够培养学生观察事物的能力和习惯。它的不足之处主要在于，难以组织和管理，特别是安全问题。

3. 参观法的类型

根据参观活动与所学的有关知识的顺序不同，可将参观法分为准备性参观、并行性参观和总结性参观三种。准备性参观，即在学习某种知识之前，先组织学生参观有关的项目，为学生学习新课提供一定的感性材料和引起学生的学习兴趣。并行性参观，即在学习某种知识的过程中的参观，帮助学生理解正在学习的知识，并提高学生学习新知识的兴趣。总结性参观，即在学习某种知识之后进行的参观，目的是帮助学生巩固和加深理解学过的知识。

4. 运用参观法的基本要求

第一，做好参观的准备。教师首先要明确参观的目的和对象，考虑参观的形式和方法，拟好参观计划。参观前教师还要让他们了解参观的目的，明确参观的要求和任务，如：是否要做笔记、收集哪些资料等，以及明确参观的注意事项。

第二，加强参观过程的管理和引导。在参观过程中，教师要指导学生注意观察主要事物和现象，引导学生提出启发性的问题，提示值得注意的细节，避免“走过场”或走马观花。同时，时时提醒注意安全。

第三，参观后及时总结。检查参观计划的执行情况，把收集的材料进行归纳整理，把参观所得的感性材料，与所学知识结合起来，指导学生写好参观报告。

三、小学教学方法选择的依据

每个教师应根据教学内容与学生的具体实际，了解每一种教学方法的特点和基本要求，恰当地选择和运用教学方法，以使所采用的方法发挥最大的效益。教学方法的优选要考虑以下因素：

（一）教学目标和任务

教学目标包括知识与技能、过程与方法、情感态度与价值观这三个领域，每个领域又分为若干个层次。不同领域或不同层次的教学目标必须要借助于相应的教学方法和教学技术。例如，如果一节课的教学目标和任务的重点在传授新知识上，那么讲授法较为适宜；如果定位在发展某种技能或能力上，宜选择实验法、探究法等；如果确立在体验、陶冶情感、树立正确价值观上，可选取讨论法、读书指导法等。由于每一单元或每一节课的教学目标具有多样性和层次性，因而，教学方法的选择要注重多样综合，只有这样才能保证教学目标全面实现。

（二）教材内容的特点

首先，不同的学科，教学内容不同，所要求的教学方法也有着明显的差异。社会学科、自然学科、工具性学科等，在知识要求、能力培养、技能训练等方面的教学任务与教学目标的要求都不尽相同。其次，同一学科的不同阶段、不同单元、不同的课时内容也不一致，对学生的知识掌握、技能训练、能力要求也不相同，同样要求教学方法的选择要具有多样性和灵活性的特点。这就要求教师应该把握各自教学方法的适用范围，能够根据不同的教材内容特点的教学需要，选择所需要的教学方法。比如，语言类学科多采用讲授法、谈话法等；科学类学科多采用演示法和实验法等；艺术类学科多采用示范法等。对于同一学科，有些内容宜采用讲授法，有些部分宜采用讨论法，有些则可采用演示法。

案例 8－8

“数与代数”与“图形与几何”教学片段的对比[①]

片段一：“带小括号的混合运算”教学片段

编花篮中的数学问题：二年级(2)班42人参加课间活动，男生22人打篮球，剩下的女生编花篮，每个花篮要5人编，能编几个花篮？

师：谁来讲一讲这道题的信息和问题？

生：信息：二年级(2)班有42人参加课间活动，男生22人打篮球，剩下的女生编花篮，每个花篮要5人编；问题：能编几个花篮？

师：这道题，要求你试着用综合算式来解决，可以吗？

生：(42－22)÷5＝20÷5＝4(个)。

---

① 孙艳明：《小学数学探究式课堂教学案例研究：以C市4所小学课堂教学为例》，东北师范大学，2012，第36－42页。

师:42减22表示什么意思?

生:表示女生有多少人。

师:20÷5又表示什么?

生:20是女生的人数,编一个花篮需要5个人,用女生人数除以编花篮需要的5个人,就是能编几个花篮。

师:说得挺好。

片段二:"认识角"教学片段

师:找你身边的角,摸一摸,可以跟同桌交流。

生1:黑板上有个角(指黑板角)。

生2:书桌上有角。

生3:橡皮上也有角。

生4:书上有角。

生5:大屏幕上有四个角。

生6:图画那个(课件的动画中)。

师:不知同学们有没有注意到,我们天天带的红领巾有没有角?

生:有,三个角。

师:老师这还有一样东西,这个是三角板,这里有没有角?上前面来摸摸。

生:摸到了角。

师:同学们再摸摸这个角(90度角的顶点)有什么感觉?

生:很扎的感觉。

师:扎人的感觉,就是这里是尖尖的,对不对?摸摸这里(一条边)。

生:是平的。

师:是平的,是直直的,对不对?请你记住你摸的感觉,先把三角板放在这边。刚才同学们在动画里找到了角,在生活中找到了角。看来角真的离我们很近啊!那你现在想不想自己动手做一个角?

生:想。

这两个教学片段,前者是"数与代数"领域中的一节,后者是"图形与几何"领域中的一节。在这两次教学中,教师根据教学内容特点不同,选取了具有针对性的教学方法。在第一个教学片段中,教师主要采用谈话法,通过有效的问题引导学生解决问题;在第二个教学片段中,教师除了谈话法外,还充分利用教具、多媒体,通过演示法、讨论法,将"角"这种抽象的概念具体化,让学生真切感受到"角"的特点,深刻理解"角"的概念。

(三)学生实际特点

教学中学生的实际特点,主要是指学生现有的知识水平、智力发展水平、学生动机状态、年龄发展阶段的心理特征、认知方式与学习习惯等因素。心理学研究和教学实践都表明,学生的实际特点与教学方法之间存在着相互作用。所以,教学过程中教学方法的选择要受到学生的个性心理特征和他们所具有的基础知识水平条件的制约。同一年级或同一班级的学生对某种教学方法的适应性可能会有很明显的差异;同样,对于不同年龄段的不同年级的学生，对同样一种教学方法的适应程度也不相同。例如，小学低年级的学生对于来自外部的刺激更为关注，更容易引发学习兴趣，教师要特别注意运用教学情境创设的方法；而小学高年级学生则对学习内容更关注，更容易激发学习兴趣，教师就要注意运用好教学内容选择和加工的方法。另外，教师在确定具体的教学方法及方法结构时也必须考虑到不同学生的个性差异。

（四）教师自身素质

任何一种教学方法，只有适应了教师的素养条件，并能为教师充分理解和把握，才能够在实际教学过程中充分地发挥出它的功能和作用。教学方法本身虽然好，但并不一定适合于每一位教师。因此，教师在选择教学方法时，应当根据自己的实际优势，扬长避短，选择与自己最相适应的教学方法。例如，有的教师语言表达能力和感染力较强，可优先选取讲授法、谈话法；有的教师语言表达能力较弱，但善于运用直观教具或实验配合进行教学，就宜选用演示法、实验法等。同时，教师应当不断提高自身素质和水平，并能根据自己的素养条件，丰富和改进现有的教学方法，创造独具个性的教学风格。

（五）教学方法本身的特征

每种教学方法本身都有其使用范围与条件、优势与缺陷。因此，选择和运用教学方法时必须全面考虑方法本身所具有的特性。如讲授法虽然能在较短的时间内向学生传授大量的系统科学文化知识，能充分发挥教师的指导作用，但不利于学生技能性、实践性、创新性能力的培养；研究法虽有助于培养学生创新精神和实践能力，但教学效率较低，难以常态化应用。

（六）教学条件

不少教学方法的运用需要一定的设备条件。如演示教学法需要一定的直观教具，实验教学法需要一定的仪器、材料，程序教学法需要有程序教材和教学机器，等等。学校不具备相应的条件，教师可因陋就简，尽量创造条件加以运用，但不宜过分强调。

本章小结

教学原则是有效地进行教学工作必须遵循的基本要求；教学方法是由教学原则指导的师生相互作用的一整套行为方式。

本章第一节包括教学原则的概念，教学原则与教学规律、教学准则的关系，以及小学常用的教学原则。教材首先分析了教学原则的概念；然后在此基础上辨析了教学原则与教学规律、教学准则的关系，从而深化了对教学原则概念的认识；最后，重点分析了小学常用的教学原则：科学性与思想性相统一的原则、直观性原则、启发性原则、巩固性原则、理论联系实际原则、因材施教原则、循序渐进原则与量力性原则。

本章第二节是有关教学方法的概念及其运用的知识，包括教学方法的概念、小学常用的教学方法、小学教学方法选择的依据三个方面。教材首先介绍了教学方法的概念；然后列举了小学常用的教学方法，每一种教学方法都是从概念、优缺点及运用要求几个方面进行介绍；最后，介绍了选择教学方法的依据；提倡启发式、反对注入式，是当代运用教学方法的指导思想。

[思考与练习]

1. 什么是教学原则？比较教学原则与教学规律、教学规则的异同。

2. 对小学教学有广泛指导意义的教学原则有哪些？贯彻这些原则有哪些要求？

3. 为何自古代以来我国都十分重视启发性教学原则？教师的启发与学生探究之间有何内在联系？

4. 什么是教学方法？如何选择和运用教学方法？

5. 讲授法在教学中有何价值与局限？如何避免注入式讲授？

6. 请以小组为单位，任选一内容进行微型课程的教学方法设计。

第九章 小学教学组织形式与教学评价

扫码获取
相关资源

内容提要

本章旨在引导学生掌握小学教学组织形式与教学评价相关问题。首先，通过对教学组织形式历史发展过程的分析，引导学生掌握当前小学教学以班级授课制为代表的主要教学组织形式及其发展趋势。其次，对班级授课制背景下的教师工作的过程进行阐述，让学生掌握备课、上课、作业布置等方面的要求。最后，引导学生掌握教学评价的功能、类型与方法等问题。

学习目标

1. 了解教学组织形式的概念及其历史发展。
2. 理解当前小学主要的教学组织形式，尤其是班级授课制的优点与不足。
3. 掌握教师工作的基本环节，尤其是备课与上课的基本要求。
4. 理解小学教学评价的类型。
5. 掌握小学教学评价的主要方法。

有效教学活动的开展，要对教师、学生、空间、时间等要素进行合理配置，对教学程序进行合理安排，这就需要思考教学组织形式问题。同时，教学工作需要对各方面的效果进行判断，以便更好地开展后续的教学工作，这就涉及教学评价问题。本章主要围绕教学组织形式和教学评价展开。

第一节　教学组织形式

一、教学组织形式及其历史演变

(一) 教学组织形式的内涵

教学组织形式是指为完成特定的教学任务，教师和学生按一定要求组合起来进行活动的结构[1]。教学组织形式主要考虑教学活动中的人员结构、时间结构、空间结构、程序结构。

1. 人员结构

不同时期，不同国家，教师和学生在人员结构上的构成不一样。古代实施个别教学，在人员结构上是一个教师对一个学生。近代班级授课制和导生制背景下，是一个教师对一个特定人数班额的学生。20 世纪 50 年代美国产生的协作教学（教师小队教学）是几个教师对一个班的学生，共同完成某一科目的教学工作。当前美国小学一个班一般不超过 20 人，英国法律规定小学一个班不超过 30 人。我国《城市普通中小学校校舍建设标准》的文件规定，城市小学每班不超过 45 人（初中高中不超过 50 人）。当前由于我国教育资源还不够均衡，导致城市中小学班额过大，迫切需要降低班额。

2. 时间结构

古代没有系统的教学，也就不存在一节课的问题。近代以后产生了系统教学，课时问题成为教学组织形式的一个重要构成方面。当前美国小学教学课时因学校性质不同、科目不同，形式灵活，国家没有对课堂的时长做明确规定。英国小学因科目的不同，课时在 25 到 35 分钟不等，中间休息 20 到 25 分钟。加拿大甚至没有固定课程表，不同科目的活动时间也不固定，一般不超过 30 分钟。总体来说，国外小学一节课时间灵活，一般不超过 30 分钟，我国小学是 40 分钟。

3. 空间结构

课堂空间结构是指课堂教学中教师和学生人际组合的结构，主要涉及课堂座位的排列方式。目前小学课堂座位排列方式主要有秧田式、马蹄型（U 型）、双 U 型、品字型、圆圈式、同心圆式等。不同的座位排列方式服务于不同的教学需要，秧田式结构适合教师集中讲授；U 型结构适合人数较少的以教师为中心的讨论或其他互动活动；双 U 型结构适合人数较多的以教师为中心的讨论或其他互动活动；品字型结构适合小组讨论或其他互动；圆圈式结构适合人数较少的以学生为中心的讨论或其他互动；同心圆式结构适合人数较多的以学生为中心的讨论或其他互动。总体来说，欧美国家座位排列比较灵活，多能根据教学活动不同而随机改变。我国以秧田式为主，座位排列方式比较固定。

4. 程序结构

不同国家，在教学活动的程序安排方面也有不同。我国主要是备课、上课、作业布置批改、课外辅导、学业的检查与评定。西方如特朗普制的程序是大班上课、小班研讨、个别辅导。

（二）教学组织形式的分类

按照不同的标准可以把教学组织形式分成不同类别。按照教学规模（人员数量与结合方式），可以把教学组织形式分为个别教学、集体教学、综合教学。古代孔子的教学以及西方苏格拉底等人的教学是个别教学；中国书院的教学、英国导生制是集体教学，班级授课制是集体教学的最高形式；对班级授课制进行变革而产生的一些组织形式，如文纳特卡

---

① 王本陆：《课程与教学论》，高等教育出版社，2008，第 264 页。

制、特朗普制是综合教学。按照人员交往的方式，美国学者鲍里奇提出了直接教学和间接教学的分类。教师直接或主动地介入教学内容属于直接教学，不把教学内容直接讲给学生听，而是通过环境中适当的中介让学生学习教学内容的方式属于间接教学。

其他还有很多分类，如按照空间可以把教学组织形式分为秧田式、马蹄型、圆圈式等，按照课时安排可以把教学组织形式分为固定课时制和灵活课时制，按照年级的设置可以分为年级制、不分级制、弹性升级制。

（三）教学组织形式的历史演变

教学组织形式受经济社会的发展、学生规模、高质量教育的追求等方面的影响，在历史发展中表现为不同形式。下面主要是按照个别教学、集体教学以及综合教学的思路对教学组织形式的历史沿革进行梳理。

1. 古代教学组织形式

（1）个别教学

西方中世纪以前以及中国宋代以前的教学，普遍采用的是个别教学组织形式。古代文化知识不够系统，学生数量少且进度不同，教师只能在同一时间以特定内容面向一个或几个学生进行教学。个别教学学生数量少，缺乏系统性，造成效率低下，但能做好因材施教。当前各国教育改革也都重视个别教学，但多是在班级授课制等组织形式下开展的个别教学，因此今天的个别教学不同于古代的个别教学。

（2）班组教学

班组教学是个别教学向集体教学过渡的形式，是集体教学的萌芽形态。这种教学组织形式中，教师要面向一组学生，但学生年龄、程度不同，没有班级结构。教学中由数名教师分工负责，对学习内容做了一定先后安排，但无制度。中国古代的书院以及文艺复兴时期的教学多属于这种形态。

2. 近代教学组织形式

（1）班级授课制度

古罗马昆体良时期产生了分班教学，中国汉代太学也进行了分班教学，但没有得到发展和延续。近代以来，随着学校科目增加和人数增多，文艺复兴时期一些宗教改革的学校和人文主义教育学校开始探索班级授课制，捷克教育家夸美纽斯借鉴了班级授课制的实践探索经验，在其 1632 年出版的《大教学论》中系统地论证了班级授课制。班级授课制是把一定数量的学生按年龄和知识程度不同编成固定的班级，教师根据周课表和作息时间表的安排，有计划地向全班学生集体进行教学的制度。夸美纽斯之后，班级授课制发展成世界各国教学的基本组织形式。我国最早采用班级授课制的是 1862 年创办的京师同文馆，并在 1904 年的"癸卯学制"中以法令的形式确定下来。

（2）贝尔—兰喀斯特制

为缓解教师少、学生多的矛盾，英国近代出现了贝尔—兰喀斯特制，也称为导生制度。导生制脱胎于印度古儒学校的教学方式，但依然以班级为基础，教师首先面向部分年龄较大、能力较强的导生上课，导生掌握后，由导生教年幼的或后进的学生，并对这些学生进行检查和考试。导生制与英国双轨制相适应，随着社会发展和对教学质量要求提高而被抛弃。

3. 班级授课制的现代变革

(1) 分组教学

19 世纪末 20 世纪初，西方国家义务教育得到了普及，班级授课制不能有效地关照学生的个性差异，西方国家开始对班级授课制进行改良，提出了分组教学制。

分组教学早期有能力分组和作业分组两种形式。能力分组中学生学习的课程相同，学习的年限不同。作业分组中学生的学习年限相同，学习的程度不同。

20 世纪 70 年代以后，西方国家分组教学通常采用内部分组和外部分组。内部分组是在传统的按年龄编班的班级内，按学生的能力或学习成绩分组。外部分组是打乱传统的按年龄编班，按学生的能力或学习成绩编班。

(2) 道尔顿制

由于班级授课制难以有效地关注学生的个别差异和主动性，20 世纪初美国女教育家帕克赫斯特在道尔顿中学创建了新的教学组织形式，即道尔顿制，也叫"道尔顿实验室计划"。其基本做法是学生根据自己的学习能力与教师签订学习合同；学生自主在作业室或实验室自学，不懂再请教师；教师用表上列出的项目对学生的学习情况进行检测，以跟踪学生学习情况。其做法可简单总结为"合同—自习—表格监督"。

(3) 文纳特卡制

文纳特卡制是 1919 年美国教育家华虚朋在文纳特卡镇公立中学实行的一种教学组织形式。道尔顿制只考虑了学科课程的组织，没有考虑活动课程如何组织，文纳特卡制把课程分为"共同的知识或技能"(包括读、写、算等)和团队活动。共同知识或技能课程教学按学科进行，以学生自学为主，适当地进行个别辅导，做法类似道尔顿制；团体活动与创造性活动课程开展团队活动，目的是发展儿童的社会意识。

(4) 特朗普制

特朗普制，又称"灵活的课程表"，是美国教育学教授劳伊德·特朗普 20 世纪 50 年代提出的一种教学组织形式。这种教学组织形式把大班上课、小班研究、个别辅导三种教学组织形式结合起来。由优秀的教师运用现代教育手段给几个平行班上课，然后班级教师组织小班研讨大班教学中的问题，最后开展个别作业和辅导。

(5) 开放教学

"二战"破坏了学校正规教育，在"进步主义教育"运动的背景下，英国 30 年代出现了开放教学这种教学组织形式。20 世纪 60 至 70 年代，开放教学流行于美国，主要在幼儿学校和小学实行。开放教学尊重儿童的自然发展，没有固定教学目标、计划、教材和教室，不同年龄学生聚集在一起，根据各自的爱好选择各种学习活动。

二、小学常见的教学组织形式

(一) 小学教学的基本组织形式——班级授课制

1. 班级授课制的概念与发展

班级授课制是课堂教学或班级教学的教育科学概念。它是根据年龄和文化程度把学生编成有固定人数的教学班，由教师根据教学计划中统一规定的教学内容和教学时数，按照课程表进行分科教学的一种组织形式。

2. 班级授课制的特点

（1）以“班”作为人员单位。班级授课制是按照年龄和能力把学生编成规定的班级，学生人数固定，教师对整个班级进行共同内容的教学。

（2）以“课”作为活动单位。学校采用分科教学，某一个科目按照学年时间分为不同的小部分，这些小部分比较均匀，内容相对完整，前后内容之间彼此联系、承前启后。教师围绕每一小部分设计并对整个班集体实施教学活动，一次的教学活动被称为“一课”，班级学生活动是以某一科目的某一课为主题展开。

（3）以“课时”作为时间单位。每一课在预先固定的时长里进行，一节课的时长称为课时。

（4）以“课表”作为时间循环单位。学校把每个科目一周教学的先后安排用表格固定下来，每一周都按照这个表格的安排执行。

3. 班级授课制的主要优缺点

（1）班级授课制的优点。① 班级授课制有利于提高教学的效率。相比以往的教学，班级授课制背景下教师教授的学生数量多，教学的组织性强，并且由专门教师分科教专门知识，能有效地提高教学的效率。② 班级授课制有利于发挥教师的主导作用。班级授课制中，教学主要是在教师的计划、组织下开展，体现了教师的主导作用。③ 班级授课制有利于发挥班集体的教学作用。在班集体中学习，学生彼此之间由于共同目的和共同活动集中在一起，可以互相观摩、启发、切磋、砥砺，从而增加信息来源或教育影响源。④ 班级授课制有利于促进学生全面发展。教学采用分科教学，科目多，有利于满足学生多方面发展的需要。⑤ 班级授课制有利于管理。班级授课制的计划性、组织性强，有利于教学管理工作的开展。

（2）班级授课制的缺点。① 容易产生理论与实际脱节。班级授课制的教学主要是课堂教学，重点教理论知识，以教材为中心开展活动，容易忽视生活实际。② 不利于因材施教。班级学生人数多，学生性格、知识、能力有差异，了解每个学生，并有针对性地实施教学变得较为困难。③ 不利于学生交往。班级授课制主要是在教师的主导下进行的以教材为中心的教学活动，并且课桌椅的摆放比较固定，从而导致学生之间的互动少。④ 不利于学生主动性培养。学生主要接受教师的讲授、记笔记、做练习，不利于学生创造性和主动性的培养。

（二）现代教学的辅助形式——个别教学、分组教学与现场教学

1. 个别教学

个别教学是针对班级授课制不利于因材施教而采取的教学辅助形式，这种个别教学是教师在面向全班学生教学的前提下，照顾不同学生的情况，对个别学生进行帮助与指导的教学活动方式。

2. 分组教学

分组教学也是针对班级授课制不利于因材施教而采取的辅助形式。分组教学一般有内部分组和外部分组。内部分组是在传统的年龄编班的前提下，根据学生能力或学习成绩发展变化情况进行分组教学。外部分组即打破班级限制，在学校内根据学生的差异进行分组的教学。分组教学一定程度上考虑了学生个性，但是会造成教育的不公平。当前

我国的教育政策反对在小学教育中分重点学校和非重点学校，分重点班和非重点班。

3. 现场教学

现场教学是针对班级授课制容易造成理论与实践脱节而采取的教学辅助形式。现场教学并非每次教学活动都是在生产、生活现场进行，而是根据具体教学的需要，组织学生到相关活动的场所，对具体的事物和活动进行观察而获取知识的一种教学组织形式。

（三）班级授课制的特殊组织形式——复式教学

复式教学是相对于单式教学而言的一个概念。单式教学是教师在一个教室内用同样的教材，对同一班级的学生进行的教学，传统的班级授课制是典型的单式教学。复式教学是把两个或两个以上年级的学生编在同一教室，由一个教师分别进行教学的方式。复式教学具有"三多""两少"特点，"三多"是指年级多、科目多、自动作业多，"两少"是指同年级人数少、直接教学时间少。

复式教学在一百多年前的德国首次使用，此后日本等国仿效，我国20世纪初开始引进。复式教学有效地解决了我国过去经济落后、教育资源不足、居住分散的老少边穷地区的教育问题，在中国教育发展史上起到了重要作用。

三、小学教学组织形式变革的趋势

班级授课制有着其鲜明的优越性，目前还没有哪一种教学组织形式能有效地替代班级授课制。但班级授课制也存在诸多弊端，各国在坚持班级授课制的主体地位的同时，开展了教学组织形式的多种变革。具体表现出如下趋势：

（一）适当缩小班级规模，使教学单位趋向合理

当前，由于受到条件的限制，学校里大班普遍存在。教学实践证明，小班学生的成绩明显优于大班，班级规模过大限制了师生交往和学生参与课堂活动的机会，阻碍了课堂教学的个别化，导致较多的纪律问题产生，从而间接地影响了学生的学习成绩与教学的最终效果。

2002年我国教育部颁布了《城市普通中小学校校舍建设标准》，规定城镇小学班额不应超过45人（中学不超过50人），对比当前小学实际情况，大班额问题比较明显。美国各州的小学每个班由20到30人组成，而美国教育部在1998年制定了7条政府优先考虑事项，其中就有一条提出，通过提供专款资金帮助学校缩小小学1～3年级班级规模，在全国范围内把小学1～3年级每班人数控制为18人。法国缩小班额的目标是每班学生不得超过25人。

因此，适当缩小我国城镇中小学班级规模，是提高教育质量，实现教育现代化的内在要求。

（二）多样化的座位排列，加强课堂教学的交往互动

传统小学教学的课堂座位排列形式是秧田式，即教师的讲台高高在上，学生的课桌面向讲台，学生与学生之间前额对后脑，左肩邻右肩。这种空间安排固然有其优点，比如它比较适合集体讲授，学生之间的相互干扰也较少，学生听课时注意力容易集中，教师也便于观察和控制学生，但这种空间安排也有不可避免的缺陷，比如封闭性的空间布局，不仅

不利于师生之间人际交往尤其是情感交流，也不利于学生之间的交往。

不同的教学任务需要不同的座位排列方式。教师集体讲授，适合秧田式的座位排列方式；小组讨论，适合“品字型”的座位排列方式；以教师为主导的讨论，适合“U 型”（马蹄型）或“双 U 型”的座位排列方式；以学生为中心的讨论适合“圆圈型”或“同心圆”的座位排列方式。

（三）改进班级授课制，实现多种教学组织形式的综合运用

各种教学组织形式各有利弊，不可能存在某种万能的模式。所以要求对各种教学组织形式合理结合和综合使用。班级授课制与个别教学、分层教学相结合，班级授课制与课外教学、现场教学相结合，传统的教学与现代教育技术相结合，已经成为目前发达国家教学组织形式的新特点。多种教学组织形式结合，既保留了班级授课制的优点，又能弥补其弊端。近年来，我国上海、江苏、浙江、安徽等地的一些中小学进行了“分层教学”的研究与试验，这是一种综合运用课堂教学组织形式的策略，取得了较好的教学效果。

（四）探索个别化教学

20 世纪 70 年代以后，随着计算机的发展，计算机辅助教学作为个别化教学的新形式受到人们的关注。今天，随着科技尤其是信息技术的进一步发展以及对教育公平的追求，各国在新时代、新技术的背景下探索个别化教学的新形式，开展了多种多样的改革试验，如我国当前正在探索的翻转课堂、网络教学、走班制等都体现了对个别化教学的追求。

“翻转课堂”（The Flipped Classroom）是实现教学中课堂上和课堂下的功能的教学组织形式。相对于传统课堂上教师教学生学，课下学生做作业的教学模式，“翻转课堂”中，学生在课下开展个别化自学，熟悉和掌握课程内容，课堂上做应用练习、讨论来解决问题。具体说来，“翻转课堂”要求学生课前开展个别化学习，观看教学录像，阅读教科书，或者网上查资料，掌握课程内容，将问题和思考带到课堂。课堂上，围绕课前个别化自学中遇到的问题和教师精心设计的任务开展讲授、探索、讨论等活动，从而巩固、应用、加深相关知识的学习。

网络教学是以网络为教学支撑环境，形成教师与学生之间的稳定关系和活动进程的教学组织形式。网络教学充分利用学校的优质师资，依托网络进行远距离交互式教学，这种教学模式可以打破时间和地域的限制。在网络教学过程中，选择优秀的相关科目教师进行网络授课，大规模的学生在自己方便的时间和环境中，基于网络开展个体的独立学习；网络集体授课结束后，班级科任教师基于网络授课内容，利用网络给学生开展有针对性的讲解、发布课后作业、组织学生讨论、个别指导等活动，以巩固网络学习效果；一个阶段网络教学结束后，在线呈现检测内容，组织学生考试。网络教学在 2020 年全球新冠肺炎疫情肆虐期间，起到了重要作用。当然如何保证网络教学的效果，实现网络教学和传统授课有机结合（混合式教学），这是当前探索的一个重要方面。

➢扫描本章二维码，阅读“走班制的理论与实践”。

第二节　小学教学工作的基本环节

在班级授课制背景下，小学教学工作的基本环节包括备课、上课、作业的布置与批改、课外辅导、学业成绩的检查与评定。其中，备课是前提环节，上课是中心环节。

一、备课

备课是教师根据学科课程标准的要求和本门课程的特点，结合学生的具体情况，对教学活动进行的预先安排。备课是教学工作的前提。通过备课，可以加强教师教学活动的目的性、计划性、针对性，体现教师在教学工作中的主导地位。

（一）备课的类型

1. 根据备课主体，可将备课分为个人备课和集体备课

个人备课是教师个体钻研教学业务的活动。教师劳动必须以独立的个体劳动为基础，具有独立备课能力是教师完成教学任务的基本需要。个人备课实际上是教师个性化学习的组成部分，既有对一般教学原则等公共知识的学习，也包括教师对教学内容、教学方法等的独特理解。真正意义的个人备课，是教师个性化教学谋划与设计的基础，有助于教师将自己的个体经验与教学内容融合，形成独特的教学风格，这是促生多样化、有活力教学活动的前提。

集体备课指教师群体（一般是讲授同一科目的教师）在一起共同研究教学内容，研讨对学生的理解，交流本学科的知识和信息，以达到互相交流、互相促进、互为补充、共同提高。教师的劳动从过程到结果都表现出集体性的特点，集体备课有助于统一教学要求，协调教学进程，有助于教师共享知识和信息，在教学资源得到拓展的同时，促进教师群体的发展，所有这些最终会对教学效果的提升产生积极影响。

集体备课以个人备课为基础，没有差异化的个体备课，集体备课实际上并不存在。集体备课可以为个人备课提供专业化的交流平台、更广阔的思维空间及更丰富的教学资源。

2. 根据备课涉及内容的范围，可将备课分为学期备课、单元备课和课时备课

学期备课指教师与教师群体（如教研组）对所教学科整个学期的全部教学内容与教学活动做通盘考虑、规划与设计，属于战略层面的备课。主要内容包括：确定全学期学科的教学要求、重点及难点；安排整个学期的教学进度；安排好各部分教学内容的课时分配及授课的基本方式、方法；做好教学的物质条件准备等。学期备课的基本途径包括通读教材、系统查阅参考资料、交流研讨等，最后设计出学期教学方案。其意义在于可以使教学活动的整体性清晰起来，使教师对整体工作进程了然于胸，避免前松后紧或遇到情况变化时的慌乱等，从而有力确保教学任务的完成。

单元备课指教师或教研组在学期备课的基础上，在每个单元教学之前，针对一个单元而进行的教学准备工作。单元备课的要求是进一步熟悉和掌握本单元的教学内容、教学目的、教学要求和重点；根据单元的重点、难点确定教学的重要环节、安排教学活动的序列；处理好单元教学的课时安排、活动步骤及练习、实验方案等；研究针对单元内容的教学

方法。在小学，教材内容一般都是按单元组织的，每个单元都有相对独立的特点，为了保证教学效果的达成，单元备课不可或缺。单元备课结束后，一般要求拟定出单元教学计划。

课时备课指教师根据单元备课所确认的教学目的、任务、要求、重点、难点及相应的教学方法，进一步从每节课的实际出发，认真研究和解决单元计划所列教学任务的具体落实。课时备课是教师备课最经常性的工作，具体落实到教案即课时教学方案的编写上。

3. 根据备课形式，可将备课分为显性备课和隐性备课

显性备课就是平时强调的教师外化的备课行为，包括查阅资料、书写教案、制作教具等。作为学校教学管理行为的备课检查一般就是针对此方面来说的。

隐性备课强调教师将备课行为内在化、系统化、连续化，真正将自己平时的学习、科研等活动和教学结合起来，包括上课之前的思考、课后的审视与反思等。现在对隐性备课的关注越来越多，叶澜教授强调"间接备课"，即教师为了提高教学工作水平不断地进修专业知识和教育理论；扈中平等人倡导"内心备课"，即对上课工作的内在思考，都表达了类似的价值追求。[①] 实际上，一个教师注意隐性备课，有助于随时从生活中感悟到与教学有关的启示和智慧，有类似于"世事洞明皆学问，人情练达即文章"的效应。当前，教育改革提倡生活化的课程理念，学生的正规学习要和现实生活接轨，也更加鼓励学生直接从现实生活中汲取营养，教师为教学改革做准备，要能够敏锐地从生活中体悟到教学内容与现实的联系，在这一过程中，隐性备课不可或缺。

（二）备课应做的三项工作

教师备课应该思考"给谁教""教什么""怎么教"的问题。具体而言，教师备课的内容主要有了解学生、钻研教材、设计教法，有人简称为"三备"。

1. 全面、深入了解学生

教学的对象是学生，教学的起点和归宿也是学生。教学中要了解学生各方面情况，加强教学的针对性。了解学生包括宏观和微观两个方面：宏观方面要了解本阶段学生的身心发展特点、班级整体学习状况、班级的班风和学风，以便把握教学的一般性；微观方面要了解每个学生的姓名、能力、性格等，以便做好因材施教。

2. 钻研教学材料

教师钻研的教学材料包括课程标准、教科书、教学参考书以及其他教师的教案等。教师首先应该熟悉课程标准，必须将自己的教学建立在国家对本门课程的要求上。其次，教师要钻研教科书，教师研究教科书应达到懂、透、化，"懂"意味着要清楚每个知识点，"透"意味着要把握知识点之间的联系，"化"即对知识的深化和升华。再次，教师需要了解教参和其他教师的教案，从而借鉴别人的教学经验。

教学中人们经常说的"教学要吃透两头"，就是一要吃透学生，二要吃透教材。

3. 设计教学方法

教师在了解学生、钻研教材的基础上，要深入思考怎么教的问题，也就是设计教学方

---

① 郭翠菊：《怎样上好一堂课：教师德性与教学艺术》，新华出版社，2009，第229页。

法。这里的教学方法是一个广义的概念,不仅包括具体方法,还包括教学过程、教学工具等教学策略问题。

(三)备课应写的三种计划

基于对学生、教材、方法的全面思考,教师最终要写好学期教学计划、单元教学计划和课时教学计划。

1. 学期教学进度计划

学期教学进度计划是在一个学期开始以前制定的,对某门科目整个学期教学任务和范围的通盘安排。它一般由两部分组成:一是总的说明,包括教材、学生基本情况的分析,教学目的、教学总时数,预定复习、考试和考查时间等;二是教学进度计划表。

案例 9－1

表 9－1 某小学五年级上学期数学教学进度表(2018—2019 学年第一学期)

周次	起止日期	周节数	内容安排	备注
1	9.3—9.7	4	小数乘法	
2	9.10—9.14	4	小数乘法复习	教师节
……	……	……	……	……
19	1.7—1.11	4	期末考试	
20	1.14—1.18	4	试卷分析	

2. 单元(或课题)计划

单元(或课题)计划是在一个单元(或课题)的教学开始以前制定的教学计划安排,它的作用在于对一个单元(或课题)的教学工作进行全面安排。单元教学计划包括单元(或课题)名称、单元教学目的、单元教学重难点、课时分配、课的类型等项目。

3. 课时计划

课时计划即课时教学计划,也称教案。它是每节课之前教师制定的具体教学计划安排。课时计划要对每一节课进行缜密的设计,是教师讲课的依据,直接关系到教学的质量。教案可分为纸质教案和电子教案,教案的基本内容宏观上包括概况部分(包括课题名称、教学目标、教学重点与难点、课时安排、教学方法、媒体选择)、教学过程(教案的核心部分)、板书设计、课后反思四部分。

上课不能机械地执行教案,因为生成性目标的存在,在教学过程中应根据具体情况做出适当调整。

二、上课

上课是教学工作的中心环节,是实现教学任务的基本途径,是教师的教和学生的学相互作用的直接表现。教师的备课是上课的准备，课外作业、课外辅导是对上课的补充。教师上好课的基本要求是什么？一堂好课有什么要求？这两个问题是教师上课要思考的前提问题。

(一) 上好课的基本要求

上好课是对教师的要求。

1. 教学目标明确

教学目标为教学工作指明了方向，明确教学目标是做好教学工作的前提。在教学过程中，教师要根据课程标准的要求，结合本课内容和学生情况，制定教学活动目标。教学目标应该具体可操作，如“培养学生语言能力，培养学生创造性”这样的教学目标就大而不当；教学目标应该全面，教学过程中应明确本课在知识与技能、过程与方法、情感态度与价值观方面达成的具体目标。

2. 教学内容正确

教学内容是教学过程中师生交互作用的中介，它包括教材内容、教师口头和其他媒体呈现的信息。教学内容是实现教学目标的载体，是小学生学习的主要对象。在教学中，教师要保证教学内容正确，无论是教师所讲内容还是用黑板以及多媒体呈现的内容，都应该准确无误。同时，由于小学生对知识的理解是建立在多方面直观信息(案例、情境、实验、故事等等)基础上，因此教学内容应该丰富、生动、直观。

3. 教学方法适当

教学方法是教师和学生为了实现教学目标，完成教学任务，在教学过程中运用的方式与手段的总称。教学方法是否适当，主要看该种教学方法是否体现了启发式教学的特点，也就是能不能调动学生学习的主动性。在教学中，教师应根据教学任务、教学内容、小学生情况等选择恰当的教学方法，促进学生生动活泼地学习。

4. 教学结构合理

教学结构是在一定的教学思想的指导下，为完成一定的教学目标，对构成教学的诸因素在时间、空间方面所设计的比较稳定的、简化的组合方式及其活动程序。合理的教学结构是学生学习从易到难、从简到繁的保证。不同内容的学习，学生学习心理不同，教学的结构也不同。教师要深入地研究小学生在不同类型学习(概念学习、规则学习、动作技能学习、智慧技能学习等)方面的心理特点，合理地设计教学结构。

5. 讲究教学艺术

教学是科学，也是艺术。教学过程中要重视艺术性地运用语言、方法，通过艺术性地使用教学语言，激发学生的兴趣，陶冶学生的情操，升华思想；通过艺术性地运用教学方法，让学生有效地掌握知识和技能。

6. 板书有序

板书是教师知识的浓缩、教师思维的体现、教学艺术的展示。在教学过程中，首先要考虑板书的逻辑性，让学生通过板书系统连贯地掌握重点知识；同时，板书要体现艺术性，让学生在生动直观的形象中理解和巩固知识。

7. 课堂积极性高

师生积极的互动是良好教学效果取得的保证。在教学过程中，教师首先要调动自己的积极性,以自己的情感、思想和思维影响学生;其次,教师要重视与学生多种互动,调动学生学习的积极性。

(二) 一节好课的标准

课好不好关键看学生。

1. 积极参与

当前小学教学重视过程甚于结果,因此,好的教学体现为小学生在教学过程中的积极参与。

2. 学生注意力集中

注意力是学生参与教学的具体表现。课堂教学中,只有小学生心无旁骛,感知觉才能有效地参与,记忆力才能有效地发挥。

3. 思维活跃

学习过程是一个探索过程、发现过程,思维的参与是课堂参与的重要内容。在教学中,学生回答问题的积极性、讨论的主动性、观点的条理性和深刻性都是学生思维活跃的表现。

4. 每个学生都得到照顾

素质教育理念强调促进全体学生的发展,好的课堂教学应关注每个学生的发展。教师提问的范围、目光交流的对象等都在反映教师是否照顾到每个学生。

三、作业的布置与批改

学生作业有课内作业和课外作业。课内作业是及时巩固和运用所学知识的重要手段,如课堂板演、课堂练习等多种形式,能起到及时巩固和反馈的作用,是教师对教学活动进行评价和调控的重要依据。课外作业是学生作业最重要的形式,是培养学生独立学习、独立思考、学以致用的重要方式。

(一) 课外作业布置的基本要求

1. 目的要明确

作业是为了检查小学生知识尤其是重点、难点知识的掌握情况,因此在布置课外作业时,应该与课堂教学的目标、重点、难点相一致,而不能为了作业而布置作业。

2. 作业分量适当、难易适中

在布置作业时,要考虑学生作业的分量。2018 年 8 月 30 日,教育部会同国家卫生健康委员会等八部门联合制定了《综合防控儿童青少年近视实施方案》,该《方案》明确规定"小学一二年级不布置书面家庭作业,三至六年级书面家庭作业完成时间不得超过 60 分钟"。作业布置要做到难易适度,使大多数学生经过一定的努力能够独立完成。

3. 形式应灵活

作业的形式包括阅读作业、口头作业、书面作业和实践作业。不要每次作业都是写作业,导致学生兴趣的丧失和作业效果的不佳。

4. 关注个别差异

学生能力有差别,作业布置要考虑不同层次学生的情况。因此,在作业布置中,要分类分层次，有必做题，有选做题，有拔高题，让不同层次的学生在作业过程中都有所发展。

5. 明确完成时间和要求

在布置作业时，要有明确的时间和要求。给学生指明要独立完成、态度认真，并大致规定学生完成作业所用的时间。明确规定作业的时间和要求，有利于培养学生独立自主的学习态度，形成良好的时间观念。

6. 及时反馈

作业布置后，要及时地了解学生作业情况，对学生作业的正确情况、作业态度等方面进行反馈。通过对作业的及时反馈，教师可以开展有针对性的课外辅导，并对下一步的教学工作做出调整。

（二）作业的批改

作业批改过程中，教师可根据实际情况采用不同的批改方法，如全收全改、重点批改、针对性批改、轮流批改、指导学生相互批改等多种形式。作业批改后要给学生写评语和建议，指导学生的发展。作业批改是了解学生学习状况，以便制定相应教学方案的过程，要杜绝让家长批改作业的现象。2019 年 6 月 23 日，中共中央国务院颁布的《关于深化教育教学改革全面提高义务教育质量的意见》中明确指出“杜绝将学生作业变成家长作业或要求家长检查批改作业”。

四、课外辅导

课外辅导是根据对学生课堂表现和课外作业情况的了解，围绕学生的知识掌握情况、学习方法、学习态度等进行有针对性的辅导。课外辅导的形式有个别辅导、小组辅导两种。

教师课外辅导要做到以下要求：

(1) 因材施教。课外辅导是贯彻因材施教最重要的措施和途径，是上课的必要补充，应该为不同特点的学生确定辅导方向和辅导措施。

(2) 指导学生思考，让学生找到适合自己的学习方法和习惯。辅导不是包办，要强调学生在辅导过程中的主体性，在教师的指导下掌握适合自己的学习方法，改变不良的学习习惯和态度。

(3) 发挥集体优势，组织学生开展互帮互学活动。辅导过程中可以充分发挥学生集体的作用，让学生在帮扶过程中得到共同进步。

五、学业成绩的检查与评定

学业成绩的检查与评定有课堂观察、作业分析、考查、考试等多种途径，学业成绩的检查与评定主要通过考查和考试两种方式完成。

1. 课堂观察

课堂观察是教师运用目光，从学生的动作、表情和情绪变化中获得学生的认知、情感和技能方面的变化，它是了解学生学习情况的重要方面。课堂观察的方法有目视法（包括扫视法、巡视法、注视法、凝视法）和提问法。

2. 作业分析

作业中的信息包括显性信息(作业的正确与否、字迹是否端正等)和隐性信息(各种显性信息的原因)两种。作业分析时应把分析作业中的错误原因放在首位,这是作业分析的核心。

3. 考查

考查是测试检验,一般包括日常考查和总结性考查。日常考查常用的方法有口头提问、检查书面作业、书面测验和实践性作业等形式,其目的在于检查学生掌握知识、技能的数量和质量。在一学期或一学年结束时,学校对学生的学业成绩进行总结性考查,借以了解他们掌握教学大纲规定内容的广度和深度,总结性考查有助于学生知识的系统化。

考查一般要求及时评定,及时指出优缺点,并进行分析。把日常考查与总结性考查联系起来,才能比较全面地反映学生学业成绩和教学效果。

4. 考试

考试是一种严格的知识水平鉴定方法,它包括命题、施测与评分三个环节。命题环节是考试的核心环节,命题工作应该围绕课程标准的要求并结合学生具体情况进行。

考试可以分为标准化考试和非标准化考试。标准化考试是学科专家根据学科课程标准编制命题,大面积使用的考试。非标准化考试也叫教师自编考试,是教师根据本班学生具体情况编制并实施的考试,当前倡导教师自编考试。

考试应该具有效度、信度、难度和区分度。

(1) 考试的效度。效度是指一个测验能测出它所要测量的属性或特点的程度。考试的效度与多方面有关,尤其与试题本身有关,如果试题没有考虑教学目标、重点、难点等问题,效度就低,无法测试实际的教学情况。

(2) 考试的信度。信度又称测验的可靠度,是指一个测验经过多次测量所得结果的一致性程度。如果学生在某方面前后几次考试的成绩、名次差别大,考试的信度就差。

(3) 考试的难度。难度是指测验包含的试题难易程度,难度系数是反映试题难易程度的数据。难度系数=平均得分/总分,难度系数越大,难度也就越小。试题过难或过易都不能准确地测出学生的真实成绩。因此,总的来说,试卷难易要适中。

(4) 考试的区分度。考试的区分度是指测验对考生的不同水平能够区分的程度,即具有区分不同水平考生的能力。理想情况下,考试应该呈现正态分布,考试过难会产生“地板效应”,考试过易会产生“天花板效应”,这些都是缺乏区分度的表现。

第三节　小学教学评价

在教学不同环节,教师需要对教学工作进行评价,以及时了解教学状态,调整教学活动,更好地实现教学目标。本节就教学评价相关问题展开分析,以便更系统地认识和把握教师的教学工作。

一、小学教学评价的内涵与功能

(一) 教学评价与小学教学评价的定义

1. 教学评价的定义

教学评价是在一定教学价值观的指导下，根据教学目标的要求，运用一定的教学技术和方法，收集必要的教学信息，对教学方案、教学过程、教学效果进行的价值判断。

正确地认识教学评价，要把握四个基本内涵。

(1) 教学评价要根据一定的标准进行。任何评价活动必须根据一定的标准进行，标准不同，评价的结果也不一样。教学评价主要是了解某一科目的教学情况，学科教学目标就成为教学评价最主要的标准和依据。

(2) 教学评价要有收集教学信息的技术和方法。为了保证教学评价是建立在事实的基础上，必须收集某方面评价的相关教学信息。不同信息的收集需要采用不同的技术和方法，如果要了解小学生课堂学习的态度，需要用观察法获取其课堂和作业的表现；如果要了解学生在一个阶段的进步情况，需要用档案袋的方法把不同时期在该方面的表现进行对比，做历时性的分析。因此，不同科目的教师要根据评价的具体方面，采取一定的技术和方法，得到相关的事实证据。

(3) 教学评价是价值判断，不是事实判断。教学评价不是教学测量，教学测量只是获取评价信息的一种方法。教学评价要建立在教学测量、观察、记录等途径获取相关信息的基础上，将获取的信息与教学目标和要求进行对比，以判断教学效果的优劣。因此，教学评价是价值判断，教学测量等获取的信息是事实判断，教学评价的价值判断要建立在事实判断的基础上。

(4) 教学评价的目的是促进教师和学生发展。教学评价不是用来证明什么，而是用来改进。教学评价的目的不是把学生、教师分成三六九等，而是通过教学评价，发现问题，改进教师和学生的教学行为，提高教学质量，促进教师和学生发展。

2. 小学教学评价的定义

小学教学评价就是在小学培养目标的指导下，根据小学各学科教学目标和小学生身心发展规律，运用一定的教学技术和方法，收集必要的教学信息，对小学教学方案、教学过程、教学效果进行的价值判断。

(二) 小学教学评价的功能

小学教学评价是教学中的重要工作，对教学工作起到多方面的作用。小学教学评价的功能主要体现在如下几个方面：

一是导向功能。评价是指挥棒，既指向学生进步和发展的方向，也指明教师教学的方向。在教学评价过程中，要坚持正确的评价标准，引导学生和教师向正确的方向发展。

二是发展功能。教学评价是促进学生成长、教师发展的有效手段。教学评价通过对教学信息的反馈，学生会基于问题对照改进，教师及时对发现的情况进行指导并调整教学相关工作，进而提高教学质量。当前新课程改革倡导发展性评价，通过评价实现学生发展、教师发展、学校教学质量的提高。

三是诊断功能。教学评价不仅是确定教师和学生达成教学目标的程度，还需要对这种结果产生的原因进行分析，发现优点，揭示缺陷、矛盾和问题。这个过程就对教师的教和学生的学做出了诊断。

四是反馈与调控功能。通过教学评价收集的信息和判断的结果，能及时反映学生的学习情况和教师教的情况，是教学反馈的重要途径。教师根据教学评价反馈的信息及时对学生进行指导，同时调整自我的教学计划和教学进度，调控教学过程，为提高教学质量提供保障。

五是激励功能。合理的教学评价，能激发评价对象的内在学习动力，调动学生的学习潜能，提高教师和学生工作的积极性和创造性。作为被评价者，教师或学生都有获得较高评价和实现自身价值的愿望，恰如其分的评价结果能给人以心理上的满足感，从而激励人们不断进取。对取得较好评价效果的教师和学生，这种成功的经验起强化作用，使被评价者更加努力，更加主动，以保持或取得更大的成绩；评价效果不好，对于后进者则是一种有力的鞭策，如果仍不努力就会被拉得更远。

二、教学评价的历史与发展趋势

教学评价是一个古老而又年轻的领域。说它古老，是因为教学评价几乎与学校教育具有同样漫长的历史，之所以年轻，是因为系统的评价研究在 19 世纪末才出现，距今也不过 100 多年的历史。

(一) 教学评价的历史

教学评价发展到今天，大致经历了古代和现代两个阶段。

1. 古代教学评价

《学记》中记载："比年入学，中年考校。一年视离经辨志，三年视敬业乐群，五年视博习亲师，七年视论学取友，谓之小成。九年知类通达，强立而不返，谓之大成。"这说明当时学校已经建立了比较明确的教学评价体制。公元 606 年，即隋炀帝大业二年，设置科举考试，自此以后，科举考试就成为我国封建社会教育教学评价的主要方式。西方，考试制度建立要稍晚些，近代社会才开始。

考试作为古代和近代重要的教学评价方式，对记忆类知识和表达书写类知识的考核效果较好，但不利于对学生更广泛的学习效果进行考核。

2. 现代教学评价

19 世纪末 20 世纪初，随着心理测量的应用和教育统计学的发展，人们开始思考如何将心理测量的方法应用到教学评价中，这一探索开启了现代教学评价的历程。现代教学评价的发展，大致可以分为四个阶段。

(1) 1900 年—1930 年的测验和测量时期

这一时期，大量的学者将测验和测量的技术应用到教学评价中，并编制了不同的测试量表。1894 年美国学者莱斯开始研究学生拼音成绩的测量，1909 年桑代克发表"书法量表"，开启了美国教育史上著名测验运动的序幕。此后，有关算术拼字、作文等方面学生成绩测量量表相继出现。

这一时期的教学评价基本等同于教育测量，而教育测量用数字不能说明受教育者的全部发展，学生态度、兴趣、创造力、鉴赏力等方面发展很难量化，且形式流于片面化和机械化。

(2) 1930 年—1950 年的描述时期

在“八年研究”中，美国教育评价专家泰勒对教学评价进行了深入研究。泰勒认为，评价必须建立在清晰地陈述目标基础上，根据目标评价教学效果，促进目标实现。

枯巴等人认为，这一时期教学评价的特征是对测验结果做描述，评价的目标不再是学生本身，而是什么样的学习目标模式对学生学习最有效。

(3) 1950 年—1970 年的价值判断时期

目标参照测验在这一阶段发展起来，注重了真正的价值判断问题。目标参照测验以教学目标为评价标准，关注的是教学是否达到了教学目标，它和教育目标分类学的出现联系在一起，关心教学目标的实现，注重以目标为参照系进行价值评判，这一阶段教学评价研究学者对评价标准的发展做出了重要的贡献。

(4) 1970 年以来的回应、协商与公共建构时期

枯巴等人提出了“第四代教育评价”的概念。第四代教育评价突出教学评价中的人文主义精神，强调评价者和评价对象之间的不断交互作用、共同建构、全面参与，对教学评价做了有益的反思和建设性构想。

(二) 教学评价的发展趋势

新课程改革背景下，教学评价表现出如下发展趋势：

1. 教学评价由注重选拔甄别转向注重发展

传统教学评价重点是考查学生掌握的知识和技能情况，体现的是选拔和甄别功能，评价是为“选拔适合教育的儿童”。现代教学的任务从“双基”转向重视学生全面发展，为了配合教学功能的转变，教学评价的功能也发生着根本性转变。现代教学评价的目的从过去重视选拔甄别学生转向促使学生发展，更为关注学生掌握知识、技能的过程与方法，以及与之相伴随的情感态度与价值观的形成。评价不再是“选拔适合教育的儿童”，而是如何发挥评价的激励作用，关注学生成长与进步的状况，并通过分析指导，提出改革计划来促进学生的发展。从这个意义上说，评价是帮助我们“创造适合儿童的教育”。

2. 教学评价由统一标准转向注重综合评价、关注个体差异

传统教学评价标准统一，最终这些要求反映在一张考试试题上。有人用“普洛克路斯忒斯之床”的典故说明教学评价标准统一的现象。普洛克路斯忒斯是古希腊神话中的一个强盗，他开设黑店，拦截过路行人。为此特意设置了特定的铁床，强迫旅客躺在铁床上，身体比床短者，强拉其躯体使与床齐；身高者，用利斧把旅客伸出来的腿脚截短。这个典故类似于我国“削足适履”“强求一律”的说法。学生是具有独特性和多样性的，教学评价应从多个方面评价，这样才能关注个体的差异性。当前课程改革将学生的创造性、身体素养、实践能力等多方面素养都纳入了评价体系，体现了综合评价的趋势。

3. 教学评价由过于强调量化评价转向注重质性评价，定性与定量相结合

教学评价从其产生之日起就以客观、量化为标志，用考试和测试作为形式，体现出量化评级的特征。质性评价的方法，则以其全面、深入、真实再现评价对象的特点和发展趋势的优点受到欢迎，当前质性评价主要表现为档案袋评价、写评语、访谈以及观察记录形

式。应该指出的是，质性评定的出现，并不是对量化评定的简单否弃，而是要实现定性与定量评价相结合。

4. 教学评价由他评为主转向互评、自评、他评相结合

以往的教学评价是以他评为主要形式的评价，多采用管理者评价教师，教师评价学生的方式。当前教学评价体现了被评价者的主体地位，实现教学评价主体的多元化，这是教育过程逐步民主化、人性化发展进程的体现。如期末评价学生，学生对自己的学习进行反思和评价，在此基础上，组织全班同学对每个学生的情况进行讨论，最后教师根据自己对学生的了解，结合班级评价和学生的自评写评语。

5. 注重过程性评价

传统的评价将结果评价作为重点，以最后的测试为依据，往往只要求学生提供问题的答案，而对于学生是如何获得这些答案的过程漠不关心。只有关注过程，评价才能深入学生发展的进程，及时了解学生在发展中遇到的问题、所做的努力以及获得的进步，这样才有可能对学生的持续发展和提高进行有效的指导，实现评价促进学生发展的功能。为此，新课程改革设置了三维教学目标，其中过程与方法目标就是为了扭转教学评价重视结果的倾向。教学评价要以教学目标为标准，过程与方法目标作为新课程改革的核心目标，必然成为教学评价的重要依据。当前倡导的档案袋评价、写评语以及观察记录都体现出对学生整个学习历程的重视。

三、小学教学评价的类型与内容

(一) 小学教学评价的类型

根据不同维度，可以将教学评价分成不同类型。

1. 诊断性评价、形成性评价和终结性评价

按照评价的时间和作用，教学评价可以分为诊断性评价、形成性评价和终结性评价。这种教学评价分类是布鲁姆在掌握学习模式中提出的。

(1) 诊断性评价

诊断性评价是在教学活动开始前对学生学习的起点、学习准备情况进行的评价。通过诊断性评价，可以了解小学生知识、能力和情感状况，学生学习的风格等方面情况，从而在教学方案的制订过程中采取有针对性的措施。诊断性评价是活动前进行，其作用是制定相应的教学方案。

案例 9 - 2

“百分数”学习中诊断性评价案例①

在学习“百分数”这一内容前，教师结合情境设计这样几个问题：(1) 给学生呈现生活中含有不同百分比的实例，如衣服上的含棉量有的是“65.5%棉，34.5%锦纶”，有的是

① 戴金菊：《基于诊断性评价与过程性评价中的小学数学学困生的“补基”策略的研究》，《数学教学通讯》2019年第10期。

“100%棉”，让学生去观察、比较，并描述其含义；(2) 向学生询问，你觉得这些数字可能与数学中的哪些知识点相关？(3) 你能说出生活中还有哪些场合有类似的数字？(4) 向学生询问在生活中遇到类似数字时，能否与数学学习结合到一起？

对班级学生进行调查，结果表明：第一个问题有 68%的学生表示见过类似标识，有 51%的学生表示知道其代表含棉量，表示衣服质量的好坏；第二个问题有 80%以上的学生能认识到其与分数知识有关，但是说不出是什么关系，他们判断的依据主要是“生活中听说过‘百分之几’的说法”；第三个问题几乎很少有学生能够说出来，这说明学生在生活中的数学眼光与数学意识不强(这实际上是数学学科核心素养的重要元素)；由于第三个问题学生已经无法成功回答，第四个问题的调查已经没有意义，但同时佐证了基于第三个问题做出的判断。

根据调查信息，教师做出了如下的教学决策：一是充分利用学生现有的知识储备；二是要充分培养学生数学与生活联系的意识，只有让他们习惯于将数学与生活联系起来，才有可能矫正学生对数学学习的态度，提高他们注意力的稳定性。

上述诊断性评价表明，诊断性评价能起到多方面的作用。教师通过诊断性评价，了解了学生教学前相关知识和经验储备情况、学习动机和态度；教师还根据诊断信息制订了有针对性的教学方案。

(2) 形成性评价

形成性评价是指在教学过程中为了解学生的学习情况，及时发现教学中的问题而进行的评价。形成性评价能帮助教师发现学生的问题和自己教学的失误，及时改进和调整教学，获得预期的效果。从时间看，形成性评价是在教学过程中进行的；从目的看，形成性评价是为了改进教学工作。形成性评价的表现形式有很多，如教师课堂提问、作业布置、单元测试、期中考试等都是形成性评价。

案例 9－3

小学一年级拼音识字学习中的形成性评价案例①

一年级上册教学的重点是学好汉语拼音，在突出这个重点的同时，把学拼音、认少量汉字、发展语言能力结合起来。为了把这些要求落实到每课的教学中，我制定了每课形成性评价考查的内容：(1) 学拼音、识字学词和读儿歌方面的学习兴趣怎样，是否有这方面的学习愿望，有没有初步养成良好的学习习惯等；(2) 本节课拼音掌握情况；(3) 本节课识字学词情况；(4) 读儿歌的能力是否达到了教学要求。

针对评价内容，对学生不采用分数和排名方式进行评价，针对不同对象特点进行点评。对有不足的学生，教师提出指导性的意见；对一时还没有完成学习任务的学生，教师同家长沟通交流，帮助其达到要求。

有的学生第一次评价之后通过努力有所提高，第二次评价时给予鼓励。一个阶段以

---

① 陈庆中：《小学语文形成性评价探究》，《大连教育学院学报》2010 年第 9 期。

后，把学习效果好的同学评价为“拼音识字达人”，不同阶段有进步的同学评为“进步小明星”。

上述形成性评价案例中，教师对形成性评价的内容、过程和方式等都做了较好的处理。在评价内容上，教师清晰地把握了一年级语文阶段学习的主要内容。在评价过程上，重视了评价改进和发展功能。在评价方式上，重视了个别差异。

(3) 终结性评价

终结性评价是在教学活动后进行，为了了解教学效果和目标的达成情况。如中考、高考属于典型的终结性评价。

2. 自评、他评

按照评价的主体，教学评价可以分为自评、他评。

(1) 自评

自评是教学过程中教师和学生对自我教与学进行的一种反思性、发展性的评价。只有对自己情况有深刻的认识，才能深入地改进和提高。反思性的评价在教师成长中起到重要作用，许多教育家都论述了反思在教育中的重要性。美国专家波斯纳提出了“教师的成长＝经验＋反思”的著名公式。我国教育家叶澜认为，一个教师写一辈子教案不一定能成为名师，但如果写三年反思则有可能成为名师。自评也是学生进步的重要方式，能帮助学生自主地对学习进展进行持续的评价和不断的调控。

学生自我意识不强，开展学生自评活动需要教师有针对性的指导，如作文方面的评价，可以引导学生从语言表达、真情实感、字体卷面等方面进行自评。同时学生自我评价过程中，教师要设置一定的监控机制，要跟真实表现结合引导学生做客观的自我评价。

(2) 他评

他评是被评价者之外的人员根据一定的标准和方法，对被评价者实施的评价。他评客观性比较强，能获得多方面的教学信息。但他评过程中，容易产生忽视主体的感受、标准过于统一、忽视个别差异等问题。

当前教学评价过程中，应该倡导自评与他评相结合，以实现评价方式的多元化。

案例 9－4

小学英语课堂自评与他评结合的案例①

在 Module 4 Unit 1“The balloons are flying away”的操练巩固环节中，我设计了表演课本活动，同时引导学生运用 Drama 三要素，对同伴的语言、情感和肢体语言进行评价。所有学生手中都有不同颜色的三颗星星，分别代表了三个要素：language，emotion，body language。在课本对话表演结束后，首先让被评价的学生根据 Drama 三要素对自己的表现进行评价，并说明原因。接着其他学生对表演者进行打分，认为同伴在哪方面做得好就可以出示哪颗星，打分后需要对被评价者进行个性化的点评并提出恰当的改进建议。

---

① 张彦平：《形成性评价在小学英语课堂教学中的运用》，《宁夏教育》2019 年第 2 期。

同学相互评价不仅有助于学生了解自己的学习水平，明确下一阶段的学习方向，更有益于提高学生的语言交际能力。

上述小学英语课堂教学评价活动中，将自评与他评进行了结合。活动中学生不仅要进行自评，还需要进行他评，表演者和观众都要全身心地投入活动才能完成教师的任务，所以学生的主动性调动起来了。同时，评价者学会了用欣赏和委婉的方式表达观点，并且英语口头表达能力得到了有效的锻炼。

3. 相对性评价、绝对性评价和个体内差异评价

按照评价的标准，教学评价可以分为相对性评价、绝对性评价和个体内差异评价。

（1）相对性评价

相对性评价也叫常模参照评价，是根据被评价者在被评价群体内所处的位置而进行的评价。相对性评价的评价标准来自被评价群体的内部，将不同个体的结果进行比较、排序，区分优劣，最终进行选拔甄别。通过相对性评价，教师或学生能够比较清晰地判断自己在群体中的位置，反思自己。

但相对性评价可能导致被评价者只关注名次，而忽视改进自我的弊端。同时，如果操作不当，可能导致评价结果的公开，侵犯了被评价者的隐私。

2018 年 12 月 28 日，教育部等九部门颁发的《中小学生减负措施的通知》中指出："考试成绩实行等级评价，严禁以任何形式、方式公布学生考试成绩及排名。"

（2）绝对性评价

绝对性评价也叫目标参照评价，是以既定的教学目标为评价标准，将个体所达成的结果与教学目标进行比较，判断个体的学习情况。通过绝对评价，可以明确教学效果与教学目标之间的具体差距，为教师和学生提供了改进的信息和方向。

（3）个体内差异评价

个体内差异评价是将被评价者自身情况在纵向、横向或综合维度进行比较，从而做出价值判断的过程。如上次数学考试小王得了 52 分，按照相对性评价是全班最后一名，按照绝对性评价不及格；这次数学考试得了 58 分，按照相对性评价依然是全班最后一名，按照绝对性评价依然不及格，按照个体内差异评价，他有进步。个体内差异评价考虑了学生的个别差异，能减轻绝对性评价和相对性评价带来的压力，真正关注了个体自我的发展历程，但个体内差异评价没有客观标准，容易使学生产生盲目自信和自我满足。

案例 9－5

个体内差异评价和相对性评价结合的案例[①]

王老师按照语文考试中"生字词""阅读理解""记忆课文""写作"四个模块，分别摘录小张在各方面历次考试中的原始分，并按照每次考试全班同学在相应模块的得分情况和

① 蒋敦杰：《个体内差异评价法》，《江西教育》1990 年第 6 期。

标准差，计算出小张在三次考试中四个模块的“T分数”。（T分数的求值公式为：T=50+10Z，Z是一个个体某方面成绩与该方面平均成绩之差除以标准差所得的商数。T分数的平均数是50，它的每一个标准差是10，所以，T分数为60相当于平均数以上一个标准差的原始分数，T分数为70相当于平均数以上两个标准差的原始分数。）

测试次数＼测试项目	生字词	阅读理解	记忆课文	写作
第一次测试	50	33	78	35
第二次测试	53	36	75	46
第三次测试	60	39	73	57

通过比较，对小王同学的语文学习情况评价如下：

1. 该生语文能力的发展总体上表现为进步趋势。

2. 该生在生字词学习方面情况较好，并平稳上升；在记忆课文方面表现出明显优势，并具有稳定性。

3. 该生写作表现尽管不如生字词和记忆课文方面的表现好，但进步最快。

4. 该生在阅读理解方面的能力最为薄弱，而且进步比较慢。

在上述个体内差异评价案例中，教师采用纵向比较、横向比较以及综合比较，较好地揭示了被评价小学生个体在语文方面表现出的总体发展情况、专项发展情况。同时，采用了“T分数分析”，把学生的语文素养发展情况与全班学生进行了对比，为教师对该学生语文素养的培养提供了准确的信息。

（二）小学教学评价的内容

小学教学管理制度、教师队伍、教学条件、课程与教学材料、教师授课质量、小学生发展情况等影响小学教学活动，这些都构成小学教学评价的范围。在上述各种因素中，小学教学评价常见的评价内容是小学生发展评价、教师教学质量评价、教材评价，而最主要的评价内容是小学生发展评价。

1. 小学生发展情况评价

小学生发展情况是衡量学校办学质量和教师教学水平的最重要指标。当前小学生发展评价主要包括行为表现评价、学业成就评价和身体状况评价。

（1）行为表现评价。小学生行为表现评价也叫操行评定。操行评定是以《小学德育大纲》《小学生行为守则》《小学生日常行为规范》为依据，通过观察、实践活动等多种形式考察小学生在伦理道德、品德修养和性格特点三个方面的特征和表现。

（2）学业成就评价。学业成就评价主要是在学科活动中进行，小学每个科目都有其自身的教学目标，学业成就评价应该以学科教学目标为依据。小学生学业成就评价的内容比较多样。① 课堂评价。课堂评价主要考察学生的学习兴趣、主动性和学习效果。② 作业评价。作业评价主要考察学生的作业态度、质量。③ 测验。测验也就是经常说的考试，主要考察学生的知识水平。④ 综合评价。综合评价是对学生学习态度、学习过程、学习效果等多方面进行的评价。

(3) 小学生身体状况评价。身体素质是小学生健康发展的基础，在教育中有重要地位。2019 年 6 月 23 日，中共中央国务院颁布的《关于深化教育教学改革全面提高义务教育质量的意见》中指出："除体育免修学生外，未达体质健康合格标准的，不得发放毕业证书。"小学生身体状况评价主要考查学生体质、体力、精力、卫生习惯和生活方式等方面情况。

2. 教师教学质量评价

教师教学质量是学生发展的保证，是促进教师专业化的重要手段。

不少学者对教师教学质量评价的内容进行了研究，形成了多种有特色的教师教学质量评价体系。在这些评价体系中，教师教学质量评价的内容一般有如下方面：

(1) 师德师风情况。教育工作的根本任务是立德树人，这一价值指向对教师的师德师风修养提出了较高要求。2017 年 11 月 20 日，习近平总书记主持召开十九届中央全面深化改革领导小组第一次会议，会议审核通过了《全面深化新时代教师队伍建设改革的意见》。《意见》明确指出："注重加强对教师思想政治素质、师德师风等的监察监督，强化师德考评，体现奖优罚劣，推行师德考核负面清单制度，建立教师个人信用记录，完善诚信承诺和失信惩戒机制，着力解决师德失范、学术不端等问题。"为了进一步规范小学教师的师德师风要求，扎实推进《全面深化新时代教师队伍建设改革的意见》的实施，教育部于 2018 年 11 月 8 日印发了《新时代中小学教师职业行为十项准则》，这十项行为准则成为评价小学教师师德师风表现的直接依据。

(2) 教学目标达成情况。教学目标是教学活动的起点和归宿，教学目标构成小学教师教学质量评价的重要标准。教师是否达成教学目标，可以从学生回答问题情况、作业情况、考试情况等方面鉴定。

(3) 学生课堂参与情况。一节好课，最终要看学生的学习情况，对教师教学质量的评价不能脱离课堂学生的参与情况。

(4) 教学内容安排情况。首先，教师教学过程中呈现的教学内容必须是正确的，这是最基本的要求。其次，教学内容应该与教学目标之间产生对应关系，这种对应未必是一对一的关系。再次，教学内容要重视其系统性、条理性、直观性，利于小学生理解。

(5) 教学方法使用情况。教学有法，但教无定法，教师所教科目、班级学生、学校条件以及个人风格都会影响着教学方法的选择。无论使用什么方法，应该体现出启发式教学思想，也就是要调动学生学习的积极性和主动性。

(6) 教学语言运用情况。首先，小学教师的语言要亲切、活泼，这是与小学生特点紧密相连的。其次，教师语言要有教育性和思想性，潜移默化地影响学生品德的发展。再次，小学教师的语言应该准确，让学生能轻松听懂、理解。最后，小学教师的语言不宜过于抽象，要让学生能直观生动理解。

3. 教材评价

教材是教学中用到的材料，包括教科书、教案和课件等相关材料。在小学教学评价中，主要是对教师的教案和课件进行评价。

四、小学生发展评价的主要方法

小学教学评价的内容包括多方面，主要包括学生发展评价、教师教学质量评价、教材评价，而教学的目的最终是促进学生全面发展，因此，学生发展评价是小学教学评价的核心。下面主要介绍小学生发展评价的方法。

（一）即时性评价

即时性评价是指在具体的教学情境中，对学生当下的学习表现给予即时点评、调控和引导的评价。即时性评价内容比较宽广，涉及学生当前的学习态度、学习方法、学习效果等方面。小学即时性评价经常表现为鼓励性评价、包容性评价、启发性评价和延迟性评价①。

1. 鼓励性评价

鼓励性评价就是对学生学习表现给予积极的反馈与评价。小学生的学习动机主要是外在动机，在教学过程中，教师要多欣赏学生，坚持正面教育。

鼓励性评价不是毫无原则地夸奖学生。无原则表扬会导致表扬的廉价，不能有效地激发学生的积极性。因此，在实施鼓励性评价过程中，要找到小学生当前活动中的闪光点，予以鼓励。

鼓励性评价要适度。对低年龄阶段班级，鼓励性评价使用的频率适当高，高年级反之。

教师应通过多种途径鼓励学生。教学活动中，教师可以通过语言、动作或物质进行鼓励，如果鼓励方式单一，学生最后感受不到惊喜，会对奖励产生无所谓的态度。

案例 9－6

人教版一年级上册“8 和 9 的认识”中鼓励性评价案例②

(1) 出示尺图

师：这是我们的好朋友尺子，我们一起来读一读 1、2、3、4、5、6、7、8、9。

师：刚才我们怎么数的？

生：从小到大(1 个 1 个大起来)。

师：你总结得真好！奖励你一个老师自己做的头套！我们再来倒着读一读 9、8、7、6、5、4、3、2、1。

师：看着这幅图你能提出和 8、9 有关的问题吗？

生：7 的前面是几？后面是几？相邻是几？

师：你的问题提得真不错！把第二个头套送给你。那么谁会回答这几个问题呢？

(2) 教学比较 7、8、9 的大小

出现第一幅 7 个的点子图。

---

① 李慧燕：《教学评价》，北京师范大学出版社，2013，第 22 页。

② http://blog.sina.com.cn/s/blog_e19b52010102w5jz.html.

师:这里有几个?仔细观察。你能说一说这3个数之间的关系吗?

生:8比7多1个,9比8多1个。

师:真棒!来,第三个头套送给你。还可以怎么说?

生:7比8少1个,8比9少1个。

师:你说得真完整,说得比老师还要好啦!(送出第四个头套)从中选择两个数去比一比它们的大小(完成书本第51面)。

生独立完成后汇报交流(把剩下5个头套送给表现好的同学,为下个环节做准备)。

(3)教学8和9的序数含义

师:让我们一起掌声欢迎这些带着小动物头套的小朋友上台。一共有几只小动物?

师:老鼠排第一,龙排第几?

师:你是从哪边数的?为什么你要从左边开始数?

生:因为老鼠排第一,从左边开始数老鼠才是排第一的。

师:你的思路真清晰,说明你是很会思考的孩子!谁排第9?请你们与同桌相互合作,一个提问一个回答。

师:小朋友们真了不起,会解决同桌提的问题。老师这里也有1个问题。

师:那现在请你把左边的8只小动物圈起来。

师:你们都是小老师,他圈的对不对?能说一说你为什么这样圈吗?

生:我是从左边数,数出8只,然后把这8只全部都圈起来。

师:我们掌声送给她!谁听清楚了,谁愿意再来说一说?

师:那这个问题你会解决吗?给从左边数的第8只小动物戴上帽子。

师:会倾听,也是一种本领。谁听清楚了老师的问题是什么?

师:静静地思考一会儿,有想法了吗?你需要叶老师替你准备几个帽子?

生:1个。

师:为什么?

生:第8就是排在第8的那一只。

在上述案例中,该教师的评价体现了多方面的特点。该教师的鼓励性评价具有针对性,教师不是盲目地鼓励孩子,每次鼓励孩子都有其可以肯定的地方,如“问题提得好”“观察仔细”“思路清晰”等。该教师将语言鼓励和物质鼓励结合起来,体现了鼓励方式的多样化。

2. 包容性评价

包容性评价就是在教学情境中,不粗暴地否认学生的认识,理解学生并对学生进行多方面评价。

包容性评价能创造民主的教学氛围,促进学生创新能力的发展。教师在尊重、理解学生的基础上,对学生多样化的观点甚或不足采取包容性评价,能降低学生对回答问题错误的恐惧,从而营造一个敢说、敢想的民主氛围。在民主的教学氛围中,学生思维和想象的大门被打开,多样化的认识、新颖独特的观点就会产生,进而促进学生创新能力的发展。

包容不是无原则的,应该把握好尺度。在教学中,教师无原则的包容会导致学生的放纵和师生关系的放任，最终难以维持有效的学习过程。对学生违反课堂纪律、故意捣蛋、思想不纯等问题，不应该是包容，而是要规范和引导。

3. 启发性评价

启发式评价是在教学中学生回答问题或操作不甚完善，教师在肯定的基础上予以点拨，引导学生向深层次探究的评价。

限于小学生的认识、能力和操作水平不强，学生对教师要求所做的反应有时会不近完美，需要教师对学生进行肯定和帮助。如“你写的这个字笔画没错，再尝试处理下字的间架结构”“你的舞姿很连贯，看如何更优美点”，这些都是启发性评价。

4. 延迟性评价

延迟性评价是学生对教师的要求进行反馈后，教师不急于评价，而是示意学生继续思考的评价方式。

由于小学生存在个别差异，对教师布置的任务做出反应所需要的时间不同，不要急于对学生的反应进行评价，鼓励学生在自然的状态下完成要求或表达。如小学生在黑板上演算，其他同学完成了而他还没有结束，可以鼓励他不要急，静下心来继续进行。

（二）学习成绩测验

学习成绩测验也就是经常说的考试，是一种严格的知识水平鉴定方法，通过考试可以检查学生的知识和能力。

1. 标准化测验与教师自编测验

学习成绩测验按照适用范围大小不同，可以区分为标准化测验和教师自编测验。标准化测验的命题、施测和评分等过程都是按照严格的程序进行，试题一般是专家根据学科课程标准研制，适用范围比较大。如当前城市地区小学的期末考试多是标准化考试，一个区统一用一套试题。教师自编测试在编制程序、实施、评分及分数解释方面的科学程度、严密性不如标准化测验，但它能针对具体学校情况、具体班级情况进行测试，因此，当前倡导教师自编测验。

2. 学习成绩测验的过程

学习成绩测验宏观上包括命题、施测与评分三个环节，具体包括如下几个过程。

（1）制定命题计划

作为大规模的标准化测试，需要制定书面的命题计划。当然教师自编测试也有一些初步规划，但很多没有书面化。命题计划一般要包括命题的原则、考试范围和比重、题型等。

（2）制定测试的双向细目表

学科成绩测试的双向细目表主要包括教学目标和教学内容。其中教学目标通常根据布鲁姆的学习水平分类系统分为识记、理解、应用、分析、综合、评价等层次；教学内容因学科和教材而异。

案例 9 - 7

表 9 - 2　某小学四年级上学期数学考试双向细目表(节选)

检测知识要点	题型		目标层次					合计分数
			识记	理解	简单应用	综合应用	创新	
三位数的加减法	38分	口算	5	5				10
有余数的除法		笔算	6	6				12
多位数乘一位数				2	2			4
分数的简单计算			2	2	2			6
看图文列式计算		列式计算		2	2		2	6

(3) 编制试题

根据上述双向细目表编制试题。编制试题涉及三个问题:一是安排题型先后顺序;二是编写具体题目;三是编制标准答案和评分标准。当然教师命题要根据小学生的思维发展规律,采用灵活的试卷编排形式:低年级数学试卷的版面要活泼生动、富有童趣,信息的呈现方式要灵活多样,如小动物、童话人物的卡通形象均可以采用;中年级数学试卷的版面要图文并茂,情趣并重;高年级数学试卷则要以文字叙述、图表呈现为主,适当穿插图案。同时,要避免题型过于新颖,分散学生的注意力,使无关信息刺激干扰学生的认知过程,影响考试成绩的正常发挥。

(4) 施测

施测是将准备好的试题用于学生测试的过程。在施测前,要考虑考试时间的安排和空间的整理。就考试时间而言,要考虑学生生理特点和心理特点。如考虑到生理特征,最后一节课不适合考试;考虑心理特点,先考直观的科目,再考抽象的科目。在施测时,教师要明确交代考试的时间、要求以及试卷的份数等,同时在考试进行过程中,严格按照考试规则进行。

(5) 评分与记分

考试结束后,教师需要根据评分标准对学生的试题进行评阅,然后登记学生的考试成绩。如果有几位教师同时评阅学生试题,大家可以一起先看几份试题,根据学生考试具体情况进一步商量评分细节,统一评分要求。

(6) 成绩的解释

学生成绩出来后,教师需要对成绩进行解释。写下每位同学考试总体表现和问题所在。在这个过程中,切忌公布学生成绩。

(7) 教师反思

教师需要对班级考试的总体情况和分项情况进行分析,总体把握自我的教学质量,了解不同知识的教学效果,有针对性地准备下阶段的教学工作。

（三）真实性评价

“真实性评价”一词是由美国评价培训学会专家威金斯于1989年提出来的一种评价方式。真实性评价也叫表现性评价，这种评价理念是建立在对标准化测试批判的基础上的，标准化测试是根据标准答案，用纸笔的方式考核学生记忆书本知识；教学是为评价而教，最终教出来的学生不能有效地解决真实问题，导致教学与实践脱节。如，小学数学中教师教学生学习小数乘整数知识，考试显示大家掌握得很好，但到真实生活中，学生还是不会独自买东西并算账。

1. 真实性评价的特点

（1）真实性评价的目标多元。由于在真实或模拟的情境中进行评价，学生要用到相关知识解决问题，不仅能评价学生知识掌握情况，还能考查学生问题解决能力、学习态度、学习的过程。

（2）真实性评价的方式多样。考核同一个知识或能力素养，教师可以设置不同形态的任务。如在小学语文课中考核学生对课文的理解，可以当场让学生用自己的话复述课文，有时也可以采用角色扮演，还可以让学生自拟小标题。

（3）真实性评价的过程开放。真实性评价是在真实情境或模拟的情境中进行，学生应用知识完成任务来评价，评价过程的时间和空间表现出开放性。从时间上看，真实性评价贯穿整个学习过程；从空间上看，真实性评价可以超越课堂，甚至学校。

2. 真实性评价的操作过程

真实性评价要根据评价目的设计评价方案与标准、实施方案，收集资料，最后对获得的一手资料进行分析。具体而言，真实性评价主要有以下步骤：

（1）设计开放性的活动任务。教师在开展真实性评价之初，要根据教学目标设计能考察相应素养的活动任务，这个活动既可以是真实的实践情境，也可以是模拟的实践情境。

案例 9－8

“圆的初步认识”一课的真实性评价方案设计案例①

1. 活动目的：为考查学生画圆的素养，开展本次真实性评价活动。

2. 活动任务（情境）：

有一片边长为4米的正方形草地，要使一只被绳（绳子长度不超过2米）拴着的羊能吃到尽量多的草，系绳的木桩应设在哪个位置？请表示出这只羊能吃到草的范围。请小组合作，在学校操场上画一个边长为4米的正方形，并选择适当的工具，设计一个合理的方案。

（2）制定活动评价标准并向学生说明活动的评价要求。如上述“圆的初步认识”一课的活动评价标准如下：

① 汤丽红：《小学数学表现性评价的实践研究》，《小学教学参考》2019年第5期。

案例 9-9

表 9-3 "圆的初步认识"一课的真实性评价标准

表现维度＼表现等级	达标		未达标
	A	B	C
过程与方法	活动步骤清晰、有条理，小组分工明确，工具选择合理，画正方形和圆的方法正确。	活动步骤比较清晰，小组分工基本明确，工具选择较合理，画正方形和圆的方法基本正确。	活动步骤不清晰，小组分工不明确，工具选择不合理，画正方形和圆的方法有不当之处。
情感态度	学生活动兴趣浓，积极参与活动，始终保持投入的状态，小组成员能很好地合作。	学生活动兴趣一般，但能参与整个活动，小组成员间配合一般。	学生活动兴趣较低，参与活动不是很主动或不能坚持，小组成员间配合较差。
活动结果	能准确画出正方形和圆，准确确定木桩的位置并表示出羊能吃到草的面积，图形美观，画图形的方法和描述清晰。	画出的正方形和圆比较标准，能基本确定木桩的位置并表示出羊能吃到草的面积，图形略有欠缺，画图形的方法和描述基本清晰。	不能准确画出正方形和圆，不能确定木桩的位置并表示出羊能吃到草的面积，画图形的方法和描述不清晰。

制定评价标准后，向学生展示评价标准，要求学生向高要求迈进。

(3) 实施活动，依据评价标准收集信息。组织学生实施活动，在学生活动过程中，教师需要运用多种方式收集评价体系中的相关信息，并做好记录。

(4) 评定学生活动表现。依据评价标准中的要求，对收集的信息进行处理，分析达到的程度和水平，给出等级和评语。

(5) 反思活动结果。根据活动评定情况，引导学生对自我的表现进行反思，分析原因，找出以后活动中要注意的问题和改进的地方。教师也需要对学生的效果进行分析，找出自己教学中的问题。同时，教师还需要对这次真实性评价活动的设计、实施等环节进行反思，以便更好地开展以后的评价活动。

(四) 成长记录袋评价

成长记录袋评价也叫档案袋评价或文件夹评价。它是20世纪90年代伴随着西方教育评价改革运动而出现的一种质性教学评价。成长档案袋评价是根据教学目标，有意识地收集学生不同时期的作品样本，对学生作品进行分析以判断学生进步状况的评价。

1. 成长记录袋的内容

成长档案袋有目标性档案袋、过程性档案袋、展示性档案袋、评估性档案袋等不同类型，其内容从前到后，主要包括如下几个方面。

(1) 封面。封面上写明档案袋的名称、学生姓名、年级、班级、学期和档案袋中的内容说明。这些信息一方面能让人了解档案袋的目的和内容，另一方面，有利于档案袋的管理和保存。同时，鼓励小学生结合档案袋收集材料的特点，采用艺术化的方式装饰封面，体现个性特征。

(2) 目录。成长档案袋的目录是一个阶段的档案材料收集完毕后制作的,按一定次序列出收集材料的名目,便于查阅和评价。

(3) 内页。内页是成长档案袋的主体部分,它是根据教师制定的评价目的,学生收集自己的相关的材料,按照评价的不同方面进行归类集中。

(4) 总结。总结部分是学生对自己一个阶段在相关方面的表现进行自我反思和评价。

(5) 封底。封底部分可以写上学校、联系方式等,同时鼓励学生进行个性化的装饰。

2. 成长档案袋评价的过程

(1) 确定评价的内容和评价标准。不同学科教师可以根据学科特点不同,确定档案袋应用的相关领域,并制定这一领域的评价标准。

(2) 让学生了解档案袋以及档案袋评价。向学生展示一份其他班级同学制作好的档案袋样例或教师自己制作的档案袋样例,说明制作档案袋的目的和要求。同时向学生解释这是一种重要的评价学生的方式,在期末综合评定中占重要的比重。

(3) 明确放入档案袋的内容。为了让学生能有效地收集作品样本,明确告知学生需要收集什么作品、每收集一个时期的作品样本需要注明时间,同时引导学生对每次作品进行反思和自我评价。

(4) 搜集和积累资料。为了保证收集作品的真实性,尽可能在课堂上完成作品。同时教师指导学生对自己的作品进行反思和评价,也可以组织同学之间相互评价。

(5) 教师对档案袋进行评价。教师要根据评价标准对档案袋中学生存放的材料进行评价,说明优点和不足。一个周期结束,教师需要对学生档案袋做总结性的评价,分析其进步情况,找出不足。

本章小结

本章主要介绍小学教学组织形式、教学工作的基本环节以及小学教学评价问题。

第一节内容是小学教学组织形式,它主要包括教学组织形式的概念与内涵、历史发展、当前小学课堂教学的主要组织形式以及教学组织形式的发展趋势。首先,根据教学组织形式的概念分析出教学组织形式包括空间、时间、人员与程序等方面的结构;其次,介绍了从古到今教学组织形式的发展过程,梳理出教学组织形式的发展经历个别教学、集体教学和综合教学的历程;再次,介绍了当前教学组织形式的基本形式、辅助形式和特殊形式,并阐明了这些形式的优缺点;最后分析了小学教学组织形式发展的趋势。

第二节内容是小学教学工作的基本环节,它主要包括备课、上课、作业布置与批改、课外辅导以及教学效果的检查与评定。备课方面,主要介绍了备课的类型、内容和如何撰写教学计划;上课方面,针对教师工作阐述了上好课的要求,针对学生分析了一堂好课的标准;作业布置与批改方面,介绍了作业的类型,强调了作业布置的要求;课外辅导方面,重点说明了课外辅导的要求;成绩的检查与评定方面,介绍了不同成绩检查评定的方法,重点分析了考试的要求和环节。

第三节内容是小学教学评价,它包括教学评价的概念、功能、历史发展与发展趋势、类型、内容与方法。首先，介绍了教学评价的概念，分析了现代教学评价的内涵；其次，梳理了教学评价的历史发展阶段，进而明确了教学评价的发展趋势；再次，根据教学评价的时间、标准、主体等的不同，介绍了教学评价的类型；最后，系统阐述了小学教学评价的内容，深入地分析了小学生发展性评价的主要方法。

[思考与练习]

1. 简述班级授课制的优点与不足。
2. 简述现代教学组织形式发展的趋势。
3. 上好课有什么要求？
4. 一堂好课的标准是什么？
5. 简述教学评价的功能。
6. 简述小学教学评价的主要内容。
7. 简述档案袋评价的类型和程序。
8. 简述激励性评价要注意的问题。

第十章 小学教学实践

扫码获取
相关资源

内容提要

随着新课程改革的不断深入，高效课堂的研究受到了教育界的高度重视。高效课堂的研究不能仅局限于观念的认识，更应成为教师教学行为的追求。上课、说课、听课与评课是教师最经常的四种教学行为，这四种教学行为既是教师课堂教学的基本功，也是教师教学生活的基本形态。上课即教学的过程，上课的质量取决于教师对教学过程的理解和把握，上课的过程蕴含着导入、讲授、提问、板书等复杂的课堂教学技能；说课是对教学过程及其背后的“道理”进行深度剖析，是提升教师教学智慧的重要手段和桥梁；听课与评课是教师专业研究的有效途径，在观察中把握真实的课堂，在评价中引领教师的发展。

学习目标

1. 了解上课、说课、听课及评课的概念。
2. 理解模拟上课的特点和说课的要求。
3. 掌握上课的环节及说课、听课、评课的内容。
4. 能够运用相关理论独立地进行上课、说课、听课与评课。

第一节　上　课

一、上课的概念

上课即在教室等基本固定的空间和有限的时间内，教师经过前期的备课与设计之后，师生互动完成相应教学任务，它是教学设计的具体实现过程。上课是整个教学工作的中心环节，是提高教学质量、培养学生能力的关键。上好一堂课，必须遵循教学规律和教学原则，符合学生身心发展特点。此外，还应符合不同教学组织形式的要求。就班级授课制来说，须把握好课的类型和结构。

课的类型，是指课的种类，依据不同的划分标准可以有不同类型。常见的分类方式有两种：①一种是根据教学任务不同而把课区分为综合课和单一课。其中，综合课是一节课内同时完成几种教学任务的课，又称混合课；单一课是一节课内主要完成一种教学任务的课，它又细分为以传授新知识为目的的新授课，以巩固复习已学知识为目的的复习课，以培养技能、技巧为目的的练习课、实验课，以检查学生知识、技能、技巧为目的的检查课等。另一种是根据教学方法的不同来划分课的类型，一般分为讲授课、演示课、讨论课和阅读指导课等。

课的结构，是指课的基本组成部分及各部分的顺序、时限和相互关系。课的结构与课的类型密切相关。课的类型不同，结构也不同。一般来说，综合课的结构大体如下：组织教学、检查复习、学习新教材、巩固新教材、布置课外作业。

二、上课的环节

上课是最复杂、最核心的工作。从“复杂”方面说，上课面对的是活生生的、有思想的、有情感的、有差异的、正在成长的未成年人。做人的工作是最复杂的，更何况是众多未成年人。上课的复杂性还表现在变化上，即课堂始终处在变化之中，有规律的变化，同时也有变化的规律。从“核心”方面说，教师所有的准备都是为上课服务、所有的工作都是为上课而做。一堂堂课直接关乎孩子的健康成长、关乎孩子的美好未来。如果一堂堂课都有效益、充满生命活力，那么孩子的成长就越健康、孩子的未来就越美好。所以，教师追求课堂教学的效益，追求课堂教学的生命价值，就像追求幸福生活一样，应孜孜不倦，没有止境。

（一）导入新课

导入是教师在一个新的教学内容或教学活动开始时，通过简短的言语或行为，引导学生迅速进入学习状态的教学行为方式。正如俗语所言，良好的开端是成功的一半。一个精妙的导入可以激发学生求知的欲望，激活学生的探究性思维，极大地提高教学的效率。

1. 导入的功能

第一，集中学生注意力。注意是一种心理特性，任何心理过程的发生和进行都离不开注意的伴随。上课开始时把学生的注意力迅速集中并指向特定的教学任务和程序中，为完成新的教学任务做好心理上的准备，使学生的兴奋中心转移到课堂上来。

第二，激发学习兴趣。兴趣是最好的老师，只有当学生对学习内容产生浓厚的兴趣，才不会仅仅是为了学习而学习，而产生探究的欲望。有效的导入可以激发学生对所学知识的兴趣，使学生积极主动地参与学习活动。学生带着兴趣主动学习，既可以满足内心对知识的渴求，同时又伴随着相应的情绪体验，它比被动接受性学习效果好得多。

第三，为学习新知识做铺垫。不是单纯的为导入而导入，其目的是“引人入胜”，即引导学生进入学习新知识的过程，为学生学习新知识做铺垫。对于新知识的学习，如果只是一味平铺直叙地提出，很难激起学生的兴趣。尤其是那些难于理解的、相对孤立的知识，直接呈现给学生则更显得费解、突兀。但是，在经由情境化或是直观化的导入后，便可以

---

① 王本陆：《课程与教学论》，高等教育出版社，2017，第279页。

在学生的头脑产生相关的感觉、经验或问题，这样就很自然地进入新知识的学习过程。导入充当着激发学生学习新知识的桥梁的作用，这里的新知识也不是凭空而起，而是与学生原有的认知结构建立起实质性的联系。

第四，明确学习目的。在导入的时候教师概述新课的主要内容及教学程序，明确学习目标和要求，引起学生思想重视并准备参与教学活动，有助于学生明确学习目的，从而达到“课伊始，意亦明”的效果。

2. 导入的基本要求

一是目的明确，针对性强。虽然从根本上说，导课的目的是吸引学生的注意力，但是落实到每一堂课的导入，又有着更具体的目标。比如：有时是为了让新旧知识联系起来；有时是为了设置悬念引发学生对新内容的思考；有时是为了创设一种适合学生学习的意境；有时是为了解决学生对课题的疑问；如此等等。因此，艺术性的教学，必须首先明确导课的具体目的，导入语的设计以及各种手段的使用都应该定向于具体目的的实现。

二是简洁明了，恰到好处。一堂课的时间有限，不宜在导课环节花太多的时间。冗长、啰唆与不得要领的导课，既没有美感，也不能取得良好的教学效果。艺术性的导课，必须争取在较短时间内，用精练的语言，达到预期的目标，一般为 1 到 3 分钟，最长不要超过 5 分钟。

三是新颖有趣，引人注目。新颖的导入往往能产生“出奇制胜”的效果，令学生耳目一新的新异事物，可以有效地刺激学生的感官，吸引学生的注意。因此，教师应当注意通过新颖有趣的导课吸引学生，从而提高学生的学习积极性。

3. 导入的方法

不同的课型可以有不同的导入方式，同一课型也可以有不同的导入方式。关键在于教师对教材的理解和对学生的研究，要根据教材的特点与学生的心理特征精挑细选导入的方式。

(1) 温故导课

温故导课是指教师通过帮助学生复习与即将学习的新知识有关的旧知识，从中找到新旧知识的联结点，合乎逻辑、顺理成章地引导学生学习新知识的一种导课方法。教师通过各种复习旧知的活动，为学生学习新知提供支撑。采用此法教学，能起到温故而知新的效果。例如：

师：“二年级时，我们已经学习过《小蝌蚪找妈妈》和《龟兔第二次赛跑》，其中有一个同样的小动物是——”生：“乌龟。”师：“谁记得乌龟长得什么样？”生：“四条腿，宽嘴巴，背上背着个壳，会游泳……”师：“今天，老师要带大家认识乌龟的一位亲戚——(出示投影)你们看，它的形状跟乌龟像不像？”生：“像。”师：“但和乌龟有什么区别？”生：“比乌龟大。”师：“它比乌龟大很多，身长可达 1 米多，轻的三四百斤，重的则有七八百斤，因为它生活在海里，所以称作海龟。今天我们就来学习《海龟下蛋》这篇课文。学习后，相信大家一定会大开眼界。”

(2) 释题导课

释题导课是指从分析标题入手，引导学生接触教材中心内容的导课方法。解题导课法，对培养学生的阅读能力，激发学生学习的兴趣有十分重要的意义。例如：

师问:《将相和》中,"'将'指谁?'相'指谁?'和'是什么意思?'将'与'相'始终都是'和'的吗?他们为什么会不'和'?后来又为什么会'和'呢?"接着,师说:"今天我要学习的课文就是围绕这个课题,告诉我们'将'与'相'各是怎样的人,学习课文后,大家就会知道他们不同的性格特点。"

(3)故事导课

故事导课是指采用寓意深刻又轻松幽默的故事,把抽象的内容以浅显的形式表达出来的导课方法。这种导入符合学生的认知心理,能够激发他们对即将学习的新课产生兴趣。例如:

师:一个晴朗的日子,一位富人正在门前悠闲着,嘴里还含着一支烟,突然从远处走来一个乞丐,并且只有一只手臂,他走过来便向这位富人要东西,可是这位富人头也不抬便说道:给我把这堆砖搬走,我便给你20元钱;这位气丐很生气,认为是富人在故意为难他,这位乞丐到底做了没有呢?今天我们就来学习《为了他的尊严》。

(4)设疑导入

设疑导入是指抓住学生的好奇心强这一心理,在教学过程中为引入某疑难问题或一节课的难点而设置的导课方法。采用这种导入,可以激发学生的求知欲,能收到很好的课堂效果。但设疑有一定讲究,提出的问题要匠心独具,具有独创性、科学性、规范性。如果教师在课前就紧扣教学内容设置悬念,提出疑问,且语调、语势、语音都很讲究,能紧紧抓住学生的好奇心,无疑,将为下面的学习打下良好的铺垫。例如:

教学四年级《带刺的朋友》这篇课文时,教师先设疑:"带刺的朋友是谁?"学生不约而同地回答"刺猬"。"为什么作者把这个浑身长满刺的小家伙称为朋友呢?"这种巧设疑问,把学生带入一个有障碍但又并非不可逾越的境界,使学生思而不解,欲罢不能,顿生强烈的求知欲。

(5)直观导入

直观导入是指教师借助于实物、标本、挂图等直观教具,以及投影、录像等媒体或示范性实验,对与教学内容相关的信息进行演示,并引导学生通过观察产生疑问、进行思考,从而自然而然进入新课学习的一种导课方法。讲课起始利用这些手段,给学生留下初步的整体印象,目的是激发学生的兴趣,启发学生主动学习。例如:

师:同学们,上课之前大家先观看一个视频(这时播放由远及近的黄果树瀑布的视频,然后提问学生),同学们,你们知道这是哪里吗?有学生说是黄果树瀑布。没错,这就是黄果树瀑布,那大家看视频的时候有什么发现呢?作者从哪个角度去感受黄果树瀑布?今天我们一起学习《黄果树听瀑》。

(6)谈话导入

谈话导入是教师运用谈话的方式与学生交流,把同学们当朋友似的你一言我一语交流,进入课题的导课方法。这种方法较好地体现了"学生是教学行为中的主体"这一新课程理念。教师在与学生交流的过程中,可以及时地把握学生的思想动态,进而顺利地完成情感、态度、价值观的教育目标。例如:

师:同学们,草地是什么颜色?生:绿色。师:你们见过其他颜色的草地吗?师出示课件:金色的草地。师:看到课件你们想到了什么?生:草地为什么是金色的?师:我们今天学习《金色的草地》，大家就明白了草地为什么是金色的了。

(7) 游戏导入

游戏导入是指设置与课堂教学有关的游戏切入新课的导课方法。游戏导入能较好地体现“寓教于乐”这一教学理念，可以激发学生的学习积极性，引发学习兴趣，调动课堂气氛。例如：

学习《珍珠鸟》一文时，教师采用了歌曲竞赛的方式加以导入。把全班分成四个小组，然后提出要求：只要组员唱出一个带“鸟”字的歌曲，就能为本组赢得一分。有了竞争做动力，学生的积极性空前高涨，既锻炼了他们的胆量，又增强了他们的集体荣誉感，还活跃了课堂气氛。

(二) 学习新课

新授环节是上课的主体环节。在这一环节中，教师要抓住教学重点、难点对学生进行训练，把提问、讲解与学生读书、思考、讨论、探究有机结合，实现师生和生生间的互动，使学生的知识、能力与方法、情感与价值观协调发展。这里着重就课堂教学中教师的提问、讲授和板书进行阐述。

1. 提问

(1) 提问的含义

课堂提问是教师在课堂教学中，通过创设问题情境、设置疑问引导和促进学生学习的教学行为方式。与讲授行为相比，提问是一种师生互动行为。“在教师提问行为中间有学生行为的介入，因而它是间断的系列行为，是一系列按一定顺序排列的‘问答行为链’。”①

早在古代，人们就很重视运用提问进行教学。我国古代教育家孔子就常用富有启发性的提问进行教学。他主张教学要运用“叩其两端”的追问方法，引导学生从事物的正反两个方面寻求知识。在西方，古希腊哲学家苏格拉底也极为强调用提问的方式进行教学。他提出一个又一个问题引导弟子思考回答，当弟子不能正确回答时，他并不急于纠正其中的错误，也不把自己的思想强加给弟子，而是针对错误提出反问，使弟子仔细检查自己的思想，重新思考问题，逐步得出正确的结论。这种方法被人们称为“产婆术”。

(2) 提问的功能

提问之所以在教学中具有重要的地位，是由其功能决定的。概括起来，提问的功能主要体现在以下几个方面：

第一，激发学习动机，集中注意力。“课堂提问能激发学生的好奇心，从而引发认知的需要和学习的兴趣。”②上课时，因为各种各样的原因教师常会遇到学生注意力涣散、思想不集中的情况，这时，富有技巧的提问，就可以引起学生的注意。学生为了准确回答老师提出的问题，必须集中注意力，加快思维活动，迅速处理信息并积极探索问题的答案。而针对个别注意力不集中的学生进行提问，无疑是一种善意的提醒，既保护了学生的自尊，又能将其诱导到课堂上来。

第二，提示学习重点。通过提问，可以帮助学生注意和理解教材的难点和重点，掌握

---

① 王晞等：《课堂教学技能》，福建教育出版社，2019，第 91 页。

② 王晞等：《课堂教学技能》，福建教育出版社，2019，第 93 页。

学习的方法。在教学中，针对学生理解有困难的内容，教师运用提问的技巧，引导学生分析那些起关键作用的材料和信息，串起内容的主要线索，帮助学生突破难点。合适的提问，也能够引起学生对“盲点”内容的重视和注意。

第三，启发学生的思维。学生的思维是从问题开始的，疑问是思维的第一步。在讲授新课中穿插提问，能调动学生思维的积极性，刺激的程度和方式远远超出了一般的讲解。因为教师运用学生已学过的知识或他们的社会、生活实践体验，设问诱导启迪学生，使教材与学生已有的知识关联起来，使新旧知识相互作用，从而理解新知识。

第四，实现师生互动交流。课堂提问可以通过教师提问题、学生回答的形式，使师生双方都能接收到来自对方的反馈信息，从而加强了双方的互动交流，有利于促进学生对知识的理解和运用。同时也能促使教师根据交流中得到的信息进行教学反思，及时改进教学内容和方法。

(3) 提问的类型

课堂提问的具体形式与类型是多种多样的，按照提问的水平、信息交流形式、内部结构和具体方式等不同的分类标准，可以将提问划分为不同的类型。

第一，以水平高低为标准，可将提问分为回忆、理解、应用、分析、综合与评价六个层次。① 知识(回忆)水平的提问。这一水平的提问是为了巩固所学知识，通过提问让学生回忆、复习所学知识，并通过复习旧知，获得新知。② 理解水平的提问。这一水平的提问是为了检查学生对事物本质和内部联系的把握，要求学生能用自己的话来叙述所学内容，能比较知识或事件的异同。③ 应用水平的提问。这一水平的提问是为了检查学生在具体情境中应用所学概念、规则、原理解决实际问题的能力水平，要求学生把理论知识和社会生活实践联系起来。④ 分析水平的提问。这一水平的提问是用来分析知识的结构，弄清事物间的关系或事项的前因后果，要求学生进行批判性思维，能分析资料，以确定原因和进行推论。⑤ 综合水平的提问。这一水平的提问是用来帮助学生将所学知识以新的或创造性的方式组合起来，形成一种新的关系，要求学生对某一课题内容的整体有所理解，能进行预见并创造性地解决问题。⑥ 评价水平的提问。这一水平的提问是用来帮助学生根据一定的标准判断材料的价值，要求学生对一些观念、价值观、问题的解决办法或伦理行为进行判断和选择，能提出自己的见解。

第二，“以信息交流形式为标准，将提问分为特指、泛指、重复、反诘与自答五类。”① ① 特指式提问。对某个特定的学生直接发问，目的是检查个别学生的学习效果。② 泛指式提问。不先确定某一个学生来回答，目的是引起全班学生的思考，并期望学生有多种答案。③ 重复式提问。在向某个学生提出问题后，教师重复这个问题，让别的学生来回答，目的是调动学生质疑和解疑的积极性。④ 反诘式提问。针对学生的错误回答提出反问，使学生重新思考问题，并得出新的正确答案。⑤ 自答式提问。不期望学生回答问题，而是教师提出问题，然后自己作答，通常用来实现教学内容之间的过渡。

第三，以内部结构为标准，可将提问分为分解、台阶、连环与插入四种。① 分解式提问。将一个大问题分解为若干个小问题，这些小问题本身不直接牵连，而分别与大问题相

---

① 王晞等:《课堂教学技能》，福建教育出版社，2019，第 98 页。

扣合。② 台阶式提问。将几个连贯性的问题由易到难依次提出，前一个问题是后一个问题的基础，后一个问题是前一个问题的深化，从而组成层次分明的思维“台阶”。③ 连环式提问。根据知识的内在联系，设计以疑引疑、环环相扣的一系列问题进行提问。④ 插入式提问。在教学过程中暂时中断提问思路的主线，而插入一个与之相关的内容，在叙述完有关的内容之后再提出问题的方式，这种提问要根据教学需要，在教学过程中随机插入。

第四，“以具体方式的性质关联为标准，可将提问分为直问与曲问、正问与逆问以及快问与慢问三对。”[①]① 直问与曲问。直问，指教师直截了当地提出问题；曲问，指教师间接迂回地提出问题。② 正问与逆问。正问，指教师根据教学内容从正面提出问题；逆问，指教师为促使学生深入思考，不从正面提问，而从反面提出假设，让学生通过比较，从而得出正确结论。③ 快问与慢问。快问，指教师发出快速急问，促使学生争先恐后地抢答，以训练学生思维的敏捷性和灵活性；慢问，指教师为了深化重点、突破难点与解决疑点，训练学生思维的深刻性和批判性，提出问题后留给学生充足的时间，让学生进行周密思考和语言组织，以对问题做出完善圆满的解答。

（4）提问的运用

第一，精心设计问题。课前精心设计问题是保证提问有效性的前提。要设计出良好的问题，必须首先努力钻研教材和深入了解学生，只有在“吃透”教材和了解学生的基础上，才可能设计出贴近学生实际、具有教学意义的问题。一般说来，设计精良的问题应具有以下一些特点：① 具有明确的目的。课堂提问是为教学服务的，在课堂教学中，通过提问要达到什么样的目的，教师必须心中有数。提问的目的有很多，比如，了解学生对某一学习任务的准备情况，激励学生参与教学，调动学生的已有知识解决新问题，引导学生进行创造性思维，检查学生的学习效果，诊断学生的学习能力，等等。教师在提问之前，应当明确提问的具体目的。目的不明的盲目提问缺乏应有的教学意义，只能是徒劳的。② 提问的效果要有启发性。如果提问不能达到启发学生思维的效果，即使提问的方法、技术和策略再高明，也只能是形式上的热热闹闹。因此，需要牢记的是，能够引起学生积极思维的提问才是好的提问。③ 难易适度。课堂提问应从学生的认识实际和知识水平出发，难易适度，切合学生的能力。问题过难，超过了学生的能力范围，学生会无从下手，不但起不到调动学生积极思维、激发学生学习兴趣的作用，还会给学生造成望而生畏的恐惧心理。问题过易，学生不用努力思考就能回答，不能对问题进行实质性的探究，也无助于学生思维能力的锻炼。难易适度的问题，应当落在学生智力的“最近发展区”。④ 问题清晰明了。问题清晰明了，是要求设计的问题使学生听后能够迅速明白问题的含义，引起积极的思考。要做到问题清晰明了，首先是问题的范围要确定。只有范围确定，学生才知道怎样回答。其次是问题的表述要简洁、准确，通俗易懂。力求避免“我们昨天学了什么？”“这个故事的主人公怎么样？”等模糊性的提问。表述清晰的提问，能提高正确回答的可能性。

第二，讲究发问策略。① 把握发问时机。把握发问时机，是提问技能的重要方面。那么，什么时候提问才是最恰当的呢？孔子曾说：“不愤不启，不悱不发。”也就要求教师发

① 李如密：《教学艺术论》，山东教育出版社，1995，第 352 页。

问应问在学生“心求通而未得，口欲言而不能”之时。② 设计各种水平的问题。较低水平的问题，用以检查学生对所学内容的基本理解，并以此作为进行较高水平学习的基础，较高水平的问题则为学生提供锻炼思维的机会。③ 适当停顿。发问中停顿主要包括教师提问之前的停顿、教师提问之后与学生回答问题之前的停顿。教师在提问之前适当停顿，并配以适当的引导语，如“同学们听好了，下面让我们来考虑这样一个问题，这个问题是（停顿）……”可以吸引学生的注意力，使学生做好接受并回答问题的心理和知识准备；教师提问之后与学生回答问题之前的停顿即候答时间，候答时间的长短，也直接影响到教学提问的效果。候答时间的长短要考虑两个因素：一是问题的难度，问题越难，学生所需的思考时间就越长；二是学生的认知速度，学生的思维速度越快，所需的思考时间就越短。④ 态度端正。有的教师借提问刁难、惩罚、讽刺、挖苦和伤害学生，把自己推向了学生的对立面，这显然是错误而必须避免的。教师应在尊重学生的前提之下提出问题，并与学生一起在和谐、融洽的氛围中共同思考问题。

第三，恰当理答。理答是指教师对学生回答的处理。提问本身是一个师生互动的过程：教师提问—学生回答—教师反馈，教师的理答恰恰是反映教师与学生之间互动质量的重要指标之一。恰当理答的前提是认真倾听。当学生回答时，教师应认真倾听学生的发言，鼓励学生畅所欲言，尽情表达，切不可心不在焉，左顾右盼，或者忙于做其他的事情。比如，有的教师喜欢在提出问题后转身板书，或者埋头看讲稿；有的教师对学生的回答显得不耐烦，未等学生表达完毕，就急于打断，如此等等，都是有碍于提问效果的行为。

第四，鼓励学生提问。提问，除了教师问学生外，还包括学生问教师。尤其是在强调创新人才培养的今天，鼓励、培养学生的问题意识显得尤为重要。只有学生心中有了疑问，才会产生探索的欲望，从而激发创造性思维活动。要使学生学会提问，需要经过两次转折，一是从不问到敢问，二是从敢问到会问，两次不同的转折，教师提供的引导也不同。

2. 讲授

（1）讲授的概念

讲授是指教师通过口头语言，系统连贯地向学生叙述事实、描绘现象、解释概念、论证原理和阐述规律，并使学生理解的活动方式。在教学活动中，教师要有效地发挥主导作用，就离不开讲授，其他教学方法如谈话法、讨论法、演示法等以及现代多媒体辅助教学，都离不开教师适时的、联系学生实际情况所做出的讲授，否则教学就达不到它应有的效果。

（2）讲授的基本形式

讲授的基本形式包括讲述、讲解、讲读和讲演四种方式。

第一，讲述（讲事）。讲述是指教师以叙述和描绘的方式向学生传授知识的方法。“讲述有叙述式与描述式两种方式。”[①]叙述式在文科课程中用于叙述学习要求、政治事件、社会面貌、时代背景、人物关系、故事梗概、写作方法、历史事实、地理状况等；在理科课程中用于叙述学习要求、数量之间的关系、自然现象的变化、物体结构和功能、生物种类和遗传、实验过程和操作方法等。描述式在文科课程中用于刻画人物、描绘环境、介绍细节、渲

① 余文森等：《有效备课·上课·听课·评课》，福建教育出版社，2019，第109－111页。

染气氛、表达感悟等；在理科课程中，描述式用得较少，比如用极少的时间描述与课题内容密切相关的科学家或发明家的某一经历或业绩。叙述式和描述式的区别在于：叙述式的语言简洁明快，朴实无华；描述式的语言细腻形象，生动有趣。但不管是叙述式还是描述式，其侧重点都在于讲事而不是说理，其目的在于帮助学生形成清晰的表象和概念，便于学生理解和记忆知识。讲述法在小学，尤其是小学低年级使用得十分广泛，并且讲述法适用于各科内容的教学。

第二，讲解（讲理）。讲解是指教师采用系统而逻辑严密的语言向学生说明、解释和论证科学概念、原理、公式和定理等的方法。比如，教师对数学概念、公式、定律进行解释，引用有关事实材料进行论证，讲清其实际应用等。与讲述相比，讲解在小学数学、自然和科学等学科的教学中运用得很普遍。从讲解过程，我们可以看出一个教师的逻辑思维能力。讲解主要包括三种方式：一是解说式。即引导学生从情境中接触概念，从感知中理解概念，或者把已知与未知联系起来，说明事物的本质属性和基本特征。教学中有许多概念、术语、关键字词句、典故等，往往成为学生理解的要点和难点，这就要揭示它们的内涵、意蕴、语境以及其他相关因素。因此，解说式讲解是一种常用的、简单而又不可缺少的讲解方式，它常常与例证配合进行。二是解析式，即解析和分析规律、原理和法则。解析有两条途径。一条是归纳，即遵循学科自身的规律和思维的规律，通过分析事实、经验或实验，抓住共同因素，概括本质属性，综合基本特征，用简练而又正确的词语作为结论，再把结论用于实践，解决典型问题，最后对相似的、易混淆的内容进行比较，指明分界点和联系点；另一条途径是演绎，即先讲解规律、原理和法则，再举正反实例应用。三是解答式，即先从事实材料中引出或直接提出问题，接着明确解决问题的标准，再提出解决问题的办法，进行比较、择优，进而提出论据开展论证，通过逻辑推理得出结果，最后进行总结。这种方式以解答问题为中心，具有一定的探索性。

第三，讲读（范读）。讲读是指教师把讲、读、写等综合运用起来进行教学的方法。它多运用于小学语文和外语教学，也可用于其他课程教材中重点句段的教学。这种讲授方式的特点是讲不离文、解不离句，能把学和练结合起来。通常是一边读一边讲，以讲导读，以读助讲，讲读并进，随读指点、阐述、引申、论证或进行评述。具体说来，讲读主要有五种方式：一是范读评点式，一篇课文由教师或学生分段范读，范读一段，评点一段；二是词句串讲式，在朗读课文时，联系具体的语言环境分析词句，筛选重点词句板书；三是讨论归纳式，读到容易引起学生思考、激发学生探究的地方，提出讨论的问题，学生发言后，教师做总结；四是比较对照式，读完课文后，将文中的人与人、事与事、物与物进行比较，在同中求异或异中求同的过程中讲解知识，进行思想教育；五是辐射聚合式，把讲读的课文向先前已学过的文体相同、主题相近、写作相似的课文辐射，再聚合成知识规律。讲读，对于教师的语言语调有较高的要求，教师应尽量发音标准、吐字清晰、节奏和谐、语调生动而自然、语流畅达，可以使学生产生良好的语言审美体验，让学生在动听悦耳的语声中学习知识。

第四，讲演（讲座）。讲演主要是指教师以某一教学内容为专题，对其进行比较系统和深入的分析、论证，并做出科学结论的方法。它主要以演说和报告等形式出现，与一般意义上的学术报告有相似之处，但其广度和深度又低于一般的学术报告。要求教师在讲授时，绘声绘色，声情并茂，教学语言生动形象、充满情感，并辅以恰当的手势语和体态语，它比讲述和讲解更具有艺术性，更能带给学生美感；一般是在小学高年级使用。

(3) 讲授的运用

第一，要深入浅出。教学是以知识为载体的活动，对于知识的表达、分析应努力贴近学生的现实生活。因此，教师在教学过程中善于运用贴近学生生活的事例，化抽象为具象，变难懂为易懂，学生则可能更深刻地理解知识。

第二，要有针对性。有的教师唯恐学生"消化不良"，课堂语言机械重复，废话连篇，降低了学生大脑皮层的兴奋程度，不利于学生掌握知识的重点和理解知识间的联系，更不利于发展学生的智力、能力。因此，教师讲授要力求精练，指向明确。讲授语言精练、针对性强，并不是单纯地减少语言的数量，而是要提高语言的质量，要求教师有洞察关键的眼力，避免漫不经心，言不及义。

第三，要有启发性。讲授要有启发性，是指讲授要以启发性教学思想为指导，并且渗透到讲授的每个环节、每个步骤中去。启发式教学强调教师从学生的知识基础、思想水平、学习方法、接受能力等实际出发，运用各种手段充分调动学生学习的积极性、主动性，引导学生充分展开思维，主动地获得知识，真正达到发展智力和培养能力的目的。在讲授中，教师讲的内容，要讲清楚(思路清晰、要点清楚)，但不要讲得"一览无余"，要给学生留下思维的空间，给学生设置思考的点和线，让学生通过自己的思维掌握知识，形成能力。

第四，要讲究语言艺术。教学语言应该达到"教育性""科学性""启发性"和"审美性"等基本要求。由于教师职业的特殊性，教师在教学过程中必须把教书和育人结合起来，而且要把育人置于最根本的地位，这就要求教师的语言具有教育性。教学语言，必须具有语言学意义上的科学性以及学科意义上的科学性，做到规范、准确、专业、严密。教学过程是一个复杂的传授知识、形成技能、培养能力、启迪智慧的过程，教师不能使用随意性太强的语言，更不能说脏话、粗话、大话、假话。教学语言，还应当含蓄隽永、耐人寻味、发人深思，具有启迪学生思维的功能。而教学语言的审美性有三个方面的要求：一是语言的使用要美，如使用优美的语汇、甜美的语音、悦耳的语调等；二是语言的流程要美，如具有天衣无缝的衔接美，动静交错的起伏美，抑扬顿挫的节奏美等；三是教师要利用语言创设一种引人入胜的优美语境，给学生以浓郁的审美享受。

教学语言具有善于激趣、深于传情和工于达意等魅力，对学生产生着巨大的吸引力、产生着春风化雨般的感染力。因此，教师应当加强对教学语言的修炼，争取做到：发音准确，吐字清晰，措辞恰当，具有精确性；叙事说理，条理清楚，全面周密，具有逻辑性；描人状物，有声有色，情景逼真，具有形象性；范读叙述，情真意切，真挚动人，具有感染性；借助手势，穿插事例，比喻新颖，具有趣味性。

第五，要善于运用非语言表达方式。教学中常用的非言语表达方式包括表情、眼神和体态。

表情。据估计，人类拥有大约 25 万种不同的表情，如此丰富的表情在交流过程中起着极为重要的作用。研究表明，在解释相互矛盾信息的过程中，人们更加关注的是表情而不是语言内容或声调。在教学过程中，教师的表情往往是学生注意力最集中的地方，恰当的表情可以形成良好的育人氛围。比如教师拉长的面孔，让学生感到压抑和恐慌，唯恐"今夜有暴风雪"；而教师阳光般的笑脸，则让学生感到亲切和温暖，宛如"沐浴春风"等等。

教师的微笑具有神奇的教育功能：微笑被人们由衷地赞美为阳光，可以驱散内心的阴影；是春风，可以催开心灵的蓓蕾；是康桥，可以沟通师生的情感；是军号，可以给学生以勇气；是天使，可以唤起学生对美的追求。教师的表情，应该"自然大方""友善宽容"和"温和适度"。自然大方，要求教师的表情是真情的自然流露，切忌扭捏作态、矫揉造作。友善宽容，要求教师以友善、信任和宽容的表情面对学生，这是教学民主的反映，是师生关系融洽与和谐的前提。温和适度，要求教师的表情恰如其分与恰到好处，做到嬉笑而不失态，哀痛而不失声，端庄中见微笑，严肃中有柔和。

眼神。眼睛是"心灵的窗户"，眼神能表达许多语言所不易表达的复杂而微妙的信息和情感。在教学过程中，教师对眼神的艺术性运用，能使师生在无声交流中达到"心有灵犀一点通"的境界。一个善于领会眼神的教师，可以根据学生的眼神不断地修正自己的教学方案和进程。在课堂教学中，教师运用眼神的方法主要有"环视法""点视法"和"虚视法"三种。环视法又叫扫视法，指教师的视线有目的和有节奏地前后左右移动，把学生的活动状况尽收眼底，以便观察全体学生的学习状态和情绪反应，同时满足学生希望得到教师注意的心理要求。优秀的教师善于运用眼神组织课堂教学，在开始上课时或在讲重点内容之前，都要做一番环视，以起到"一言未发先有情"的作用。点视法指教师将目光聚集于某一个学生身上。如对于做小动作的学生，教师可用严肃的目光注视他，以示制止；在学生回答问题时，教师可用信任的目光期待他鼓励他；发现确实有病容的学生，教师可用眼神示意他趴在桌上休息一会儿；等等。虚视法指教师的眼神似乎盯住了什么，给学生一种定点透视的感觉，但实际上却是"视而不见"。新教师初登讲台，常常有胆怯之感，眼睛不敢看学生，就可采用虚视法，将视线飘落在教室的第三、四排，再适当辅之以环视法，这样学生就会觉得老师在看着自己从而达到维护正常教学秩序的目的。

体态。体态由体动和姿态组成，体动指身体的动作，姿态指身体的造型。体态可以表达口头语言难以表达的情感意味，也可以表达肯定、默许、赞扬、鼓励、否定、批评等教育意图。在教学中，教师应当做到"头语亲切明快""手势准确协调"以及"身姿庄重和谐"。① 头语亲切明快。当学生答出正确答案时，教师往往点头予以肯定；当学生给出错误答案时，教师则轻轻地摇摇头予以否定。这些头语可以简洁明快地表达教师的教学意图和心理反应，可以使学生感到亲切，即便是否定也不会觉得尴尬。而且，配合教学内容巧妙地运用头语，能够加深学生对学习内容的理解。② 手势准确协调。教学中的手势主要有三种：一是情意手势，主要表达教师的情感，使其形象化和具体化；二是指示手势，它指人说人，指物说物，往往用来指示前后左右视觉可及范围内的具体对象。如教师指着某个学生请他发言，用教鞭指着黑板要求学生注意哪几个词语等；三是象征手势，这种手势比较抽象，如果用得准确恰当，可以引发学生的联想，启发学生的思维。如老师在介绍祖国建设成就时讲到"同学们，祖国的未来，前程似锦"时，把右手向前方伸出，以示未来。在教学中，手势要少而精，不能滥用，否则会使学生眼花缭乱，应接不暇。③ 身姿庄重和谐。教学中的身姿主要有站姿与步姿两种。首先，教师的站姿应当具有庄重感与力度感。教师应尽量取正面站姿，即使在指点和解释板书内容时，也应取半侧面趋向正面的姿态；而且站立时要微微收腹，胸部要挺起，下肢要微微分开，切忌靠着讲台和黑板，给学生以懒散、拖沓和无精打采的感觉。其次，教师的步姿应当和谐有生气。步姿应尽量与教学内容以及课堂气氛相和谐，做到节奏有度；而且要保持生气勃勃，给学生以气宇轩昂的美感。

3. 板书

(1) 板书的概念

教学板书，是在教学过程中，教师根据教学需要在黑板或白板上以简要的文字、符号或图表传递信息的一种活动。利用多媒体技术设计和开发的教学板书，更具艺术性。好的板书能生动地体现教师对教材的深刻理解和巧妙处理，显示教师的教学思路和教学风格。好的板书，能提纲挈领，突出重点，配合讲述，画龙点睛，有助于学生理解并加深印象。

(2) 板书的基本要求

根据一些教师的经验，板书应该达到“形象直观”“简洁明了”“富有启发”“趣味性”“审美性”和“规范性”等基本要求。

一是形象直观。要求教师借助直观形象的板书，将复杂抽象的教学内容诉诸学生的视觉，以帮助学生理解相关知识。如有位教师在教学《黄继光》一文时，为了使学生对课文中“战斗”“战役”和“战争”三个词之间的关系一目了然，边讲边描写出如下板书：

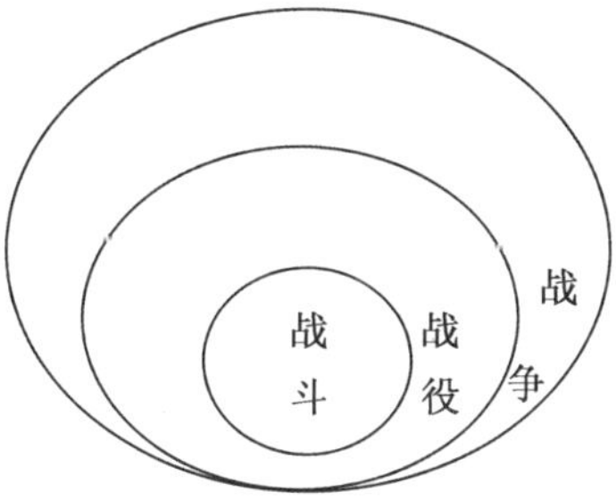

二是简洁明了。要求教师在吃透教材的基础上，化繁为简，以简驭繁，让学生从简洁的板书中清晰地掌握教学内容。如《林教头风雪山神庙》的板书：

忍——逼——→反

一个“忍”字，突出林冲复仇之前忍辱求安的性格特点；一个“反”字，突出林冲幻想破灭之后毅然反叛的性格特点；两个字之间用“→”连接，表现出林冲性格的演变过程；一个“逼”字，揭示出文章“官逼民反”的主题，也概括出林冲性格发展变化的条件。

三是富有启发。要求板书应富于启发性，能够帮助学生进行思维。如针对“某班有学生若干人，其中 6 人有兄弟，9 人有姐妹，有兄弟又有姐妹的有 2 人，其余 31 人都是独生子女，问该班有学生多少人?”这样一道题目，教师适时进行如下板书，以直观的形式启发了学生的思维：

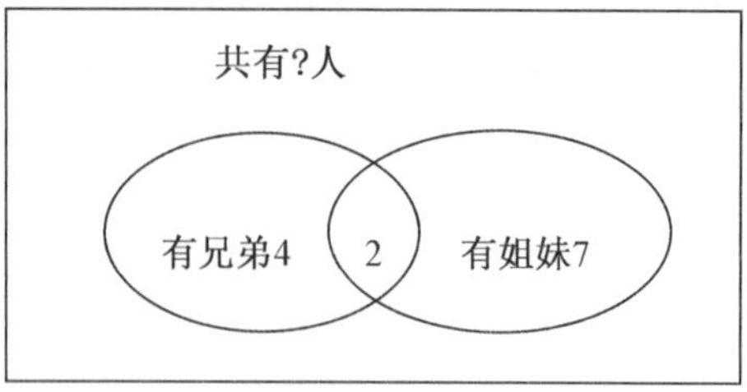

独生子女31

四是趣味横生。要求教师在设计板书时，力求新颖别致，巧妙生趣。如有位教师在讲到《变色龙》的故事结局时，说："对，狗走了，人笑了。"并顺手板书"狗走"二字。这看似漫不经心的"闲笔"，但待到分析文中主人公的变色龙本质时，教师在"狗走"上面打个换位符号，变成了"走狗"，随即引起学生会心的微笑。

五是审美感人。要求板书应像一件艺术品，能带给人以美的享受。板书美的一般要求有内容的完善美、语言的精练美、构图的造型美和字体的俊秀美。其中，构图的造型美包括：整齐美、对称美、立体美、照应美、回环美、层次美、参差美、开合美、线条美、色彩美等。如在《大海的歌》一文中，作者写道："蓝天，白云，碧绿的海，正在东方升起的朝阳。"教师板书时有意用蓝粉笔写"天"，用白粉笔写"云"，用绿粉笔写"海"，用红粉笔写"朝阳"，整个板书色彩绚丽，别具一番情趣。

六是规范整洁。要求教师在板书时，字迹工整，图形位置以及各部分之间的比例要适当，空间图形的立体感要强，文字和图形要让全班学生都能看清楚等。这些就要求教师一定得有扎实的板书基本功。而且，教师规范整洁的板书风格，能够潜移默化地影响学生，使学生形成严谨认真的学习习惯。

（3）板书的类型

按照板书的地位和具体表现形式等不同，可以将板书划分为不同的类型。

根据地位的不同，板书可分为基本板书和辅助板书。基本板书，又叫中心板书或主板书，其特点是能体现教学目标与教学内容内在联系的重点、难点，能够表现教学中心内容的基本事实、基本思想。基本板书构成了整个课堂板书的骨架，一般保留课堂教学的全过程。辅助板书，又叫附属板书或副板书，它主要提示与教学内容有关的字音、词义和例句等零散知识，对基本板书起补充或辅助作用，具有一定的随机性。

根据具体表现形式的不同，板书可分为提纲式、表格式、语词式和图示式四类。提纲式板书是以讲授内容的内在联系为线索，以大小不同的标号，按教学内容本身的层次含义标出相应的语句，以此体现教学信息的结构体系。这种板书的特点是层次分明、内容系统，便于学生提纲挈领地掌握知识。这是最经常使用的形式。比如《藤野先生》一文的板书：①

① 王世平：《板书的类型举隅》，《教学与管理》1996 年第 3 期。

藤野先生
- 见藤野之前
  - 在东京（第 1～2 节）
  - 往仙台（第 3～4 节）
  - 到仙台（第 5 节）
- 与藤野相识 受藤野教益
  - 相识（第 6～10 节）
  - 添改讲义（第 11～12 节）
  - 指正解剖图（第 13～14 节）
  - 关心解剖实习（第 15～17 节）
- 与藤野告别
  - 匿名信（第 18～21 节）
  - 看电影（第 22～24 节）
  - 惜别（第 25～31 节）

→ 对藤野的怀念与崇敬
→ 强烈的爱国主义感情

表格式板书，指教师根据教学内容可以明显分项的特点而设计的列表成格的板书。其特点是分门别类和井然有序，便于分析比较和归纳概括。如有位教师在上“郑和下西洋”时，与达·伽马绕过好望角和哥伦布发现美洲新大陆等史实进行比较，不仅有利于学生掌握这三次航海的概况，而且揭示出我国古代航海和造船技术的先进水平。其板书如下：①

人　名	时　间	船只数	最　大　船　只	人　数
郑　和	1405 年	62	长 147 米，宽 60 米，重 1 000 吨	278 000 人
达·伽马	1492 年	17	长 24.5 米，宽 6 米	1 500 人
哥伦布	1497 年	4	重 120 吨	160 人

语词式板书，指教师在教学中，选择或总结出能准确反映教学内容的关键性语词而构成的板书。其特点是简便易行，能起到画龙点睛的作用。如《桂林山水》一文的重点是桂林山水的美，教师可以通过如下板书加以概括：

桂林的水 — 静、清、绿

桂林的山 — 奇、秀、险

图示式板书，指教师对教学内容进行概括与提炼，然后借助一定的结构造型来呈现要点而构成的板书。其特点是直观形象、形态优美、富于变化。如《狼牙山五壮士》一文的板书可以这样设计：②

① 沈思义、秦世才：《当代教学方法（上册）》，中国物资出版社，1989，第 155 页。
② 刘邦琨：《浅析小学语文板书的类型和作用》，《教学与管理》1999 年第 28 期。

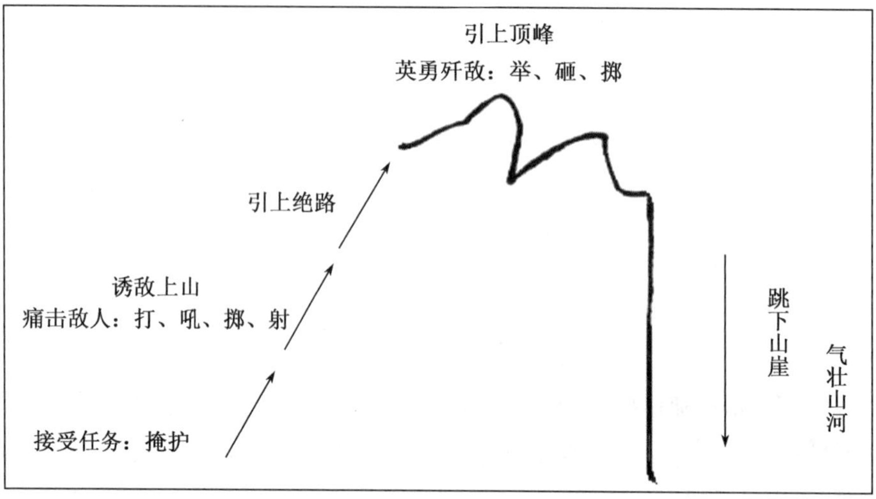

（三）课堂小结

俗话说："编筐编篓，重在收口；描龙绘凤，重在点睛。"在教学过程中，"收口"和"点睛"就是结课的题中之义。艺术性的教学，对结课有一定的要求；而丰富的教学实践，已经创造出了许多美好的结课艺术方式。

1. 结课的意义

苏联教育家达尼洛夫和叶希波夫认为："一节课的结束工作做得认真、合理而灵活，就会使学生感到这一节课的完整性。"①结课是课堂教学不可忽视的基本环节，是完成课堂教学任务应有的步骤，甚至对一节课具有画龙点睛之功效。具体而言，结课的意义主要体现为以下几个方面。

(1) 增强学生的学习兴趣。教师利用课堂教学的结束环节，让学生充分体验获得知识的喜悦和乐趣，内化所学的知识，或留下悬疑保持学习的新鲜感，让学生不断享受进步的快乐。有效的课堂教学导入能够激起学生学习兴趣，耐人寻味的教学结尾则能够维持并增强学生的学习兴趣。

(2) 总结整理知识要点。结课教师应抓住关键，对所讲的知识进行总结与整理，使知识条理清晰，要点突出明白；使得学生理清知识脉络，明了知识的核心问题，从而更好地理解和掌握教学内容。

(3) 巩固强化学习内容。教师在结课时，一定要突出教学内容的重点和难点的部分，不要重复该节课的所有内容，这有助于学生更好地梳理和理解教学内容，加深记忆，从而巩固强化所学的内容。

(4) 帮助学生情感升华。结课时，教师应在学生理解和掌握教学内容的基础上，通过富有激情的语言，触动学生心灵深处，让学生获得情感上的升华。

(5) 铺垫后续内容。教师在进行教学结课时要充分考虑到课与课之间的内容衔接，

---

① 达尼洛夫、叶希波夫：《教学论》，人民教育出版社，1961，第 481 页。

不仅对本节课进行小结、概括或延伸，有时还要为下节课创设教学情境，为后续学习做好铺垫工作。

2. 结课的基本要求

结课应该达到“首尾呼应”“留有余味”“干净利索”等基本要求。首尾呼应，指课的结束应当与课的开始相呼应，不能离题太远，不着边际。留有余味，指在一堂课结束时，教师应注意语言的含蓄，不能把话说得太满和太绝，要给学生留下适当的思考空间，使学生感到“课虽尽趣尚浓”。干净利索，指教师要恰当地把握结课时间，及时而有效地结束教学，不能把结课时间拖得太长，但也不宜匆匆忙忙或随随便便地结课。

3. 结课的方法

课堂教学是极富个性色彩的过程，结课的方法也异彩纷呈，教师应根据班级学生的学习特点和学习水平，结合不同的课程和不同的教学内容，以及教师的教学风格，选择使用不同的结课方法。

（1）归纳式结课

归纳式结课，指在结课的时候，教师自己或组织引导学生用准确简练的语言把整个课的主要内容加以归纳总结，给学生以系统完整的印象，促使学生加深对所学内容的记忆、理解、把握和巩固，培养其综合概括能力。值得注意的是，结课时的归纳总结不是对课堂所讲授的内容的简单的重复，而是对该节课内容的重点、难点、知识体系的强调性陈述，重在对知识的整理和概括。教师结合板书进行总结，可以让学生更加清晰地理解该节课教学内容的重点，以及知识之间的内在联系，加深学生的理解和巩固。例如：

小学数学课“乘除法各部分之间的关系”一节，教师利用板书进行归纳式结课，板书内容如下：①

积＝因数×因数

因数＝积÷另一个因数

除数＝被除数÷商（求除数用除法）

被除数＝商×除数（求被除数用乘法）

教师结合板书进行总结，可以让学生更加清晰地理解该节课教学内容的重点，以及知识之间的内在联系，加深学生的理解和巩固。

（2）悬念式结课

悬念式结课，指教师用设置悬念的方法结课，给学生留下一个有待探索的问题，使学生急切地等着下一节课。这种结课方式能够很好地把前、后两节课联系起来，既引申前一节的意蕴，又为后一节课做好铺垫。例如：

一位教师讲授“热的传导”时的结课：上面我们研究了热的传递的一种方式——传导，热的传递的另一种方式是对流，我先演示一个小实验给你们看，这是用一般图画纸做的小叶轮，我把它放在酒精灯的火焰上，看，叶轮转动了，到底是什么原因呢？我们下节课继续来研究。

---

① 杨学高：《结束技能在数学教学中的应用》，《保山师专学报》2001年第4期。

(3) 回应式结课

回应式结课是指课堂教学的结尾应是对课堂教学导入时教师设置的悬念、问题、假设、困难等的回答,强调教学的首尾相呼应,让学生有一种"思路遥遥,惊回起点"的茅塞顿开之体验。例如:

某教师小学语文课"落花生"的结课:上课之初,我介绍了许地山爷爷把自己的笔名取为"落华生",他也写了这篇文章"落花生",给同学们提了一个问题:为什么许地山爷爷对落花生如此情有独钟呢?现在有答案了吗?对,因为许地山爷爷欣赏落花生身上不图虚名、默默奉献的品格。

(4) 延伸式结课

延伸式结课,指在结课的时候,教师注意把课堂教学和学生的课外学习结合起来,将课堂上的内容和活动延伸到课外甚至校外,激发学生课外学习与探索的兴趣。例如:

孙双金"只拣儿童多处行"的结课:正如冰心老人所言:有了爱就有了一切。爱自然、爱儿童、爱一切美好的事物是冰心奶奶作品的灵魂。我们来看看冰心的其他作品:

作品一:《雨后》——体现爱儿童

作品二:《纸船》——体现爱母亲

作品三:《片段》——体现爱大海

结束语(配乐)

一代代的青年读到冰心的书,懂得了爱:爱星星、爱大海、爱祖国,爱一切美好的事物。我希望年轻人都读一点冰心的书,都有一颗真诚的爱心。——巴金

(5) 自然式结课

自然式结课是指教师讲完一堂课的最后一个内容或最后一句话,下课的铃声正好响起,"瓜熟蒂落,水到渠成"地结束了这堂课的教学。这种结课讲究教师对课堂教学进程和时间的精心设计,有时也得益于教师的课堂应变能力。如有位地理老师讲解一幅地图,没有想到地图没钉结实,"啪"的一声掉了下来。这时恰好下课的铃声响起,这位老师不失时机地幽默了一下:"看来挂图也想休息了,下课。"干脆利索,饶有风趣,师生在会心一笑中完成了课堂教学。

三、模拟上课

(一) 模拟上课的定义

模拟上课是讲课老师模拟上课的情景,把课堂教学中的过程在没有学生的情况下用自己的语言把它描述出来。它是一种将个人备课、教学研究与上课实践有机结合在一起的教研活动,突出教学活动中的主要矛盾和本质特征,同时又能摒弃次要的非本质因素,使教学研究的对象从客观实体中直接抽象出来,具有省时高效的特点。它把传统的说课和上课合二为一、浓缩并结合,展现了教师的综合素质。

(二) 模拟上课的特点

一是竞争性。模拟上课往往通过比赛的形式与同行交流汇报,一般适用于招聘或选调教师时的面试考核。

二是机智性。模拟上课时，教师一般是在上课前一个小时才知道自己要上的内容，备课时间短，要求高，难度大，因此要想取得比较好的成绩，就需要一定的教学机智。

三是技巧性。一节四十分钟的课，在模拟上课时要求 15～20 分钟完成，在这么短的时间内要让评委老师听得明白、听得清楚，深刻理解自己的教学设计，从而要从众多的选手中胜出，需要掌握一定技巧和方法。

四是艺术性。由于是模拟上课，没有面对面的学生配合，完全靠教师自编自导自演。不仅要演得有板有眼、像模像样、生动有趣、形象逼真，而且要能够比较全面地体现该教师的教学理念新、教学手段佳、教学评价得当、教学机智灵活等多方面的素质，这无疑是一种艺术。

五是新颖性。模拟上课是在新课改的背景下、环境中进行的，必须要体现新理念、新教法，特别是在比赛时，往往采用的是同一课题，只有做到新颖，才可能出奇制胜，脱颖而出，得到较好的评价。

（三）“模拟上课”与“真实上课”的区别

课堂教学即“真实上课”是处理“教师一教材一教具一学生”的关系，通过理念的调控、模式的实施、教法的渗透、学法的指导，让学生掌握相关的各种知识。所有的步骤和程序都应该实实在在地实行。而“模拟上课”与“真实上课”的主要区别是没有学生的直接参与，也就是说整个过程是教师在唱“独角戏”，它要求教师做好充分的预设并在相应的学生活动环节中巧妙过渡。

（四）模拟上课与说课的区别

说课要说教材的内容、地位、教学目标、重难点，不仅要说出“怎样教”，还要说清“为什么这样教”，要让听者不仅知其然，还要知其所以然，比较侧重于理性层面。而模拟上课则是说课的延伸和补充，选取说课的“教学流程”这一部分，把它具体化，把教材的内容、地位、教学目标、重难点等通过模拟上课表现出来，更侧重于实践层面。教师在模拟上课过程中模仿实际教学，但没有学生的配合，需把 45 分钟的实际课堂教学在 15—20 分钟之内展现出来。模拟上课与说课中的“教学流程”有一个共同的特点，就是不能平均使力，应抓住本节课自己认为是比较亮点的或重难点的地方加以重点突破，详细阐述。跟说课相比，“模拟上课”更侧重于教师综合素质和实践能力的反映，因此也更适合当前的教改趋势。

（五）模拟上课的注意事项

一是要找准身份。模拟上课没有面对面的学生配合，完全靠教师自编自演。这就要求教师找准身份，这是上好模拟课的关键。上课者是老师，学生缺席，对于重要的内容老师要换位学生进行角色扮演，用学生的语气说出学生的想法。

二是要有清晰、新颖的教学思路。模拟上课必须要体现新的理念，教无定法，贵在得法。要有清晰的教学思路，情境创设须直观，问题要突出，几个主要问题的解决过程要有实效。最好能清楚地展现预设如何做，可能出现各种不同的学情，巧妙地抓学情进行教学，生动真实地模拟上课的片段。特别是在竞赛中，同一课题只有新颖，才可能出奇制胜，脱颖而出，得到较好的评价。

三是要把握好时间。模拟上课的时间通常只有 15～20 分钟，画龙点睛，通常选精华部分模拟。2 至 3 分钟引入后马上进入新课学习，巧妙地模拟学生获得知识的过程。在短短的时间内能够深刻、生动地让听说者听得明白、听得清楚，理解所说。

四是要有充分的自信。课堂的生命是情，是学生的学习热情，是教师投身课堂的激情。所以，模拟上课时，老师一上讲台就要有充分的自信，给别人的第一感觉是这个老师精神状态不错。然后开始像正常上课那样进行，话不一定要多，但是每句话每个字都要说清楚响亮，而且最好要有停顿和变化。尽量避免出现无意义的行为或胆怯的表现，而且不要有过多的口头禅。

五是注重课堂互动。模拟上课最难处理的就是师生互动环节。因为这时候没有学生的配合，评委也不会回答你的问题，那教师怎样解决抛出的问题或者处理后面的环节过渡呢？一般有两种处理方法，一是教师模仿学生的语气，说出学生的回答，二是用一个短停顿表现学生的活动，然后用教师自己的话进行后面的内容。第二种方法具体操作的时候，又分三种情况，一种是有的学生回答语言没有什么太大的意义，比如简单的问答式，只要教师给予停顿就好了；第二种是如果有的内容是要求学生掌握的课堂教学的重点或者是教学目标，这时候教师就应该自己巧妙地把这话说出来；第三种是学生自己看书的部分，或是课堂小组讨论部分，只要把学生真正去做的那部分时间省略，并假设他们已完成，偶尔给点评价就可以了。

总之，模拟上课，对教材的把握一定要让听者有别有洞天的感觉，有独到之处，却又不失朴实的风格。

第二节　说课

一、说课的概念

说课是教师在备课的基础上，面对同行教师或评委，系统地述说自己的教学设计及其理论依据的一种教学研究活动。说课作为教师职业活动中的基本构成，是课堂教学行为的延伸与扩展，是教师总结教学经验、发现教学问题、提升教学智慧的重要手段和桥梁。

1987 年 6 月底，河南省新乡市红旗区教研室要从本区的教师中选出几位参加市教坛新秀的评选。可当时临近期末，课已讲完，要像以前那样采用听课的形式显然不太合适，有人提议选几课，让有关的老师来说说他们的教学设计，以说“课”代替听课。结果发现说课同样能客观真实地反映出一个老师的教学业务素质，而且比听课更省时高效，更简便易行。联想到影视、戏剧导演的说戏，于是他们把这种新的教研活动形式命名为“说课”。从此，现代教育词典增添了一个新名词——说课。

说课主要说明教什么、怎么教、为什么这样教，它能集中而简明地反映说课者的教育理念、教学技能与教学风格，能较好地反映说课者的教学智慧，使其教学实践上升到一定的理性层面，解决教学与研究、实践与理论脱节的矛盾，是一项基于学校、面向教师、服务实践的教学活动。

说课前，一般都要事先写说课稿，写说课稿的过程也是备课的一种形式。说课稿的主要内容不但要写出教什么、怎么教，更重要的是必须写出为什么要这样教，理论依据是什么。写说课稿和说课是说课者的教学能力和教研能力的体现,也是全面考查说课者素质的关键所在。

二、说课与备课、上课的关系

(一) 说课与备课的关系

1. 相同点

第一,主要做法相同,说课与备课都要吃透教材、钻研教法、研究学生、设计教学过程和板书。第二,主要任务相同。说课与备课都是课堂教学前的准备工作,都要为上好课服务。第三,检验方式相同。说课与备课质量的高低,都要接受课堂教学实践的检验。

2. 不同点

第一,概念内涵不同。说课是在教师备课的基础上,授课教师面对同行教师,系统地谈自己的教学设计及其理论根据,然后由听者评说,达到互相交流、共同提高的目的,属于教研活动的范畴;而备课是教师上课前的准备工作,是教学工作的一个重要环节,属于教学活动的范畴。

第二,对象不同。备课的服务对象是学生,在备课中,教师主要考虑的是学生的认识水平、知识经验与意义建构的方式。而说课的对象是教师群体,因此说课需要考虑的是教师同行的认识特点、关注焦点与表达方式。

第三,活动形式不同。说课是教师向同行讲述某一具体课题的教学准备,教师要使用简洁、准确的语言叙述备课中的思维过程。而备课则是教师思考、书写某一具体课题的教学准备,使用的是书面语言,备好的教案只是备课思维的结果,看不出思维过程。

第四,基本要求不同。说课在于说理,明确要求用教育理论指导教学实践。说课实施的对象是教师,所以每一具体内容的教学设计,不仅要说出做什么,怎样做,而且还要说出为什么这样做。而备课在于实用,强调教学活动安排,只需要写出做什么,怎样做就行了。说课既要有一定的操作性,又要有一定的理论性,是比较科学化、理论化的备课研究活动;备课则是具体课题的教学计划,是个体的日常教学活动。有些内容说课一定要说,备课可以不写,如教法设想、学生分析、学法指导、教学设计的根据、教材分析中的编排意图、前后联系、练习安排等等。

(二) 说课与上课的关系

1. 相同点

说课是对课堂教学方案的探索说明,上课是对教学方案的课堂实施,两者都环绕着同一个教学课题,从中都可以显示教师的课堂教学操作艺术,都能反映教师语言、教态、板书等教学基本功。具体而言,从教师说课的表现可以预感教师上课的神色;从说课的成功,可以预见其上课的成功。说好课可为上好课服务。由于说课说出了教学方案设计及其理论依据,使上课更具有科学性、针对性,避免了盲目性、随便性。而上课实践经验的积聚,又为提高说课水平奠定了基础。

2. 不同点

(1) 对象不同。上课的对象是学生,而说课的对象是同行、评议者。

(2) 时间、场所不同。说课可在上课前也可在上课后进行。但一般地说，一个完整的说课应该是上课前的“说”与同行、评议者的“议”相结合，再通过“评”课堂教学来进一步验证说课的价值。总之，根据条件和具体情况而定。至于场所更可以灵活安排。说课的时长一般不超过20分钟，上课则不同，上课的时间有严格的控制，场所是在课堂。

(3) 性质、目的不同。说课是一项教研活动，是对上课的理论把握，目的是帮助上课者提高教育教学理论水平，使其在教学过程中教学目标更明确、教学内容更实在、教学方法更科学、教学效果更明显，同时也提高了同行们的教研水平。上课是一项具体的教学活动，目的是直接完成某些教学目标和任务。

(4) 内容不同。说课主要阐述上课采用的方法和理由，即阐述教者的教学构想和意图，怎样教，为什么这样教；教学生怎样学，为什么这样学等。上课是完成教学目标和任务而进行的施教与指导学生学习的具体操作过程，不需要向学生说明为什么要这样教学。

(5) 程序不同。说课一般遵循“教材、学生情况分析—目标确定及重点、难点的设计和依据—教法、学法的指导及其依据—课堂教学主要内容及结构安排”等一系列程序。在具体操作过程中，可以根据需要做灵活安排，如将教法和学法融合在教学内容和结构的揭示过程中，还可以根据需要重点说某一项内容，总之遵循着“怎么设计的—为什么这样设计”的逻辑顺序。而课堂教学程序，简单地说就是师生双方共同配合，教学内容不断揭示，教学目标和任务逐步完成的过程。实践证明，说课者应当对教学内容和教学结构安排有一个扼要的说明，否则就不能给评议者一个清晰的印象，不利于交流讨论。但也不需要过于细化，比如没有必要具体解释某个知识点，因为这是同行和评议者应该清楚的，如果说课变成讲析知识点，那就变成上课了。

(6) 语言风格不同。说课语言应当严密、精练、清晰、和平，目的是便于与同行、评议者切磋交流；为了提高说课效果，应力求生动，但要自然、恰当。上课的语言要注重启发引导，并根据教学的具体内容或扬或抑、或顿或挫，以便于激发学生兴趣，促进学生理解掌握。

三、说课的内容

(一) 说教材

说课，首先教者要说明自己对教材的理解，因为只有对教材理解透彻，才能制定出完善的教学方案。只有教者阐述对于教材的理解，听者才能通过教者说的过程判断其对教材的把握程度、深度。说教材包括以下几个方面的内容：

1. 说教材的地位和作用

分析教材地位，说清楚本节教材在本单元甚至本册教材中的地位和作用，主要是说明它与前面有什么联系，对后面有哪些作用，而不是孤立地看待教学内容。一定要理解教材编排的基本思路、基本理念。

2. 说教学目标的确定

教学目标是课堂教学的出发点和归宿点。教学目标不同，其所选择的教学方法、活动方式、评价手段等都会有所不同。因此，说教材时，说教学目标至关重要。教学目标阐述得清楚、具体、合理，教学活动才有可能高效。分析教学目标要从知识与技能、过程与方法、情感态度与价值观三个方面加以说明。例如：

北师大版小学数学第一册中“买铅笔”教学目标的确定：①

知识与技能目标：在“买铅笔”的情景中探索“十几减9”的运算方法，在合作交流中学会“20以内退位减法”的运算方法；掌握20以内退位减法，并运用它解决生活中的实际问题。

过程与方法目标：通过鼓励算法的多样化，初步培养学生思维的灵活性和独立性。

情感态度与价值观目标：在小组合作学习中培养学生积极参与数学学习的活动态度以及善于交流、敢于提出自己的想法。

3. 说教材重点、难点的确定

教材重点是教材内容表现出来的事物的内在联系或本质，也是考试的重点。教师在教学中应弄清一般讲解和重点突出的部分，其确定的依据主要从学科课程标准、教材内容、教学目标等方面说明。教学难点是由教材内容本身和学生特征所决定的，因此教学难点确定的依据要从造成学生难懂的原因分析。学生难懂的原因从教材内容来看，一是内容较深、抽象性强，二是综合性较强，三是分散性较大；从学生来看，一是年龄和心理特征，二是原有知识基础。

（二）说学情

学生是教学活动的主体。教学的根本目的是促进学生发展。因此，对学生分析得越全面、透彻、具体，教学活动就越容易取得实效。学情包括学生年龄特征、认知规律、学习方法及已有知识和经验等在内的总和，它是教师组织教学活动的依据，是学生学习新知识的基础。一般来说，学情应重点关注以下三方面的内容：②

1. 已有知识和经验

学生已有的知识和经验是学生学习新知识和新技能的基础。将如何利用这些知识与经验说清楚，有利于实现学生“旧知”向“新知”的迁移，解决教师“如何教”的问题。

2. 学习方法和技巧

在进行新知识教学时，认真分析并把握学生已有的学习方法和技巧，可以有针对性地指导学生从已有的学习方法和技巧体系中检索有用信息，培养学生独立分析问题、解决问题的能力。说学习方法和技巧，就是要说出学生从已有的学习方法向新的学习方法转化的切入口或途径，说出学习新知识时应重点关注的方法，有助于解决“怎样学”的问题。

3. 个性发展和群体提高

说个性发展和群体提高，就是既要对所教班级的班风、学风、合作精神和团队意识等方面进行全面客观的分析，又要对班级中的特殊个体的个性特征进行单独分析，以整体把握班级群体和个体的实际发展水平。

（三）说教法

说教法就是说教学方法，即说怎样教的问题。在说教法时应说出“怎样教”的办法以

① 梅建伟：《“买铅笔”说课稿》，《中小学教学研究》2007年第3期。

② 杨九俊：《新课程说课、听课与评课》，教育科学出版社，2004，第28页。

及“为什么这样教”的根据，具体要做到以下几个方面：

（1）要说出本节课所采用的最基本或最主要的教法及其所依据的教学原理或原则。

（2）要说出本节课所选择的一组教学方法、手段，对它们的优化组合及其依据。无论以哪种教法为主，都是结合学校的设备条件以及教师本人的特长而定的。要注意实效，不要生搬硬套某一种教学方法，要注意多种方法的有机结合，提倡教学方法的百花齐放。

（3）要说明教师的教法与学生应采用的学法之间的联系。

（4）要重点说说如何突出重点、化解难点的方法。

（四）说学法

新课改实施后，教师角色发生了变化，基于这一转变，说课者必须说明如何根据教学内容、围绕教学目标指导学生学习，教给学生什么样的学习方法，培养学生哪些能力，如何调动学生积极思维，怎样激发学生学习兴趣等。说课活动中虽然没有学生，看不到师生之间和学生之间的多边活动，但从教师的说课过程中要体现以学生为主体，充分发挥学生在学习活动中的作用，调动学生的学习积极性，在最大程度上体现课改精神——教师是课堂教学的组织者、引导者、参与者、启发者。具体要说清两大问题：

（1）针对本节教材特点及教学目的，学生宜采用怎样的学习方法，这种学法的特点怎样？如何在课堂上操作？

（2）在本节课中，教师要做怎样的学法指导？怎样使学生在教学过程中达到会学？怎样在教学过程中恰到好处地融进学法指导？

（五）说教学过程

说教学过程是说课的重点部分，从教师的整个说课过程来讲，应该是精华、高潮所在。因为通过这一过程的分析才能看到说课者独具匠心的教学安排，它反映着教师的教学思想、教学个性与风格。也只有通过对教学过程设计的阐述，才能看到其教学安排是否合理、科学，是否具有艺术性。

教学过程通常要说清楚下面几个问题：

（1）说教学思路的设计及其依据。教学思路主要包括各教学环节的顺序安排及师生双边活动的安排。教学思路要层次分明，富有启发性，能体现教师的主导作用和学生的主体作用。还要说明教学思路设计的理论依据。

（2）说教学重点、难点的处理。教师高超的教学技艺体现在突出重点、突破难点上，这是教师在教学活动中投入精力最大、付出劳动最多的方面，也是教师的教学深度和教学水平的标志。因此教师在说课时，必须有重点地说明突出教学重点、突破教学难点的基本策略。也就是要从知识结构、教学要素的优化、习题的选择和思维训练、教学方法和教学媒体的选用、反馈信息的处理和强化等方面说明突出重点的步骤、方法和形式。

（3）说各教学环节的时间分配。要联系实际教材内容、学生实际和教学方法等说出各个教学环节时间安排的依据。特别要说明一节课里的最佳时间（20～25 分钟）和黄金时间（15 分钟）是怎样充分利用的。

（六）说板书设计

板书是教学中应用的一种主要的教学媒体。板书内容的构成直接影响板书质量和教学效果。因此，教师应对板书内容进行精心设计，使其达到科学、精炼、好懂、易记的要求。说板书设计就要说明如何设计板书，为什么这样设计，要体现出清晰的教学思路，体现知识的脉络。好的板书有助于学生明确知识间的联系，掌握知识的结构，可以使抽象的知识变得形象具体。

以上六个方面，只是为说课内容提供一个大致的范围，并不意味着具体说课时都要面面俱到，逐项说来，应该突出重点，抓住关键，以便在有限时间内进行有效的陈述，该展开的内容应充分地展开，该说透的道理尽量去说透，这样才能取得良好的效果。

说课要说明“教什么”“怎么教”以及“为什么这样教”，也就是要说清这个理，说课的理论依据通常有这样四类：① 课程标准中的指导思想、教学原则、教学要求等是确定教学目标、重点、难点、教学结构以及教法、学法的理论依据；② 教参中的编排说明、具体要求等是把握教材前后联系和确定具体教学目标、重点、难点的理论依据；③ 哲学、心理学、教育学、教学论等中的教学原则、原理、要求等是确定教法、学法的理论依据；④ 一切已被社会认可或已形成共识的事实、公理、规律、法则、习惯、行为等等。

说课中的说理论依据须注意突出重点、简洁明了、画龙点睛，不要每个教学举措都说理论依据或不管需要不需要，都一概把有关甚至是无多少联系的理论端出来。所说的理论要做到准确、具体、贴切，切忌教条式地照搬，或空话、大话、言之无物。

四、说课的要求

要说好课，应该注意以下几个问题：

（一）突出“说”字

说课要突出“说”字。说课既不能按说课稿一字不差地背下来，也不能按说课稿一字不差地读下来。一节成功的说课，一定是按自己的教学设计思路，有重点，有层次，有理有据。说课时，要抓住一节课的基本环节去说，说思路、说方法、说过程、说内容、说学生，紧紧围绕一个“说”字，突出说课特点，完成说课进程。

（二）把握“说”的方法

说课方法与“教学有法无定法”一样，也应该是有法无定法，不同学科说课应有不同的特点，不同教学理念下的说课应有不同的特色，不同教师说课应体现不同的教学风格。关键是看说课者是否能够说出创新之处，说出教师本人的教学风格。

（三）注意说课的语言

说课时，不但要精神饱满，而且要充满激情。要使听课者首先从表象上感受到说课者对说好课的自信和能力，从而感染听者，引起听者的共鸣。

1. 独白语言

说课时大部分用的是独白语言，切忌从始至终一个腔调地念稿或背讲稿，要用足够的音量，使在场的每个人都听得清清楚楚。速度要适当，语调的轻重缓急要恰如其分，让听者从你的抑扬顿挫、高低升降中体会说课内容的变化。具体地说，教材分析要简明，理论根据要充分，教学方法和学习方法要用慢速说清楚，教学目的要分条款一一叙述，重、难点则用重音强调。

2. 教学语言

因为说课不仅要说“教什么”，还要说“怎样教”。说“怎样教”实际上就是要说出你准备怎样上课，尽管不是将课堂上一问一答详细地显露出来，但是也要让听者知道你的教学设想和具体步骤。有问有讲，有读有说，用自己的语言变化将听者带入你的课堂教学中，未进课堂却仿佛看到了你上课的影子，推测了你的课堂教学效果。

（四）说出特点、说出风格

说课的对象不是学生，而是教师同行。所以说课时不宜把每个过程说得过于详细，应重点说出如何实施教学过程，说出如何引导学生理解概念、掌握规律的方法，说出培养学生学习能力与提高教学效果的途径。说课注重理性，讲课注重感性和实践，因此，用极有限的时间完成说课内容不容易，必须做到详略得当、简繁适宜、准确把握说度。说得太详太繁，时间不允许，也没必要；说得过略过简，说不出基本内容，听众无法接受。

那么，如何把握说度呢？首先，最主要的一点是因地制宜，灵活选择说法，把课说活，说出该课的特色，把课说得有条有理、有理有法、有法有效，说得生动有趣；其次，发挥个人的特长，说出个人的风格，这就把握了说课的度。

➢ **扫描本章二维码，观看“小学说课展示”。**

第三节　听课与评课

学校工作以教学为中心，课堂教学是关键。怎样来理解课堂教学规律和抓好课堂教学质量呢？听课与评课是一种行之有效地研究课堂教学的重要方法和手段。

一、听课

（一）听课的含义

听课，也称课堂观察，是教师凭借眼、耳、手等自身的感官及有关的辅助工具，从课堂情景中获取相关的信息资料，再通过思维的活动，从感性上升到理性的一种学习、评价及研究的教育教学方法。

听课不是目的，是手段，是教学研究的重要手段，也是教师相互交流、相互学习和促进教师自我反思的重要途径。全国著名的特级教师于漪曾说：“我的特级教师是听课听出来的。”特级教师窦桂梅说：“几年来我听了校内外的 1 000 多节课……”苏霍姆林斯基认为：“听课是校长最重要的工作，经常听课的校长才真正了解学校的情况，如果校长整天忙于开会和其他事务，不接触教师和学生，那么，校长的其他工作将会一文不值。”由此可见，教师的成熟是随“听课”的增加而递进的，名师的成长是随“课相”的丰富而促成的。

（二）听课的意义

第一，听课有助于改善学生的课堂学习。听课主要关注学生如何学习，会不会学习，以及学得怎样。因此，听课活动的最终受益者是学生，课堂有效教学的实质就是关注学生是否学得有效的问题。而判断学生学得有效与否，最重要的途径就是通过课堂观察，也就是听课活动来做出这个判断。

第二，听课有利于促进教师的专业化发展。教师参与听课活动是教师专业发展的最重要，也是最有效的途径之一。听课促使教师由观察他人课堂而反思自己的教育理念和教学行为，感悟和提升自己的教育教学能力；无论是观察者，还是被观察者，都可以从听课活动中获得实践知识，汲取他人的经验，改进自己的教学技能，提升自己的专业素养。

第三，听课有助于教师形成团队意识和合作教学文化。听课是互惠性的，观察者和被观察者都能受益。教师基于课堂听课观察的目标、任务和要求开展专业性的教研活动。可以让授课教师从不同角度接受同伴的指导帮助，获取教学能力的提升；听课者也可以学习授课者的教学设计、教学目标处理、教学方法选择和教学过程安排的有效经验，相辅相成，共同发展。

（三）听课（课堂观察）的维度

要观察课堂，首先必须解构课堂。课堂涉及的因素很多，需要有一个简明、科学的观察框架作为具体观察的“抓手”或“支架”，否则观察将陷入随意、散乱。课堂主要由学生、教师、课程及课堂文化构成，因此，下面从学生学习、教师教学、课程性质和课堂文化四个维度构建一个课堂观察的框架。

1. 学生学习

学生学习维度主要关注怎么学或学得怎么样的问题。学生是课堂学习活动的主体，他们是课堂学习的积极参与者、主动建构者，学生的有效学习是课堂成败的决定性因素。学生学习维度有准备、倾听、互动、自主、达成五个视角。

表 10－1　学生学习观察点

视角	观察点	观察结果	评价反思
准备	① 学生课前准备了什么？是怎样准备的？		
	② 准备得怎么样？有多少学生做了准备？		
	③ 学优生、学困生的准备习惯怎么样？		
倾听	① 有多少学生能倾听老师的讲课？对哪些问题感兴趣？		
	② 有多少学生能倾听同学的发言？对哪些问题感兴趣？		
	③ 倾听时，学生有哪些辅助行为（记笔记/查阅/回应）？有多少人？		
互动	① 有哪些互动行为？学生的互动能为目标达成提供帮助吗？		
	② 参与提问/回答的人数、时间、对象、过程、质量如何？		
	③ 参与小组讨论的人数、时间、对象、过程、质量如何？		
	④ 参与课堂活动（个人/小组）的人数、时间、对象、过程、质量如何？		
	⑤ 学生的互动习惯怎么样？出现了怎样的情感行为？		

（续表）

视角	观察点	观察结果	评价反思
自主	① 学生可以自主学习的时间有多少？有多少人参与？学困生的参与情况怎么样？		
	② 学生自主学习形式（探究/记笔记/阅读/思考）有哪些？各有多少人？		
	③ 学生的自主学习有序吗？学优生、学困生情况怎么样？		
	④ 学生自主学习的质量如何？		
达成	① 学生清楚这节课的学习目标吗？		
	② 预设的目标达成有什么证据（观点/作业/表情/测验/成果展示）？有多少人达成？		
	③ 这堂课生成了什么目标？效果如何？		

2. 教师教学

教师教学维度主要关注怎么教的问题。教师是课堂教学的组织者、引导者、促进者，教师灵活运用各种教学资源、教学方式等教学行为在很大程度上影响着课堂教学的有效性。教师教学维度有环节、呈现、对话、指导、机智五个视角。

表 10－2　教师教学观察点

视角	观察点	结果统计	评价反思
环节	① 本节课由哪些环节构成？是否围绕教学目标展开？		
	② 这些环节是否面向全体学生？		
	③ 不同环节/行为/内容的时间是怎么分配的？		
呈现	① 怎样讲解？讲解是否有效（清晰/结构/契合主题/简洁/语速/音量/节奏）？		
	② 板书是怎样呈现的？是否为学生学习提供了帮助？		
	③ 媒体是怎样呈现的？是否适当？是否有效？		
	④ 教师在课堂中的行为和动作（如走动、指导等）是怎样呈现的？是否规范？是否有利于教学？		
对话	① 提问的学生分布、次数、知识的认知难度、候答时间怎么样？是否有效？		
	② 教师的回答方式和内容如何？是否有效？		
	③ 对话围绕哪些话题？话题与学习目标的关系如何？		
指导	① 怎样指导学生自主学习（阅读/作业）？是否有效？		
	② 怎样指导学生合作学习（讨论/活动/作业）？是否有效？		
	③ 怎样指导学生探究学习？是否有效？		

（续表）

视角	观察点	结果统计	评价反思
机智	① 教学设计有哪些调整？为什么？效果怎么样？		
	② 如何处理来自学生或情景的突发事件？效果怎么样？		
	③ 呈现了哪些非言语行为（表情/移动/体态语）？效果怎么样？		
	④ 有哪些具有特色的课堂行为（语言/教态/学识/技能/思想）？		

3．课程性质

课程性质维度主要指的是教和学的内容是什么的问题，它是师生在课堂中共同面对的教与学的客体。课程性质维度有目标、内容、实施、评价、资源五个视角。

表 10－3　课程性质观察点

视角	观察点	结果统计	评价反思
目标	① 预设的学生的学习目标是什么？学习目标的表达是否规范和清晰？		
	② 目标是根据什么（课程标准/学生/教材）预设的？是否符合该班学生的特点？		
	③ 在课堂中是否生成新的学习目标？是否合理？		
内容	① 教材是如何处理的（增/删/合/立/换）？是否合理？		
	② 课堂中生成了哪些内容？怎样处理？		
	③ 是否凸显了学科的特点、思想、核心技能以及逻辑关系？		
	④ 容量是否适合该班学生？如何满足不同学生的需求？		
实施	① 预设的教学方法（讲授/讨论/活动/探究/互动）有哪些？与学习目标的适合度如何？		
	② 是否体现了学科的特点？有没有关注学习方法的指导？		
	③ 创设了什么样的情境？是否有效？		
评价	① 检测学习目标所采用的主要评价方式是什么？是否有效？		
	② 是否关注在教学过程中获取相关的评价信息（回答/作业/表情）？		
	③ 如何利用所获得的评价信息（解释/反馈/改进建议）？		

（续表）

视角	观察点	结果统计	评价反思
资源	① 预设了哪些资源(师生/文本/实物与模型/多媒体)?		
	② 预设资源的利用是否有助于学习目标的达成?		
	③ 生成了哪些资源(错误/回答/作业/作品)? 与学习目标达成的关系怎么样?		
	④ 向学生推荐了哪些课外资源? 可得到的程度如何?		

4. 课堂文化

课堂文化是课堂教学中师生关系、价值观、行为特征的综合表现，是一个发生在课堂教学过程中的规范、价值观念、思想观念和行为方式的整合体，是教育文化在课堂教学中的具体体现，其表象是课堂教学行为，本质是教育理念和价值观。课堂文化维度有思考、民主、创新、关爱、特质五个观察视角。

表 10－4　课堂文化观察点

视角	观察点	结果统计	评价反思
思考	① 学习目标是否关注高级认知技能(解释/解决/迁移/综合/评价)?		
	② 教学是否由问题驱动? 问题链与学生认知水平、知识结构的关系如何?		
	③ 怎样指导学生开展独立思考? 怎样对待或处理学生思考中的错误?		
	④ 学生思考的人数、时间、水平怎么样? 课堂气氛怎么样?		
民主	① 课堂话语(数量/时间/对象/措辞/插话)是怎么样的?		
	② 学生参与课堂教学活动的人数、时间怎么样? 课堂气氛怎么样?		
	③ 师生行为(情境设置/叫答机会/座位安排)如何? 学生间的关系如何?		
创新	① 教学设计、情境创设与资源利用有何新意?		
	② 教学设计、课堂气氛是否有助于学生表达自己的创新性思维? 如何处理?		
	③ 课堂生成了哪些目标/资源? 教师是如何处理的?		
关爱	① 学习目标是否面向全体学生? 是否关注不同学生的需求?		
	② 特殊(学习困难、疾病)学生的学习是否得到关注? 座位安排是否得当?		
	③ 课堂话语(数量/时间/对象/措辞/插话)、行为(叫答机会/座位安排)如何?		

（续表）

视角	观察点	结果统计	评价反思
特质	① 该课体现了教师哪些优势(语言风格/行为特点/思维品质)?		
	② 课堂设计是否有特色(环节安排/教材处理/导入/教学策略/学习指导/对话)?		
	③ 学生对该教师教学特色的评价如何?		

（四）听课的要求

1. 充分准备

教师要想听课中真正有收获，就必须做一个听课的有心人。要有心，听课就要做点准备工作。打算听谁的课，应该事先问问他教什么内容，提前预习教材，把握教学目标、教学重点、教学难点；同时自己设想一下，假如让我教这样的课文，准备怎样教，以便听课时有个对比。如果听课不做准备，匆忙走进教室，不理解教者的教学意图，不熟悉教材，就不会有较大的收获。

教师参加教研活动，听公开课也要做准备。这就需要在参加教研活动之前，千方百计地去了解与钻研一下与之相关的学术理论，或向人求教，或重温自己所积累的资料。这样能拓宽视野，缩短与学术的差距，听课就会收获更大一些。

2. 认真地听

认真地听是听课的首要要求。要听清楚教师的“讲”，即教师在课堂教学中是否讲在点子上，是否重点突出、层次分明、详略得当。要听清楚教师的“导”，即教师指导学生接受的知识是否准确无误，是否调动学生的主动性，使学生积极参与探索知识的过程，从中学会学习，学会探究。要听清楚教师的“内质”，即教师在教学过程中表现出的教学素养状况，比如，教学语言是否科学、简洁、规范、富有启发性，是否让学生字字听清楚，句句听得懂。要听清楚教师的“教学追求”，即教师是否追求教学艺术高品位，比如能否发挥创造潜能，营造“如临其境”“如见其形”“如闻其声”的情境，使抽象的概念具体化、深奥的哲理形象化、枯燥的知识趣味化。要听清楚教师的“教学机智”，即教师是否有较强的感应力与应变力，能敏锐发现学生学习过程中显露出的创新品格或暴露出来的各种问题，面临突发事件能做出敏捷而适宜的处理。

3. 仔细地看

听课仅靠耳听是不够的。作为课堂观察，仔细看十分重要。听，是对课堂上师生对话的感知；看，是对课堂上师生行为的考察。听和看结合起来，才能更全面具体地感受教学活动。一要仔细看教师在课堂上是否精神饱满，服装是否整洁雅致，仪态是否自然大方，板书是否正确、美观、合理，教具、学具及现代信息技术操作是否适时、熟练，指导学生学习是否得法，师生行为是否活跃、有效。二要系统看教学全程师生的双边活动，看教师引领学生学习、探究、合作的时间与内容是否得当，师生是否平等、和谐地沟通、对话，是否营造出鲜活的课堂气氛，学生是否全神贯注于学习活动，是否都能积极地思考，学生在学习活动中取得的学习效果是否理想等等。

4. 深刻地想

听课观察不仅有感知器官的感受，还要有头脑的积极思考。深刻地想，就是要对课堂教学情况做科学研究，对获得的信息做加工、改造、分析、综合，从而抓住本质，找到规律。只感知不思考，听课只能获得一些表象和浅层次的感知信息，难以进入听课的高境界。在听课的过程中，听课者的头脑要始终处于积极活动状态，针对耳眼获得的信息做快速的思考。要想明白师生在教学过程中操作的效果及缘由；要想明白教学过程中出现了什么闪光点，并且通过思考，给闪光点找到理论依据，找到闪光之源；要想明白教学过程中有哪些教学问题，问题的症结之所在，并想出解决问题的策略；要想明白在听课过程中受情境的诱发，自己有什么感悟，或引起哪些联想。

5. 及时地记

“好记性不如烂笔头”，任何人都难以把听课中所见、所闻、所感准确地记在脑中，这就要及时记录。记下来，就是很好的研究资料。

听课记录应包括“课堂实录”和“教学评析”两方面内容。“课堂实录”即记录课堂教学情形，包括教学环节与时间安排、教学内容、教学方法、教学手段、师生行为、板书及教学效果等。课堂实录有简有繁，根据需要而定。简要记录只记录教学步骤、方法、板书等，教学步骤中的内容，只提纲挈领地记，记下关键处或自己感兴趣、有启发的情形。详细记录则要把每个教学步骤中教师与学生的活动内容、对话等尽可能地记下来，或把教学重点片段做具体描摹式的记录。有时，听名师或优秀教师上优质课，为了更好地研究、学习，便把教学过程中一切内容一点不漏地记下来，成了“课堂教学纪实”。“教学评析”是指听课者对本节课教学进行初步分析、评估和提出建议，包括对教学内容和师生行为的思辨过程和结果，自己的点评、联想及在情境触发下的“一闪念”。写评析要先写听课时的随机感受，再对教学总的情况做全面分析，形成综合性的意见或建议，并记下来，以备交流、研究。

听课者要练就快速记录的本领。用笔记录一般跟不上口语速度，常常上句没记完，人家已说完若干句，手忙脚乱，丢东落西，很是狼狈。听课者要多练写字，力求高速度。可以编制一些代用符号做标记和提示，代替常用的术语、惯用语、语段。有条件的不妨学一点“速记”技术。简要记录应抓重点记，记录语尽量精炼。详细记录则尽量快速，来不及记录的内容，要留出空白，事后凭借记忆或录音、录像补遗。

总之，听课是一个学习过程，是一个反思过程，还是一个教学理念建构过程。听课使你明智，听课促你发展，听课使你的教学实践更加有挑战性，使你在不断地听课反思借鉴实践中走向成熟！

二、评课

如果说听课是通过课堂观察收集执教者的教学行为资料，那么，评课则是对这些资料进行研究，以获得理性认识。评课是对教师上的课进行分析评论，检查教学质量，总结经验的一种方式。评课具有非情境性，它必须在听课之后进行，重点在“教得怎么样”。

（一）评课的内容

评课最基本的内容是评价什么及其评价标准是什么。从课堂教学的基本因素思考，评课的内容包括教学目标、内容、方法、情感教育、教学基本功、教学效果、教学个性等方面。因为每一堂课都可能有不同的目标、内容，因此对于什么样的课是一堂好课，不可能形成普遍性的评价模式。下面这个标准，可以为我们理解评课、强化评课技能提供参考。

表 10－5　课堂教学评价标准①

评价项目与现代评价观	评价标准
教学目标（体现目标意识）	1. 教学目标全面、具体、明确，符合大纲、教材和学生实际。 2. 重点难点的提出与处理得当，抓住了关键，能以简驭繁，所教知识正确。 3. 教学目标达成意识强，贯穿教学过程始终。
教学内容（体现主体意识）	1. 教学思路清晰，课堂结构严谨，教学密度合理。 2. 面向全体，体现差异，因材施教，全面提高学生素质。 3. 传授知识的量和训练能力的度适中，突出重点，抓住关键。 4. 给学生创造机会，让他们主动参与，主动发展。 5. 体现知识形成过程，结论由学生自悟与发现。
教学方法（体现训练意识）	1. 精讲精练，体现以思维训练为重点，落实“双基”。 2. 教学方法灵活多样，符合教材、学生和教师实际。 3. 教学信息多向交流，反馈及时，矫正奏效。 4. 从实际出发，运用现代教学手段。
情感教育（体现情感意识）	1. 教学民主，师生平等，课堂气氛融洽和谐，培养创新能力。 2. 注重学生动机、兴趣、习惯、信心等非智力因素培养。
教学基本功（体现技能意识）	1. 语言规范简洁，生动形象。 2. 教态亲切、自然、端庄、大方。 3. 板书工整、美观、言简意赅，层次清楚。 4. 能熟练运用现代化教学手段。 5. 应变和调控课堂能力强。
教学效果（体现效率意识）	1. 教学目标达成，教学效果好。 2. 学生会学，学习生动，课堂气氛活跃。 3. 信息量适度，学生负担合理，短时高效。
教学个性（体现特色意识）	1. 教学有个性特点。 2. 教师形成教学风格。

围绕表格中的评价项目，评课的具体内容如下：

1. 从教学目标上分析

首先，从教学目标制定来看，要看是否全面、具体、适宜。全面指能从知识、技能、思想情感等几个方面确定；具体指知识目标要有量化要求，技能、思想情感目标要有明确要求，体现学科特点；适宜指确定的教学目标，能以课程标准为指导，体现年段、年级、单元教材特点，符合学生年龄实际和理解规律，难易适度。

其次，从目标达成来看，要看教学目标是不是明确地体现在每一教学环节中，教学手段是否都紧密地围绕目标，为实现目标服务，重点内容的教学时间是否得到保证，重点知识和技能是否得到巩固和强化。

---

① 徐世贵：《怎样听课、评课》，辽宁民族出版社，2003，第 91 页。

2. 从处理教材上分析

评析老师一节课上得好与坏不但要看教学目标的制定和落实，还要看教者对教材的组织和处理。我们在评析教师一节课时，既要看教师知识教授的准确科学，更要注意分析教师教材处理和教法选择上是否落实了重点，突破了难点，抓住了关键。

3. 从教学程序上分析

教学目标要在教学程序中完成，教学目标能不能实现要看教师教学程序的设计和运作。因此，评课必须要对教学程序做出评析。教学程序评析包括以下几个主要方面：

(1) 看教学思路。教学思路是教师上课的脉络和主线，它是根据教学内容和学生水平两个方面的实际情况设计出来的。它反映一系列教学措施怎样编排组合，怎样衔接过渡，怎样安排详略，怎样安排讲练等。

教师课堂上的教学思路设计是多种多样的。为此，评课者评教学思路，一是要看教学思路设计符不符合教学内容实际，符不符合学生实际；二是要看教学思路的设计是不是有一定的独创性，给人以新鲜的感受；三是看教学思路的层次、脉络是不是清晰；四是看教师在课堂上教学思路实际运作的效果。有些老师课上不好，效率低，很大一个原因是教学思路不清，或教学思路不符合教学内容实际和学生实际。所以评课，必须注重对教学思路的评析。

(2) 看课堂结构安排。课堂结构是指一节课的教学过程各部分，以及它们之间的联系、顺序和时间分配。课堂结构也称为教学环节或步骤。课堂结构的不同，也会产生不同的课堂效果。可见课堂结构设计是十分重要的。通常一节好课结构严谨、环环相扣，过渡自然，时间分配合理，密度适中，效率高。

计算授课者的教学时间设计，能较好地了解授课者授课重点、结构安排。

第一，计算教学环节的时间分配。看有无前松后紧(前面时间安排多，内容松散；后面时间少，内容密度大)或前紧后松的现象(前面时间短，教学密度大；后面时间多，内容松散)；看讲与练时间搭配是否合理等。

第二，计算教师活动与学生活动时间分配。看是否与教学目的和要求一致，有无教师占用时间过多，学生活动时间过少的现象。

第三，计算学生的个人活动时间与学生集体活动时间的分配。看学生个人活动、小组活动和全班活动时间分配是否合理，有无集体活动过多，学生个人自学、独立思考、独立完成作业时间太少的现象。

第四，计算优差生活动时间。看优中差生活动时间分配是否合理，有无优等生占用时间过多，差等生占用时间太少的现象。

第五，计算非教学时间，看教师在课堂上有无脱离教学内容，做别的事情，浪费宝贵的课堂教学时间的现象。

4. 从教学方法和手段上分析

选择适当的教学方法和手段可以使教学过程更加生动活泼，激发学生深层次的探究与思考。评析教学方法与手段包括以下几个主要内容：

(1) 看是不是量体裁衣，优选活用。我们知道，教学有法，但无定法，贵在得法。教学是一种复杂多变的系统工程，不可能有一种固定不变的万能方法。一种好的教学方法总是相对来说的，它总是因课程、学生、教师自身特点而相对应地变化。也就是说教学方法的选择要量体裁衣，灵活使用。

(2) 看教学方法的多样化。教学方法最忌单调死板，再好的方法天天照搬，也会令人生厌。教学活动的复杂性决定了教学方法的多样性。所以评课既看教师是否能够面向实际，恰当地选择教学方法，同时还要看教师能否在教学方法多样性上下功夫，使课堂教学超凡脱俗，常教常新，富有艺术性。

(3) 看教学方法的改革与创新。评析教师的教学方法既要评常规，还要看改革与创新，尤其是评析一些素质好的骨干教师的课。要看课堂上的思维训练的设计，要看创新水平的培养，要看主体活动的发挥，要看新的课堂教学模式的构建，要看教学艺术风格的形成等。

(4) 看现代化教学手段的使用。现代化教学呼唤现代化教育手段。“一支粉笔一本书，一块黑板一张嘴”的陈旧单一的教学手段应该成为历史。教师教学方法与手段的使用，还要看教师是否适时、适当地用投影仪、录音机、计算机、电视、电影等现代化教学手段。

5. 从教师教学基本功上分析

教学基本功是教师上好课的一个重要方面，评析课还要看教师的教学基本功。教师的教学基本功包括很多方面，可以从行为方面评价，如普通话、板书、教态、语言等，还可以从思想智慧方面评价，如组织教学以及灵活应对事件的能力等。

6. 从教学效果上分析

巴班斯基说：“分析一节课，既要分析教学过程和教学方法方面，又要分析教学结果方面。”看课堂教学效果是评价课堂教学的重要依据。课堂效果评析包括以下几个方面：一是教学效率高，学生思维活跃，气氛热烈。二是学生受益面大，不同水平的学生在原有基础上都有进步，达成了知识、技能、思想情操目标。三是有效利用 45 分钟，学生学得轻松愉快，积极性高，当堂问题当堂解决，学生负担合理。

课堂效果的评析，有时也能够借助测试手段。即当上完课，评课者出题对学生的知识掌握情况当场做测试，而后通过统计分析对课堂效果做出评价。

(二) 评课的方法

评课的方法也是多种多样的，一般常用的评课方法包括以下几种：

1. 综合法

综合评价法，就是从整个一堂课着眼，分别从教学目标、教学内容、教学方法、教学程序等方面对这一堂课做出全面、系统、综合性评价。既有对某个细节、片段的评点，也有对教学活动全方位的分析、评价。用综合法评课有利于总结、宣传教学经验；有利于其他教师理解优秀教师的教学思想，提升自己的专业水平；有利于上级领导把握课改趋势，调整课改策略。在总结型、展摩型、检查型、鉴评型教研活动中常使用综合法评课。总结、评析某位名师、优秀教师的教学特色、教学风格，也大都采用这种评课法。用综合法形成的评课稿多用“总—分—总”式结构。先总地评说授课者在教学实践上给自己的印象、感受，亮出对授课者总的评价语，再分别从几个方面评价、论证，最后做总结、概括。

2. 片段法

片段法就是对典型的教学片段进行有针对性的评析。可以对教学过程中导入、讲授、巩固、结课诸环节中的某一环节进行评析，可以对教学过程中学生的自学、讨论、自主实践诸环节中的某一环节进行评析，可以就教学理念、师生关系、教学方法、教材处理、现代信息技术运用、课堂氛围营造等方面中的某一方面引证片段进行评析。片段法与综合法最大区别在于前者是局部评析，后者是全方位评析；前者关注教学策略与技艺，后者看重理性思考；前者只评析“点”，后者做“点”“面”结合式评析；前者重在微观评析，后者重在宏观评析；前者是进入“情境”的细察，后者是对教学活动全方位的“鸟瞰”。使用片段法评课较容易操作，也节省时间，但容易犯只见树木不见森林的毛病。使用片段法最要紧的是对片段的遴选。所选的教学片段应该具有典型性。典型的教学片段应该是这样一种教学片段：它有鲜明的个性，又在一定程度上揭示教学本质，反映教学的某些必然规律，有较大的代表性。评析这样一个教学片段，能帮助其他教师找到问题解决的策略，看到将来创造优质课的前景，起到举一反三的作用。

3. 评点法

“评点法”与后面的“表格法”都是从评课的技巧与方式上讲的。评点法是指针对授课者实施的教学活动次序情形，及时做分析、点化、评议。这种方法实际是一种对现场行为主体的评点，是对典型教学活动的分解性讲析。由于它及时、实在、更贴近教学生活，这种方法更适合教师培训，特别是新教师培训。

评点分点评、段评、总评三种。“点评”是对教学过程中师生对话的某些话语或师生活动的某些行为发表的见解。口头评课时，可在简要回顾话语或行为所处环境的基础上谈自己对相关方面的看法，即评议；书面评课时，可在话语、行为出现的位置旁加评注。“段评”就是在某一教学片段结束所做的评议，“总评”是在一节课结束所做的评议，都是具有总结性的评议，包括评价、要求与希望。

4. 表格法

表格法就是根据评课的标准，制订一个比较科学、全面的课堂教学评价表，并根据这个评价表评估课的优劣。表格法简洁地体现评课标准，不仅能科学、全面地评价一节课，而且使用方便，所以，评课常常使用表格法，尤其鉴评型教研活动、竞赛型教研活动，更钟情于表格法。

使用表格法评课，关键在于设计好评课表。评课表分主体与附属两部分。“主体部分”呈现评课的标准与操作要求，是评课者主要填写的内容，包括项目、评课标准、权重、得分、备注等栏目。这部分内容是评课细则的表格化。每一项目要酌定分值。为操作方便，还要细分为若干子项目，并用简明扼要的词语表述基本要求和采分点；要划分不同层次，定好权重，并简述本层次的教学行为特征。比如，教学过程，总分值为 15 分，可包括程序优化、层次分明而紧凑、密度难度恰当、师生活动积极而活泼、过渡自然、整体协调、按时完成教学任务 7 个子项目。A 等次为完全达到标准，权重为“1”；B 等次为基本达到标准，权重为“0.8”；C 等次为虽基本达到标准，但有一些问题或错误，权重为“0.6”；D 等次为达不到标准，错误或问题较多，权重为“0.4”。“备注”栏是为评课者提供的简要记录必须说明的事情，记与不记视情况而定。“附属部分”是呈现执教者的自然情况和对评课表所做的必要说明。

（三）评课的基本原则

1. 实事求是，坦率诚恳

评课只是一种学术范围内的评价、讨论与交流活动，不涉及人情世故等其他外在因素。因此，评课者要实事求是，以学习者和研究者的面貌出现，被评的教师也应以学习和研究为主要目的。“评课要以课堂的真实情况为基础，以先进的教学理论为依据，恰如其分地进行评析，详细恳切地指出该课的长处，不能含糊概括，对于教学中的缺点和不足也要直接给予点明。”①

2. 兼顾整体，不以偏概全

教学是一个完整的过程，不能孤立地评议一节课，要考虑这节课与前后内容的关系，只有这样才能真正理解教学设计者的意图、思路和方法，才能在评议时做到有的放矢、有理有据。同时，教学需要各种要素协调参与，因此在评价课堂教学时，还要联系教师的平时工作，不以一节课的成败论英雄。

3. 关注差异，区别对待

“评价既要遵循统一的评价指标体系，也要关注个体差异，对不同教学风格和教学艺术的评价要有所差异，对不同学科、不同年段的评价也要体现差异。”②在不同的情况下，评课也有不同的目的，有时强调诊断，有时意在评比，有时只是观摩，有时重在研究。在不同场合，评课者要考虑此次评课的主要意图，在评课的方法上有所侧重。

4. 以事论理，避免空谈理论

评课评课，就课而评，评而出理，理而有据。“理”就是理论、理念，“据”就是课例。评课时，要以课例为依据，或先描述课例，再道出隐含在课例背后的理论；或先说理论，再描述课例，这样有理有据，才能让人信服，避免空发议论，废话连篇，不切实际。

5. 注意场合，讲究表达技巧

评课应讲究方法，注意场合。场合是指一定的时间、地点和情况。从评课的效果考虑，场合问题不是一个小问题，尤其评一节不太成功的课，要讲究说话的技巧，要慎重考虑评课场合对教师的心理压力和对其日后工作的影响。

本章小结

教师不仅是执教者，也是教学活动的研究者。上课、说课、听课、评课的技能是教师反思与研究素质的体现。

本章第一节是有关上课的知识，包括上课的概念、上课的环节、模拟上课三个方面。教材首先分析了上课的概念；然后介绍了上课的环节；最后分析了将个人备课、教学研究与上课实践有机结合的一种新型教研活动——模拟上课。

本章第二节是有关说课的知识，包括说课的概念、说课与备课、上课的关系、说课的内

① 王晞：《课堂教学技能》，福建教育出版社，2019，第298页。

② 王晞：《课堂教学技能》，福建教育出版社，2019，第299页。

容及说课的要求几个方面。教材首先分析了说课的概念，并将说课与备课、上课相关概念进行了辨析；其次，分析了说课应该说的内容及说课的基本要求。

本章第三节主要介绍了听课与评课的相关知识。听课与评课是教师研究课堂教学的重要方法，也是提高教师教学水平与研究能力的有效途径。听课要做好充分准备、认真地听、仔细地看、深刻地想和及时地记；最后教材对评课的内容、评课的方法、评课的基本原则等方面进行了阐述。

[思考与练习]

1. 什么是模拟上课？它与真实上课的区别和联系有哪些？
2. 导入的要求与方法有哪些？
3. 说课的内容有哪些？它与上课的区别和联系有哪些？
4. 简述听课的内容。
5. 评课的内容与方法有哪些？
6. 请在小学语文、数学或其他学科中任选一节教材内容，设计导入与结课环节。
7. 请在小学语文、数学或其他学科中任选一节教材内容，撰写说课稿。

参考文献

1. 李定仁,徐继存.课程论研究二十年[M].北京:人民教育出版社,2004.
2. 廖哲勋,田慧生.课程新论[M].北京:教育科学出版社,2003.
3. 钟启泉.课程论[M].北京:教育科学出版社,2007.
4. 施良方.课程理论——课程的基础、原理与问题[M].北京:教育科学出版社,1996.
5. 闫守轩.课程与教学论:基础、原理与变革[M].北京:北京师范大学出版社,2015.
6. 李森,陈晓端.课程与教学论[M].北京:北京师范大学出版社,2015.
7. 靳玉乐.现代课程论[M].重庆:西南师范大学出版社,1995.
8. 刘旭东.课程的价值取向研究[M].兰州:甘肃教育出版社,2002.
9. 谭辉旭.关于课程哲学基础的思考[J].教育研究,2006(3).
10. 陈琦,张建伟.建构主义学习观要义评析[J].华东师范大学学报(教育科学版),1998(1).
11. 中华人民共和国教育部.义务教育语文课程标准(2011年版)[M].北京:北京师范大学出版社,2012.
12. 中华人民共和国教育部.义务教育小学科学课程标准[M].北京:北京师范大学出版社,2017.
13. 中华人民共和国教育部.义务教育艺术课程标准(2011年版)[M].北京:北京师范大学出版社,2012.
14. 中华人民共和国教育部.义务教育体育与健康课程标准(2011年版)[M].北京:北京师范大学出版社,2012.
15. 中华人民共和国教育部.义务教育品德与生活课程标准(2011年版)[M].北京:北京师范大学出版社,2012.
16. 崔允漷.追问"学生学会了什么"——兼论三维目标[J].教育研究,2013(7).
17. 夏正江.科学与人文:课程价值取向的两歧及启示[J].中国人民大学教育学刊,2015(4).
18. 杨明全.课程论[M].北京:中国人民大学出版社,2016.
19. 黄甫全.现代课程与教学论学程[M].北京:人民教育出版社,2006.
20. 钟启泉,汪霞,王文静.课程与教学论[M].上海:华东师范大学出版社,2009.
21. 靳玉乐.课程论[M].北京:人民教育出版社,2012.
22. 邓艳红.课程与教学论[M].北京:首都师范大学出版社,2011.
23. 蒋蓉,李金国.小学课程与教学论[M].北京:北京师范大学出版社,2013.
24. 钟启泉,崔允漷.从失衡走向平衡:素质教育课程评价体系研究[M].北京:经济科学出版社,2014.
25. 朱慕菊.走进新课程:与课程实施者对话[M].北京:北京师范大学出版社,2002.
26. 李志超.三级课程管理的权力运作研究[D].西南大学,2013.
27. 王利.学校课程领导研究[D].西北师范大学,2007.
28. 杨中枢.学校课程管理研究[D].西北师范大学,2004.

29. 全国十二所重点师范大学联合编写. 教育学基础[M]. 北京:教育科学出版社,2002.
30. 王彦才,郭翠菊. 教育学[M]. 北京:北京师范大学出版社,2010.
31. [捷]夸美纽斯. 大教学论[M]. 傅任敢译. 北京:教育科学出版社,2015.
32. 黄埔全,吴建明. 课程与教学论[M]. 北京:中国人民大学出版社,2019.
33. 王本陆. 课程与教学论[M]. 北京:高等教育出版社,2017.
34. [德]赫尔巴特. 普通教育学[M]. 李其龙译. 北京:人民教育出版社,1989.
35. 张大均. 教育心理学[M]. 北京:人民教育出版社,2015.
36. 皮连生. 教育心理学[M]. 上海:上海教育出版社,2011.
37. 汪霞. 小学课程与教学论[M]. 上海:华东师范大学出版社,2011.
38. 王道俊,郭文安. 教育学(第七版)[M]. 北京:人民教育出版社,2016.
39. 季银泉. 课程与教学论[M]. 南京:南京大学出版社,2009.
40. 马小平,谢晓芳. 教育学原理[M]. 北京:光明日报出版社,2016.
41. 张华. 课程与教学论[M]. 上海:上海教育出版社,2018.
42. 吴式颖,李明德. 外国教育史教程[M]. 北京:人民教育出版社,2015.
43. 王晞. 课堂教学技能[M]. 福州:福建教育出版社,2008.
44. 余文森等. 有效备课·上课·听课·评课[M]. 福州:福建教育出版社,2008.
45. 苏鸿. 高效课堂[M]. 上海:华东师范大学出版社,2013.
46. 程红兵. 听程红兵老师说课评课[M]. 武汉:长江文艺出版社,2017.
47. 顾志跃. 如何评课[M]. 上海:华东师范大学出版社,2009.
48. 林高明. 有效评课的策略与方法[M]. 福州:福建教育出版社,2013.
49. 郑金洲. 听课的技能与技巧[J]. 上海教育科研,2002(2).
50. 彭小明. 教学设计板书再论[J]. 教育评价,2003(5).